한글 맹자자의소중

한글
맹자자의소증
孟子字義疏證

———

대진戴震 지음 · 박영진 옮김

學古房

| 차례 |

1. 대진(戴震)은 누구인가?

대진은 청대(淸代, 1636-1912)의 저명한 고증학자이자 철학사상가로, 자(字)는 동원(東原)이고, 호(號)는 고계(杲溪)이다.

1724년 1월 19일 지금의 안휘성(安徽省) 황산시(黃山市) 둔계구(屯溪區)에 속하는 안휘성(安徽省) 휘주부(徽州府) 휴녕현(休寧縣) 융부(隆阜)에서 출생하였다.

1751년 29세에 휴녕현의 학생(學生)인 생원(生員), 즉 속칭 수재(秀才)가 되었다.

1759년 37세에 향시(鄕試)에 참가하였지만 불합격하였다.

1762년 40세에 향시(鄕試)에 합격하여 거인(擧人)이 되었다.

1763년 41세, 1766년 44세, 1769년 47세, 1771년 49세, 1772년 50세에 회시(會試)에 참가하였지만 모두 불합격하였다.

1773년 51세에 사고전서관(四庫全書館)의 찬수관(纂修官)이 되었다.

1775년 53세에 회시에 참가하여 불합격하였지만, 황명으로 전시(殿試)에 참가하여 진사(進士)에 합격하고 한림원(翰林院)의 서길사(庶吉士)가 되었다.

1777년 7월 1일 지금의 북경시(北京市) 동성구(東城區)에 속하는 숭문문(崇文門) 서쪽 범씨(范氏) 소유의 영원(穎園)에서 사망하였다. 향년 55세였다.

이상은 대진의 일생을 학업과 직책을 중심으로 간략하게 정리한 것이다. 하지만 대진을 더 잘 이해하기 위해서는, 그의 학술 여정에서 주의해서 볼 만하다거나 전환점이 될 만한 몇몇 중요한 일들을 좀 더 구체적으로 살펴볼 필요가 있는데, 제자 단옥재(段玉裁, 1735-1815)가 쓴 「대동원선생연보(戴東原先生年譜)」에 의거하여 그것들을 살펴보면 다음과 같다.

10세에 대진이 송대(宋代, 960-1279)의 주희(朱熹, 1130-1200)가 쓴 『대학장구(大學章句)』를 배우면서 "우경일장(右經一章)"[1] 이하에 이르게 되었을 때, 글방 선생님과 나눴던 다음과 같은 대화가 있다: 대진이 "이것은 무엇으로 공자의 말씀을 증자께서 기술하셨다는 것을 알 수 있습니까? 또한 무엇으로 증자의 뜻을 문인들께서 기록하셨다는 것을 알 수 있습니까"라고 물었다. 선생님이 "이것은 주문공께서 하신 말씀이다"라고 대답하였다. 대진이 "주문공께서는 어느 때 분이십니까"라고 물었다. 선생님이 "송나라 분이시다"라고 대답하였다. 대진이 "공자와 증자께서는 어느 때 분들이십니까"라고 물었다. 선생님이 "주나라 분들이시다"라고 대답하였다. 대진이 "주나라와 송나라는 얼마나 떨어져 있습니까"라고 물었다. 선생님이 "거의 이천 년이 된다"고 대답하였다. 대진이 "그렇다면 주문공께서는 무엇으로 그렇다는 것을 아실 수 있었습니까"라고 물었다. 선생님은 대답하지 못하고, "이 아이는 예사롭지 않은 아이다"라고 말하였다.[2] 이 대화는

---

1) 『大學章句』: "右經一章, 蓋孔子之言, 而曾子述之. 凡二百五字. 其傳十章, 則曾子之意而門人記之也." 참조.

2) 段玉裁, 「戴東原先生年譜」: "問塾師: '此何以知爲孔子之言而曾子述之? 又何以知爲曾子之意而門人記之?' 師應之曰: '此朱文公所說.' 卽問: '朱文公何時人?' 曰: '宋朝人.' '孔子曾子何時人?' 曰: '周朝人.' '周朝宋朝相去幾何時矣?' 曰: '幾二千年矣.' '然則朱文公何以知然?' 師無以應, 曰: '此非常兒也.'" 참조. 거의 같은 내용이 王昶(1725-1806)의 「戴東原先生墓誌銘」에도 나온다:

하나의 흥미로운 일화에 불과할 수도 있겠지만, 이로부터 훗날 대진의 학문적 경향과 가능성을 엿볼 수 있다.

16-17세 이전까지 대진은 『설문해자(說文解字)』, 『이아(爾雅)』, 『방언(方言)』, 『십삼경주소(十三經注疏)』 등을 공부하였는데, 읽을 때마다 매 글자의 뜻을 탐구하였다.

당시 대진의 고향 휴녕은 안휘차를 재배하는 중심지로 상업이 비교적 발달하였는데, 특히 융부는 내륙의 중요한 상업부두였다. 하지만 대진은 가난한 집안 형편 때문에 18세 무렵에는 부친을 따라 행상도 하고, 학동들에게 글도 가르치면서 생계를 이어갔다.

20세부터 대진은 당시의 저명한 고문경학자로, 『주례(周禮)』, 『의례(儀禮)』, 『예기(禮記)』의 삼례(三禮)에 정통하고, 음운, 산술, 천문, 지리 등에도 조예가 깊은 휘파학술(徽派學術)의 개창자인 무원(婺源)의 강영(江永, 1681-1762)에게서 배웠는데, 그때 대진의 고증학적 소양이 견고하게 갖춰지게 되었다.

대진은 22세에 『주산(籌算)』을 시작으로, 23세에 『육서론(六書論)』, 24세에 『고공기도(考工記圖)』, 25세에 『전어이십장(轉語二十章)』, 27세에 『이아문자고(爾雅文字考)』, 30세에 『굴원부주(屈原賦注)』와 『구고할환기(勾股割圜記)』, 31세에 『모시보전(毛詩補傳)』 등을 완성하였다. 그 후 대진은 고향을 떠나서 사망할 때까지, 끊임없이 고서를 고증하고 자신의 저서를 저술하였다.

33세에 대진은 북경으로 가서 기윤(紀昀, 1724-1805)과 같은 학자

"問其塾師曰: '此何以知爲孔子之言而曾子述之? 又何以知爲曾子之意而門人記之?' 師應之曰: '此先儒朱子所注云爾.' 又問: '朱子何時人?' 曰: '南宋.' 又問: '孔子曾子何時人?' 曰: '東周.' 又問: '周去宋幾何時?' 曰: '幾二千年.' 又問: '然則朱子何以知其然?' 師無以應, 大奇之."

들과 왕래하고, 『고공기도』와 『구고할환기』를 간행하면서 학문적 명성을 얻기 시작하였다. 34세에 북경에서 왕념손(王念孫, 1744-1832)을 가르쳤고, 35세에 양주(揚州)에서 오파(吳派) 고문 경학의 대가인 혜동(惠棟, 1697-1758)과 교류하였다. 41세에 북경에서 단옥재와 학문을 논하였는데, 그 후 단옥재와 왕념손은 대진의 가장 뛰어난 제자가 되었다.

이미 학자로서의 명성이 자자했던 대진의 과거(科擧) 역정은 결코 순탄치 않았다. 한 번의 향시와 여섯 번에 걸친 회시에서의 불합격은 당대 최고 지식인의 한 사람으로 평가받던 대진과는 좀처럼 어울릴 것 같지 않은 이력이다. 그 이유에 대하여 직접적으로 알려진 바는 없지만, 그가 남긴 서신과 철학 저서에서 간접적으로 유추할 수 있을 정도이다. 그 이유는 아마도 과거 시험의 형식과 내용 그리고 그의 학문 경향에 있는 듯하다.

청대에 시행된 과거 시험에는 팔고문(八股文)이라는 규정된 문체가 있었는데, 이 팔고문은 제의(制義), 시문(時文), 제예(制藝), 시예(時藝), 사서문(四書文), 팔비문(八比文) 등으로도 불렸다. 명대(1368-1644)부터 형성되기 시작한 팔고문의 체재는 청대에도 지속되어, 대체로 파제(破題), 승제(承題), 기강(起講), 입제(入題), 기고(起股), 중고(中股), 후고(後股), 속고(束股)의 여덟 개 부분으로 구성되었으며, 각 부분의 구절 수와 구절 유형 또한 엄격한 제한을 두고 있었다. '고(股)'라는 것은 대구적으로 글을 짓는 것을 가리키는데, 기고에서 속고까지 각각의 고는 모두 두 단락으로 대구를 이루고, 네 개의 고에 모두 여덟 개의 단이 있어 '팔고'라고 불렀다. 작문은 옛 사람의 어투를 사용해야 하고, 문장의 길고 짧음과 글자의 번잡하고 간단함 그리고 성조의 높고 낮음 등도 모두 대구적으로 작성해야 하며, 글자의

수에도 제한이 있어서, 그 어떤 자유로움도 결코 허용되지 않았다. 이러한 팔고문의 제재는 모두 사서오경(四書五經)에서 취한 것으로, 응시자들은 반드시 송대 주희의 주(注)에 입각하여 답안을 작성하여야 했다. 41세부터 회시에 참가했던 대진은, 40대에 완성한 『원선(原善)』으로부터 50대에 완성한 『맹자자의소증』에 이르기까지, 시종일관 주자학과 다른 학문 경향을 견지하였는데, 이러한 대진이 주희 주에 의거하여 답안을 작성한다는 것은 결코 쉬운 일이 아니었을 것이다. 게다가 이미 주자학에 순치되어, 그것과 다른 학문 경향을 불온시하던 시험관들에게, 대진의 답안이 긍정적으로 평가되었을 리도 만무하다. 당시에는 이미 팔고문에 대한 참고서들이 많이 만들어져, 응시자들은 그 예문의 자구들을 암기하여 문장을 완성하였는데, 그러다 보니 사료로서의 보존 가치는 없을지라도, 과거에 뜻을 둔 사람들에게는 필수 교재나 다름없었다. 하지만 문장의 형식과 내용에 엄격한 제한을 두었던 팔고문은 응시자들에게 너무 큰 속박이 되어, 그들의 학식과 재능을 자유롭게 표현할 수 없었다. 특히 박학다식한 대진에게는 형식적으로나 내용적으로 대단히 불리한 시험이었다고 할 수 있다.3) 박제화된 과거 시험의 형식과 내용 그리고 통치 이념인 주자학에 대한 비판적 학문 경향, 이러한 요소들이 어쩌면 대진이 끝내

---

3) 대진은 「與某書」라는 편지글에서 "제의 한 가지 일에 정성을 들이는 것은, 또한 한 가지 경전에 정성을 들이는 것만 못한데, ……[精心於制義一事, 又不若精心於一經, ……]"라고 말하면서, 제의 공부보다 경전 공부의 중요성을 강조하였다. 여기에서 제의(制義)는 팔고문, 즉 청대 과거 시험의 문체를 가리킨다. 또한 같은 글에서 "말이 순수하고 소박하고 고상하고 예스럽지 않아서 또한 귀중하지가 않은데, 이것은 문장을 짓는 틀과 율격에 있는 겁니다[辭不純樸高古亦不貴, 此存乎行文之氣體格律者也]"라고 말하면서, 과거 시험에서 요구하는 답안 형식의 한계를 지적하였다.

회시에 합격할 수 없었던 이유가 될 수 있을 것이다. 그런 상황에서도 대진이 끝까지 과거 시험을 포기할 수 없었던 것은, 당시의 하층 지식인으로서 입신양명할 수 있는 길은 과거 시험에 합격하는 것 말고는 딱히 없었기 때문일 것이다.

하지만 당시의 학술계에서 이미 그 명성이 자자했던 대진은 과거 급제와는 별도로, 51세에 『사고전서(四庫全書)』를 편찬하는 기관인 사고전서관(四庫全書館)의 총재(總裁) 구왈수(裘曰修, 1712-1773)와 총찬관(總纂官) 기윤의 건의 그리고 정총재(正總裁) 우민중(于敏中, 1714-1780)의 천거로, 거인 자격임에도 건륭제(乾隆帝, 1736-1795 재위)[4]에 의하여 『사고전서』의 편찬 실무를 맡는 찬수관(纂修官)에 임명되었다.

53세에 참가한 회시에 거듭 불합격하였지만, 그간의 학술적 성과를 인정받아 건륭제의 명으로, 그해 회시에 합격한 공사(貢士)들과 함께 전시(展試)에 참가하여 합격해서 진사(進士)가 되었다. 진사급제(進士及第), 진사출신(進士出身), 동진사출신(同進士出身)의 진사 등급 중에서 동진사출신을 하사받고, 최고 학술연구기관인 한림원(翰林院)의 서길사(庶吉士)에 제수되었다. 이 서길사는 한림원 내에 설치된 단기 직위의 학습관으로, 진사에 합격한 응시자들 중에 문학이나 서예 등의 방면에 탁월한 재능을 지닌 인재들이 선발되어, 황제 조서의 초안 등을 작성하거나 황제를 위해 경적을 해설하는 등의 책무가 주어졌다.

대진이 일생 동안 고증하고 저술한 문헌들은 위에서 언급한 것들

---

4) 건륭제의 이름은 애신각라·홍력(愛新覺羅·弘歷, 1711-1799)으로, 청조의 제4대 황제이다.

외에도 다음과 같은 것들이 있다. 『상서의고(尙書義考)』, 『고계시경보주(杲溪詩經補注)』, 『심의해(深衣解)』, 『석경보자정비(石經補字正非)』, 『경고(經考)』, 『경아(經雅)』, 『방언소증(方言疏證)』, 『속방언(續方言)』, 『성운고(聲韻考)』, 『성류표(聲類表)』, 『굴원부주(屈原賦注)』, 『원상(原象)』, 『속천문략(續天文略)』, 『수지기(水地記)』, 『수경고차(水經考次)』, 『책산(策算)』, 『구장산술정와보도(九章算術訂訛補圖)』, 『오경산술고증(五經算術考證)』 등.

대진은 필생 동안 고서 고증에 종사하였지만, 그 고증의 목적은 도(道)를 밝히는 철학에 있다고 인식하였는데, 그의 철학과 관련된 저작으로는 다음과 같은 것들이 있다. 「법상론(法象論)」, 「원선(原善)」 삼편(三篇), 「독역계사논성(讀易繫辭論性)」, 「독맹자논성(讀孟子論性)」, 「여시중명논학서(與是仲明論學書)」, 「여요효렴희전서(與姚孝廉姬傳書)」, 「답정장용목서(答鄭丈用牧書)」, 「여방희원서(與方希原書)」, 「여모서(與某書)」, 「답팽진사윤초서(答彭進士允初書)」, 「여단약응논리서(與段若膺論理書)」, 「여단약응서(與段若膺書)」, 『원선(原善)』 삼권(三卷), 『중용보주(中庸補注)』, 『맹자사숙록(孟子私淑錄)』, 『서언(緒言)』, 『맹자자의소증(孟子字義疏證)』 등.

대진 사후, 단옥재는 「대동원선생연보」를, 홍방(洪榜, 1745-1780)은 「대선생행장(戴先生行狀)」을, 왕창은 「대동원선생묘지명(戴東原先生墓誌銘)」을, 전대흔(錢大昕, 1728-1804)은 「대선생진전(戴先生震傳)」을, 여정찬(余廷燦, 1729-1798)은 「대동원선생사략(戴東原先生事略)」을 각각 썼으며, 공계함(孔繼涵, 1739-1783)은 대진의 문장들을 선별하여 『대씨유서(戴氏遺書)』를 편찬하였다. 『청사고(淸史稿)』 「열전(列傳)」에는 대진의 전기가 실려 있다.

대진의 학문 중에서 훈고 방면은 단옥재와 왕념손이, 산술 방면은 공광삼(孔廣森, 1751-1786)이, 전장제도(典章制度) 방면은 임대춘(任大椿, 1738-1789)이 계승하였는데, 이들은 모두 대진의 제자들이다. 이처럼 고증학 방면으로는 계승자들이 있었지만, 철학 방면으로는 한 사람도 없었다.

후인들이 편찬한 대진의 문헌으로는 『대씨유서(戴氏遺書)』(공계함(孔繼涵) 집간(輯刊), 『미파사총서(微波榭叢書)』수록), 『동원집(東原集)』(『사부비요(四部備要)』본, 상해(上海): 중화서국(中華書局), 1924-1931), 『대동원선생전집(戴東原先生全集)』(『안휘총서(安徽叢書)』제6기, 1936), 『대진문집(戴震文集)』(북경(北京): 중화서국(中華書局), 1980), 『대진집(戴震集)』(상해(上海): 상해고적출판사(上海古籍出版社), 1980), 『맹자자의소증(孟子字義疏證)』(북경(北京): 중화서국(中華書局), 1982), 『대진전집(戴震全集)』(북경(北京): 청화대학출판사(清華大學出版社), 1991-1999), 『대진전서(戴震全書)』(합비(合肥): 황산서사(黃山書社), 1994-1997; 2010 수정본) 등이 있다.

이상으로 살펴본 것처럼, 대진이 청대 학술사에 공헌한 분야로 고증학과 철학을 들 수 있다. 하지만 대진의 학문에 있어서 고증학과 철학은 별개의 것이 아니라, 서로 밀접한 관계가 있다. 당시의 대다수 지식인들처럼 고증학자로 머물 것인지, 아니면 도(道)를 추구하는 철학자로 거듭날 것인지는, 생활 방편과 학문 지향 사이에서 대진이 결정해야 할 선택지였다. 결국 고증학과 철학을 어떻게 하나로 융합할 것인가가 바로 대진이 자처한 시대적 사명이었다. 대진은 만년에 제자 단옥재에게 보낸 편지에서, "나는 17세 때부터 도를 듣는 것에 뜻이 있었는데, 육경과 공자와 맹자에게서 구하지 않으면 얻지 못하고, 자의와 제도와 명물에 종사하지 않으면 그 언어에 통하지 못한다고 생각한다. 송의 유학자들은 훈고의 학문을 비난하고 언어와 문자를 경시하였는데, 이것은 강을 건너려고 하면서 배를 버리고, 높은 데를 오르려고 하면서 사다리를 버리는 것이다. 그것을 한지 삼십여 년, 고금의 치란의 근원이 여기에 있다는 것을 분명히 알게 되었다"[5] 고 말하였다. 이로부터 대진에게 있어서 도(道)는 궁극적 목표였고, 고증(考證)은 방편적 도구였다는 것을 알 수 있다. 이러한 고증학과 철학의 상보적인 관계는 『맹자자의소증』에 고스란히 구현되어 있다.

2. 『맹자자의소증(孟子字義疏證)』은 어떤 책인가?

청대 초기의 사상계는 한동안 주자학의 공리(空理)와 공담(空談)에 비판적인 경세(經世)와 무실(務實)의 사상이 대두하기도 하였지만, 청조의 주자학 중시 정책과 그 밖의 사상에 대한 탄압 정책으로 여전히 주자학의 울타리에서 벗어나지 못하였다. 청조는 통치 체제를 공고히 하기 위한 일환으로, 대대적으로 유학을 높이면서 공자(孔子,

---

5) 「與段若膺論理書」: "僕自十七歲時, 有志聞道, 謂非求之六經孔孟不得, 非從事於字義制度名物, 無由以通其語言. 宋儒譏訓詁之學, 輕語言文字, 是欲渡江河而棄舟楫, 欲登高而無階梯也. 爲之卅餘年, 灼然知古今治亂之源在是." 이와 관련되는 대진의 또다른 언술들이 있다. "경서의 지극한 것은 도인데, 도를 밝히는 것은 그 말이고, 말을 이루는 것은 글자이다. 반드시 글자로부터 그 말에 통하고 말로부터 그 도에 통하여야만, 비로소 그것을 얻을 수 있다[經之至者道也, 所以明道者其辭也, 所以成辭者字也. 必由字以通其辭, 由辭以通其道, 乃可得之]." (段玉裁, 「戴東原先生年譜」) "경서의 지극한 것은 도인데, 도를 밝히는 것은 그 글이고, 글을 이루는 것은 소학문자라는 것을 벗어날 수 없다. 문자로부터 언어에 통하고, 언어로부터 옛 성현의 뜻에 통하는데, 비유하자면 대청에 가는데 반드시 그 계단을 오르면서 단계를 건너뛸 수 없는 것과 같다[經之至者, 道也; 所以明道者, 其詞也; 所以成詞者, 未有能外小學文字者也. 由文字以通乎語言, 由語言以通乎古聖賢之心志, 譬之適堂壇之必循其階, 而不可以躐等]." (「古經解鉤沈序」)

기원전 551-기원전 479)를 내세워 '지성선사(至聖先師)'라는 존칭까지 부여하였다. 유학은 통치와 학문과 처세의 기준이 되었고, 주자학은 공자 사상의 진수를 전수받은 유학의 정통으로 여겨졌으므로, 주희는 존중되고 사서와 오경은 주희의 해석을 표준으로 삼았다.

유학과 같은 전통 학문 외에도, 명대부터 예수회 선교사들에 의하여 소개된 수학, 천문, 역법, 물리, 의약, 지도, 무기, 건축 등을 포괄하는 서양의 자연과학 서적들이 청대에도 계속 간행되었다. 하지만 전반적으로 보건대, 청조는 서양 학문을 크게 중시하지 않아서, 대부분의 지식인들이 유가 경전과 고전에만 몰두한 채 자연과학의 내용이나 가치에 대해서는 깊이 있게 이해하지 못하였다.

청조는 초기부터 정권의 안정을 위하여 대규모의 필화 사건을 일으켜 지식인들을 탄압하였는데, 그것이 바로 문자옥(文字獄)이다. 문자옥은 대진이 활동했던 건륭 연간에는 다반사가 되어, 무려 130여 건이 발생하였다. 그것은 청대 전체 문자옥의 80%를 차지하는 수치인데, 그 중 47 건의 당사자가 사형에 처해졌다. 흔한 말로 산 사람은 능지처참을 당하고, 죽은 사람은 육시를 당하고, 15세 이상의 친족 남자들은 선채로 참수를 당했다고 하는데, 그것은 결국 연루된 모든 사람들이 온전하지 못했다는 것을 의미한다. 건륭제 때 발생했던 가장 규모가 큰 문자옥으로는 왕석후(王錫侯, 1713-1777)의 '『자관』안(『字貫』案)'과 호중조(胡中藻, ?-1755)의 '『견마생시초』안(『堅磨生詩鈔』案)' 그리고 서술기(徐述夔, 1701-1763)의 '『일주루시』안(『一柱樓詩』案)' 등을 들 수 있다. 그때 발생한 문자옥에서 처벌받았던 사람들은 대부분 하층 지식인들이었다. 그들은 지방에 살면서 세상에 대하여 불평불만이 있으면 함께 모여서 스스럼없이 얘기도 하고 글로 쓰기도 하였는데, 그것을 빌미로 청조는 문자옥에 연루시켜 패가망신하는 화를 뒤집어 씌웠다. 어디에서라도 문자옥이 발생했다 하면, 그 지방의 관리들 또한 응분의 처벌을 받게 되었으므로, 관리들은 문장 속에서 조금이라도 청조에 불리한 것들을 발견하면, 즉시 당사자를 체포하고 재산을 몰수하고 무고한 죄목을 씌웠을 뿐더러, 연루된 모든 사람들까지 가혹하게 처단하였다. 그러한 강압적인 상황 속에서, 지식인들은 위축될 대로 위축되어 감히 통치 문제는 물론이고 현실 문제도 탐구하지 못하고, 단지 옛 문서더미 속에 머리를 파묻은 채 고증 작업에 몰두하면서, 사상적으로 마비되어 침묵을 강요당하였다.

청조는 통치 체제가 어느 정도 안정되자, 정권의 영속화를 위하여 지식인들을 회유하는 대규모 서적 편찬 사업을 추진하였는데, 그 대표적인 것이 총서(叢書)인 『사고전서(四庫全書)』의 편찬이다. 『사고전서』는 정식 명칭이 『흠정사고전서(欽定四庫全書)』로, 1773년에 시작하여 1792년에 완성되었다. 이 편찬 사업에는 360여 명의 고관과 학자들이 참여하였고, 3,800여 명이 필사에 동원되었다. 역대 서적을 경(經), 사(史), 자(子), 집(集)의 네 부류로 분류하였기 때문에 사고(四庫)라고 칭하였다. 3,400여 종의 도서가 수록되었는데, 모두 79,000여 권, 36,000여 책, 8억여 글자로 이루어졌다. 규모로는 명대의 유서(類書)인 『영락대전(永樂大典)』의 세배 반 정도였다. 수집된 도서들 중에는 『영락대전』에 수록은 되었지만, 이미 실전된 것들이 상당 부분을 차지하였다. 청조는 수집된 도서들을 대대적으로 검열하여, 정권에 비판적이거나 반역적인 것으로 판단되는 서적이나 내용들은 모두 삭제하거나 수정하여 편찬하였다. 대진도 1773년 51세에 이 『사고전서』 편찬 사업이 시작되면서 찬수관으로 참여하였다.

문자옥과 같은 강경책과 『사고전서』 편찬과 같은 유화책으로, 대다수 유가 지식인들은 주자학적 사유 속에 머무르면서 감히 정사를 논한다거나 실제를 연구한다는 것은 엄두도 내지 못하는 대신, 고서를 정리하고 주석하는 데 몰두하였다. 이러한 이유로 건륭제 때부터 고증학이 흥성하게 되었다. 그들은 새로운 철학을 창출하는 대신 유가 경전을 주요 대상으로 삼아서, 그 진위를 판별하고 오류를 수정하고 독음과 문자를 연구하고 같은 점과 다른 점을 교감하였다. 이러한 고증 작업은 고대 전적이 오랫동안 전수되면서 야기된 갖가지 착오와 누락과 오해와 왜곡을 상당 부분 바로잡았다. 고증학은 학문하는 태도와 방법에서 박학다식을 강조하고, 객관적 사실을 중시하고, 주관적 독단을 방지하고, 귀납된 증거를 활용하였는데, 이러한 학술 경향은 주자학의 공리와 공담이 초래한 폐단을 변화시키는 데 일정한 역할을 하였다.

청대에 형성된 고증학은 크게 두 파로 나뉜다. 하나는 혜동으로 대표되는 오파(吳派)로, 강소(江蘇) 소주(蘇州) 지역을 거점으로 하는 고증학파이다. 오파는 한대 유학자들의 경전 해석을 묵수하였는데, 한대는 선진과 시간적으로 그리 멀지 않고 남겨진 학설도 상존하였으므로, 고대 성현의 경전을 제대로 이해하기 위해서는 반드시 한대 유학자들의 훈고를 따라야 한다고 인식하였다. 그러므로 그러한 학술을 한학이라고 일컬으면서, 리학을 탐구한 송학과 구별시켰다. 다른 하나는 대진으로 대표되는 환파(皖派)로, 안휘 황산 지역을 거점으로 하는 고증학파이다. 환파의 학문 종지와 연구 태도는 오파의 그것들과 서로 비슷하였지만, 다른 점은 그들만의 사상과 시비의 표준이 있어서, 한대 유학자들을 전적으로 숭상하지 않았다. 한학에 대하여, 오파가 맹목적인 태도를 고수하였다면, 환파는 자각적인 태도를 견지하였다고 할 수 있다.

비록 고증학자들이 이전 학자들에 비하여 객관적이면서도 정밀한 연구 방법을 취하였지만, 연구 영역이 비교적 협소하여 대체로 유가 경전의 범위 내에 국한되거나 현실과 괴리되었으며, 과학 기술은 연구하지 않았고, 통치 문제와 사회 문제는 논의조차 못하였다. 게다가 연구 방법도 고립되고 정적이어서 사건과 사물의 상호 관계를 유기적으로 고찰하지 못하였고, 미시 연구에 집중하고 거시 연구를 소홀히 한 나머지 나무만 보고 숲을 보지 못하는 결과를 초래하였다. 그러므로 고대 전적을 수집하고 정리하고 고증하는 데는 상당한 성과를 거뒀지만, 도리어 새로운 이론과 체계적인 사상을 제시할 수 없었으며, 또한 서양에서 전래되는 선진 문물을 쉽게 이해하지도 못하고 받아들이지도 못하였다. 하지만 그러한 환경 속에서도, 대진은 다른 고증학 일변도의 학자들과 다르게 고서의 고증에만 머물지 않고 경전의 의리까지 추구했는데, 『맹자자의소증』이 바로 그 결과물이다.

『맹자자의소증』은 이름 그대로 『맹자』의 자의(字義)를 소증(疏證)한 책이다. 즉 『맹자』에 나오는 글자의 뜻을 상세히 고증하여 해석한 것이다. 하지만 대진의 의도는 『맹자』의 자의를 소증하는 데 머문 것이 아니라, 유가 경전의 권위를 빌리고 자신의 철학적 자질을 발휘하여, 선진 유학6)에 대한 송명 유학자들의 잘못된 인식을 바로잡음으로써 유학 본래의 정신을 회복하는 데 있었다. 대진은 스스로 이 책을 아주 소중하게 생각하였는데, 그는 제자 단옥재에게 보낸 편지에서, "내 평생의 저술에서 가장 큰 것은 『맹자자의소증』한 책으로, 이것은 사람을 바로잡는 요체이다. 오늘날 사람들은 옳고 그름에 관계없이 멋대로 의견으로 잘못 이름하여 리라고 하는데, 백성들에게 화를 입히기 때문에 『소증』을 짓지 않을 수 없었다"7)고 서술하였다.

---

6) 선진 유학은 진대(秦代, 기원전221-기원전206) 이전의 원시 유학을 말한다.

『맹자자의소증』은 대진의 이전 철학 관련 저술들이 계속 수정되고 보충되면서 완성된 것으로, 그 발전 과정은 다음과 같다. 「법상론(法象論)」 → 「원선(原善)」, (『중용보주(中庸補注)』), 「독역계사논성(讀易系辭論性)」, 「독맹자논성(讀孟子論性)」 → 『원선(原善)』 → 『맹자사숙록(孟子私淑錄)』 → 『서언(緖言)』 → 『맹자자의소증(孟子字義疏證)』. 「법상론」이 언제 완성되었는지에 대하여 문헌에 기록된 바는 없지만, 그 내용이 「원선」에 거듭 나오는 것으로 보아, 31세 이전의 저술로 추정된다. 「원선」은 31세 이후 41세 이전에 완성된 것으로 전해진다. 미완성작인 『중용보주』는 41세 이전에 멈춰진 것으로, 리(理)를 말한 것이 『원선』과 『맹자자의소증』에 합치된다. 「독역계사논성」과 「독맹자논성」은 44세 이전에 완성된 것으로 전해진다. 『원선』은 44세에 완성된 것으로 추정되는데, 대진이 자신의 철학 사상을 체계적으로 제시한 첫 번째 책으로, 리(理) 본체론에서 기(氣) 본체론으로 전환되는 중간 단계의 특징을 갖는다. 『맹자사숙록』은 『맹자자의소증』의 초고로, 대진은 이 책에서 완전히 기(氣) 본체론으로 전환하여 처음으로 주자학을 공개적으로 비판하기 시작하였다. 『서언』은 50세에 완성된 것으로, 『맹자사숙론』을 수정한 『맹자자의소증』의 원고이다. 이상의 저술 내용들은 개별적으로 또는 단계적으로 그 다음의 저술에 흡수되면서 마지막으로 『맹자자의소증』에서 종합적으로 서술되었다.[8] 단옥재의 「대동원선생연보」 '사십사세(四十四世)' 조를

---

7) 「與段若膺書」: "僕生平著述最大者, 爲孟子字義疏證一書, 此正人之要. 今人無論正邪, 盡以意見誤名之曰理, 而禍斯民, 故疏證不得不作."
8) 대진은 사망하기 한 달 전에 윤초(允初) 팽소승(彭紹升, 1740-1796)이 보내온 편지 「여대동원서(與戴東原書)」에 답한 「답팽진사윤초서(答彭進士允初書)」에서, "『원선』이 가리키는 바가 『맹자자의소증』에 더해져서 반복적으로

보면, "見先生云'近日做得講理學一書', 謂孟子字義疏證也"라는 문장에 '孟子字義疏證'이라는 책이름이 처음으로 나오는데, 이때가 대진의 나이 44세인 1766년이다. 하지만 실제로 '맹자자의소증'이 하나의 책으로 완성된 때는 대진의 나이 54세인 1776년이다. 『맹자자의소증』의 「서문」에 '丙申'이라고 표기되어 있는데, 이것은 곧 병신년(丙申年), 즉 1776년을 가리킨다. 이상으로부터 보건대, 『맹자자의소증』은 대진이 사망하기 1년 전인 1776년에야 비로소 완성된 평생의 역작이라고 할 수 있다.

『맹자자의소증』은 상중하 세 권으로, 서문과 여덟 개 항목에 마흔 네 개 조항으로 이루어졌다. 상권은 '리(理)' 한 개 항목으로, 열다섯 개 조항이 있다. 중권은 '천도(天道)'와 '성(性)' 두 개 항목으로, '천도'는 네 개 조항, '성'은 아홉 개 조항이 각각 있다. 하권은 '재(才)'와 '도(道)'와 '인의예지(仁義禮智)'와 '성(誠)'과 '권(權)' 다섯 개 항목으로, '재'는 세 개 조항, '도'는 네 개 조항, '인의예지'는 두 개 조항, '성'은 두 개 조항, '권'은 다섯 개 조항이 각각 있다. 대진은 각각의 항목에 대하여, 먼저 그 대의를 설명하고, 다음으로 스스로 묻고 답하는 형식으로 여러 개 조항을 서술하였다.

첫 번째, 「서문」에서 대진은 공자가 성(性)과 천도(天道)를 말한 것은 사람들로 하여금 치란의 원인 및 제도와 예악의 적합함에 대하여 알게 하기 위해서였고, 맹자(孟子, 기원전 약 372-기원전 약 289)가 양주(楊朱, 기원전 약 395-기원전 약 335)와 묵자(墨子, 기원전 약 480-기원전 약 420)의 견해를 논박한 것은 그들의 주장이 도(道)를

변론되어, ……[原善所指, 加以孟子字義疏證, 反覆辯論, ……]"라고 말하였는데, 이것으로부터 『원선』과 『맹자자의소증』의 전승 관계를 알 수 있다.

해치고 백성들에게 화를 입혔기 때문이라고 인식하면서, 자신이 『맹자자의소증』을 쓰게 된 것은 송명 유학자들이 양주, 묵자, 노자(老子, 기원전 약 571-기원전 약 471), 장자(莊子, 기원전 약 369-기원전 약 286), 불교의 말들에 익숙한 나머지 맹자의 말을 어지럽혔기 때문이라고 천명하였다.

두 번째, 「리」에서 대진이 제시한 사상을 원문의 순서대로 발췌해서 정리하면 다음과 같다. 리(理)는 사물을 관찰하여 구분하는 명칭으로서 분리(分理)라고 하고, 사물의 형질에 있어서는 기리(肌理), 주리(腠理), 문리(文理)라고 하며, 구분되어 질서가 있으므로 조리(條理)라고 한다. 천리(天理)는 자연의 분리(分理)로, 정(情)으로 정(情)을 헤아려 공평하고 올바른 것을 얻는 것을 말한다. 정(情)은 사람이라면 누구에게나 있는 것으로, 지나친 정(情)도 없고 미치지 못하는 정(情)도 없는 것을 리(理)라고 한다. 리(理)라는 글자는 육경과 공자와 맹자의 말들이나 그 해설서들에는 많이 보이지 않는데, 송대 이래로부터 사람들은 늘 리(理)를 말하였다. 송대 유학자들은 리(理)를 마치 물체가 있는 것처럼 하늘에서 얻어서 마음에 갖춘 것으로 간주하였는데, 이것은 마음의 의견으로 리(理)를 삼은 것이다. 정(情)으로 정(情)을 헤아리므로, 마음에서 나온 의견으로 일을 처리하는 것이 아닌데, 만약 정(情)을 버리고 리(理)를 구한다면, 리(理)는 의견이 아닌 것이 없게 된다. 의견에 맡겨서 일을 처리하면서 백성들에게 화를 끼치지 않은 사람은 아직까지 없었다. 리(理)는 정(情)이 잘못되지 않은 것으로, 일이나 사물의 밖에 별도로 있는 것이 아니라, 바로 욕(欲)에 있다. 욕(欲)은 사물이고 리(理)는 법칙으로, 그름에서 나오지 않고 옳음에서 나오더라도, 때때로 의견의 치우침이 있어서 리(理)를 얻을 수 없게 된다. 송대 이래로 리(理)와 욕(欲)을 말한 것은 단지 옳음과 그름의 변별로만 여겼던 것일 뿐으로, 그름에서 나오지 않고 옳음에서 나오면, 곧 리(理)로 일에 대응한 것이라고 하였다. 리(理)를 일과 나눠서 둘로 하고 의견과 합해서 하나로 하였으니, 이것으로 일을 해치게 되었다. 일이 다가오면 마음이 대응하는데, 마음에 가려짐이 있으면 곧 일의 실정을 얻을 수 없으므로, 리(理)도 얻을 수 없게 된다. 주희는 욕(欲)을 없애면 가려짐도 없다고 여겼는데, 태어나면서부터 어리석은 사람은 욕(欲)을 없애더라도 어리석다. 사람은 욕(欲)에서 나온 것으로 살고 길러지는데, 욕(欲)이 잘못되면 사사로움이 되지 가려짐이 되지는 않는다. 스스로 리(理)를 얻었다고 여기면서 실제로는 잘못된 것을 고집한다면, 가려져서 밝지 않게 된다. 사람의 큰 근심은 사사로움과 가려짐의 두 가지 발단일 뿐으로, 사사로움은 욕(欲)의 잘못에서 생겨나고, 가려짐은 지(知)의 잘못에서 생겨난다. 욕(欲)은 혈기(血氣)에서 생겨나고, 지(知)는 마음에서 생겨난다. 사사로움 때문에 욕(欲)을 탓하게 되고, 욕(欲) 때문에 혈기(血氣)를 탓하게 되며, 가려짐 때문에 지(知)를 탓하게 되고, 지(知) 때문에 마음을 탓하게 되는데, 성인은 천하를 다스리는 데 백성들의 정(情)을 체득하게 하고 욕(欲)을 이루게 한다. 하지만 송대 이래의 위정자들은 옛 성현들이 백성들의 정(情)을 체득하게 하고 욕(欲)을 이루게 한 것을 비루하고 하찮고 은밀하고 사소한 것에서 나오는 것으로 보고 마음에 두지 않았다. 높은 사람이 리(理)로 낮은 사람을 책망하고, 어른이 리(理)로 어린아이를 책망하고, 귀한 사람이 리(理)로 천한 사람을 책망하면, 비록 잘못이더라도 맞는다고 하고, 낮은 사람과 어린아이와 천한 사람이 리(理)로 높은 사람과 어른과 귀한 사람과 다투면, 비록 합당하더라도 맞지 않는다고 한다. 그러므로 아래는 천하의 동일한 정(情)과 욕(欲)으로 위에 다다를 수 없고, 위는 리(理)로 그 아래를 책망하니,

아래에 있게 된 죄가 이루 다 헤아릴 수 없다. 사람이 법(法)에 의해 죽으면 불쌍하게 여기는 사람들은 있어도, 리(理)에 의해 죽으면 누구도 불쌍하게 여기지 않는다. 육경과 공자와 맹자의 책들은 결코 리(理)를 마치 별도의 물체가 있는 것처럼, 사람의 성(性)이 발현하여 정(情)과 욕(欲)이 되는 것을 벗어난 것으로 삼지 않았다. 천리(天理)는 욕(欲)을 다하지 않고 절제하는 것으로, 욕(欲)은 다할 수 없는 것이지 가질 수 없는 것이 아니다. 욕(欲)을 가지되 절제하여, 지나치거나 미치지 못하는 정(情)이 없게 하는 것을 천리(天理)라고 한다. 욕(欲)은 혈기(血氣)의 자연(自然)이고, 아름다운 덕을 좋아하는 것은 심지(心知)의 자연(自然)이다. 심지(心知)의 자연(自然)은 리(理)를 좋아하지만, 전부 리(理)를 얻을 수는 없다. 혈기(血氣)의 자연(自然)으로부터 필연(必然)을 알게 되므로, 자연(自然)과 필연(必然)은 한 가지 일이다. 자연(自然)에 나아가 조금의 잘못도 없는 것이 바로 필연(必然)이다. 이와 같은 뒤에 유감이 없고 편안하다면, 그것이 바로 자연(自然)의 지극한 법칙이다. 자연(自然)에 맡겨 잘못으로 흐르면 도리어 자연(自然)을 잃게 되지만, 필연(必然)으로 귀결하면 바로 자연(自然)을 완성하게 된다. 사람의 생존은 혈기(血氣)와 심지(心知)일 뿐으로, 혈기(血氣)의 자연(自然)으로부터 정(情)과 욕(欲)을 살핌으로써 필연(必然)을 알게 되는데, 추구하여 바꿀 수 없는 것에 이르면 필연(必然)이 된다. 하늘과 땅, 사람과 사물, 일과 행위 모두에서 바꿀 수 없는 필연(必然)을 구하면, 리(理)는 밝게 드러난다. 사람의 리(理)를 다한다는 것은, 인간관계와 일상생활에서 필연(必然)을 다한다는 것일 뿐이다. 공경함은 항상 스스로 단속하는 것이고, 방자함은 이것과 반대이며, 올바름은 사사로움에 이끌리지 않는 것이고, 그릇됨은 이것과 반대이다. 반드시 공경하고 올바르더라도 의견이 혹시라도 치우치게 되면 오히려 리(理)를 얻었다고 할 수 없고, 비록 지혜로워서 충분히 리(理)를 얻었다고 하더라도 공경하지 않으면 소홀하여 실수하게 되고, 올바르지 않으면 모두 거짓이 된다. 송대 유학자들은 리(理)를 마음속에 갖춰서 그 처음을 회복하기만 하면 얻을 수 있다고 여겼지만, 혈기(血氣)와 심지(心知)를 중시하고 학문을 함으로써만 그것을 확충할 수 있다. 노자와 장자와 불교는 진재(眞宰)와 진공(眞空)으로 만물의 근원을 삼았고, 송대 유학자들은 노자와 장자와 불교의 설들로 자신들의 이론적 기반을 삼았으므로, 결국은 리(理)라는 한 글자로 진재(眞宰)와 진공(眞空)을 바꿨을 뿐이다. 송대 유학자들이 순자(기원전 약 313-기원전 약 238) 및 노자와 장자와 불교를 섞어 육경과 공자와 맹자의 책들로 들어가면서부터, 배우는 사람들이 그 잘못을 알지 못하여, 끝내는 육경과 공자와 맹자의 도(道)가 없어지게 되었다.

세 번째, 「천도」에서 대진이 제시한 사상을 원문의 순서대로 발췌해서 정리하면 다음과 같다. 도(道)는 행(行)과 같은 것으로, 기(氣)가 변화하여 널리 퍼지고 생겨나고 생겨나는 것이 쉬지 않는 것을 말한다. 음양과 오행은 도(道)의 실체로, 실체가 있기 때문에 나눠질 수 있고, 나눠지기 때문에 가지런하지 않게 된다. 『주역』의 "형이상자(形而上者)를 도(道)라고 하고, 형이하자(形而下者)를 기(器)라고 한다"는 것은, 본래 도(道)와 기(器)를 말한 것이 아니라, 도(道)와 기(器)로 형이상(形而上)과 형이하(形而下)를 구별한 것일 뿐이다. 기(器)는 한 번 이루어져서 변하지 않는 것이고, 도(道)는 사물에 체현되어 빠뜨릴 수 없는 것이다. 형(形)은 이미 형성된 형체와 기질을 이르는 것으로, 형이상(形而上)은 형이전(形而前)이라고 말하는 것과 같고, 형이하(形而下)는 형이후(形而後)라고 말하는 것과 같다. 육경과 공자와 맹자의 책들에서는 리(理)와 기(氣)에 대한 논변을 볼 수 없는데, 송대 유학자들이 그것을 만들어 말하면서, 끝내는 음양을 형이하(形而下)에 속하게 함으로써, 도(道)의 명칭이 갖는 함의를 잃어버리게 되었다. 노자와 장자와 불교가 신식(神識)이 형체(形體)의 본원이 되고, 신(神)이 기(氣)를 낳을 수 있고, 신(神)이 기(氣)의 주재자라고 고쳐 하였다면, 송대 유학자들은 리(理)가 사물을 낳는 본원이 되고, 리(理)가 기(氣)를 낳을 수 있고, 리(理)가 기(氣)의 주재자라고 선양하였는데, 말은 비록 다를지라도 실질은 같아서, 모두 정신이 세계의 본원이고 물질을 생산할 뿐만 아니라 주재까지 한다고 주장한 것이다. 송대 유학자들은 단지 유가의 형이상과 태극 등의 개념을 가지고 노자와 장자와 불교의 사상을 선양한 것에 지나지 않는다.

네 번째, 「성」에서 대진이 제시한 사상을 원문의 순서대로 발췌해서 정리하면 다음과 같다: 성(性)은 음양과 오행의 도(道)에서 나뉘져서 된 혈기(血氣)와 심지(心知)이다. 사람과 사물은 성(性)에서 구별되는데, 이미 생겨난 뒤에 갖게 되는 일이나 능력이나 덕은 모두 성(性)을 근본으로 삼는다. 모든 생명체는 천지의 기(氣)의 변화 속에 있다. 음양과 오행의 운행이 그치지 않는 것이 바로 천지의 기(氣)의 변화로, 사람과 사물이 생겨나는 것이 여기에 근본을 두는데, 처음에 그 나눠지는 것에서 제한을 받아서 치우침과 온전함, 두터움과 엷음, 맑음과 흐림, 어둠과 밝음의 가지런하지 않음이 있기에, 이루어진 성(性)이 각각 다르다. 인의예지(仁義禮智)는 욕(欲)을 벗어나서 구하는 것이 아니며, 혈기(血氣)와 심지(心知)에서 떠나지 않는 것이다. 송대 유학자들은 마치 물체가 있어서 별도로 한데 모여 부착되는 것과 같은 것을 성(性)으로 간주하였는데, 이것은 노자와 장자와 불교의 말들에 뒤섞여서 끝내 육경과 공자와 맹자의 말들에 어두워졌기 때문이다.

사람이 성(性)을 이루는 데, 가지런하지 않아서 지혜로움과 어리석음이 있게 되고, 어리석음에 맡겨 배우고 생각하지 않아서 악하게 된다. 어리석음은 악한 것이 아니므로, 사람이 선한 것이 분명하다. 지혜로움과 어리석음은 본질 상의 다름이 아니라 정도 상의 차이로, 후천적 학습과 환경의 영향을 받은 뒤에야 어리석음이 지혜로워질 수 있다. 배우지 않아도 할 수 있는 것은 성(性)에 속하고, 배운 뒤에야 할 수 있다든지, 배우지 않아도 비록 할 만하지만 할 수 없는 것은 성(性)에 속하지 않는다. 사람과 사물은 음양과 오행에서 나누어져 성(性)을 이루기 때문에, 기질의 종류를 버린다면 성(性)의 명칭은 없어지게 된다. 사람의 혈기(血氣)와 심지(心知)는 천지의 변화에 근원한다. 혈기(血氣)가 있으면 외부에서 가져온 것들로 그 혈기(血氣)를 기르는데, 소리와 색깔과 냄새와 맛이 그것들이다. 심지(心知)가 있으면 부자와 형제와 부부와 군신과 친구가 있다는 것을 알게 되는데, 이 다섯 가지의 관계에서 서로 친애하고 타당하게 처신하면, 곧 느낌에 따라 반응하여 기쁨과 노여움과 슬픔과 즐거움이 있게 된다. 소리와 색깔과 냄새와 맛의 욕(欲)과 기쁨과 노여움과 슬픔과 즐거움의 정(情)을 합하여 사람의 도(道)가 갖춰지게 된다. 욕(欲)은 혈기(血氣)에서 근원하기 때문에 성(性)이라고 하지만, 제한되어 넘을 수 없는 바가 있기 때문에 명(命)이라고 한다. 인의예지(仁義禮智)의 아름다움은 모든 사람들이 같을 수 없는데, 태어나는 초기에 제한되어 명(命)이라고 하지만, 모두가 그것들을 확충할 수 있어서 성(性)이라고 한다. 성(性)이라고 말하는 것은 성(性)을 구실로 삼는다고 말하는 것과 같은데, 군자는 성(性)을 구실로 삼아서 욕(欲)을 다하지 않고, 명(命)의 제한을 구실로 삼아서 재질을 다하지 않음이 없다. 송대 유학자들이 인성을 천명지성(天命之性)과 기질지성(氣質之性)으로 나누고, 천명의 성(性)을 선하다고 하고 기질의 성(性)을 악하다고 한 것은, 맹자와 같은 것 같지만 실제로는 다르고, 순자와 다른 것 같지만 실제로는 같다. 송대 유학자들의 성(性)에 대한 관점은, 성(性)이 서로 비슷하다는 공자의 설과 성(性)이 선하다는 맹자의 설을 계승한 것으로, 그들이 제시한 기질의 성(性)은 단지 맹자의 성선설이 갖는 약점을 보완하기 위한 것이다. 맹자는 입의 맛에 대한 것을, 눈의 색깔에 대한 것을, 귀의 소리에 대한 것을, 코의 냄새에 대한 것을, 사지의 편안함에 대한 것을 성(性)으로 삼았다. 사람이 선하지 않음이 없다는 것은, 제한을 알아서 그것을 넘지 않을 수 있는 것을 선(善)으로 삼은 것이고, 혈기(血氣)와 심지(心知)가 잘못이 없는 데에 이를 수 있는 것을 선(善)으로 삼은 것이다. 송대 유학자들은 노자와 장자와 불교의 견해를 빌려서 성(性)을 논하였는데, 그것은 육경과 공자와 맹자의 본뜻이 아니다.

다섯 번째, 「재」에서 대진이 제시한 사상을 원문의 순서대로 발췌해서 정리하면 다음과 같다: 재(才)는 사람과 사물이 각각 그 성(性)에 따라 이루어진 형체와 기질로, 지각과 능력이 여기에서 구별된다. 기(氣)의 변화로 사람과 사물이 생겨나는데, 그 나누어지는 바에 제한되는 것을 명(命)이라고 하고, 그 사람과 사물이 되는 최초의 본질을 성(性)이라고 하고, 그 형체와 기질을 재(才)라고 한다. 성(性)을 이루는 것이 각각 다르기 때문에, 재(才)도 각각 다르다. 재(才)는 성(性)이 드러난 것으로, 재(才)를 버리고서 성(性)을 볼 수는 없다. 성(性)과 재(才)는 모두 부여받은 기(氣)로부터 말하는 것으로, 부여받은 기(氣)가 온전하면 성(性)이고, 형체와 기질이 온전하면 재(才)이다. 사람은 태어난 뒤에 욕(欲)과 정(情)과 지(知)가 있는데, 이 세 가지는 혈기(血氣)와 심지(心知)의 자연(自然)이다. 욕(欲)으로는 소리와 색깔과 냄새와 맛이 있는데, 이 때문에 사랑과 두려움이 있게 되고, 정

(情)으로는 기쁨과 노여움과 슬픔과 즐거움이 있는데, 이 때문에 슬픔과 유쾌함이 있게 되고, 지(知)로는 아름다움과 추함과 옳음과 그름이 있는데, 이 때문에 좋아함과 싫어함이 있게 된다. 소리와 색깔과 냄새와 맛의 욕(欲)은 삶을 기르는 바탕이고, 기쁨과 노여움과 슬픔과 즐거움의 정(情)은 사물에 접하여 느끼는 것이고, 아름다움과 추함과 옳음과 그름의 지(知)는 지극하여 천지와 귀신에 통하는 것이다. 소리와 색깔과 냄새와 맛을 구분하는 것은 오행의 상생이나 상극에서 되고, 기쁨과 노여움과 슬픔과 즐거움을 구분하는 것은 시기와 기회가 순조롭거나 거스르는 것에서 되고, 아름다움과 추함과 옳음과 그름을 구분하는 것은 의지와 사려가 따르거나 어기는 것에서 되는데, 이것들은 모두 성(性)을 이루어서 그런 것이다. 몸이 있기 때문에, 소리와 색깔과 냄새와 맛의 욕(欲)이 있게 되고, 군신과 부자와 부부와 형제와 친구의 관계가 갖춰지게 되는데, 이로부터 기쁨과 노여움과 슬픔과 즐거움의 정(情)이 있게 된다. 욕(欲)과 정(情)과 지(知)가 있은 뒤에야, 욕(欲)이 이루어지고 정(情)이 달성된다. 욕(欲)을 이루게 하고 정(情)을 달성하게 하는 것이 곧 천하의 일이다. 사람의 지(知)만이 작게는 아름다움과 추함의 극치를 다할 수 있고, 크게는 옳음과 그름의 극치를 다할 수 있다. 자기의 욕(欲)을 이룬 자는 다른 사람의 욕(欲)을 이루게 할 수 있고, 자기의 정(情)을 달성한 자는 다른 사람의 정(情)을 달성하게 할 수 있다. 도덕의 성함은 사람의 욕(欲)을 이루게 하고, 사람의 정(情)을 달성하게 한다. 욕(欲)의 잘못은 사사로움이 되는데, 사사로우면 곧 탐욕과 사악함이 뒤따른다. 정(情)의 잘못은 치우침이 되는데, 치우치면 곧 어긋남이 뒤따른다. 지(知)의 잘못은 가려짐이 되는데, 가려지면 곧 오류가 뒤따른다. 사사롭지 않으면, 욕(欲)은 모두 인(仁)이고 예(禮)이고 의(義)이다. 치우치지 않으면,

정(情)은 반드시 온화하고 너그럽다. 가려지지 않으면, 지(知)는 총명과 성스러운 지혜이다. 사람은 재(才)에 차이가 있을지라도, 어떤 동물보다도 고명하기 때문에, 모두 성현이 될 수 있다. 사람의 성(性)이 선하기 때문에 재(才)도 아름다운데, 때때로 아름답지 않은 것은 마음을 타락시켜서 그렇다. 재(才)가 처음에는 아름답다가 나중에는 아름답지 않게 될 수 있는데, 그것은 재(才)로 말미암아 그 재(才)를 잃은 것으로, 성(性)이 처음에는 선하다가 나중에는 선하지 않게 될 수 있다고 할 수는 없다. 성(性)은 처음의 본질로 말한 것이고, 재(才)는 체질로 말한 것이다. 체질이 손상되는 것은 결국 체질의 잘못이 아니므로, 그 처음의 본질을 나무랄 수는 없다. 송대 유학자들은 성(性)은 선하고 재(才)에는 선하지 않은 것이 있다고 하여 성(性)과 재(性)를 두 개의 본원으로 나눴는데, 불량함이 발현되는 것은 치우침과 사사로움 때문이지, 성(性)과 재(才)의 잘못이 아니다.

여섯 번째, 「도」에서 대진이 제시한 사상을 원문의 순서대로 발췌해서 정리하면 다음과 같다: 인도(人道)는 인간관계와 일상생활에서 몸소 행하는 모든 것들을 말한다. 사람과 사물에서는 생겨나는 모든 일들이 기(氣)의 변화처럼 그칠 수가 없는데, 이것을 인도(人道)라고 한다. 성(性)과 도(道)는 실제로 있는 물체와 일을 가리키는 명칭들이고, 인(仁)과 예(禮)와 의(義)는 순수하고 치우침이 없고 바른 것을 일컫는 명칭들이다. 인도(人道)는 성(性)에서 근본하고, 성(性)은 천도(天道)에서 근원한다. 선(善)은 순수하고 치우침이 없고 바른 것을 말하고, 성(性)은 실제로 있는 물체와 일을 가리키는데, 하나의 일이 선하면 곧 하늘에 부합하게 된다. 성(性)을 이루는 것은 다를지라도, 그 선(善)은 곧 한 가지로, 선(善)은 필연(必然)이고, 성(性)은 자연(自然)이다. 필연(必然)으로 돌아가는 것이 바로 자연(自然)을 완성하는 것으로, 이것을 자연(自然)의 극치라고 하는데, 하늘과 땅과 사람과 사물의 도(道)가 여기에서 다하게 된다. 인(仁)과 의(義)와 예(禮)는 도(道)를 다하는 것들이고, 지(智)와 인(仁)과 용(勇)은 도(道)를 다할 수 있게 하는 원인들이다. 옛 성현의 도(道)는 인간관계와 일상생활일 뿐으로, 여기에서 잘못되지 않는 것을 구하면, 곧 인(仁)과 의(義)와 예(禮)의 명칭들이 생겨난다. 인(仁)과 의(義)와 예(禮)를 도(道)에 더하는 것이 아니라, 인간관계와 일상생활에서 그것들을 행할 때 잘못됨이 없는 것을 인(仁)과 의(義)와 예(禮)라고 하는 것일 뿐이다. 송대 유학자들은 인(仁)과 의(義)와 예(禮)를 전부 합해서 리(理)라고 말하였고, 리(理)를 마치 물체가 있는 것처럼 하늘에서 얻어서 마음에 갖춘 것으로 보았는데, 이런 이유로 리(理)를 형이상이라고 하고, 공허하고 적막하여 조짐이 없는 것으로 여긴 반면, 인간관계와 일상생활을 형이하라고 하고, 온갖 형상이 번잡하게 벌려져 있는 것으로 여겼다. 이것은 노자와 장자와 불교가 인간관계와 일상생활을 버리고 별도로 도(道)를 둔 것을 따라, 그것을 리(理)라고 바꿔 말한 것이다. 인간관계와 일상생활로부터 나온 것에서 바뀌지 않는 법칙을 구하면, 인(仁)이 지극해지고 의(義)가 다하여 하늘에 부합하게 된다. 인간관계와 일상생활은 사물이고, 인(仁)과 의(義)와 예(禮)는 법칙이다. 인간관계와 일상생활에서 나온 모든 것들을 도(道)라고 하는데, 절도에 맞는 것이 통하는 도(道)가 되고, 지나치지도 않고 미치지 못하지도 않고 한쪽에 치우치지도 않는 것이 도(道)가 된다는 것은 사물과 법칙을 합해서 말한 것이다.

일곱 번째, 「인의예지」에서 대진이 제시한 사상을 원문의 순서대로 발췌해서 정리하면 다음과 같다: 인(仁)은 생겨나고 생겨나는 덕으로, 한 사람이 그 삶을 이루고, 그것을 넓혀 다른 사람들의 삶을 함께 이루어주는 것이다. 예(禮)는 천지의 조리(條理)이며, 친소와 상하의 구별이다. 의(義)는 조리(條理)가 질서정연하여 혼란스럽지 않은 것이다. 지(智)는 인(仁)과 의(義)와 예(禮)를 인식하고 장악하는 능력이다. 인(仁)과 의(義)와 예(禮)는 인도(人道)의 준칙으로, 이 셋은 서로를 포괄할 뿐만 아니라 지(智)도 포괄하는데, 이 지(智)는 곧 인(仁)과 의(義)와 예(禮)를 이해하는 이치이다. 인간관계와 일상생활에서 그 정미한 극치를 궁구하여 인(仁)과 의(義)와 예(禮)라고 하는데, 인(仁)에 유감이 없고 예(禮)와 의(義)에 허물을 짓지 않으면, 곧 도(道)가 다해지게 된다. 덕성이 사람에게 보존되면 지(智)와 인(仁)과 용(勇)이라고 하는데, 이 세 가지가 재질의 아름다움이다. 재질에 의거하여 배움을 더하면, 모두가 성인이 될 수 있다. 인도(人道)에서 천도(天道)로 거슬러 올라가고, 사람의 덕성에서 하늘의 덕성으로 거슬러 올라가면, 곧 기(氣)가 변화하여 널리 퍼지고 생겨나고 생겨나는 것이 쉬지 않는데, 이것이 인(仁)이다. 생겨나고 생겨나는 것으로 인하여 자연(自然)의 조리(條理)가 있게 되는데, 조리(條理)가 질서정연한 것을 보면 예(禮)를 알 수 있고, 조리(條理)가 분명하여 어지럽힐 수 없는 것을 보면 의(義)를 알 수 있다. 하늘에서는 기(氣)가 변화하여 생겨나고 생겨나게 되고, 사람에게서는 생겨나고 생겨나는 마음이 되는데, 이것이 인(仁)의 덕됨이다. 하늘에서는 기(氣)가 변화하여 미루어나가는 조리(條理)가 되고, 사람에게서는 심지(心知)가 조리(條理)에 통하여 어지럽지 않게 되는데, 이것이 지(智)의 덕됨이다. 오직 조리(條理)로써 생겨나고 생겨나는 것인데, 만일 조리(條理)를 잃게 되면 생겨나고 생겨나는 도(道)가 끊어지게 된다. 인(仁)과 의(義) 및 지(智)와 인(仁)은 모두 생겨나고 생겨나는 것과 조리(條理)를 겸해서 하는 말이다. 지(智)와 인(仁)과 용(勇)은 사람이 구비한 미덕으로, 도덕의 정점은 지(智)와 인(仁)을 완전하게 구비하는 것이고, 용(勇)은 도덕으로 하여금 충분히 실현되게 하는 조건이다.

여덟 번째, 「성」에서 대진이 제시한 사상을 원문의 순서대로 발췌해서 정리하면 다음과 같다: 성(誠)은 곧 실(實)로, 실(實)하게 하는 것은 지(智)와 인(仁)과 용(勇)이고, 실(實)해진 것은 인(仁)과 의(義)와 예(禮)이다. 혈기(血氣)와 심지(心知) 외에 별도의 지(智)와 인(仁)과 용(勇)이 있는 것이 아니고, 인간관계와 일상생활을 버리면 인(仁)도 의(義)도 예(禮)도 없다. 「중용」의 '자성명(自誠明)'은 곧 지(智)와 인(仁)과 용(勇)을 구비한 사람이 인간관계와 일상생활에서 각종 일들을 잘 처리하여 인(仁)과 예(禮)와 의(義)를 체현하는 것이고, '자명성(自明誠)'은 학습을 통하여 인간관계와 일상생활에서 각종 일들의 이치를 이해하여 인(仁)과 예(禮)와 의(義)를 구현하는 것으로, 이렇게 함으로써 지(智)와 인(仁)과 용(勇)은 부단히 증강되어 마침내 성인의 경지에 이르게 된다. 도(道)를 다하는 것으로 인(仁)보다 큰 것이 없는데, 의(義)와 예(禮)도 겸하게 되고, 도(道)를 다하는 것으로 지(智)보다 큰 것이 없는데, 인(仁)과 용(勇)도 겸하게 된다. 선(善)의 실마리를 이루 다 셀 수는 없지만, 인(仁)과 의(義)와 예(禮)를 들면 선(善)은 곧 갖춰지게 되고, 덕성의 아름다움을 이루 다 셀 수는 없지만, 지(智)와 인(仁)과 용(勇)을 들면 덕(德)은 곧 갖춰지게 된다. 선(善)과 덕(德)을 말하는데, 그 실(實)을 다하는 것을 성(誠)이라고 한다. 지(智)는 가려지지 않는 것이고 인(仁)은 사사롭지 않는 것이고 용(勇)은 스스로 힘쓰는 것으로, 가려지지 않고 사사롭지 않은 것에 스스로 힘쓰는 것을 더하지 않으면, 지(智)와 인(仁)과 용(勇)은 없다. 지(智)와 인(仁)과 용(勇)을 가지고 인(仁)과 의(義)와 예(禮)를 행하는 것이 곧 성(誠)이다.

아홉 번째, 「권」에서 대진이 제시한 사상을 원문의 순서대로 발췌해서 정리하면 다음과 같다: 권(權)은 가벼움과 무거움을 구별하는 근거이다. 가벼움과 무거움이 영원히 바뀌지 않는 것은 일정함으로, 일정하면 영원히 바뀌지 않는 가벼움과 무거움을 뚜렷하게 볼 수 있다. 경우에 따라 가벼움이 무거움이 되고 무거움이 가벼움이 되는 것은 변화로, 변화하면 일의 실정을 정확하게 분별할 수 없어서 충분히 알 수 없게 된다. 사람의 근심에는 사사로움과 가려짐이 있는데, 사사로움은 정(情)과 욕(欲)에서 나오고, 가려짐은 심지(心知)에서 나온다. 사사로움이 없으면 인(仁)이고, 가려짐이 없으면 지(智)이다. 정(情)과 욕(欲)을 단절함으로써 인(仁)이 된다거나 심지(心知)를 제거함으로써 지(智)가 되는 것이 아니므로, 성현의 도(道)는 사사로움을 없애는 것이지 욕(欲)을 없애는 것이 아니다. 성현의 학문은 넓게 배우고 깊게 묻고 신중하게 생각하고 명확하게 판별한 다음에 독실하게 행하는 것에서 말미암음으로, 행한다는 것은 인간관계와 일상생활의 가려지지 않은 것을 행한다는 것이지, 노자와 장자와 불교처럼 인간관계와 일상생활을 버리고 욕(欲)을 없애는 것을 독실하게 행한다는 것이 아니다. 인간관계와 일상생활에서 성인이 천하의 정(情)을 통달하게 하고 욕(欲)을 완수하게 하면서, 그것들에 권도(權道)를 행하여, 분담해서 처리하는 데 어긋나지 않는 것을 리(理)라고 한다. 송대 유학자들이 노자와 장자와 불교의 무욕(無欲)과 공적(空寂)의 설에 근거하여 천리(天理)를 보존하고 인욕(人欲)을 멸절한다는 설을 제시한 것은, 의견으로 리(理)를 삼은 것이며, 리(理)를 잡고서 권도(權道)가 없는 것이다. 그러므로 옳음과 그름, 가벼움과 무거움을 구분하지 못하게 되어, 백성들을 속이는 것은 물론이고, 그들을 살해하는 도구가 되어, 천하로 하여금 큰 화를 입게 하였다. 군자는 사사로움이 없는 사람으로, 욕(欲)이 없는 것을 귀하게 여기지 않으며, 성인의 도(道)는 백성들의 정(情)과 욕(欲)을 체현하게 하고 성취하게 하는 것이다. 일과 사물의 리(理)는 반드시 일과 사물에 나아가 지극히 미세한 것까지 관찰함으로써 얻어진다. 공자의 '일이관지(一以貫之)'는 학습을 통하여 사상이 명백한 데 이르는 것을 견지하는 것으로, 각종 사물에 대한 분석을 통하여 그 법칙을 인식하고 장악해야 하며, 사물이 변화하는 정황 및 그 법칙에 근거하여 사물의 가벼움과 무거움을 재야만 착오가 발생하지 않는다. 또한 '극기복례(克己復禮)'는 개인의 편견을 제거하고, 자기의 정(情)과 욕(欲)으로부터 천하 사람들의 정(情)과 욕(欲)을 생각하며, 천하 사람들과 함께 호흡하고, 객관적인 사물의 법칙에 부합해야 하는 것이다. 마음의 밝음은 일의 실정을 정확하게 분별하고 살피는 것을 이르므로, 권(權)이라고 한다. 배움이 여기에 이르면, 하나로써 그것을 꿰뚫게 되고, 의견의 치우침이 없어지게 된다. 말이 사람의 마음에 깊이 들어가, 그 화가 큰 데도 깨닫지 못하면, 백성들이 입는 화의 끝을 알 수 없게 된다. 양주와 묵자를 맹자의 시대에는 성인과 현인으로 여겼고, 노자와 석가모니를 세상에서는 성인이 미치지 못하는 자들로 여겼다. 그들은 각각 아는 바를 행하길, 몸소 실천하는 군자와 같이 뛰어났기 때문에, 천하가 존경하고 믿었던 것이다. 맹자와 한유(韓愈, 768-824)가 논쟁하는 것을 그만 둘 수 없었던 것은, 양주와 묵자와 노자와 불교의 말들이 사람들의 마음속에 깊이 들어가, 그 화가 컸기 때문이었다. 천하에는 낳고 기르는 도(道)를 버리고서 존재할 수 있는 것이 없는데, 일과 행위가 모두 욕(欲)에 있으니, 욕(欲)을 없애면 곧 하는 것도 없어지게 된다. 욕(欲)이 있은 뒤에야 하는 것이 있게 되는데, 하는 것이 있으면서 지극히 당연하여 바꿀 수 없는 데로 돌아가는 것을 리(理)라고 한다. 옛날에 리

(理)를 말했던 것은 사람의 정(情)과 욕(欲)에서 그 리(理)를 구했던 것으로, 정(情)과 욕(欲)에 흠이 없으면 곧 리(理)가 된다고 하였다. 지금 리(理)를 말하는 것은 사람의 정(情)과 욕(欲)을 떠나서 그 리(理)를 구하는 것으로, 정(情)과 욕(欲)을 참고 돌아보지 않으면 곧 리(理)가 된다고 한다. 이 리(理)와 욕(欲)의 분별은 마침내 천하 사람들을 다 속이고 거짓말하는 사람들로 변화시켜서, 화가 되는 것이 이루 다 헤아릴 수 없게 되었다.

3. 「답팽진사윤초서(答彭進士允初書)」는 어떤 글인가?

단옥재의 「대동원선생연보」 '오십오세(五十五世)' 조에 따르면, "선생은 정유 사월에 팽진사 소승에게 답한 편지가 있다. …… 팽군은 석씨의 학설을 좋아하여, 불전에서 장기간 채식을 하였는데, 삭발만 안 했을 뿐이고, 공자와 맹자와 정자와 주자를 얘기하는 것을 좋아하여, 공자와 맹자와 정자와 주자로 석씨의 말을 소증하였다. 그 저술에서 보이는 것은, 공자와 맹자가 불교와 두 가지 길이 아니라고 하였으며, 정자와 주자가 육구연과 왕수인과 석씨와 다름이 없이 일치한다고 하였다. …… 선생은 『원선』과 『맹자자의소증』을 지어 그것들을 보였는데, 팽군이 선생에게 준 편지가 있다. …… 그 편지는 거의 오천자가 된다. 이것이 있어서 『원선』과 『맹자자의소증』의 말이 더욱 명확해졌다"9)고 하였다. 정유년 사월이면, 대진이 사망하기 한 달 전이

---

9) 段玉裁, 「戴東原先生年譜」: "先生丁酉四月, 有答彭進士紹升書. …… 彭君好釋氏之學, 長齋佛前, 僅未削髮耳, 而好談孔孟程朱, 以孔孟程朱疏證釋氏之言. 其見於著述也, 謂孔孟與佛無二道, 謂程朱與陸王釋氏無異致. …… 先生以所作原善孟子字義疏證示之, 彭君有書與先生. …… 其書幾五千言. 有此

다. 즉 「답팽진사윤초서(答彭進士允初書)」는 대진이 사망 한 달 전에 쓴 글로, 진사(進士) 윤초(允初) 팽소승(彭紹升)이 편지로 대진의 사상을 비판하자, 대진이 장문의 편지로 팽소승의 비판을 반박한 문장이다.

윤초는 팽소승의 자로, 과거 시험에 합격하여 진사가 되었으며, 강소(江蘇) 장주(長州, 현 소주시(蘇州市) 일원) 사람이다. 호는 척목(尺木)이고, 별호(別號)는 지귀자(知歸子)이며, 법명(法名)은 제청(際淸)이고, 거사(居士)였다. 처음에는 정주(程朱) 리학(理學)을 공부하였고, 뒤에는 육왕(陸王) 심학(心學)을 거쳐 불교 선학(禪學)에 종사하였다. 견성(見性)을 학문의 종지로 삼았으며, 선학을 이용하여 유학을 해석함으로써 유불 양가의 사상적 조화를 도모하였다. 저작으로 『일승결의론(一乘決疑論)』, 『이림거집(二林居集)』, 『화엄염불삼매론(華嚴念佛三昧論)』, 『거사전(居士傳)』, 『선여인전(善女人傳)』, 『관하집(觀河集)』, 『일행거집(一行居集)』, 『측해집(測海集)』 등이 있다.

팽소승이 「여대동원서(與戴東原書)」로 이름 붙여진 편지에서 대진의 송명 유학에 대한 비판적 입장을 공격하자, 대진은 곧 「답팽진사윤초서(答彭進士允初書)」로 이름 붙여진 편지에서 팽소승의 송명 유학에 대한 옹호적 입장을 반격하였다. 대진은 팽소승의 사상이 불교를 위주로 유가와 도가의 사상을 혼합한 것으로, 그 설은 단지 육경과 공자와 맹자에 의탁한 것일 뿐, 자신의 관점과는 아주 다른 것이라고 주장하였다. 나아가 송대 유학자들이 노자와 불교에 출입한 역사를 기술하였고, 자신이 『맹자자의소증』을 쓰게 된 이유와 목적을 설명하였으며, 정주 리학과 육왕 심학을 부정하는 내용을 서술함으로써, 팽

而原善孟子字義疏證之說愈明矣."

소승의 견해와 타협할 수 없는 입장을 드러냈다.

「답팽진사윤초서」에서 대진이 제시한 사상을 원문의 순서대로 발췌해서 정리하면 다음과 같다: 송대 유학자들은 노자와 불교의 말들을 혼합하고 답습하여 공자와 맹자의 책들을 해석하면서, 단지 신식(神識)이라는 말을 리(理)라는 말로 바꾸기만 했을 뿐이다. 사람과 사물은 음양과 오행에서 나누어져 각각의 서로 다른 성(性)을 이루는데, 음양과 오행의 기(氣)가 흩어지면 천지로 돌아가고, 모이면 사람과 사물을 이룬다. 욕(欲)은 살면서 삶을 이루고 좋은 것을 갖추기를 원하는 것이고, 정(情)은 친근함과 소원함과 어른과 어린이와 존귀함과 비천함의 느낌들이 자연스럽게 발현되는 것이며, 리(理)는 정(情)과 욕(欲)의 미세함까지 구별하고 순조롭게 달성되게 하여 아주 작은 것에까지 미치게 하는 것이다. 욕(欲)은 미치지 못하는 것을 근심하는 것이 아니라, 지나치는 것을 근심하는 것이다. 지나치는 것이란 사사로움에 습관이 되어 다른 사람을 잊어버리는 것으로, 그 마음은 깊이 빠져버리고, 그 행위는 사특하다. 정(情)이 정당하다면 미치지 못하는 것을 근심하고 지나치지 않게 하며, 정당하지 않다면 지나치는 것을 근심할 뿐만 아니라 스스로 반성하여 잘못을 구제하는 데 힘쓴다. 욕(欲)이 사사로움으로 흐르지 않으면 곧 인(仁)이고, 깊이 빠져서 사특해지지 않으면 곧 의(義)이며, 정(情)이 발동하여 절도에 맞으면 곧 화(和)인데, 이것이 바로 천리(天理)이다. 정(情)과 욕(欲)이 아직 발현되지 않아 깊고 고요하여 잘못이 없는 것을 천성(天性)이라고 한다. 송대 유학자들은 리(理)를 마치 물체가 있는 것처럼 하늘에서 얻어서 마음에 갖춘 것으로 여겼는데, 후세 사람들이 자기의 의견을 고집하여 리(理)라고 주장함으로써, 백성들에게 화를 입히게 되었다. 다시 욕(欲)을 없애라는 설을 섞어서, 리(理)를 얻는 것이 더욱 멀어지고, 의견을 고집하는 것이 더욱 견고하여, 백성들에게 미치는 화가 더욱 극렬해졌다. 팽소승의 사상은 노자와 불교 및 육구연(陸九淵, 1139-1193)과 왕수인(王守仁, 1472-1529)을 위주로 하면서, 공자와 맹자 및 정호(程顥, 1032-1085)와 정이(程頤, 1033-1107)와 주희를 합하여 하나로 만든 것으로, 언어가 비록 정밀하다고 할지라도, 노자와 불교의 모습을 공맹(孔孟)과 정주(程朱)의 모습으로 변화시킨 것에 지나지 않는다.

4. 「여모서(與某書)」는 어떤 글인가?

'여모서(與某書)'는 '누군가에게 보내는 편지'라는 뜻으로, 언제 누구에게 쓴 것인지는 알려져 있지 않다. 다만 내용으로 보건대, 「답팽진사윤초서」의 초고가 아닌지 추측해 볼 수 있을 뿐이다. 아마도 「답팽진사윤초서」 이전에 쓰다가 멈춘 글로, 보내지 않은 듯하다.

대진은 「여모서」에서 사람의 사상을 억압하는 팔고문(八股文)과 송대 유학의 주요 내용을 비판하였다. 그는 송대 이래의 유학자들이 주관적인 의견을 리(理)로 삼아, 그것을 기준으로 사람들을 죽이고, 그 화가 천하에 미치게 되었다고 주장하면서, 백성들의 욕(欲)을 이루게 하고, 그들의 정(情)을 체득하게 함으로써, 천하가 다스려지도록 해야 한다고 강조하였다.

「여모서」에서 대진이 제시한 사상을 원문의 순서대로 발췌해서 정리하면 다음과 같다: 제의(制義) 한 가지 일에 정성을 들이는 것은, 한 가지 경전에 정성을 들이는 것만 못하다. 경전을 연구하는 데는 먼저 글자의 뜻을 고찰하여야 하고, 다음에는 문장의 조리에 통달하여야 한다. 도(道)를 듣는 데 뜻이 있으면, 반드시 의지하는 바를 없애야 한다. 우리가 책을 읽는 것은, 송대 이래의 유학자들과 다투어서 새로운 설을 내세우려는 것이 아니라, 마음을 평안하게 하여 경전의 문장을 몸소 이해하려는 것이다. 한 글자를 정확하게 이해하지 않으면, 말하는 뜻에 반드시 잘못이 있어 도(道)를 잃게 된다. 배움으로 심지(心知)를 일깨워주는 것은, 먹고 마심으로 혈기(血氣)를 기르는 것과 같아서, 비록 어리석더라도 반드시 총명해지고, 비록 약하더라도 반드시 강해진다. 배움이 지혜와 용기를 더하기에 부족하다면 스스로 얻은 배움이 아니라는 것을 알 수 있는데, 그것은 마시고 먹는 것이 혈기(血氣)를 늘리기에 부족하다면 먹어서 소화를 시키지 못하는 것과 같다. 송대 이래의 유학자들은 자기의 의견으로 고대 성현이 남긴 교훈적인 말뜻을 삼았는데, 실제로는 언어와 문자를 알지 못하였고, 자기들의 리(理)로 천하의 일을 독단적으로 실행하였지만, 사정의 전말과 은미하고 복잡한 것을 실제로 알지 못하였으므로, 큰 도(道)를 잃어버렸고, 일을 실행하는 데 어그러지게 되었다. 성인의 도(道)는 천하에서 달성되지 않는 정(情)이 없게 하고, 욕(欲)을 이루어 천하가 다스려지는 것을 추구한다. 송대 이래의 유학자들은 정(情)이 조금이라도 유감이 없는 데 이르는 것이 바로 리(理)라는 것을 알지 못하였기 때문에, 이 리(理)는 가혹한 관리의 법(法)과 같게 되었다. 가혹한 관리는 법(法)으로 사람을 죽이고, 송대 이래의 유학자들은 리(理)로 사람을 죽이는데, 점차 법(法)을 버리고 리(理)를 논하게 되어, 죽어도 다시는 구제할 수 없게 되었다.

5. 번역 기준

『한글 맹자자의소증(孟子字義疏證)』이라는 책이름은 말 그대로 한

자로 된 『孟子字義疏證』을 한글로 옮긴 것이다. 이 책을 번역하면서 세운 기준은 다음과 같다.

하나, 한글 번역문을 앞에 놓고, 바로 뒤에 해당 한자 원문을 놓았다.

둘, 대진의 문체를 최대한 살리기 위하여 직역을 위주로 하였다.

셋, 직역의 문제점을 보완하기 위하여 필요에 따라 원문에 상세한 역주를 달았다.

넷, 모든 고유 명사나 주요 학술 용어는 한국식 한자 발음에 준하여 표기하였다.

다섯, 원문은 문언문과 백화문이 혼용된 경우가 있으므로, 두 문체의 특징을 충분히 살려서 옮겼다.

여섯, 인명이나 서명은 원문의 표기에 의거하여 옮겼다.

일곱, 번역문의 이해를 돕기 위하여 필요한 경우 괄호 안에 한자를 병기하였다.

여덟, 원문에는 인물의 생몰 연대나 왕조의 흥망 연대가 아예 표기되지 않았지만, 역주에서 일일이 표기하였다.

아홉, 원문에는 인용된 문장의 출처가 구체적으로 표기되지 않았거나 아예 표기되지 않은 경우가 있는데, 역주에서 일일이 표기하였다.

열, 원문에서 인용된 문장 중에 정확하지 않거나 생략된 부분이 있는 경우에는, 역주에서 일일이 수정하고 보충하였다.

열하나, 원문에서 인용된 문장이 너무 짧아서 앞뒤의 내용을 이해하는 데 문제가 있는 경우에는, 이해를 돕기 위해 역주에서 앞뒤의 문장을 덧붙여서 인용문을 표기하였다.

열둘, 원문의 단락과 문장 부호는 기본적으로 2010년 황산서사(黃山書社)에서 출판한 『대진전서(戴震全書)』본을 참고하였고, 부분적으로 1982년 중화서국(中華書局)에서 출판한 『맹자자의소증(孟子字

義疏證)』본이나 2009년 상해고적출판사(上海古籍出版社)에서 출판한 『대진집(戴震集)』본을 참고하였으며, 경우에 따라 옮긴이의 안을 따랐다. 이에 관한 설명은 모두 역주에서 처리하였다.

6. 참고 문헌

하나, 『맹자자의소증』, 「답팽진사윤초서」, 「여모서」를 한글로 옮기면서 참고한 원문본들은 다음과 같다.

대진(戴震), 『대진집(戴震集)』, 상해(上海): 상해고적출판사(上海古籍出版社), 2009

대진(戴震); 양응근(楊應芹), 제위기(諸偉奇) 주편(主編), 『대진전서(戴震全書)』수정본(修訂本), 합비(合肥): 황산서사(黃山書社), 2010

대진(戴震); 하문광(何文光) 정리(整理), 『맹자자의소증(孟子字義疏證)』, 북경(北京): 중화서국(中華書局), 1982

둘, 원문본 외에 참고한 주해본은 다음과 같다.

안정휘(安正輝), 『대진철학저작선주(戴震哲學著作選注)』, 북경(北京): 중화서국(中華書局), 1979

셋, 원문본 및 주해본 외에 참고한 문헌들은 다음과 같다.

단옥재(段玉裁), 『대동원선생전집(戴東原先生全集)』, 상해(上海): 상무인서관(商務印書館), 1933

대진(戴震); 대진연구회(戴震硏究會), 대진기념관(戴震紀念館) 등 편찬(編纂), 『대진전집(戴震全集)』, 북경(北京): 청화대학출판사(淸華大學出版社), 1991-1999

대진(戴震); 장대년(張岱年) 주편(主編), 『대진전서(戴震全書)』, 합비(合肥): 황산서사(黃山書社), 1994-1997

대진(戴震); 조옥신(趙玉新) 점교(點校), 『대진문집(戴震文集)』, 북경(北

京): 중화서국(中華書局), 2006

대진 지음; 임옥균 옮김, 『맹자자의소증 원선』, 서울: 홍익출판사, 1999

모회신(冒懷辛) 역주(譯注), 『맹자자의소증전역(孟子字義疏證全譯)』, 성
　　도(成都): 파촉서사(巴蜀書社), 1992

완원(阮元) 교각(校刻), 『십삼경주소(十三經注疏)』, 북경(北京): 중화서국
　　(中華書局), 2008

왕수인(王守仁); 오광(吳光), 전명(錢明), 동평(董平), 요정복(姚廷福) 편
　　교(編校), 『왕양명집(王陽明集)』, 상해(上海): 상해고적출판사(上
　　海古籍出版社), 1995

육구연(陸九淵); 종철(鍾哲) 점교(點校), 『육구연집(陸九淵集)』, 북경(北
　　京): 중화서국(中華書局), 2010

장재(張載); 장석침(章錫琛) 점교(點校), 『장재집(張載集)』, 북경(北京):
　　중화서국(中華書局), 2006

정호(程顥), 정이(程頤); 왕효어(王孝魚) 점교(點校), 『이정집(二程集)』,
　　북경(北京): 중화서국(中華書局), 2008

주돈이(周敦頤); 진극명(陳克明) 점교(點校), 『주돈이집(周敦頤集)』, 북경
　　(北京): 중화서국(中華書局), 2009

주희(朱熹); 주걸인(朱杰人), 엄좌지(嚴佐之), 유영상(劉永翔) 주편(主編),
　　『주자전서(朱子全書)』, 상해(上海): 상해고적출판사(上海古籍出
　　版社); 합비(合肥): 안휘교육출판사(安徽敎育出版社), 2002

진순(陳淳); 웅국정(熊國禎), 고유수(高流水) 점교(點校), 『북계자의(北溪
　　字義)』, 북경(北京): 중화서국(中華書局), 2009

허신(許愼), 『설문해자(說文解字)』, 북경(北京): 중화서국(中華書局),
　　2009

호적(胡適), 『대동원의 철학[戴東原的哲學]』, 합비(合肥): 안휘교육출판
　　사(安徽敎育出版社), 2006

넷, 『맹자자의소증』, 「답팽진사윤초서」, 「여모서」의 원문에 인용된 원전

으로 다음의 문헌들이 있다.

『경덕전등록(景德傳燈錄)』, 『금강반야바라밀경(金剛般若波羅蜜經)』, 『노자(老子)』, 『논어(論語)』, 『논어주소(論語注疏)』, 『논어집주(論語集注)』, 『대대예기(大戴禮記)』, 『대장경(大藏經)』, 『대학장구(大學章句)』, 『맹자(孟子)』, 『맹자집주(孟子集注)』, 『묵자(墨子)』, 『문선(文選)』, 『반야바라밀다심경(般若波羅蜜多心經)』, 『방언(方言)』, 『방언주(方言注)』, 『법언(法言)』, 『북계자의(北溪字義)』, 『상채선생어록(上蔡先生語錄)』, 『서경(書經)』, 『설문해자(說文解字)』, 『성명규지(性命圭旨)』, 『순자(荀子)』, 『시경(詩經)』, 『시모씨전(詩毛氏傳)』, 『모시정의(毛詩正義)』, 「여대동원서(與戴東原書)」, 「여대림횡거선생행장(呂大臨橫渠先生行狀)」, 『예기(禮記)』, 『예기정의(禮記正義)』, 『오등회원(五燈會元)』, 『왕양명전집(王陽明全集)』, 『원인론(原人論)』, 『육구연집(陸九淵集)』, 『육조단경(六祖壇經)』, 『이천격양집(伊川擊壤集)』, 『장자(莊子)』, 『장재집(張載集)』, 『전습록(傳習錄)』, 『정몽(正蒙)』, 『주돈이집(周敦頤集)』, 『주례(周禮)』, 『주례주소(周禮注疏)』, 『주역(周易)』, 『주자어류(朱子語類)』, 『중용장구(中庸章句)』, 『지월록(指月錄)』, 『춘추좌전(春秋左傳)』, 『태극해의(太極解義)』, 『통서(通書)』, 『통서주(通書注)』, 『하남정씨문집(河南程氏文集)』, 『하남정씨유서(河南程氏遺書)』, 『한유집(韓愈集)』, 『황극경세서(皇極經世書)』, 『회남자(淮南子)』, 『회암선생주문공문집(晦庵先生朱文公文集)』, 『후한서(後漢書)』.

7. 나머지 말

대진 사후, 한참 동안 연구되지 않던 그의 철학을 본격적으로 연구하기 시작한 초창기의 대표적인 학자들 중에는 호적(胡適, 1891-1962)도 있었다. 그는 "대진 철학은 역사적으로 볼 때, 송명 리학의 근본적인 혁명이라고 말할 수 있으며, 또한 새로운 리학의 건설 —

철학의 중흥이라고 말할 수 있다"[10]고 대진 철학을 평가하였다. 하지만 전통 철학사에서 대진이 이룩한 독창적인 공헌은 '송명 리학의 근본적인 혁명'이나 '새로운 리학의 건설'에 있다기보다는, 그것들을 가능하게 할 수 있는 '경전에 대한 자의소증(字義疏證)의 해석 방식'에 있다고 할 수 있다. 그의 자의소증 방식으로 신성불가침했던 경전의 권위가 점차 퇴색하게 되었고, 지고무상했던 성인의 지위도 차츰 추락하게 되었을지라도, 그것으로 인하여 소학이 대학이 되고 경학이 철학이 되면서, 전통 철학도 그 울타리에서 벗어나 현대 철학의 영역으로 접어들 수 있는 전기가 마련되었다고 할 수 있다.

경전을 해석하는 것과 창조를 추구하는 것은 별개가 아니다. 대진이 사용한 경전에 대한 자의소증의 해석 방식은 고전(古典)을 금전(今典)으로 거듭나게 한다. 하지만 금전의 사상적 가치는 고전의 해석으로부터 결정된다. 『맹자』와 『맹자자의소증』에는 '본래의 뜻'과 '해석의 뜻' 사이에 대응과 부대응의 관계 문제가 존재하게 된다. 완전한 대응은 경전 해석의 여지를 잃어버려, 해석하는 사람은 곧 역사적인 유물을 설명하는 인물로 전락하고 말게 된다. 반면에 완전한 부대응은 경전 해석의 근거를 잃어버려, 해석하는 사람은 곧 공허한 것을 논하는 인물로 전락하고 말게 된다. 그러므로 경전을 해석하는 것과 창조를 추구하는 것 사이에서, 사상가에게는 일종의 방법적 자각이 요구된다. 이런 의미에서 대진에게는 그 방법적 자각이 있었다고 할 수 있다. 그가 표명한 "경전을 연구하는 데는 먼저 글자의 뜻을 고찰

---

10) "戴震的哲學, 從歷史上看來, 可說是宋明理學的根本革命, 也可以說是新理學的建設, — 哲學的中興." (胡適, 『戴東原的哲學』(合肥: 安徽敎育出版社, 2006), 65쪽)

하여야 하고, 다음에는 문장의 조리에 통달하여야 한다. 뜻이 도를 듣는 데 있다면, 반드시 의지하는 바를 비워야 한다"[11]는 것이 바로 그것이다. 글자와 문장에 대한 이해를 바탕으로 해서 도(道)에 나갈 수 있는데, 이때 중요한 것은 글자와 문장 다음에는 그 어떠한 것에도 구애를 받아서는 안 된다는 것이다. 여기에서 새로운 도가 창조된다. 단순하게 경전을 해석하는 것은 '옛것을 구하기[求古]' 위한 것이지만, 경전 해석의 방식을 빌려 새롭게 해석하는 것은 곧 '옳은 것을 구하기[求是]' 위한 것이다. '구시(求是)'로 『맹자』를 해석하는 방식은, '구고(求古)'로 하여금 '구시'의 기초가 되게 하고, '구시'로 하여금 '구고'의 목표가 되게 한다. 전자에 대하여 말하자면, 대진이 경전을 해석하는 전통 방식을 존중한 것이라고 할 수 있는데, 그는 당대의 저명한 고문경학자 강영에게 배움으로써, 문자 훈고에 대한 공부가 한층 더 성숙해질 수 있었다. 후자에 대하여 말하자면, 대진은 새롭게 해석하는 방법에 있어서 아주 자각적이었다고 할 수 있는데, 그는 청대 고증학이 단순하게 지향하는 문자 훈고의 경향에 머물지 않고, 새로운 사상적 해석을 경전 해석의 내부로 끌어들였다. 이로부터 우리는 대진이 경전을 해석하는 목표가 단순하게 옛것을 구하는 것이 아니라, 옳은 것을 구하는 데 있었다는 것을 알 수 있다. 그러므로 대진의 『맹자자의소증』에는 방법론으로서의 고증학적 요소와 진리

---

11) 「與某書」: "治經先考字義, 次通文理. 志存聞道, 必空所依傍." 이와 관련 되는 대진의 또 다른 언술이 있다: "경전의 지극한 것은 도인데, 그런 까닭에 도를 밝히는 것은 그 글이고, 그런 까닭에 글을 이루는 것은 글자이다. 글자로부터 그 글에 통하고, 글로부터 그 도에 통하니, 반드시 차츰 나아가는 것이 있게 된다[經之至者道也, 所以明道者其詞也, 所以成詞者字也. 由字以通其詞, 由詞以通其道, 必有漸]." (「與是仲明論學書」)

추구로서의 철학적 특징이 동시에 내재되었다고 할 수 있다. 그 결과 『맹자자의소증』은 송대 유학자들이 건립한 성리(性理)의 설을 정리(情理)의 설로 전환시킨, 유가 사상사에서 독창적인 의의를 갖는 철학서라고 할 수 있다.

정주(程朱)의 리학(理學)과 육왕(陸王)의 심학(心學)으로 대표되는 송명 유학은, 선진 유학에 도가와 불교의 사상적 요소들을 가미하여 형이상학적으로 해석하면서 나온 사상 체계로, 송대 이후의 철학사에서 일세를 풍미했던 철학으로 자리매김하였다. 이렇게 새로운 철학은 이전의 철학을 바탕으로, 그 시대의 다양한 사상적 특징들이 반영되면서 창출된다. 그 과정에서 이전의 철학은 계승되기도 하고, 폐기되기도 하고, 변형되기도 하고, 왜곡되기도 한다. 여러 학파의 사상들이 혼합되어 새로운 철학으로 거듭났다고 해서, 그것을 무의미하다거나 무가치하다고 폄하할 수는 없다. 선진의 생활 유학이나 한대(漢代, 기원전 202-기원후 220)의 훈고 경학이나 위진(魏晉, 220-420)의 현학(玄學)이나 당대(唐代, 618-907)의 불학이나 모두 그러한 과정을 거치면서 형성되고 발전한 학술들이다. 청대를 살던 대진이 주자학을 비롯한 송명 유학을 비판하면서, 그것이 형성되고 발전하는 과정에서 다른 학파의 사상들이 혼합되었다는 사실로, 그것을 순수하지 못한 것이라고 부정했던 것이라면, 그것은 결국 그가 중시했던 선진 유학과 한대 유학 또한 부정될 수밖에 없는 자가당착에 빠지게 된다. 대진의 논리대로라면, 선진 유학 이외의 기존의 어떤 철학도 긍정할 수 없게 되는데, 그렇다면 선진 유학 또한 기존의 어떤 사상적 영향도 받지 않은 지고지순한 철학이라고 어떻게 장담할 수 있겠는가? 대진이 당시에 실생활과 괴리된 통치 이념으로서의 주자학의 한계를 목도하고, 그것이 선진 유학의 본질에서 이탈한 것이라고 판단한 나머지,

송명 유학의 비순수성으로 그 송명 유학 자체를 부정했던 것이라면, 그 논리는 결코 타당하지 못하다. 사실 송명 유학도, 그것이 형성되는 과정에서나, 그 이후의 발전하는 과정에서 실학으로서의 역할을 충실히 했던 사상 체계이다. 다만 새로운 시대에도 여전히 통치 이념으로 작용하다보니, 그 폐해가 막심한 허학이 되어버렸는데, 그렇다고 시대착오적인 사상 체계를 비판하기 위해서, 그 전개 과정에서 다른 사상들이 혼합된 비순수성을 이용했던 것이라면, 그것은 대진의 실책이라고 할 수 있다. 대진의 실책 속에는 새로운 사상이 싹틀 여지가 아예 존재하지 못하게 된다. 그 결과로 송명 유학은 비판하였지만, 정작 그것의 한계를 극복한 새로운 차원의 철학은 창출해 내지 못했고, 끝내는 선진 유학으로 돌아가려는 복고적인 성격을 띠게 되었다. 하지만 경전에 대한 자의소증의 해석 방식으로 진행되었던 대진의 송명 유학 비판은, 새로운 차원의 철학을 창출하기 위한 견실한 기초를 제공할 수 있다는 점에서 마땅히 그 가치가 인정되어야 한다. 새로운 철학은 기존의 철학에 대한 철저한 비판 위에서 시작된다. 문자옥이 횡행하던 엄혹한 청대 중기에, 현실과 무관한 고증학자로서의 대진이 아닌, 현실의 통치와 그 이념의 부조리와 불합리를 준엄한 논조로 비판했던 철학자로서의 대진을 우리는 『맹자자의소증』을 통해서 확인할 수 있다. 대진 철학은 이론을 위한 철학이 아닌, 실제를 위한 철학이다. 그것을 우리는 '인간 본위 생활 중심의 철학'이라고 할 수 있으며, 이것이 바로 『맹자자의소증』의 본질이라고 할 수 있다.

청대 중기 고증학 일변도의 학술 풍토에서, 대진 또한 생전에는 철학자가 아닌 고증학자로 명성을 떨쳤다. 『맹자자의소증』조차도 그의 생전에는 간행도 되지 않은 채 일부 지식인들 사이에서 은밀하게 읽혀졌을 뿐, 널리 공개적으로 알려졌던 것은 아니다. 대진 철학이

현실을 반영하여 나온 사상임에는 틀림없지만, 당시의 부조리하고 불합리한 현상을 타파하는 데 적극적인 역할을 했던 것은 결코 아니다. 이런 의미에서, 대진 철학이 '송명 리학의 근본적인 혁명'이나 '새로운 리학의 건설'이라는 호적의 평가는, 여전히 리학의 범위 안에 있었다는 점에서는 타당하지만, 근본적인 혁명이나 새로운 건설이라는 점에서는 타당하지 않다. 대진은, 인간을 얘기한다면서도 정작 인간에서 벗어나 천상으로 올라 가버린 송명 유학을, 단지 인간이 살고 있는 지상으로 끌어내리는 역할만 했을 뿐이다. 지상으로 내려온 그의 철학을 바탕으로 새로운 시대에 걸맞은 또 다른 차원의 철학을 창조하는 작업은 대진 이후의 사람들에게 남겨진 과제이다. 현실은 도외시한 채 철지난 철학 이론을 이리 분석하고 저리 검증하면서 갖가지 시대착오적인 의미를 공허하게 부여하는 작업이 참된 철학함으로 간주되고 있는 오늘날처럼, 대진 또한 겉으로는 여느 지식인들과 마찬가지로 이미 틀에 박힌 듯이 일상화된 고증 작업[求古]에 종사하였지만, 통치 이념으로서의 주자학 외의 사상을 허용하지 않던 강압적인 학술 상황에서도, 속으로는 자신만의 철학 탐구[求是]에 진력하였다. 그는 밖으로는 고증학자였지만, 안으로는 철학자였던 셈이다. 남겨진 그의 학술적 업적으로 볼 때 고증학 분야가 훨씬 많을지라도, 지금 우리는 고증학자로서의 대진보다는 고증학을 겸비한 철학자로서의 대진을 더 많이 얘기한다. 이것은, 비록 그의 철학사상에 선진 유학에 대한 복고적인 경향이나 송명 유학에 대한 자가당착적인 부정이라는 한계들이 내포되어 있다고 할지라도, 그가 당시에 사용하고 제시했던 '경전에 대한 자의소증의 해석 방식'과 '인간 본위 생활 중심의 철학'이 분명 시대를 앞선 사상이었다는 것과, 이제야 비로소 그 가치를 제대로 활용할 수 있는 시대가 도래했다는 것을 아울러 의미한다.

이 책도 그런 의미에서 번역하였다.

　이제 다시 앞에서 언급했던 열 살의 대진이 송대 주희의『대학장구』를 배우면서, "오른쪽 경 한 장은 아마도 공자의 말씀으로, 증자께서 그것을 기술하신 듯하다. 그 전 열 장은 곧 증자의 뜻으로 문인들께서 그것을 기록하셨다[右經一章, 蓋孔子之言, 而曾子述之. 其傳十章, 則曾子之意而門人記之也]"라는 구절에 이르렀을 때, 글방 선생님과 나눴다는 대화로 되돌아가 보자.

대　진: "이것은 무엇으로 공자의 말씀을 증자께서 기술하셨다는 것을 알 수 있습니까? 또한 무엇으로 증자의 뜻을 문인들께서 기록하셨다는 것을 알 수 있습니까?"

선생님: "이것은 주문공께서 하신 말씀이다."

대　진: "주문공께서는 어느 때 분이십니까?"

선생님: "송나라 분이시다."

대　진: "공자와 증자께서는 어느 때 분들이십니까?"

선생님: "주나라 분들이시다."

대　진: "주나라와 송나라는 얼마나 떨어져 있습니까?"

선생님: "거의 이천 년이 된다."

대　진: "그렇다면 주문공께서는 무엇으로 그렇다는 것을 아실 수 있었습니까?"

선생님: "……. 이 아이는 예사롭지 않은 아이다."

　이 어렸을 적 대진이 던졌던 물음들 속에는, 그 후 평생을 고증학자와 철학사상가로 산 그의 정신이 오롯하게 담겨있는 듯하다. 그 대표작이 바로『맹자자의소증』이다.

2020년 2월 20일

박 영 진

맹자자의소증
(孟子字義疏證)

서문 병신년
序 丙申[1]

　내가 어려서 『논어』를 읽었는데, 단목[端木賜] 씨의 말이 "선생님의 문장은 얻어들을 수 있었으나, 선생님께서 성(性)과 천도(天道)를 말씀하신 것은 얻어들을 수 없었다"고 말하였다. 『역[周易]』을 읽고서 비로소 성(性)과 천도(天道)를 말한 것이 거기에 있다는 것을 알았다. 주(周)의 도(道)가 쇠퇴하고, 요(堯), 순(舜), 우(禹), 탕(湯), 문(文), 무(武), 주공(周公)의 다스림을 이루는 방법들이 찬란한 문장으로 있으나, 버려져 지난 일들이 되었다. 공자는 이미 지위를 얻지 못해서, 여러 제도와 예악을 베풀 수 없었다. 그러므로 그것을 위하여 근본을 바로 잡고 근원을 거슬러 올라가서, 사람들로 하여금 오랜 세월 동안 다스려지고 어지러워지는 원인과, 제도와 예악을 따르고 바꾸는 적합함에 대하여, 마치 저울로 가볍고 무거움을 잴 수 있듯이, 마치 걸음쇠와 곱자와 수평기와 수직추로 모나고 둥글고 평평하고 곧은 것을 그릴 수 있듯이 하게 하였다. 말이 높고 먼 것 같지만, 말하지 않을 수 없었던 것이다. 공자로부터 그것들을 말하였는데, 사실 이전의 성인들이 말하지 않았던 바를 말한 것으로, 공자 말고 누구로부터 그것들을 듣겠는가! 그러므로 "얻어들을 수 없었다"고 말한 것이다.

---

1) '丙申'은 乾隆 41년 丙申年, 즉 1776년이다.

余少讀論語, 端木[2]氏之言曰: "夫子之文章[3]可得而聞也, 夫子之言性與天道[4]不可得而聞也."[5] 讀易[6], 乃知言性與天道在是.[7] 周[8]道衰, 堯舜禹湯文武周公[9]致治之法, 煥乎有文章者[10], 棄爲陳跡. 孔子[11]旣不得位, 不能垂諸制度禮樂, 是以爲之正本溯源, 使人於千百世治亂之故, 制度禮樂因革之宜, 如持權衡以御輕重, 如規矩準繩之於方圓平直. 言似高遠, 而不得不言. 自孔子言之[12], 實言前聖所未言; 微孔子, 孰從而聞之[13]? 故曰"不可得而聞".

---

2) '端木'은 端木賜(기원전 520-기원전 456)로, 字는 子貢이다.

3) '文章'은 詩, 書, 禮, 樂 등의 문물 제도와 문화 지식 전반을 가리킨다. 文은 紋과 같고, 章은 表와 같다. 무늬[文]를 드러냄[章]이 곧 문장이다. '夫子之文章'에서의 文章은 天文, 人文, 地文 중에서 人文을 의미한다.

4) '性'은 사람의 본성을 가리키고, '天道'는 자연의 법칙을 가리킨다.

5) 『論語』「公冶長」.

6) '易'은 『周易』을 말한다.

7) 戴震(1724-1777)은 『論語』에서는 性과 天道에 관한 孔子(기원전 551-기원전 479)의 말을 얻어들을 수 없을 지라도, 『周易』에서는 얻어들을 수 있다고 보았다. 『周易』에는 "乾道變化, 各正性命, 保合大和, 乃利貞"(「彖傳」), "利貞者, 性情也"(「文言」), "一陰一陽之謂道, 繼之者善也, 成之者性也"(「繫辭上」) 등과 같은 性과 관련된 문장들이 있다. 또한 "天道虧盈而益謙, 地道變盈而流謙, 鬼神害盈而福謙, 人道惡盈而好謙"(「彖傳」), "易之爲書也, 廣大悉備, 有天道焉, 有人道焉, 有地道焉"(「繫辭下」) 등과 같은 天道와 관련된 문장들도 있다. 이러한 戴震의 인식은 『周易』의 '十翼', 즉 「彖傳」上下, 「象傳」上下, 「文言傳」, 「繫辭傳」上下, 「說卦傳」, 「序卦傳」, 「雜卦傳」의 『易傳』을 孔子가 지었다는 설에 근거한 것이다. 하지만 '十翼'이 과연 孔子가 지은 것인지에 대해서는 宋代(960-1279) 이래로 의견이 분분하였는데, 현재는 孔子가 아닌 후학들이 지었다는 의견이 대세이다.

8) '周'는 西周(기원선 약 11세기-기원전 771년)를 가리킨다.

9) '堯舜禹湯文武周公'은 儒家에서 聖人으로 추앙하는 전설적 또는 역사적 인물들이다.

10) 『論語』「泰伯」: "巍巍乎! 其有成功也; 煥乎, 其有文章!" 참조.

11) '孔子'는 이름이 孔丘이다.

12) '之'는 性과 天道를 가리킨다.

그 뒤로, 사사로운 지혜로 공연히 이치에 맞지 않게 이러쿵저러쿵 하는 하는 자들도 혼란한 세태에 대하여 경계하였는데, 어떤 사람은 그 도(道)로 몸을 온전하게 하고 화를 멀리하였고, 어떤 사람은 그 도(道)로 사람들의 마음을 유인하여 다스려지고 혼란스럽지 않게 할 수 있었다. 그러나 근본적으로 잘못된 것들로, 하나만 잡고 나머지 모두를 버린 것들이다. 의도가 선하지 않은 것은 아니었지만, 그 말들은 다만 충분히 도(道)를 해칠만한 것들로, 맹자가 그래서 함께 논쟁하는 것을 그만 둘 수 없었던 것이다. 그 당시에, 뭇사람들은 모두 맹자가 논쟁을 좋아한다고 일컬었다. 맹자의 책에는 "나는 말을 안다"고 말한 것과, "성인의 문하에서 공부한 사람에게는 말하기가 어렵다"고 말한 것이 있다. 말의 잘못은 말에서 끝나는 것이 아니라, 장차 사람의 마음을 변하게 하는데, 마음이 가림을 받으면 반드시 일에 해가 되고, 정치에 해가 된다. 저 소인이라고 지목하여 말하는 사람들의 천하와 후세에 대한 폐해는 뚜렷해서 모두가 보지만, 현명하고 지혜로운 군자라고 지목하여 말하는 사람들의 천하와 후세에 대한 폐해는 잇따라 서둘러 좋은 말이라고 여겨서 사람들의 마음속에 들어가는 것이 깊어져 백성들에게 화를 입히는 것도 크지만, 끝내 그것을 깨닫지 못하게 된다. 논쟁이 어찌 그칠 수 있겠는가!

是後私智穿鑿者, 亦警於亂世, 或14)以其道15)全身而遠禍, 或16)以其道17)能誘人心有治無亂; 而謬在大本, 擧一廢百; 意非不善, 其言祇足以賊道, 孟

---

13) '之'는 性과 天道를 가리킨다.
14) '或'은 楊朱(기원전 약 395-기원전 약 335)를 가리킨다.
15) '其道'는 '爲我說'을 말한다.
16) '或'은 墨翟(기원전 약 480-기원전 약 420), 즉 墨子를 가리킨다.
17) '其道'는 '兼愛說'을 말한다.

子18)於是不能已於與辯. 當是時, 群共稱孟子好辯矣. 孟子之書, 有曰"我知言"19), 曰"遊於聖人之門者難爲言"20). 蓋言之謬, 非終於言也, 將轉移人心; 心受其蔽, 必害於事, 害於政. 彼目之曰小人之害天下後世也, 顯而共見; 目之曰賢智君子21)之害天下後世也, 相率趨之以爲美言, 其入人心深, 禍斯民也大, 而終莫之或寤. 辯惡可已哉!

맹자는 양주(楊朱)와 묵적[墨子]을 논박하였는데, 후세 사람들은 양주, 묵적, 노자(老子), 장자(莊子), 불교(佛教)의 말들을 익숙하게 들었으며, 게다가 그 말들로 맹자의 말을 어지럽혔으니, 이것은 또한 맹자보다 뒤의 사람으로서 그만 둘 수가 없는 것이다. 만일 내가 그것을 알 수 없다면 또한 그만이지만, 내가 그것을 알면서도 말을 하지 않는다면, 그것은 충실하지 않은 것이며, 그것은 옛 성인과 현인들에 대해서는 스스로 그 학문을 저버리는 것이고, 천하와 후세의 어진 사람들에 대해서는 스스로 인(仁)에서 멀어지는 것이다. 나는 이 때문에 두려워 『맹자자의소증』세 권을 짓는다. 한퇴지[韓愈] 씨는 "양주, 묵적, 노자, 장자, 불교의 학설을 따르면서 성인의 도(道)에 가려고 하는 것은, 마치 끊어진 도랑이나 못을 건너서 바다에 이르려고 하는 것과 같다. 그러므로 성인의 도(道)를 구해보려고 한다면, 반드시 맹자로부터 시작하여야 한다"고 말하였다. 아아, 바꿀 수가 없도다! 휴녕의 대진.

---

18) '孟子'는 이름이 孟軻(기원전 약 372-기원전 약 289)이다.
19) 『孟子』「公孫丑上」: "我知言, 我善養吾浩然之氣."
20) 『孟子』「盡心上」: "觀於海者難爲水, 遊於聖人之門者難爲言."
21) '賢智君子'는 楊朱와 墨子를 가리킨다.

孟子辯楊墨[22]; 後人[23]習聞楊[24]墨[25]老[26]莊[27]佛[28]之言, 且以其言汨亂
孟子之言, 是又後乎孟子者[29]之不可已也. 苟吾不能知之亦已矣, 吾知之而
不言, 是不忠也, 是對古聖人賢人而自負其學, 對天下後世之仁人而自遠於仁
也. 吾用是懼, 述孟子字義疏證三卷. 韓退之[30]氏曰: "道於楊墨老莊佛之學
而欲之聖人之道, 猶航斷港絕潢以望至於海也. 故求觀聖人之道, 必自孟子
始."[31] 嗚呼, 不可易矣! 休寧[32]戴震.

---

22) 『孟子』「滕文公下」: "聖王不作, 諸侯放恣, 處士橫議, 楊朱墨翟之言盈天下.
    天下之言, 不歸楊, 則歸墨. 楊氏爲我, 是無君也; 墨氏兼愛, 是無父也. 無父無
    君, 是禽獸也. 公明儀曰: '庖有肥肉, 廐有肥馬, 民有飢色, 野有餓莩, 此率獸而
    食人也.' 楊墨之道不息, 孔子之道不著, 是邪說誣民, 充塞仁義也. 仁義充塞,
    則率獸食人, 人將相食. 吾爲此懼, 閑先聖之道, 距楊墨, 放淫辭, 邪說者不得
    作. 作於其心, 害於其事; 作於其事, 害於其政. 聖人復起, 不易吾言矣." 참조.
23) '後人'은 주로 宋代의 程顥(1032-1085), 程頤(1033-1107), 朱熹(1130-1200),
    陸九淵(1139-1193) 및 明代(1368-1644)의 王守仁(1472-1529) 등의 儒學者들
    을 가리킨다.
24) '楊'은 楊朱를 말한다.
25) '墨'은 墨子를 말한다.
26) '老'는 老子를 말하는데, 이름은 李耳(기원전 약 571-기원전 약 471)이고,
    字는 聃이다.
27) '莊'은 莊子를 말하는데, 이름은 莊周(기원전 약 369-기원전 약 286)이다.
28) '佛'은 佛敎를 말한다.
29) '後乎孟子者'는 戴震을 가리킨다.
30) '韓退之'는 韓愈(768-824)로, 退之는 字이다.
31) 『韓愈集』卷二十「序二」「送王秀才序」: "故學者必愼其所道, 道於楊墨老莊
    佛之學, 而欲之聖人之道, 猶航斷港絕潢以望至於海也. 故求觀聖人之道, 必
    自孟子始. 今墈之所由, 旣幾於知道, 如又得其船與楫, 知沿而不止, 嗚呼, 其
    可量也哉."
32) '休寧'은 戴震의 고향으로, 淸代(1636-1912)에는 安徽省 徽州府 休寧縣이었
    으나, 지금은 安徽省 黃山市 屯溪區에 속한다.

리 열다섯 조항 상권 한 항목

理十五條 卷上目一

천도 네 조항 중권 두 항목

天道四條 卷中目二

성 아홉 조항

性九條

재 세 조항 하권 다섯 항목

才三條 卷下目五

도 네 조항

道四條

인의예지 두 조항

仁義禮智二條

성 두 조항

誠二條

권 다섯 조항

權五條

맹자자의소증 상권
孟子字義疏證卷上

리 열다섯 조항
理十五條

　리(理)라는 것은 그것을 관찰하여 미세한 것까지 반드시 구별하는 명칭으로, 이런 까닭으로 분리(分理)라고 하고, 사물의 형질에 있어서는 기리(肌理)라고 하고 주리(腠理)라고 하고 문리(文理)라고 하며, 또한 문루(文縷)라고도 한다. 리(理)와 루(縷)는 말이 바뀐 것일 뿐이다. 그 구분을 얻게 되면 곧 질서가 있어 문란하지 않아서 조리(條理)라고 한다. 맹자는 "공자께서는 집대성하셨다"고 칭찬하면서, "조리(條理)를 시작하는 것은 지혜로운 일이고, 조리(條理)를 끝내는 것은 성스러운 일이다"라고 말하였다. 성스러움[聖]과 지혜로움[智]은 공자에 이르러 가장 성하였지만, 조리(條理)를 들어 그것들을 말했을 뿐이다. 『역[周易]』에 "쉽고 간단하여 천하의 이치가 얻어진다"고 말하였다. 하늘과 땅으로부터 말하였기 때문에, "어질고 지혜롭다"고 말하지 않고, "쉽고 간단하다"고 말한 것이다. "쉽게 알기에", 아는 것이 인애(仁愛)와 평서(平恕)와 같게 되고, "간단하게 할 수 있기에", 할 수 있는 것이 일삼을 바가 없는 것을 행하는 것과 같게 된다. "쉬우면 곧 쉽게 알게 되고, 쉽게 알면 곧 친하게 되고, 친하면 곧 오래 갈 수 있게 되고, 오래 갈 수 있으면 곧 현인의 덕이니", 이와 같은 것이 인(仁)이다. "간단하면 곧 쉽게 따르게 되고, 쉽게 따르면 곧 공이 있게 되고, 공이 있으면 곧 확대할 수 있게 되고, 확대할 수 있으면 곧 현인의 일이니", 이와 같은 것이 지(智)이다. 천하의 일을 조목조목 자세하게 분석하여 인(仁)과 지(智)로 그것에 대응한다면, 어찌 조그만 잘못이라도 있을 수 있겠는가! 「중용」에 "문장의 이치에 대해 세밀하게 고찰하면, 충분히 분별할 수 있다"고 말하였다. 「악기」에 "악(樂)이라는 것은 윤리와 통하는 것이다"라고 말하였다. 정강성[鄭玄]은 주를 달아, "리(理)는 구분이다"라고 말하였다. 허숙중[許愼]은 『설문해자』 「서문」에서 "분리(分理)를 알면 다름을 서로 구별할 수 있다"고 말하였다. 옛 사람들의 이른바 리(理)는 후세 유학자들의 이른바 리(理)라는 것과 같지 않다.

理1)者, 察之2)而幾微必區以別之名也, 是故謂之分理3); 在物之質, 曰肌理4), 曰腠理5), 曰文理6); 亦曰文縷7). 理縷, 語之轉耳.8) 得其分則有條而不紊, 謂之條理. 孟子稱"孔子之謂集大成"9)曰: "始條理者, 智之事也; 終條理者, 聖

---

1) '理'는 氣와 상대되는 宋代 儒學의 핵심 개념으로, 道라고도 하고, 太極이라고도 한다. 宋代 儒學者들은 理를 만물을 낳는 정신적 본체로 간주하였는데, 특히 朱熹에게 있어서 理는 자연 현상과 사회 현상에 우선하는 形而上者이며, 사물의 법칙이며, 도덕윤리의 준칙이다. 이에 대해, 戴震은 理는 곧 사물의 分理이고 條理라고 인식하였다.
2) '之'는 사물을 가리킨다.
3) '分理'는 사물의 구체적인 법칙을 말한다.
4) '肌理'는 살갗의 결을 말한다.
5) '腠理'는 피부의 결과 피부 아래 근육 사이의 빈틈을 말한다.
6) '文理'는 복잡하게 뒤섞인 상황에서 형성된 사물의 결을 말한다.
7) '文縷'는 사물의 결을 말한다.
8) 번역문과 원문에서 작은 글씨로 표기된 문장은 戴震이 직접 달은 注이다. 이하 모두 마찬가지이다.
9) 『孟子』 「萬章下」.

之事也."10) 聖智至孔子而極其盛, 不過舉條理以言之而已矣. 易曰: "易11)簡
而天下之理得."12) 自乾坤言, 故不曰"仁智"而曰"易簡". "以易知", 知一於
仁愛平恕13)也; "以簡能", 能一於行所無事也. "易則易知, 易知則有親, 有親
則可久, 可久則賢人之德"14), 若是者, 仁15)也; "簡則易從, 易從則有功, 有
功則可大, 可大則賢人之業"16), 若是者, 智17)也; 天下事情, 條分縷(晰)[
析]18), 以仁且智當之, 豈或爽失幾微哉19)! 中庸曰: "文理密察, 足以有別
也."20) 樂記曰: "樂21)者, 通倫理者也."22) 鄭康成23)注云: "理, 分也."24) 許

---

10) 『孟子』「萬章下」.
11) '易'은 『周易』을 말한다.
12) 『周易』「繫辭上」: "乾知大始, 坤作成物. 乾以易知, 坤以簡能. 易則易知, 簡
   則易從. 易知則有親, 易從則有功. 有親則可久, 有功則可大. 可久則賢人之
   德, 可大則賢人之業. 易簡, 而天下之理得矣; 天下之理得, 而成位乎其中矣."
13) '仁愛'는 자기의 생존 욕구를 만족시킬 때는 다른 사람의 생존 욕구도 고려하
   는 것을 말하고, '平恕'는 다른 사람을 평등하게 대하고 일을 처리하는 것을
   말한다.
14) 『周易』「繫辭上」.
15) '仁'은 어짊, 자애로움, 친근함, 인정 등의 뜻을 갖는다. 사람과 사람 사이에
   서로 사랑하는 것을 말한다. 또한 최고의 도덕 원칙, 도덕 표준, 도덕 경지를
   가리키는 개념으로, 善의 근원이 되고 行의 기본이 되는 것을 말한다.
16) 『周易』「繫辭上」.
17) '智'는 슬기, 지혜, 총명, 견식 등의 뜻을 갖는다. 인간에게 천부적으로 갖추어
   져 있는 도덕적 인식 능력을 가리키는 개념이다.
18) '(晰)'의 소괄호 '()'는 원본에는 있지만 필요 없거나 잘못된 글자임을 표시한
   것이고, '[析]'의 대괄호 '[]'는 원본에는 없지만 바로잡아서 덧붙인 글자임을
   표시한 것이다. 이하 모두 마찬가지이다.
19) 2010년 판 黃山書社 본 『戴震全書』에는 '豈或爽失爽幾微哉'라고 표기되어
   있지만, 1982년 판 中華書局 본 『孟子字義疏證』과 2009년 판 上海古籍出版
   社 본 『戴震集』에는 모두 '豈或爽失幾微哉'라고 표기되어 있는데, 전후의
   문맥으로 보아 두 번째 '爽' 字는 필요 없는 글자로 판단되기에, 『한글 맹자자
   의소증(孟子字義疏證)』에서는 『孟子字義疏證』과 『戴震集』을 참고하여 두
   번째 '爽' 字를 빼고 표기하였다.

叔重[25]說文解字序曰: "知分理之可相別異也."[26] 古人[27]所謂理, 未有如後儒[28]之所謂理者矣.

질문 : 옛 사람들이 말한 천리(天理)란 무엇을 이르는가?

問 : 古人之言天理[29], 何謂也?

답변 : 리(理)라는 것은 정(情)이 잘못되지 않은 것으로, 정(情)이 얻어지지 않고 리(理)가 얻어지는 것은 없다. 다른 사람에게 베풀 것이 있으면, 자신을 돌이켜서 "다른 사람이 이것으로 나에게 베풀 때, 그것을 받을 수 있는가"라고 냉정히 생각하여야 한다. 다른 사람에게 책임지울 것이 있으면, 자신을 돌이켜서 "다른 사람이 이것으로 나에게 책임지울 때, 그것을 다할 수 있는가"라고 냉정히 생각하여야 한다. 나로 다른 사람을 헤아린다면, 곧 리(理)는 분명해

---

20) 『禮記』 「中庸」.
21) '樂'은 音樂을 가리킨다.
22) 『禮記』 「樂記」.
23) '鄭康成'은 鄭玄(127-200)으로, 康成은 字이다.
24) 『禮記正義』 「樂記第十九」: "倫, 猶類也; 理, 分也."
25) '許叔重'은 許愼(약 58-147)으로, 叔重은 字이다.
26) 『說文解字』 「序」: "黃帝史官倉頡, 見鳥獸蹄迒之跡, 知分理之可相別異也, 初造書契."
27) '古人'은 宋代 이전의 儒學者들, 특히 秦代(기원전 221-기원전 206) 이전의 儒家思想家들을 가리킨다.
28) '後儒'는 宋代 이후의 儒學者들을 가리킨다.
29) '天理'는 천지 만물이 생성되고 움직이는 이치를 말한다. 宋明 儒學에서는 人欲과 대립되는 도덕 개념으로, 하늘로부터 부여받은 사람의 선한 본성을 의미한다.

진다. 천리(天理)라고 하는 것은 자연의 분리(分理)를 말하는데, 자연의 분리(分理)는 나의 정(情)으로 다른 사람의 정(情)을 헤아려, 그 공평하고 올바른 것을 얻지 않음이 없는 것이다. 「악기」에 "사람이 태어나서 고요한 것은 하늘의 성(性)이고, 사물에 감촉되어 움직이는 것은 성(性)의 욕(欲)이다. 사물이 다가오면 지각이 인지하는데, 그런 뒤에 좋고 싫음이 형성된다. 좋고 싫음이 안에서 절제되지 않고 지각이 밖에서 유혹되어 자신을 돌이켜 볼 수 없으면, 천리(天理)는 멸한다"고 말하였다. 멸한다는 것은, 멸망하여 없어져서 보이지 않는다는 것이다. 또한 "사물에 대한 사람의 감촉은 다함이 없는데, 사람의 좋고 싫음이 절제되지 않으면, 곧 이 사물이 다가와서 사람이 사물로 변한다. 사람이 사물로 변한다는 것은, 천리(天理)를 멸하고 인욕(人欲)을 다한다는 것으로, 그리하여 배반하고 기만하는 마음이 있게 되고, 음란하고 분란을 일으키는 일이 있게 된다. 그러므로 강한 사람이 약한 사람을 위협하고, 다수가 소수를 박해하고, 지식이 있는 사람이 어리석은 사람을 속이고, 흉포한 사람이 겁 많은 사람을 괴롭히고, 병든 사람이 보살핌을 받지 못하고, 늙고 어리고 외롭고 고독한 사람들이 제 자리를 얻지 못하게 된다. 이것이 크게 어지럽게 되는 길이다"라고 말하였다. 진실로 약한 사람과 소수와 어리석은 사람과 겁 많은 사람과 병든 사람과 늙고 어리고 외롭고 고독한 사람들로 자신을 돌이켜서 그 정(情)을 생각한다면, 다른 사람들이 어찌 나와 다르겠는가! 바야흐로 고요하여 사물과 감촉되지 않으면, 혈기(血氣)와 심지(心知)가 평온하고 담담하여 잘못됨이 없는데, 양웅(揚雄)의 『방언』은 "담(湛)은 편안함이다"라고 말하였다. 곽박(郭璞)은 주를 달아 "담연(湛然)은 편안한 모양이다"라고 말하였다. 그러므로 "하늘의 성(性)"이라고 말한 것이다. 그 감촉에

이르러 움직이면, 곧 욕(欲)이 성(性)에서 나온다. 한 사람의 욕(欲)
은 천하 사람들의 동일한 욕(欲)으로, 그러므로 "성(性)의 욕(欲)"
이라고 말한 것이다. 좋고 싫음이 이미 형성되면, 자기의 좋고 싫음
을 이루고 다른 사람의 좋고 싫음을 잊게 되는데, 때로는 다른 사람
을 해치고 욕(欲)을 이루기도 한다. 자신을 돌이켜보는 사람은, 다
른 사람의 욕(欲)을 이루게 함으로써 자신이 그것을 받게 되는 정
황을 생각한다. 정(情)이 그 공평함을 얻으면, 이것은 좋고 싫음이
조절되는 것이 되고, 이것은 천리(天理)에 의거하는 것이 된다. 『장
자』에는 포정이 문혜군을 위해 소를 가르면서 스스로 말하기를, "천리(天理)에
의거하여, 큰 틈을 비집고 큰 공간으로 이끌어가면서 본래 그러한 바에 따르
면, 힘줄이나 근육에 닿지 않게 되는데, 하물며 큰 뼈에 있어서이겠습니까"라
고 하였다. 천리(天理)는 곧 그 이른바 "저 마디에는 틈이 있으나 칼날에는
두께가 없는데, 두께가 없음으로써 틈이 있는 곳으로 들어가는" 것으로, 바로
그 천연의 분리(分理)와 같은 것이다. 옛 사람들의 이른바 천리(天理)는
후세 유학자들의 이른바 천리(天理)라는 것과 같지 않다.

曰 : 理也者, 情³⁰⁾之不爽失也; 未有情不得而理得者也. 凡有所施於人, 反
躬而靜思之: "人以此施於我, 能受之乎?" 凡有所責於人, 反躬而靜思之:
"人以此責於我, 能盡之乎?" 以我絜之人, 則理明. 天理云者, 言乎自然之
分理³¹⁾也; 自然之分理, 以我之情絜人之情, 而無不得其平是也. 樂記曰:
"人生而靜, 天之性³²⁾也; 感於物而動, 性之欲也. 物至知知, 然後好惡形焉.

---

30) '情'은 사물에 감촉하여 일어나는 마음의 작용이나 현상으로, 사람이 생존하
고 생활하는 데 필요한 감정과 욕구 또는 욕망을 말한다.

31) '自然之分理'는 자연스런 감정과 욕구 또는 욕망에 대한 구체적인 법칙을
말한다.

32) '性'은 물질이 가지고 있는 성격, 성질, 성능, 성품, 본성, 특성 등의 뜻을
갖는다. 전통 儒學에서 性은 인간의 본성, 즉 人性을 의미한다. 人性에 관한

好惡無節於內, 知誘於外, 不能反躬, 天理滅矣."33) 滅者, 滅沒不見也. 又曰: "夫物之感人無窮, 而人之好惡無節, 則是物至而人化物也. 人化物也者, 滅天理而窮人欲者也; 於是有悖逆詐僞之心, 有淫佚作亂之事; 是故强者脅弱, 衆者暴寡, 知者詐愚, 勇者苦怯, 疾病不養, 老幼孤獨不得其所. 此大亂之道也."34) 誠以弱寡愚怯與夫疾病老幼孤獨, 反躬而思其情, 人豈異於我! 蓋方其靜也, 未感於物, 其血氣心知35), 湛然無有失, 揚雄36)方言曰: "湛, 安也."37) 郭璞38)注云: "湛然, 安貌."39) 故曰"天之性"; 及其感而動, 則欲出於性. 一人之欲, 天下人之(之)[所]同欲也, 故曰"性之欲". 好惡旣形, 遂己之好惡, 忘人之好惡, 往往賊人以逞欲. 反躬者, 以人之逞其欲, 思身受之之情

논의는 戰國時代(기원전 453-기원전 221)부터 본격화되었는데, 대표적인 것으로 告子의 性無善無不善說, 孟子의 性善說, 荀子(기원전 약 313-기원전 약 238)의 性惡說 등을 들 수 있다. 後漢(25-220)의 揚雄(기원전 53-기원후 18)은 性善惡混說을, 唐代(618-907)의 韓愈는 性三品說을 각각 제시하였다. 宋代에 이르러 체계적인 인성론으로 정립되었는데, 北宋(960-1127)의 張載(1020-1077)는 天地之性과 氣質之性으로, 程頤는 義理之性과 氣質之性으로 나누어 설명하였고, 南宋(1127-1279)의 朱熹는 張載와 程頤의 이론을 계승하여 本然之性과 氣質之性으로 나누어 설명하였다. 朱熹에 의하면, 本然之性은 純善한 것으로, 理가 인간의 마음에 내재한 것이며, 氣의 관여로 형성되는 氣質之性은 善惡이 혼재한 것으로, 이 氣質之性의 차이에 따라 인간은 자신의 本然之性을 제대로 실현할 수도 있고 그렇지 못할 수도 있지만, 모든 인간은 本然之性을 갖추고 있다는 점에서는 평등한 존재이며, 적어도 원론적으로는 모든 인간이 本然之性을 완전히 실현할 수 있다고 주장하였다.

33) 『禮記』「樂記」.
34) 『禮記』「樂記」.
35) '血氣'는 육체 또는 신체를 의미하고, '心知'는 정신 또는 사유를 의미한다.
36) '揚雄'은 字가 子云이다.
37) 『方言』「第十三」.
38) '郭璞'은 字가 景純(276-324)이다.
39) 『方言注』.

也. 情得其平, 是爲好惡之節, 是爲依乎天理. 莊子: 庖丁爲文惠君解牛, 自言: "依乎天理, 批大郤, 導大窾, 因其固然, 技經肯綮之未嘗, 而況大軱乎!"40) 天理, 卽其所謂"彼節者有間, 而刀刃者無厚, 以無厚入有間"41), 適如其天然之分理也. 古人所謂天理, 未有如後儒之所謂天理者矣.

질문 : 정(情)으로 정(情)을 헤아려 잘못됨이 없으면, 일을 행하는데 진실로 그 리(理)를 얻은 것이다. 정(情)과 리(理)의 명칭은 어떻게 다른가?

問 : 以情絜情而無爽失, 於行事誠得其理矣. 情與理之名何以異?

답변 : 자기와 다른 사람들 모두에게 있는 것을 정(情)이라고 하는데, 지나친 정(情)도 없고 미치지 못하는 정(情)도 없는 것을 리(理)라고 한다. 『시[詩經]』에 "하늘이 뭇 백성들을 낳으니, 사물이 있고 법칙이 있도다. 백성들이 떳떳함을 잡으니, 이 아름다운 덕을 좋아하는구나"라고 말하였다. 공자는 "이 시를 지은 사람은 도(道)를 아는구나"라고 말하였다. 맹자는 그것을 설명하여, "그러므로 사물이 있으면 반드시 법칙이 있고, 백성들이 떳떳함을 잡고 있기 때문에, 이 아름다운 덕을 좋아하는구나"라고 말하였다. 항상 견지되는 것을 법칙[則]이라고 말하고, 각각 구분이 되는 것을 리(理)라고 말하며, 말과 행동에서 그것을 실천하는 것을 아름다운 덕이라고 말한다. 물(物)이라는 것은 일[事]로, 그 일[事]을 말하자면, 일상생

---

40) 『莊子』「養生主」.
41) 『莊子』「養生主」.

활의 마시고 먹는 것들에서 벗어나지 않을 뿐인데, 이것들을 버리고 리(理)를 말한다면, 옛날 성현들의 이른바 리(理)가 아니다.

曰 : 在己與人皆謂之情, 無過情無不及情之謂理. 詩42)曰: "天生烝民, 有物有則; 民之秉彝, 好是懿德."43) 孔子曰: "爲此詩者, 其知道乎!"44) 孟子申之曰: "故有物必有則, 民之秉彝也, 故好是懿德."45) 以秉持爲經常曰則, 以各如其區分曰理, 以實之於言行曰懿德. 物者, 事也; 語其事, 不出乎日用飲食而已矣; 舍是而言理, 非古賢聖所謂理也.

질문 : 맹자가 "마음이 모두 그렇다고 하는 것을 리(理)라고 하고 의(義)라고 하는데, 성인은 내 마음이 모두 그렇다고 하는 것을 먼저 얻었을 뿐이다"라고 말하였다. 이것은 리(理)를 또한 마음으로 말한 것으로, 무엇 때문인가?

問 : 孟子云: "心之所同然者, 謂理也, 義也; 聖人先得我心之所同然耳."46) 是理又以心言, 何也?

---

42) '詩'는 『詩經』을 말한다.

43) 『詩經』「大雅」「蕩之什」「烝民」.

44) 『孟子』「告子上」: "詩曰: '天生蒸民, 有物有則. 民之秉夷, 好是懿德.' 孔子曰: '爲此詩者, 其知道乎! 故有物必有則, 民之秉夷也, 故好是懿德.'"

45) 『孟子』「告子上」. 戴震은 '故有物必有則, 民之秉夷也, 故好是懿德'을 孔子의 '爲此詩者, 其知道乎'라는 말에 대한 孟子의 해석으로 보았으나, 『孟子』에 보면, '爲此詩者, 其知道乎! 故有物必有則, 民之秉夷也, 故好是懿德' 모두가 孔子의 말로 되어 있다.

46) 『孟子』「告子上」: "心之所同然者何也? 謂理也, 義也. 聖人先得我心之所同然耳."

답변 : 마음이 모두 그렇다고 하는 것을 비로소 리(理)라고 하고 의(義)라고 하지만, 모두가 그렇다고 하는 데에 아직 이르지 못하고 사람의 의견에 있으면, 리(理)도 아니고 의(義)도 아니다. 한 사람이 그렇다고 여기고, 천하 만세가 모두 "이것은 바꿀 수가 없다"고 말하면, 이것을 모두가 그렇다고 하는 것이다. 리(理)를 들어서 마음이 구분할 수 있는 것을 나타내고, 의(義)를 들어서 마음이 재단할 수 있는 것을 나타낸다. 그것을 구분하면, 각각에 그 바꿀 수 없는 법칙[則]이 있는데, 이름하여 리(理)라고 말하고, 이와 같으면서도 마땅하면, 이름하여 의(義)라고 말한다. 그러므로 리(理)에 밝다는 것은 그 구분에 밝은 것이고, 의(義)에 정통하다는 것은 그 재단에 정통한 것이다. 밝지 못하면 때때로 애매모호한 경계에 있어 의혹을 낳게 되고, 정통하지 못하면 때때로 편견과 사사로움에 섞여서 도(道)를 해치게 된다. 리(理)와 의(義)를 구하면서도 지혜가 부족한 것은, 그러므로 리(理)와 의(義)라고 할 수 없다. 본래부터 성인이 아니라면 가려짐을 없게 할 수는 없는데, 가려짐이 깊은 사람도 있고 가려짐이 얕은 사람도 있다. 사람에게는 가려졌으면서도 스스로 지혜롭다고 하여, 그 의견에 맡겨서 그것을 리(理)와 의(義)라고 고집하는 것만 한 우환이 없다. 나는 리(理)와 의(義)를 구하는 사람이 의견을 가지고 그것들로 삼는 것을 두려워하는데, 백성들이 받는 그 화의 최후를 누가 알겠는가!

曰 : 心之所同然始謂之理, 謂之義; 則未至於同然, 存乎其人之意見, 非理也, 非義也. 凡一人以爲然, 天下萬世皆曰"是不可易也", 此之謂同然. 擧理, 以見心能區分; 擧義, 以見心能裁斷. 分之[47], 各有其不易之則, 名曰

---

47) '之'는 사물을 가리킨다.

理; 如斯而宜, 名曰義. 是故明理者, 明其區分也; 精義者, 精其裁斷也. 不明, 往往界於疑似而生惑; 不精, 往往雜於偏私而害道. 求理義而智不足者也, 故不可謂之理義. 自非聖人, 鮮能無蔽; 有蔽之深, 有蔽之淺者. 人莫患乎蔽而自智, 任其意見, 執之[48]爲理義. 吾懼求理義者以意見當之[49], 孰知民受其禍之所終極也哉!

질문: 송(宋) 이래로 유가 서적의 말이, 리(理)를 "마치 물체가 있는 것처럼, 하늘에서 얻어서 마음에 갖춘 것"으로 여겼는데, 『주자어록』에 "리(理)는 마음이 없으면 곧 안착할 곳이 없다"고 말하였다. 또한 "무릇 물(物)에는 마음이 있는데, 그 안은 반드시 비었으며, 사람의 마음 또한 그렇다. 이러한 빈 곳에만 곧 허다한 도리(道理)를 간직하고 있는데, 미루어 넓혀 가면 천지도 덮을 수 있기에, 여기에서 말미암지 않는 것이 없다. 이것은 사람의 마음이 미묘하기 때문일 것이다! 리(理)가 사람의 마음에 있는데, 이것을 성(性)이라고 한다. 마음은 신명(神明)이 머무는 곳으로, 일신의 주재가 된다. 성(性)은 곧 허다한 도리(道理)를 하늘에서 얻어서 마음에 갖춘 것이다"라고 말하였다. 지금 『맹자』를 해석하여, 오히려 "한 사람이 그렇다고 여기고, 천하 만세가 모두 이것은 바꿀 수가 없다고 말하면, 이것을 모두 그렇다고 하는 것이다", "이 마음이 밝아 일에 잘못되지 않을 수 있어서, 지나친 정(情)도 없고 미치지 못하는 정(情)도 없게 하는 것을 리(理)라고 한다"고 말하였으니, "마치 물체가 있는 것처럼 마음에 갖춘 것"은 아니다. 또한 "모두가 그렇다고 하는 데에 아직 이르지 못하고 사람의 의견에 있으면, 리(理)와 의(義)라고 할 수

---

48) '之'는 의견을 가리킨다.
49) '之'는 理와 義를 가리킨다.

없다"고 하였다. 맹자가 "성인은 내 마음이 모두 그렇다고 하는 것을 먼저 얻었다"고 말한 것은, 본래 가볍게 사람들을 허락한 적이 없는, 성인이라야 비로소 리(理)를 얻을 수 있다는 것이다. 그러나 사람들에게는 가정이 있고, 나아가 나라의 일이 있고, 나아가 천하가 있는데, 어찌 성인의 지혜를 기다린 뒤에야 일을 행한다는 것인가?

問 : 宋以來儒書之言, 以理爲"如有物焉, 得於天而具於心"[50]; 朱子語錄[51] 云: "理無心則無著處."[52] 又云: "凡物有心而其中必虛, 人心亦然; 止這些虛處, 便包藏許多 道理, 推廣得來, 蓋天蓋地, 莫不由此. 此所以爲人心之妙歟![53] 理在人心, 是謂之性. 心是 神明[54]之舍, 爲一身之主宰; 性便是許多道理得之天而具於心者."[55] 今釋孟子, 乃曰

---

50) '如有物焉, 得於天而具於心'은 宋代 儒學의 핵심 개념 중의 하나라고 할 수 있는 理를 비판하는 戴震의 표현이다. 그러므로 이 표현이 그대로 표기된 옛 문헌을 찾을 수는 없지만, 戴震도 곧이어 注를 달았듯이, 『朱子語類』에 참고할 만한 문장이 있다.

51) '朱子語錄'은 朱熹가 제자들을 가르쳤던 말들을 기록한 책이다. 원래는 池州와 饒州와 婺州 그리고 建安에서 각각 간행된 네 종류의 語錄이 있었고, 眉州와 徽州에서 각각 간행된 두 종류의 語類가 있었다. 南宋 말기인 1270년에 黎靖德이 建昌에서 『語類大全』으로 편찬하여 간행하였는데, 이것이 지금의 『朱子語類』의 底本이 되었다.

52) 『朱子語類』卷第五「性理二」「性情心意等名義」: "理無心, 則無著處."

53) '此所以爲人心之妙歟'는 2010년 판 黃山書社 본 『戴震全書』와 1982년 판 中華書局 본 『孟子字義疏證』과 2009년 판 上海古籍出版社 본 『戴震集』에서 모두 '此所以爲人心之好歟'라고 표기하였는데, 2002년 판 上海古籍出版社와 安徽敎育出版社 본 『朱子全書』에 실려 있는 『朱子語類』에는 '此所以爲人心之妙歟'로 표기되어 있고, 전후의 문맥으로 보아도 '妙' 字가 옳다고 판단되기에, 『한글 맹자자의소증(孟子字義疏證)』에서는 『朱子全書』를 참고하여 '好' 字를 '妙' 字로 바로잡아 표기하였다.

54) '神明'은 정신적인 理, 즉 절대 정신을 의미한다.

55) 『朱子語類』卷第九十八「張子之書一」: "凡物有心而其中必虛, 如飮食中雞心

"一人以爲然, 天下萬世皆曰是不可易也, 此之謂同然", "是心之明, 能於事情不爽失, 使無過情無不及情之謂理", 非"如有物焉具於心"矣. 又以"未至於同然, 存乎其人之意見, 不可謂之理義". 在孟子言"聖人先得我心之同然", 固未嘗輕以許人, 是聖人始能得理. 然人莫不有家, 進而國事, 進而天下, 豈待聖智而後行事歟?

답변 : 육경과 공자와 맹자의 말들과 전(傳)과 기(記)의 여러 서적들에는 리(理)의 글자가 많이 보이지 않는다. 지금 비록 지극히 어리석은 사람일지라도, 이치에 맞지 않게 방자하게 일을 처리하고 사람을 질책하면서 모두가 늘 리(理)라고 말하는 것은 송(宋) 이래로부터 시작된 풍조로, 곧 리(理)를 "마치 물체가 있는 것처럼, 하늘에서 얻어서 마음에 갖춘 것"으로 여기는데, 마음의 의견으로 그것을 삼은 것이다. 그래서 그 기세에 의지하고 그 권세와 지위에 기대고 말주변까지 더한 사람은 리(理)가 신장되고, 힘이 약하고 겁이 많고 말주변까지 없는 사람은 리(理)가 굴복된다. 아아, 이것으로 일을 제어하고, 이것으로 사람을 제압하는데, 그 누가 리(理)가 아니라고 하겠는가! 즉 그 사람이 스스로 결백하고 마음에 사악한 생각이 없을지라도, 한 가지 일을 처단하고 한 사람을 문책하는데에 이르게 되면, 자기의 의견에 기대어 그 옳은 바를 옳다고 하고,

---

豬心之屬, 切開可見. 人心亦然. 只這些虛處, 便包藏許多道理, 彌綸天地, 該括古今. 推廣得來, 蓋天蓋地, 莫不由此, 此所以爲人心之妙歟. 理在人心, 是之謂性. 性如心之田地, 充此中虛, 莫非是理而已. 心是神明之舍, 爲一身之主宰. 性便是許多道理, 得之於天而具於心者. 發於智識念慮處, 皆是情, 故曰 '心統性情'也." 이상의 『朱子語類』 원문을 戴震은 필요한 부분만 선택하여 표기하였다.

그 그른 바를 그르다고 한다. 바야흐로 기품이 엄숙하고 성격이 정직하다고 스스로 믿고, 악한 것을 미워하기를 원수같이 하면서도, 일이 이해하기 어렵고 시비가 쉽게 편견에 치우칠 수 있다는 것을 알지 못하여, 때때로 다른 사람들이 그 화를 입게 되는데, 자기는 평생토록 깨닫지 못하거나, 혹은 일이 지난 뒤에야 비로소 알게 되지만, 후회하여도 이미 어쩔 수 없게 된다. 아아, 이것으로 일을 제어하고, 이것으로 사람을 다스리는데, 그 누가 리(理)가 아니라고 하겠는가! 천하에 지혜로운 사람은 적고 어리석은 사람은 많은데, 그 심지(心知)가 뭇사람들보다 밝아서 곧 공동으로 그를 지혜롭다고 추천하지만, 그 성인과의 거리는 아주 멀다. 뭇사람들과 공동으로 추천해서 된 지혜로운 사람이 얻은 리(理)를 비교하면, 곧 뭇사람들의 가려짐이 반드시 많고, 여럿이 공동으로 추천해서 된 지혜로운 사람과 성인이 얻은 리(理)를 비교하면, 곧 성인이 된 뒤에는 가려짐이 없다. 일이 다가오면 마음이 그것에 대응하여, 그 마음에서의 판단은 늘 리(理)가 이와 같다고 말하는데, 옛 성현들은 리(理)로 여긴 적이 결코 없었다. 옛 성현들만 리(理)로 여긴 적이 결코 없었던 것이 아니라, 옛 사람들도 지금 사람들이 입만 열면 리(理)라고 말하는 것과 다르게 또한 리(理)로 여기지 않았다. 옛 사람들은 자기의 의견을 리(理)로 이름할 수 없다는 것을 알았는데, 지금 사람들은 그것을 쉽게 말한다. 리(理)를 "마치 물체가 있는 것처럼, 하늘에서 얻어서 마음에 갖춘 것"으로 여긴다면, 의견으로 그것을 삼지 않는 사람이 없게 된다. 지금 사람들로 하여금 그 의견에 맡기면 곧 잘못하게 되지만, 사람들로 하여금 스스로 그 정(情)을 구하게 하면 곧 얻게 된다. 자공[端木賜]이 묻기를, "한마디로 말해서, 평생토록 행할 만한 것이 있습니까"라고 말하였다. 공자는

"서(恕)일 것이다. 자기가 하고자 하지 않는 것을 다른 사람에게 베풀지 말라"고 말하였다. 「대학」은 나라를 다스리고 천하를 평화롭게 하는 것을 말하면서, 불과 "윗사람이 싫어하는 것을 가지고 아랫사람을 부리지 말고, 아랫사람이 싫어하는 것을 가지고 윗사람을 섬기지 말라"고 말하였는데, 지위의 낮고 높은 것으로 말한 것이고, "앞사람이 싫어하는 것을 가지고 뒷사람을 이끌지 말고, 뒷사람이 싫어하는 것을 가지고 앞사람을 따르지 말라"고 하였는데, 나보다 나이가 많거나 내가 나이가 많은 것으로 말한 것이며, "오른쪽 사람이 싫어하는 것을 가지고 왼쪽 사람을 사귀지 말고, 왼쪽 사람이 싫어하는 것을 가지고 오른쪽 사람을 사귀지 말라"고 하였는데, 나와 대등한 것으로 말한 것이다. "하고자 하지 않는 것"이라고 말하고 "싫어하는 것"이라고 말한 것은, 사람의 일상적인 정(情)에 지나지 않는 것으로, 리(理)를 말하지는 않았지만, 리(理)가 여기에서 다한 것이다. 오직 정(情)으로 정(情)을 헤아리기 때문에, 그 일에 대하여 마음에서 나온 하나의 의견으로 그것을 처리하는 것이 아니니, 만일 정(情)을 버리고 리(理)를 구한다면, 그 이른바 리(理)는 의견이 아닌 것이 없다. 그 의견에 맡기면서 일반 백성들에게 화를 끼치지 않은 자는 아직 없었다.

曰 : 六經[56]孔孟之言以及傳記[57]群籍, 理字不多見. 今雖至愚之人, 悖戾恣睢, 其處斷一事, 責詰一人, 莫不輒曰理者, 自宋以來始相習成俗, 則以理爲"如有物焉, 得於天而具於心", 因以心之意見當之[58]也. 於是負其氣,

---

56) '六經'은 『周易』, 『書經』, 『詩經』, 『禮記』, 『春秋』, 『樂記』의 儒家 經典을 말한다.
57) '傳記'는 儒家 經典에 대한 注解書를 말한다.
58) '之'는 理를 가리킨다.

挾其勢位, 加以口給者, 理伸; 力弱氣懾, 口不能道辭者, 理屈. 嗚呼, 其孰謂以此制事, 以此制人之非理哉! 卽其人廉潔自持, 心無私慝, 而至於處斷一事, 責詰一人, 憑在己之意見, 是其所是而非其所非, 方自信嚴氣正性, 嫉惡如讎, 而不知事情之難得, 是非之易失於偏, 往往人受其禍, 己且終身不寤, 或事後乃明, 悔已無及. 嗚呼, 其孰謂以此制事, 以此治人之非理哉! 天下智者少而愚者多; 以其心知明於衆人, 則共推之爲智, 其去聖人甚遠也. 以衆人與其所共推爲智者較其得理, 則衆人之蔽必多; 以衆所共推爲智者與聖人較其得理, 則聖人然後無蔽. 凡事至而心應之, 其斷於心, 輒曰理如是, 古賢聖未嘗以爲理也. 不惟古賢聖未嘗以爲理, 昔之人異於今人之一啓口而曰理, 其亦不以爲理也. 昔人知在己之意見不可以理名, 而今人輕言之. 夫以理爲"如有物焉, 得於天而具於心", 未有不以意見當之59)者也. 今使人任其意見, 則謬; 使人自求其情, 則得. 子貢問曰: "有一言而可以終身行之者乎?" 子曰: "其恕乎! 己所不欲, 勿施於人."60) 大學言治國平天下, 不過曰"所惡於上, 毋以使下, 所惡於下, 毋以事上"61), 以位之卑尊言也; "所惡於前, 毋以先後, 所惡於後, 毋以從前"62), 以長於我與我長言也63); "所惡於右, 毋以交於左, 所惡於左, 毋以交於右"64), 以等於我

---

59) '之'는 理를 가리킨다.
60) 『論語』「衛靈公」.
61) 『禮記』「大學」.
62) 『禮記』「大學」.
63) 2010년 판 黃山書社 본 『戴震全書』에는 '以長於我與我以長言也'라고 표기된 반면, 1982년 판 中華書局 본 『孟子字義疏證』과 2009년 판 上海古籍出版社 본 『戴震集』에는 '以長於我與我長言也'라고 표기되어, '我' 字와 '長' 字사이에 '以' 字가 빠져있다. 전후의 문맥으로 보아 이 '以' 字가 불필요하다고 판단되기에, 『한글 맹자자의소증(孟子字義疏證)』에서는 『孟子字義疏證』과 『戴震集』을 참고하여 이 '以' 字를 빼고 표기하였다.
64) 『禮記』「大學」.

言也.65) 曰"所不欲", 曰"所惡", 不過人之常情, 不言理而理盡於此. 惟以
情絜情, 故其於事也, 非心出一意見以處之66), 苟舍情求理, 其所謂理, 無
非意見也. 未有任其意見而不禍斯民者.

질문 : 의견으로 리(理)를 삼는 것을 송(宋) 이래로부터 감히 배척하
지 못한 것은, 리(理)가 사람의 마음에 있다고 했기 때문이다. 지금
리(理)가 일에 있다고 말하였는데, 마음이 모두 그렇다고 하는 데에
있다는 것으로, 진실로 의심할 수가 없다. 맹자는 들어서 사람의
본성이 선하다는 것을 보였는데, 그 설을 들을 수 있겠는가?

問 : 以意見爲理, 自宋以來莫敢致斥者, 謂理在人心故也. 今曰理在事情,
於心之所同然, 洵無可疑矣; 孟子擧67)以見人性之善, 其說可得聞歟?

답변 : 맹자가 "입은 맛에 대하여 같은 기호를 가지고 있고, 귀는
소리에 대하여 같은 청각을 가지고 있고, 눈은 색깔에 대하여 같은
미감을 가지고 있는데, 마음에 이르러서만 유독 모두 그렇다고 하
는 것이 없겠는가"라고 말하였는데, 리(理)와 의(義)가 마음을 즐겁
게 하는 것은, 맛이 입을 즐겁게 하고 소리가 귀를 즐겁게 하고
색이 눈을 즐겁게 하는 것과 같이 성(性)이 된다는 것을 밝힌 것이
다. 맛과 소리와 색은 사물에 있으면서 나의 혈기(血氣)와 접하고,

---

65) 「大學」의 이러한 말들은 『論語』「衛靈公」의 '其恕乎! 己所不欲, 勿施於人'의
    구체적인 응용으로, 戴震은 이것을 빌려서 평등하게 사람을 대하고 일을 처
    리해야 한다는 관점을 제시하였다.
66) '之'는 일을 가리킨다.
67) '擧'의 내용은 理와 義이다.

리(理)와 의(義)는 일에 있으면서 나의 심지(心知)와 접한다. 혈기
(血氣)와 심지(心知)는 스스로 갖추고 있는 능력이 있는데, 입은
맛을 변별할 수 있고, 귀는 소리를 변별할 수 있고, 눈은 색을 변별
할 수 있고, 마음은 리(理)와 의(義)를 변별 할 수 있다. 맛과 소리와
색은 사물에 있는 것이지 나에게 있는 것은 아닌데, 나의 혈기(血
氣)와 접하게 되면, 그것들을 변별하여 즐거워할 수 있는 것으로,
즐거워한다는 것은 반드시 더욱 좋다는 것이다. 리(理)와 의(義)는
일을 조목조목 분석하는 데에 있는데, 나의 심지(心知)와 접하게
되면, 그것들을 변별하여 즐거워할 수 있는 것으로, 즐거워한다는
것은 반드시 지극히 옳다는 것이다. 자산[公孫僑]은 "사람이 막 죽
으면 백(魄)이라고 말하고, 이미 백(魄)으로 되었으면, 양(陽)을 혼
(魂)이라고 말한다"고 말하였고, 증자[曾參]는 "양(陽)의 정기를 신
(神)이라고 말하고, 음(陰)의 정기를 영(靈)이라고 말하는데, 신령
(神靈)이라는 것은 온갖 사물의 근본이다"라고 말하였다. 귀는 들
을 수 있고 눈은 볼 수 있고 코는 냄새를 맡을 수 있고 입은 맛을
볼 수 있는데, 백(魄)이 그것들을 하는 것으로, 이른바 영(靈)이며,
음(陰)에 속하여 받는 것을 주관한다. 마음의 정상(精爽)은 생각을
하면 곧 통하게 되는데, 혼(魂)이 그것을 하는 것으로, 이른바 신
(神)이며, 양(陽)에 속하여 시행하는 것을 주관한다. 시행하는 것을
주관하는 것은 판단을 하고, 받는 것을 주관하는 것은 따르므로,
맹자는 "귀와 눈과 같은 기관은 생각을 할 수 없으며", "마음의
기관이 곧 생각을 한다"고 말하였다. 이 생각하는 것은 마음의 기능
이다. 정상(精爽)에는 가려짐과 막힘이 있어 그것에 통할 수 없을
때가 있는데, 그 가려짐과 막힘이 없는 데에 이르면 통하지 않는
것이 없어, 이에 신명(神明)으로 그것을 일컫는다. 혈기(血氣)의 무

리에는 모두 정상(精爽)이 있다. 그 마음의 정상(精爽)은 크고 작은 것이 다른데, 마치 불빛이 사물을 비추는 것처럼, 불빛이 작은 것은 그 비추는 것도 가까워 비춰지는 곳에 잘못이 없지만, 비춰지지 않는 곳은 곧 의혹과 잘못이 이어지는데, 잘못되지 않으면 리(理)를 얻었다고 한다. 그 불빛이 큰 것은 그 비추는 것도 멀어, 얻게 되는 리(理)가 많고 잃게 되는 리(理)는 적다. 게다가 멀고 가까운 것만이 아니라, 불빛의 미침에도 또한 밝고 어두움이 있기 때문에, 사물에 대하여 살피기도 하고 살피지 못하기도 한다. 살핀다는 것은 그 실질을 다하는 것이고, 살피지 못하면 의혹과 잘못이 이어지는데, 의혹과 잘못이 있으면 리(理)를 잃었다고 한다. 리(理)를 잃는다는 것은 자질에 제한이 되는 어두움으로, 이른바 어리석음이다. 오직 배워야만 그 부족한 것을 더하여 지혜로움으로 나아갈 수 있는데, 그것을 더하기를 그치지 않아서 그 지극함에 이르게 되면, 마치 해와 달처럼 밝아서 아주 작은 틈도 반드시 비추게 되는데, 바로 성인이다. 이 「중용」의 "비록 어리석지만 반드시 밝게 되고"와, 『맹자』의 "확대하여 충실하게 하는" 것을 성인이라고 한다. 신명(神明)이 성하면, 그 일에 리(理)를 얻지 않음이 없게 되고, 곧 인의예지(仁義禮智)도 온전하게 된다. 그러므로 리(理)와 의(義)는 다른 것들이 아닌, 비추고 살피는 것에 잘못되지 않는 것이다. 어떻게 잘못되지 않는가? 마음의 신명(神明)이다. 사람이 짐승과 다른 것은, 비록 똑같이 정상(精爽)을 가지고 있을지라도, 사람은 신명(神明)으로 나아갈 수 있다. 리(理)와 의(義)가 어찌 별도의 하나의 물체와 같아서, 비추고 살피는 것 밖에서 그것들을 구하겠으며, 사람의 정상(精爽)은 신명(神明)으로 나아갈 수 있는데, 어찌 부여받은 기(氣)의 밖에서 구하겠는가!

曰 : 孟子言 "口之於味也, 有同耆焉; 耳之於聲也, 有同聽焉; 目之於色也,

有同美焉; 至於心獨無所同然乎"68), 明理義之悅心, 猶味之悅口, 聲之悅

耳, 色之悅目之爲性. 味也聲也色也在物, 而接於我之血氣; 理義在事, 而

接於我之心知. 血氣心知, 有自具之能: 口能辨味, 耳能辨聲, 目能辨色, 心

能辨夫理義. 味與聲色, 在物不在我, 接於我之血氣, 能辨之而悅之69); 其

悅者, 必其尤美者也; 理義在事情之條分縷析, 接於我之心知, 能辨之而悅

之70); 其悅者, 必其至是者也. 子産71)言 "人生始化曰魄72), 旣生魄, 陽曰

魂73)"74); 曾子-75)言 "陽之精氣76)曰神, 陰之精氣曰靈, 神靈者, 品物之本

也"77). 蓋耳之能聽, 目之能視, 鼻之能臭, 口之知味, 魄之爲也, 所謂靈也,

陰主受者也; 心之精爽78), 有思輒通, 魂之爲也, 所謂神也, 陽主施者也.

主施者斷, 主受者聽, 故孟子曰: "耳目之官不思", "心之官則思"79). 是思

---

68) 『孟子』「告子上」.

69) '之'는 모두 맛과 소리와 색을 가리킨다.

70) '之'는 모두 理와 義를 가리킨다.

71) '子産'은 春秋時期(기원전 771-기원전 453) 鄭의 大夫인 公孫僑(?-기원전 522)의 字이다.

72) '魄'은 사람의 형체를 의미한다.

73) '魂'은 사람의 정신을 의미한다.

74) 『春秋左傳』「昭公」「昭公七年」.

75) '曾子'는 曾參(기원전 505-기원전 435)으로, 字는 子輿이고, 孔子의 제자이다.

76) 曾參은 精氣를 神靈으로 해석하였는데, 일종의 신비스런 것을 의미한다. 戴震은 精氣를 정세한 氣로 이해하였는데, 일종의 고급스런 물질을 의미한다.

77) 『大戴禮記』「曾子天圓」.

78) '精爽'은 감각이나 지각 등과 같은 기초적인 의식으로, 일반적으로는 인식 능력을 의미한다.

79) 『孟子』「告子上」: "耳目之官不思, 而蔽於物, 物交物, 則引之而已矣. 心之官則思, 思則得之, 不思則不得也. 此天之所與我者, 先立乎其大者, 則其小者弗能奪也. 此爲大人而已矣." 2010년 판 黃山書社 본 『戴震全書』와 1982년 판 中華書局 본 『孟子字義疏證』과 2009년 판 上海古籍出版社 본 『戴震集』에는

者, 心80)之能也. 精爽有蔽隔而不能通之81)時, 及其無蔽隔, 無弗通, 乃以神明82)稱之. 凡血氣之屬83), 皆有精爽. 其心之精爽, 鉅細不同, 如火光之照物, 光小者, 其照也近, 所照者不謬也, 所不照(所)[斯]疑謬承之, 不謬之謂得理; 其光大者, 其照也遠, 得理多而失理少. 且不特遠近也, 光之及又有明闇, 故於物有察有不察; 察者盡其實, 不察斯疑謬承之, 疑謬之謂失理. 失理者, 限於質之昧, 所謂愚也. 惟學可以增益其不足而進於智, 益之不已, 至乎其極, 如日月有明, 容光必照, 則聖人矣. 此中庸"雖愚必明"84), 孟子"擴而充之"85)之謂聖人. 神明之盛也, 其於事靡不得理, 斯仁義禮智全矣. 故理義非他, 所照所察者之不謬也. 何以不謬? 心之神明也. 人之異於禽獸者, 雖同有精爽, 而人能進於神明也. 理義豈別若一物, 求之所照所察之外; 而人之精爽能進於神明, 豈求諸氣稟之外哉!

모두 '耳目之官不思, 心之官則思.'라고 표기되어 있지만, 이것은 구두점이 잘못 표기된 것으로, '耳目之官不思', '心之官則思'라고 구두점을 표기하는 것이 옳다.

80) '心'은 사유 기관을 가리킨다. 옛 사람들은 사유가 뇌의 기능이라는 현대적인 의학 지식이 없었기 때문에, 心의 기능이라고 잘못 알고 항상 心으로 사람의 사유 기관 또는 사유 의식을 표현하였다.

81) '之'는 사물을 가리킨다.

82) '神明'은 고차원적인 의식으로, 곧 이성적인 사유를 의미한다.

83) '血氣之屬'은 사람과 동물을 가리킨다.

84) 『禮記』「中庸」: "果能此道矣, 雖愚必明, 雖柔必强."

85) 『孟子』「公孫丑上」: "凡有四端於我者, 皆擴而充之矣, 火之始然, 泉之始達." 2010년 판 黃山書社 본 『戴震全書』와 1982년 판 中華書局 본 『孟子字義疏證』과 2009년 판 上海古籍出版社 본 『戴震集』에는 모두 '擴而充之之謂聖人'이라고 표기되어 있지만, 이것은 구두점이 잘못 표기된 것으로, '擴而充之'라고 구두점을 표기하는 것이 옳다.

질문 : 후세 유학자들은 사람에게 있는 기(嗜)와 욕(欲)은 부여받은 기(氣)에서 나오며, 리(理)라는 것은 부여받은 기(氣)와 구별되는 것이라고 여겼다. 지금 마음의 정상(精爽)이 배워서 확충되어 신명(神明)으로 나아가면, 곧 일에서 리(理)를 얻지 않음이 없게 된다고 하였는데, 이것은 부여받은 기(氣)의 밖에서 리(理)를 구하는 것이 잘못이라는 것이다. 맹자는 오로지 리(理)와 의(義)를 들어서 성(性)이 선(善)하다는 것을 밝혔는데, 무엇 때문인가?

問 : 後儒以人之有嗜欲[86]出於氣稟, 而理者, 別於氣稟者也. 今謂心之精爽, 學以擴充之, 進於神明, 則於事靡不得理, 是求理於氣稟之外者非矣. 孟子專擧"理義"以明"性善",[87] 何也?

답변 : 옛 사람들이 성(性)을 말하면서 단지 부여받은 기(氣)로만 말하였을 뿐, 리(理)와 의(義)가 성(性)이 된다고 분명하게 말했던 적이 없다는 것은 말을 기다리지 않고서도 알 수 있다. 맹자 때에 이르러 다른 학설들이 여기저기서 일어나서, 리(理)와 의(義)로 성인이 천하를 다스리는 도구로 삼았는데, 이러한 하나의 법규를 세워서 강제로 따르게 한 것으로, 도(道)를 해치는 말들은 모두 밖으로부터 리(理)와 의(義)가 생겨난다는 것이다. 사람들은 단지 귀의 소리에 대한, 눈의 색에 대한, 코의 냄새에 대한, 입의 맛에 대한 것이 성(性)이 된다는 것만 알았을 뿐, 마음의 리(理)와 의(義)에 대한 것 또한 귀와 눈과 코와 입의 소리와 색과 냄새와 맛에 대한

---

86) '嗜欲'은 물질에 대한 耳, 目, 口, 鼻 등의 신체 기능이 갖는 嗜好와 欲求를 가리킨다.
87) 『孟子』「告子上」 참조.

것과 같다는 것을 알지 못하였기 때문에, "마음에 이르러서만 유독 모두 그렇다고 하는 것이 없겠는가"라고 말했던 것이다. 곧 그 아는 것으로 그 알지 못하는 것을 증명한 것으로, 소리와 색과 냄새와 맛에 대한 욕(欲)을 들어 귀와 눈과 코와 입에 귀속시켰고, 리(理)와 의(義)에 대한 좋아함을 들어 마음에 귀속시켰는데, 모두 내적인 것이지 외적인 것은 아니다. 이것들을 비교하고 종합하여 천하의 의혹을 해소하였으며, 리(理)와 의(義)가 성(性)이 된다는 것에 대해서 명백하고 의심이 없게 함으로써, 도(道)를 해치는 말들이 거의 그칠 수 있었다. 맹자는 사람의 마음이 리(理)와 의(義)에 통하는 것이, 귀와 눈과 코와 입이 소리와 색과 냄새와 맛에 통하는 것과 함께 모두 성(性)에 근원을 둔 것으로, 후천적으로 기원하는 것이 아님을 천명하였다. 후세 유학자들은 맹자가 성(性)을 말하면, 곧 리(理)와 의(義)를 말하고, 곧 인의예지(仁義禮智)를 말했던 것을 보고, 그 설을 이해하지 못하여, 끝내는 부여받은 기(氣) 외에 하나의 리(理)와 의(義)의 성(性)을 더하여, 그것을 맹자에게 귀속시켰다.

曰 : 古人言性, 但以氣稟言, 未嘗明言理義爲性, 蓋不待言而可知也. 至孟子時, 異說[88]紛起, 以理義爲聖人治天下[之]具, 設此一法以强之從, 害道之言皆由外理義而生 ; 人徒知耳之於聲, 目之於色, 鼻之於臭, 口之於味之爲性, 而不知心之於理義, 亦猶耳目鼻口之於聲色臭味也, 故曰"至於心獨無所同然乎", 蓋就其所知以證明其所不知, 擧聲色臭味之欲歸之耳目鼻口, 擧理義之好歸之心, 皆內也, 非外也, 比而合之以解天下之惑, 俾曉然

---

88) '異說'은 人性의 善惡 문제와 관련하여, 孟子의 性善說과 다른 여러 학설들을 가리킨다.

無疑於理義之爲性, 害道之言庶幾可以息矣. 孟子明人心之通於理義, 與耳目鼻口之通於聲色臭味, 咸根諸性, 非由後起. 後儒見孟子言性, 則曰理義, 則曰仁義禮智, 不得其說, 遂於氣稟之外增一理義之性[89], 歸之孟子矣.

질문: 소리와 색과 냄새와 맛의 욕(欲) 또한 마땅히 마음에 근원을 두고 있는데, 지금 오로지 리(理)와 의(義)의 좋아함만 마음에 근원을 두고 있다고 여기니, "이 아름다운 덕을 좋아하는구나"에 대해서는 진실로 그렇긴 하지만, 소리와 색과 냄새와 맛의 욕(欲)이 단지 귀와 눈과 코와 입에만 근원을 두고 있겠는가? 마음은 온 몸을 통솔하는 것이고, 온 몸의 기능은 모두 마음의 기능인데, 어찌 귀가 소리를 즐거워하고 눈이 색을 즐거워하고 코가 냄새를 즐거워하고 입이 맛을 즐거워하는 것이 마음이 그것들을 즐거워하는 것 아니겠는가?

問: 聲色臭味之欲亦宜根於心, 今專以理義之好爲根於心, 於"好是懿德"固然矣, 抑聲色臭味之欲徒根於耳目鼻口歟? 心, 君乎百體者也, 百體之能, 皆心之能也, 豈耳悅聲, 目悅色, 鼻悅臭, 口悅味, 非心悅之乎?

답변: 아니다. 마음은 귀와 눈과 코와 입을 부릴 수 있지만, 귀와 눈과 코와 입의 기능을 대신할 수 없다. 저 기능이라는 것들은 각자가 스스로 갖춘 것들이므로, 서로 할 수는 없다. 사람과 사물은 천

---

89) '理義之性'은 義理之性, 즉 天地之性 또는 本然之性으로, 宋代 儒學者들은 이것을 사람이 선천적으로 갖춘 善한 本性으로, 하늘로부터 얻어서 마음에 갖춘 것으로 간주하였다.

지에서 형체를 받으므로, 항상 그것들과 서로 통한다. 천지 사이를 가득 채운 것들에는 소리가 있고 색이 있고 냄새가 있고 맛이 있는데, 소리와 색과 냄새와 맛을 들게 되면 곧 천지 사이를 가득 채운 것들에 혹시라도 빠트린 것이 없게 된다. 안과 밖은 서로 통하는데, 그 구멍을 열은 것들은 귀와 눈과 코와 입이 된다. 오행(五行)에는 상생과 상극이 있어, 상생하면 곧 서로 얻게 되고, 상극하면 곧 서로 거스르게 되는데, 혈기(血氣)가 길러지고 길러지지 않는 것이 거기에 연계되어 있다. 밖에서 얻어서 충분히 그 안을 기르는데, 이것은 모두 음양(陰陽)과 오행(五行)이 하는 바로, 밖으로는 천지 사이에 가득 차고, 안으로는 나의 몸에 갖춰져서, 밖과 안이 서로 사이가 없어 양생의 도(道)가 갖춰지게 된다. "백성들은 질박한지라, 일상생활에서 마시고 먹나니", 예로부터 지금까지 도(道)의 원칙으로 여겨져 왔다. 혈기(血氣)는 각각 얻어서 길러지는 것으로, 귀와 눈과 코와 입의 구멍을 열어 그것과 통하게 되는데, 이미 이에 통했기 때문에, 각각 그 기능을 이루어 맡는 일을 나눠서 담당하게 된다. 공자가 "어릴 때는 혈기가 아직 정해지지 않았기 때문에 성적인 욕구를 경계하고, 자라서는 혈기가 바야흐로 세지기 때문에 싸움을 경계하고, 늙어서는 혈기가 이미 쇠했기 때문에 얻음을 경계해야 한다"고 말하였다. 혈기(血氣)의 하는 바가 일정하지 않은데, 모든 몸의 기(嗜)와 욕(欲)이 혈기(血氣)에 근원을 두고 있는 것이 분명하니, 마음에 근원을 두고 있는 것은 아니다. 맹자는 "리(理)와 의(義)가 나의 마음을 즐겁게 하는 것은, 맛있는 고기가 나의 입을 즐겁게 하는 것과 같다"고 말하였는데, 비유적으로 말한 것이 아니다. 사람이 하나의 일을 행하면서 리(理)와 의(義)에 합당하면 그 심기(心氣)가 반드시 유쾌하게 되지만, 리(理)와 의(義)에 어긋나면

심기(心氣)가 반드시 의기소침하게 된다. 이것으로 보면, 마음의 리(理)와 의(理)에 대한 것은 혈기(血氣)의 기(嗜)와 욕(欲)에 대한 것과 같은 것으로, 모두 성(性)이 그렇게 되게 하는 것일 뿐이다. 귀와 눈과 코와 입의 기관들은 신하의 도리이고, 마음의 기관은 군주의 도리로, 신하는 그 기능에 힘쓰고, 군주는 그 가부를 바르게 한다. 리(理)와 의(義)는 다른 것이 아니고, 가부에 이르러 합당하면, 그것을 리(理)와 의(義)라고 한다. 그러나 또한 마음이 하나의 의견을 내서 가부에 이르는 것이 아닌데, 만일 마음이 하나의 의견을 내서 가부에 이르게 된다면, 그것을 강제하는 것과 무엇이 다르겠는가! 그러므로 일과 사물에 대하여 말하자면, 일과 사물의 밖에 별도의 리(理)와 의(義)가 있는 것이 아니다. "사물이 있으면 반드시 법칙이 있는데", 그 법칙으로 그 사물을 바르게 하는 것이 이와 같을 뿐이다. 사람의 마음에 대하여 말하자면, 별도의 리(理)가 있어서, 그것을 부여받아 마음에 갖춘 것이 아니다. 마음의 신명(神明)은 일과 사물에 대하여 모두 그 바뀌지 않는 법칙을 충분히 알게 되는데, 비유하자면 빛이 있어 모두 비출 수 있지만, 리(理)에 들어 맞는 것은 그 빛이 강하여, 그 비추는 것에 잘못이 없는 것과 같다.

曰 : 否. 心能使耳目鼻口, 不能代耳目鼻口之能, 彼其能者各自具也, 故不能相爲. 人物受形於天地, 故恒與之90)相通. 盈天地之間, 有聲也, 有色也, 有臭也, 有味也; 擧聲色臭味, 則盈天地間者無或遺矣. 外內相通, 其開竅也, 是爲耳目鼻口. 五行91)有生克, 生則相得, 克則相逆, 血氣之得其養失

90) '之'는 天地를 가리킨다.
91) '五行'은 우주 만물을 구성하는 水[물], 火[불], 木[나무], 金[쇠], 土[흙]의 다섯 종류의 물질 형태를 말한다.

其養繫焉, 資於外足以養其內, 此皆陰陽92)五行之所爲, 外之盈天地之間, 內之備於吾身, 外內相得無間而養道備. "民之質矣, 日用飲食"93), 自古及今, 以爲道之經也. 血氣各資以養, 而開竅於耳目鼻口以通之, 旣於是通, 故各成其能而分職司之. 孔子曰: "少之時, 血氣未定, 戒之在色; 及其長也, 血氣方剛, 戒之在鬪; 及其老也, 血氣旣衰, 戒之在得."94) 血氣之所爲不一, 擧凡身之嗜欲根於氣血明矣, 非根於心也. 孟子曰"理義之悅我心, 猶芻豢之悅我口"95), 非喩言也. 凡人行一事, 有當於理義, 其心氣必暢然自得; 悖於理義, 心氣必沮喪自失, 以此見心之於理義, 一同乎血氣之於嗜欲, 皆性使然耳. 耳目鼻口之官, 臣道96)也; 心之官, 君道97)也; 臣效其能而君正其可否. 理義非他, 可否之而當, 是謂理義. 然又非心出一意以可否之也, 若心出一意以可否之, 何異强制之乎! 是故就事物言, 非事物之外別有理義也; "有物必有則", 以其則正其物, 如是而已矣. 就人心言, 非別有理以予之而具於心也; 心之神明, 於事物咸足以知其不易之則, 譬有光皆能照, 而中理者, 乃其光盛, 其照不謬也.

---

92) '陰陽'은 우주 만물을 만들어 내는 상반된 성질의 두 가지 기운을 아울러 이르는 말이다. 최초의 뜻은 햇빛을 좇는 것과 등지는 것, 즉 앞과 뒤를 가리키는 것으로, 앞면은 陽이 되고 뒷면은 陰이 된다. 고대 사상가들은 모든 사물에는 正과 反의 두 면이 있다고 보고, 陰과 陽으로 만물의 생장과 소멸을 설명하였는데, 天地, 日月, 晝夜, 男女에서 五臟六腑나 氣血에 이르기까지 모두 陰과 陽으로 나누었다. 이로부터 陰陽家, 陰陽學 등이 형성되었다.
93) 『詩經』「小雅」「鹿鳴之什」「天保」.
94) 『論語』「季氏」: "少之時, 血氣未定, 戒之在色; 及其壯也, 血氣方剛, 戒之在鬪; 及其老也, 血氣旣衰, 戒之在得."
95) 『孟子』「告子上」.
96) '臣道'는 지배를 받는 위치에 있는 것을 비유한 것이다.
97) '君道'는 지배를 하는 위치에 있는 것을 비유한 것이다.

질문 : 배우는 사람은 이전의 말과 행동을 많이 알아, 자기의 부족한 것을 더할 수 있다. 송(宋)의 유학자들이 "리(理)는 하늘에서 얻어서 마음에 간직한 것"이라고 한 것은, 대체로 묻고 배우는 것이 옛 성현에게서 얻어서 마음에 간직했기 때문인 것을 비유해서 한 말인가?

問 : 學者多識前言往行98), 可以增益己之所不足; 宋儒謂"理得於天而藏 於心", 殆因問學之得於古賢聖而藏於心, 比類以爲說歟?

답변 : 음양(陰陽)과 오행(五行)에 근본을 둔 사람의 혈기(血氣)와 심지(心知)가 성(性)이다. 예를 들면, 혈기(血氣)는 마시고 먹는 것을 바탕으로 하여 길러지는데, 그 소화된 것이 곧 나의 혈기(血氣)가 되니, 마시고 먹은 물질로 돌아가는 것이 아니다. 심지(心知)의 바탕은 묻고 배우는 데에 있는데, 스스로 그것을 얻은 것 또한 그렇다. 혈기(血氣)로 말하자면, 옛날에는 약했지만 지금은 강한 것은 혈기(血氣)가 길러진 것이다. 심지(心知)로 말하자면, 옛날에는 좁았지만 지금은 넓고, 옛날에는 어두웠지만 지금은 밝은 것은 심지(心知)가 길러진 것이다. 그러므로 "비록 어리석지만 반드시 밝게 된다"고 말한 것이다. 사람의 혈기(血氣)와 심지(心知)는, 그 하늘이 정한 것이 때로는 고르지 못한데, 길러지고 길러지지 않는 것이 마침내 큰 차이에 이르게 된다. 만일 묻고 배우는 것이 마시고 먹는 것과 같다는 것을 알게 된다면, 곧 그 소화되는 것을 귀하게 여기고, 그 소화되지 않는 것은 귀하게 여기지 않게 된다. 외우기만 하고 이해를 하지 못하는 학문은, 들여서 소화를 하지 못하는 것이다.

---

98) '前言往行'은 옛 사람들의 言行을 가리킨다.

스스로 그것을 얻으면, 곧 편안하게 거처하고 깊게 축적하여, 이쪽 저쪽에서 취해 그 근원을 만나게 되는데, 나의 심지(心知)가 지극하게 되어 성인의 신명(神明)에 이르게 된다. 신명(神明)이란 것은 여전히 마음으로, 마음 자체로의 마음이 아니라, 얻은 것을 속에 간직한 것을 이른다. 마음 자체로의 마음이면서 얻은 것을 속에 간직한 것으로 배움을 말한다면, 여전히 물질이면서 소화를 하지 못한 배움으로, 하물며 그것으로 성(性)을 말할 수 있겠는가!

曰 : 人之血氣心知本乎陰陽五行者, 性也. 如血氣資飲食以養, 其化也, 卽爲我之血氣, 非復所飲食之物矣; 心知之資於問學, 其自得之也亦然. 以血氣言, 昔者弱而今者强, 是血氣之得其養也; 以心知言, 昔者狹小而今也廣大, 昔者闇昧而今也明察, 是心知之得其養也, 故曰"雖愚必明". 人之血氣心知, 其天定者往往不齊, 得養不得養, 遂至於大異. 苟知問學猶飲食, 則貴其化, 不貴其不化. 記問之學, 入而不化者也. 自得之, 則居之安, 資之深, 取之左右逢其源, 我之心知, 極而至乎聖人之神明矣. 神明者, 猶然心也, 非心自心而所得者藏於中之謂也. 心自心而所得者藏於中, 以之言學, 尙爲物而不化之學, 況以之言性乎!

질문 : 송(宋) 이래로 리(理)를 말하면서, 그 말이 "리(理)에서 나오지 않으면 곧 욕(欲)에서 나오고, 욕(欲)에서 나오지 않으면 곧 리(理)에서 나온다"고 하였는데, 그러므로 리(理)와 욕(欲)의 경계를 변별하여, 군자와 소인이 여기에서 구분된다고 여겼다. 지금 정(情)이 잘못되지 않는 것으로 리(理)를 삼아서, 이 리(理)라는 것이 욕(欲)이라는 것에 존재한다고 하였는데, 그렇다면 욕(欲)을 없애는 것 또한 옳지 않은 것인가?

問 : 宋以來之言理也, 其說爲"不出於理則出於欲, 不出於欲則出於理",
故辨乎理欲之界, 以爲君子小人於此焉分. 今以情之不爽失爲理, 是理者
存乎欲者也, 然則無欲亦非歟?

답변 : 맹자가 "마음을 기르는 데는 욕(欲)을 적게 하는 것보다 좋은
것이 없다"고 말하였으니, 욕(欲)은 없게 할 수는 없고 적게 할 뿐
이라는 것이 분명하다. 사람의 삶에서, 그 삶을 이루지 못하는 것보
다 고통스러운 것은 없다. 그 삶을 이루려고 하면서 또한 다른 사람
의 삶도 이루게 하는 것이 인(仁)이다. 그 삶을 이루려고 하면서
다른 사람의 삶을 해치고 돌아보지 않는 것은 불인(不仁)이다. 불인
(不仁)은 실제로 그 삶을 이루고자 하는 마음에서 시작된다. 만일
이 욕(欲)이 없다면, 기필코 불인(不仁)도 없다. 그러나 만일 이 욕
(欲)이 없다면, 곧 천하 사람들의 살아갈 방도가 궁핍해지는 것에
대해서도 또한 막연하게 보고만 있을 것이다. 자기는 그 삶을 기필
코 이루려고 하지 않으면서, 다른 사람의 삶을 이루어 주는 정황은
없다. 그렇다면 "옳음에서 나오지 않으면 곧 그름에서 나오고, 그름
에서 나오지 않으면 곧 옳음에서 나온다"고 할 수는 있어도, "리
(理)에서 나오지 않으면 곧 욕(欲)에서 나오고, 욕(欲)에서 나오지
않으면 곧 리(理)에서 나온다"고 할 수는 없다. 욕(欲)은 그 사물
[物]이고, 리(理)는 그 법칙[則]이다. 그름에서 나오지 않고 옳음에
서 나오더라도, 오히려 때때로 의견의 치우침이 있어서 리(理)를
얻을 수 없게 된다. 그러나 송(宋) 이래로 리(理)와 욕(欲)을 말한
것은 단지 옳음과 그름의 변별로만 여겼던 것일 뿐으로, 그름에서
나오지 않고 옳음에서 나오면 곧 리(理)로 일에 대응한 것이라고
일렀던 것이다. 리(理)를 일과 나눠서 둘로 하고, 의견과 합해서

하나로 하였으니, 이것으로 일을 해치게 되었다. 일이 다가오면 대응하는 것은 마음으로, 마음에 가려진 바가 있으면 곧 일의 실정을 얻을 수 없는데, 또한 어떻게 리(理)를 얻을 수 있겠는가! 노씨[老子]로부터 "하나[一]를 잡는 것"을 귀하게 여겼고, "욕(欲)을 없애는 것"을 귀하게 여겼다. 장주[莊子]의 책에는 곧 "성인의 고요함은 고요한 것이 좋은 것이라고 했기 때문에 고요한 것이 아니라, 만물이 마음을 흔들기에 충분하지 않기 때문에 고요한 것이다", "물은 고요하면서도 오히려 맑은데, 하물며 정신에서야, 성인의 마음이 고요하구나", "허정(虛靜)과 염담(恬淡)과 적막(寂寞)과 무위(無爲)라는 것은 천지의 편안함이요, 도덕의 지극함이다"라고 말하였다. 주자[周敦頤]의 『통서』는 "'성인이란 배울 수 있는 것입니까?' 말하기를, '그렇다.' '요령이 있습니까?' 말하기를, '있다.' '여쭙겠습니다.' 말하기를, '하나[一]가 요령이 된다. 하나[一]라는 것은 욕(欲)을 없애는 것이다. 욕(欲)을 없애면, 고요할 때 텅 비고 움직일 때 곧다. 고요할 때 텅 비면 곧 밝고, 밝으면 곧 통한다. 움직여서 곧으면 곧 공정하고, 공정하면 곧 두루 미친다. 밝고 통하고 공정하고 두루 미치면 가깝다'"고 말하였다. 이것은 곧 노씨와 장씨[莊子]와 석씨[釋迦牟尼]의 말이다. 주자 또한 "인욕(人欲)에 가려진 바"를 여러 번 말하였는데, 모두 욕(欲)을 없애면 곧 가려짐이 없다고 여긴 것으로, 「중용」의 "비록 어리석지만 반드시 밝게 된다"는 이치는 아니다. 태어나면서부터 어리석은 사람이 있는데, 비록 욕(欲)을 없애더라도 또한 어리석다. 욕(欲)에서 나온 것이 살고 기르는 일이 아닌 것이 없는데, 욕(欲)이 잘못되면 사사로움이 되지 가려짐이 되지는 않는다. 스스로 리(理)를 얻었다고 여기면서 실제로는 잘못된 것을 고집한다면, 가려져서 밝지 않게 된다. 천하 고금 사람들의

큰 근심은 사사로움과 가려짐의 두 가지 발단일 뿐이다. 사사로움
은 욕(欲)의 잘못에서 생겨나고, 가려짐은 지(知)의 잘못에서 생겨
난다. 욕(欲)은 혈기(血氣)에서 생겨나고, 지(知)는 마음에서 생겨
난다. 사사로움으로 인하여 욕(欲)을 탓하게 되고, 욕(欲)으로 인하
여 혈기(血氣)를 탓하게 되며, 가려짐으로 인하여 지(知)를 탓하게
되고, 지(知)로 인하여 마음을 탓하게 되는데, 노씨가 "항상 백성들
로 하여금 지식을 없애고 욕구를 없애게 하라"고 말한 까닭이니,
그는 스스로 그 육체를 소홀히 하고 그 "진재(眞宰)"를 귀하게 여
겼던 것이다. 뒤의 석씨도 그 논설이 다른 것 같으나, 실제로는 같
다. 송의 유학자들은 노씨와 석씨에게 드나들었는데, 정숙자[程頤]가
편찬한 「명도선생행장」에 "15,6세부터 주무숙[周敦頤]이 도(道)를 논한 것을
듣고, 드디어 과거 보는 일을 싫어하여 분연히 도(道)를 구하려는 뜻이 있었다.
여러 대가들을 광범위하게 넘나들고 노씨와 석씨에게 출입한지 거의 십 년이
되어, 돌이켜서 육경에서 구한 뒤에야 그것을 얻었다"고 말하였다. 여여숙[呂
大臨]이 편찬한 「횡거선생행장」에 "범문정공[范仲淹]이 「중용」을 읽도록 권하
니, 선생은 그 책을 읽고 비록 아끼기는 하였으나, 오히려 아직은 족하지 못하
다고 여겨, 또한 석씨와 노씨의 책들을 찾아 여러 해 동안 그 설들을 다 연구했
지만, 얻은 바가 없다는 것을 알고 돌이켜서 육경에서 구했다"고 말하였다.
『주자어류』에서 요덕명(廖德明)은 계사년에 들었던 바를 기록하여, "선생께서
말씀하시기를, '2,3년 전에는 이 일이 아직 흐리멍덩하여, 그것이 불교의 설과
비슷하다고 생각하였는데, 근년에 와서야 비로소 분명히 알게 되었다'고 하셨
다"고 하였다. 살펴보면, 주자는 15,6세에 선학(禪學)을 흠모하였고, 24세에
이원중[李侗]을 만나 성현의 말씀을 보도록 가르침을 받았는데, 그 뒤에 다시
석씨에게 들어갔다. 계사년에 이르니, 나이가 44세였다. 그러므로 노씨와
석씨의 말에 섞어서 말하였다. 『시[詩經]』에 "백성들은 질박한지라,
일상생활에서 마시고 먹나니"라고 말하였다. 『기[禮記]』에 "먹고

마시는 것과 남녀의 관계는 사람의 큰 욕구가 존재하는 곳이다"라
고 말하였다. 성인이 천하를 다스리는 데, 백성의 정(情)을 체득하
게 하고 백성의 욕(欲)을 이루게 한다면, 왕도는 갖춰지게 된다.
사람들은 노씨와 장씨와 석씨가 성인과 다르다는 것을 알아서, 그
욕(欲)을 없애라는 설을 듣고도 오히려 믿지 않는데, 송의 유학자들
에 대해서는 곧 성인과 같다고 믿고서, 리(理)와 욕(欲)의 구분을
사람들마다 말할 수 있게 되었다. 그러므로 지금 사람을 다스리는
자들은 옛 성현들이 백성의 정(情)을 체득하게 하고 백성의 욕(欲)
을 이루게 한 것을 대부분 비루하고 하찮고 은밀하고 사소한 것에
서 나오는 것으로 보고 마음에 두지 않는데, 이상하게 여길 만한
것이 못 된다. 그러나 리(理)로 책망하는 것에 이르러서는, 세상에
드문 높은 절개와 현저한 의(義)에 대하여 죄를 덮어씌우는 것을
어렵지 않게 들 수 있다. 높은 사람이 리(理)로 낮은 사람을 책망하
고, 어른이 리(理)로 어린아이를 책망하고, 귀한 사람이 리(理)로
천한 사람을 책망하면, 비록 잘못이더라도 맞는다고 하고, 낮은 사
람과 어린아이와 천한 사람이 리(理)로 그들과 다투면, 비록 합당하
더라도 맞지 않는다고 한다. 그러므로 아래는 천하의 동일한 정(情)
과 천하가 동일하다고 하는 욕(欲)으로 위에 다다를 수 없고, 위는
리(理)로 그 아래를 책망하니, 아래에 있게 된 죄가 사람들마다 이
루 다 헤아릴 수 없다. 사람이 법(法)에 의해 죽으면 오히려 그를
불쌍하게 여기는 사람들이 있겠지만, 리(理)에 의해 죽으면 그 누가
그를 불쌍히 여기겠는가! 아아, 노씨와 석씨의 말들에 섞어서 말하
였는데, 그 화가 신[申不害]과 한[韓非子]보다 심한 것이 이와 같도
다! 육경과 공자와 맹자의 책들이 어찌 일찍이 리(理)를 마치 물체
가 있는 것처럼, 사람의 성(性)이 발현하여 정(情)과 욕(欲)이 되는

것을 벗어난 것으로 삼아서, 그것을 강제했었던가! 맹자가 제(齊)
와 양(梁)의 군주들에게 아뢰어, "백성들과 함께 즐기십시오"라고
말하였고, "형벌을 줄이고 세금을 적게 거두십시오"라고 말하였고,
"반드시 위로는 부모를 섬기기에 충분하게 하고, 아래로는 처자를
기르기에 충분하게 하십시오"라고 말하였고, "정주하는 자에게는
노적과 창고가 있으며, 떠도는 자에게는 싼 양식이 있습니다"라고
말하였고, "안으로는 원망하는 여자가 없었고, 밖으로는 홀아비가
없었습니다"라고 말하였는데, 어진 정치가 이와 같으며, 왕도가 이
와 같을 뿐이다.

曰 : 孟子言"養心莫善於寡欲"[99], 明乎欲不可無也, 寡之而已. 人之生也,
莫病於無以遂其生. 欲遂其生, 亦遂人之生, 仁也; 欲遂其生, 至於戕人之
生而不顧者, 不仁也. 不仁, 實始於欲遂其生之心; 使其無此欲, 必無不仁
矣. 然使其無此欲, 則於天下之人, 生道窮促, 亦將漠然視之. 己不必遂其
生, 而遂人之生, 無是情也, 然則謂"不出於正則出於邪, 不出於邪則出於
正", 可也; 謂"不出於理則出於欲, 不出於欲則出於理", 不可也. 欲[100],
其物; 理, 其則也. 不出於邪而出於正, 猶往往有意見之偏, 未能得理. 而宋
以來之言理欲也, 徒以爲正邪之辨而已矣, 不出於邪而出於正, 則謂以理應
事矣. 理與事分爲二而與意見合爲一, 是以害事. 夫事至而應者, 心也; 心
有所蔽, 則於事情未之能得, 又安能得理乎! 自老氏[101]貴於"抱一"[102], 貴

---

99) 『孟子』「盡心下」.
100) '欲'은 食欲, 色欲 등 사람들의 일상생활에서 있게 되는 일체의 감정을 가리
킨다.
101) '老氏'는 老子이다.
102) 『老子』十章: "載營魄抱一, 能無離乎?" 『老子』二十二章: "是以聖人抱一爲
天下式."

於"無欲"103), 莊周104)書則曰: "聖人之靜也, 非曰靜也善, 故靜也; 萬物無
足以撓心者, 故靜也. 水靜猶明, 而況精神, 聖人之心靜乎! 夫虛靜恬淡,
寂寞無爲者, 天地之平, 而道德之至."105) 周子106)通書曰: "'聖可學乎?'
曰, '可.' '有要乎?' 曰, '有.' '請問焉.' 曰, '一爲要. 一者, 無欲也; 無欲則靜
虛動直. 靜虛則明, 明則通; 動直則公, 公則溥. 明通公溥, 庶矣哉!'"107)
此卽老莊108)釋109)氏之說. 朱子110)亦屢言"人欲所蔽"111), 皆以爲無欲則
無蔽, 非中庸"雖愚必明"之道也. 有生而愚者, 雖無欲, 亦愚也. 凡出於欲,
無非以生以養之事, 欲之失爲私, 不爲蔽. 自以爲得理, 而所執之實謬, 乃
蔽而不明. 天下古今之人, 其大患, 私與蔽二端而已. 私生於欲之失, 蔽生

---

103) 『老子』一章: "故常無欲, 以觀其妙; 常有欲, 以觀其徼." 『老子』三章: "常使
　　民無知無欲." 『老子』三十四章: "衣養萬物而不爲主, 常無欲, 可名於小; 萬
　　物歸焉, 而不爲主, 可名爲大." 『老子』三十七章: "無名之樸, 夫亦將無欲."
　　『老子』五十七章: "我無欲, 而民自樸."

104) '莊周'는 莊子의 이름이다.

105) 『莊子』「天道」: "聖人之靜也, 非曰靜也善, 故靜也, 萬物無足以鐃心者, 故
　　靜也. 水靜則明燭鬚眉, 平中準, 大匠取法焉. 水靜猶明, 而況精神! 聖人之
　　心靜乎, 天地之鑑也, 萬物之鏡也. 夫虛靜恬淡, 寂漠無爲者, 天地之平而道
　　德之至, 故帝王聖人休焉."

106) '周子'는 周敦頤(1017-1073)로, 字는 茂叔이며, 濂溪先生으로 불렸다.

107) 『通書』「聖學」第二十: "'聖可學乎?' 曰: '可.' '有要乎?' 曰: '有.' '請問焉.'
　　曰: '一爲要. 一者無欲也, 無欲則靜虛動直, 靜虛則明, 明則通; 動直則公,
　　公則溥. 明通公溥, 庶矣乎!'"

108) '莊'은 莊子를 말한다.

109) '釋'은 釋迦牟尼를 말한다.

110) '朱子'는 朱熹로, 字는 元晦, 仲晦이고, 號는 晦庵이며, 朱文公, 朱子 등으로
　　불렸다.

111) 『大學章句』: "明德者, 人之所得乎天, 而虛靈不昧, 以具衆理而應萬事者也.
　　但爲氣稟所拘, 人欲所蔽, 則有時而昏; 然其本體之明, 則有未嘗息者. 故學
　　者當因其所發而遂明之, 以復其初也." 참조.

於知之失; 欲生於血氣, 知生於心. 因私而咎欲, 因欲而咎血氣; 因蔽而咎知, 因知而咎[心], 老氏所以言"常使民無知無欲"[112]; 彼[113]自外其形骸, 貴其"眞宰"[114]; 後之釋氏, 其論說似異而實同. 宋儒出入於老釋, 程叔子[115]撰明道先生[116]行狀云: "自十五六時, 聞周茂叔[117]論道, 遂厭科擧之業, 慨然有求道之志, 泛濫於諸家, 出入於老釋者幾十年, 返求諸六經, 然後得之."[118] 呂與叔[119]撰横渠先生[120]行狀云: "范文正公[121]勸讀中庸, 先生讀其書, 雖愛之, 猶以爲未足, 又訪諸釋老之書, 累年, 盡究其說, 知無所得, 返而求之六經."[122] 朱子語類廖德明[123]錄癸巳[124]所聞[125]: "先生

---

112) 『老子』三章.

113) '彼'는 老子를 가리킨다.

114) '眞宰'는 老子와 莊子의 학설에서 道의 본체인 하늘을 이르는 말로, 우주의 진정한 주재자인 정신적 실체를 의미한다.

115) '程叔子'는 程頤로, 字는 正叔이며, 伊川先生으로 불렸다.

116) '明道先生'은 程顥로, 字는 伯淳이며, 明道先生으로 불렸다.

117) '周茂叔'은 周敦頤로, 茂叔은 字이다.

118) 『河南程氏文集』卷十一「明道先生行狀」: "自十五六時, 聞汝南周茂叔論道, 遂厭科擧之業, 慨然有求道之志. 未知其要, 泛濫於諸家, 出入於老釋者幾十年, 返求諸六經而後得之."

119) '呂與叔'은 呂大臨(1040-1092)으로, 與叔은 字이다.

120) '横渠先生'은 張載로, 字는 子厚이며, 横渠先生으로 불렸다.

121) '范文正公'은 范仲淹(989-1052)으로, 字는 希文이고, 諡號는 文正이며, 范文正公으로 불렸다.

122) 『張載集』附錄「呂大臨横渠先生行狀」: "當康定用兵時, 年十八, 慨然以功名自許, 上書謁范文正公. 公一見知其遠器, 欲成就之, 乃責之曰: '儒者自有名敎, 何事於兵!' 因勸讀中庸, 先生讀其書, 雖愛之, 猶未以爲足也, 於是又訪諸釋老之書, 累年盡究其說, 知無所得, 反而求之六經."

123) '廖德明'은 字가 子晦로, 朱熹의 제자이다.

124) '癸巳'는 宋代 孝宗 乾道 9년, 즉 1173년이다.

125) 2010년 판 黃山書社 본 『戴震全書』와 1982년 판 中華書局 본 『孟子字義疏證』에는 '錄癸巳所聞'을 책으로 표기하고 있지만, 2009년 판 上海古籍出版社 본 『戴震集』에는 책으로 표기하고 있지 않다. 옮긴이가 고구한 바로 '錄癸巳所聞'은 책이 아닌 것으로 판명되었기에, '계사년에 들었던 바를

言: 二三年前見得此事[126]尚鶻突, 爲他佛說得相似, 近年來方看得分曉."[127] 考朱子慕禪

學[128]在十五六時, 年二十四見李愿中[129], 敎以看聖賢言語, 而其後復入於釋氏. 至癸巳, 年

四十四矣. 故雜乎老釋之言以爲言. 詩曰: "民之質矣, 日用飮食."[130] 記[131]

曰: "飮食男女, 人之大欲存焉."[132] 聖人治天下, 體民之情, 遂民之欲, 而

王道備. 人知老莊釋氏異於聖人, 聞其無欲之說, 猶未之信也; 於宋儒, 則

信以爲同於聖人; 理欲之分, 人人能言之. 故今之治人者, 視古賢聖體民之

情, 遂民之欲, 多出於鄙細隱曲, 不措諸意, 不足爲怪; 而及其責以理也, 不

難擧曠世之高節, 著於義而罪之, 尊者以理責卑, 長者以理責幼, 貴者以理

責賤, 雖失, 謂之順; 卑者幼者賤者以理爭之, 雖得, 謂之逆. 於是下之人不

能以天下之同情天下所同欲達之於上; 上以理責其下, 而在下之罪, 人人不

勝指數. 人死於法, 猶有憐之者; 死於理, 其誰憐之! 嗚呼, 雜乎老釋之言以

爲言, 其禍甚於申[133]韓[134]如是也! 六經孔孟之書, 豈嘗以理爲如有物焉,

外乎人之性之發爲情欲者, 而强制之也哉! 孟子告齊梁之君[135], 曰"與民

기록하여'라고 해석하였다.

126) '此事'는 儒家의 수양 공부인 戒愼, 恐懼, 愼獨을 가리킨다.

127) 『朱子語類』卷第一百一十三「朱子十」「訓門人一」: "先生又自言: '二三年
前, 見得此事尙鶻突, 爲它佛說得相似. 近年來方見得分曉.'"

128) '禪學'은 좁은 의미로는 佛敎의 禪宗 이론을 가리키지만, 넓은 의미로는
佛敎 전체의 사상을 가리킨다.

129) '李愿中'은 李侗(1093-1163)으로, 愿中은 字이고, 延平先生으로 불렸으며,
朱熹의 스승이다.

130) 『詩經』「小雅」「鹿鳴之什」「天保」.

131) '記'는 『禮記』를 말한다.

132) 『禮記』「禮運」.

133) '申'은 申不害(기원전 약 385-기원전 337)로, 법가사상가이다.

134) '韓'은 韓非子(기원전 약 280-기원전 233)로, 법가사상가이다.

135) '齊梁之君'은 齊(기원전 11세기-기원전 221년)의 宣王(기원전 약 350-기원
전 301)과 梁의 惠王(기원전 400-기원전 319)을 가리킨다. 梁은 魏(기원전

同樂"136), 曰"省刑罰, 薄稅斂"137), 曰"必使仰足以事父母, 俯足以畜妻子"138), 曰"居者有積倉, 行者有裹(囊)[糧]"139), 曰"內無怨女, 外無曠夫"140), 仁政如是, 王道如是而已矣.

질문 : 「악기」에 천리(天理)를 멸하고 인욕(人欲)을 다한다고 말하였는데, 그 말이 리(理)와 욕(欲)으로 그름과 옳음의 구별을 삼은 것과 같으니, 무엇 때문인가?

問 : 樂記言滅天理而窮人欲141), 其言有似於以理欲爲邪正之別, 何也?

답변 : 성(性)은 비유하자면 곧 물이고, 욕(欲)은 비유하자면 곧 물의 흐름이다. 절제하여 지나치지 않으면 곧 천리(天理)에 의거하는 것이 되고, 서로 낳고 기르는 도(道)가 되는 것인데, 비유하자면 곧 물이 땅속으로 흐르는 것이다. 인욕(人欲)을 다하면 배반하고 속이는 마음이 있게 되고, 음란하고 방탕하고 어지러운 일이 있게 되는데, 비유하자면 곧 홍수가 넘쳐나서 나라 가운데로 범람하는

　　403-기원전 225)의 惠王이 기원전 364년에 지금의 山西 運城에 속하는 安邑에서 지금의 河南 開封인 大梁으로 천도한 뒤 고친 나라 이름이다.
136) 『孟子』「梁惠王下」: "此無他, 與民同樂也." "爲民上而不與民同樂者, 亦非也."
137) 『孟子』「梁惠王上」: "王如施仁政於民, 省刑罰, 薄稅斂, 深耕易耨."
138) 『孟子』「梁惠王上」: "是故明君制民之産, 必使仰足以事父母, 俯足以畜妻子, 樂歲終身飽, 凶年免於死亡."
139) 『孟子』「梁惠王下」: "故居者有積倉, 行者有裹糧也, 然後可以爰方啓行."
140) 『孟子』「梁惠王下」: "當是時也, 內無怨女, 外無曠夫."
141) 『禮記』「樂記」: "人化物也者, 滅天理而窮人欲者也." 참조.

것이다. 성인은 가르쳐서 돌이켜 보게 하였는데, 자기가 다른 사람에게 하는 것으로 다른 사람도 이렇게 자기에게 한다고 설정하여 몸소 그것을 받게 되는 정황을 고려하게 한 것으로, 비유하자면 곧 우(禹)가 물을 보내는데 아무 일도 없는 곳으로 보냈던 것이지, 넘치는 것을 싫어하여 그 흐름을 막았던 것은 아니다. 넘치는 것을 싫어하여 그 흐름을 막는다는 것은, 그 설을 교묘하게 내세우는 자가 또한 곧바로 그 근원을 끊어버린다는 것으로, 이것은 욕(欲)을 막고 욕(欲)을 없앤다는 것의 비유이다. "입이 맛에 대하여, 눈이 색에 대하여, 귀가 소리에 대하여, 코가 냄새에 대하여, 사지가 편안함에 대하여", 이 후세 유학자들은 인욕(人欲)의 사사로움으로 보았지만, 맹자는 "성(性)이다"라고 말하였고, 그것을 이어서 "명(命)이 있다"고 말하였다. 명(命)이라는 것은 제한한다는 명칭으로, 마치 동쪽으로 가라고 명령하면 곧 서쪽으로 갈 수 없는 것과 같은데, 성(性)의 욕(欲)은 절제하지 않을 수 없다는 것을 말한다. 절제하여 지나치지 않으면 곧 천리(天理)에 의거한다는 것이지, 천리(天理)로 옳음을 삼고 인욕(人欲)은 그름이 된다는 것이 아니다. 천리(天理)라는 것은 그 욕(欲)을 절제하고 인욕(人欲)을 다하지 않는 것이다. 그러므로 욕(欲)은 다할 수 없는 것이지, 가질 수 없는 것이 아니다. 갖되 그것을 절제하여, 지나친 정(情)도 없게 하고 미치지 못한 정(情)도 없게 하는 것인데, 그것을 천리(天理)가 아니라고 할 수 있겠는가!

曰 : 性, 譬則水也; 欲, 譬則水之流也; 節而不過, 則爲依乎天理, 爲相生養之道, 譬則水由地中行也; 窮人欲而至於有悖逆詐僞之心, 有淫洗作亂之事, 譬則洪水橫流, 汎濫於中國也. 聖人敎之反躬, 以己之加於人, 設人如是加於己, 而思躬受之之情, 譬則禹[142]之行水, 行其所無事, 非惡汎濫

而塞其流也. 惡汎濫而塞其流, 其立說之工者且直絶其源, 是遏欲無欲之
喩也. "口之於味也, 目之於色也, 耳之於聲也, 鼻之於臭也, 四肢之於安佚
也"143), 此後儒視爲人欲之私者, 而孟子曰"性也", 繼之曰"有命焉". 命
者, 限制之名, 如命之東則不得而西, 言性之欲之不可無節也. 節而不過,
則依乎天理; 非以天理爲正, 人欲爲邪也. 天理者, 節其欲而不窮人欲也.
是故欲不可窮, 非不可有; 有而節之144), 使無過情, 無不及情, 可謂之非天
理乎!

질문: 「중용」에 "군자는 보지 않는 바를 경계하고 삼가며, 듣지 않
는 바를 두려워한다"고 말하였고, "군자는 반드시 홀로 있을 때를
삼가야 한다"고 말하였는데, 후세 유학자들은 그로 인하여 리(理)
를 보존하고 욕(欲)을 막는다는 설을 갖게 되었다. 지금 "욕(欲)은
비유하자면 곧 물의 흐름이다"라고 말하였는데, 곧 흐름은 결코
막을 수 없는 것으로, 진실로 물로 하여금 땅속으로 흐르게 한다면,
곧 가면서 그 자연스런 법칙을 얻지 않음이 없게 된다. 이 뜻에
근거하여 그 범람을 막으면, 의미 상 통할 수 없는 것은 아니다.
그러나 「중용」의 말이 단지 범람에 대하여 다스리는 것만은 아니
니, 그 뜻을 들을 수 있겠는가?

問: 中庸言"君子戒愼乎其所不睹, 恐懼乎其所不聞"145), 言"君子必

---

142) '禹'는 夏(기원전 약 21세기-기원전 약 16세기)의 시조로 일컬어지는 전설
상의 인물로, 홍수를 잘 다스려 나라를 구했다고 전해진다.
143) 『孟子』「盡心下」: "口之於味也, 目之於色也, 耳之於聲也, 鼻之於臭也, 四
肢之於安佚也, 性也, 有命焉, 君子不謂性也."
144) '之'는 欲을 가리킨다.

愼其獨"146), 後儒因有存理遏欲之說. 今日"欲譬則水之流", 則流固
不可塞; 誠使水由地中行, 斯無往不得其自然之分理; 存此意以遏其
汎濫147), 於義未爲不可通. 然中庸之言, 不徒治之於汎濫148)也, 其意
可得聞歟?

답변 : 이른바 "경계하고 삼가며 두려워한다"는 것은, 공경함과 방
자함으로 말한 것이다. 사람을 대한다는 것은, 눈으로 접하여 보고
있으니 곧 그 외모와 거동을 경계하고 삼가는 것이며, 귀로 접하여
듣고 있으니 곧 잘못이 있을 것을 두려워하는 것이다. 군자는 비록
사람을 대하지 않더라도 또한 이와 같으니, 공경하여 감히 조금도
방자하지 않는데, 편의 말미에 "군자는 움직이지 않아도 공경스럽
고, 말하지 않아도 믿음직스럽다"고 말한 것이 이것이다. 이른바
"홀로 있을 때를 삼간다"는 것은, 그릇됨과 올바름으로 말한 것이
다. 행하는 바가 있는데, 발단은 모두 생각에서 시작되는 것이니,
마치 보이는 것의 발단은 가려진 것에서 시작되고, 드러나는 것의
발단은 작은 것에서 시작되는 것과 같아서, 그 생각이 이미 움직였
더라도 사람들은 보지 못하는데, 편의 말미에 "군자는 안으로 반성
하여 꺼림칙하지 않아서 뜻에 부끄러움이 없으니, 군자에게 미칠
수 없는 바는 오직 사람들이 보지 못하는 바이다"라고 말한 것이
이것이다. 바야흐로 일에 응하지 않으면 곧 공경함과 방자함이 구
분되고, 일이 다가와서 움직이면 곧 그릇됨과 올바름이 구분된다.

---

145) 『禮記』「中庸」.
146) 『禮記』「中庸」.
147) '汎濫'은 人欲의 범람을 말한다.
148) '汎濫'은 人欲의 범람을 말한다.

공경함이라는 것은 항상 스스로 단속하는 것이고, 방자함은 곧 이것과 반대이다. 올바름이라는 것은 사사로움에 이끌리지 않는 것이고, 그릇됨은 곧 이것과 반대이다. 반드시 공경하고 반드시 올바르더라도 의견이 혹시라도 치우치게 되면 오히려 리(理)를 얻었다고 말할 수 없고, 비록 지혜로워서 충분히 리(理)를 얻었다고 하더라도 공경하지 않으면 곧 대단히 소홀하여 실수하게 되고, 올바르지 않으면 곧 모두 거짓이 된다. 세 가지에서 하나는 소홀하게 되는 것을 대비하고, 하나는 거짓되는 것을 경계하고, 하나는 치우치게 되는 것을 방지하니, 각각 취하는 바가 있다.

曰：所謂"戒愼恐懼"者, 以敬肆言也. 凡對人者, 接於目而睹, 則戒愼其儀容; 接於耳而聞, 則恐懼有愆謬. 君子雖未對人亦如是, 蓋敬而不敢少肆也, 篇末云"君子不動而敬, 不言而信"149)是也. 所謂"愼獨"者, 以邪正言也. 凡有所行, 端皆起於志意150), 如見之端起於隱, 顯之端起於微, 其志意旣動, 人不見也, 篇末云"君子內省不疚, 無惡於志, 君子之所不可及者, 其唯人之所不見乎"151)是也. 蓋方未應事, 則敬肆分; 事至而動, 則邪正分. 敬者恒自檢柙, 肆則反是; 正者不牽於私, 邪則反是. 必敬必正, 而意見或偏, 猶未能語於得理; 雖智足以得理, 而不敬則多疏失, 不正則盡虛僞. 三者152), 一虞於疏, 一嚴於僞, 一患於偏, 各有所取也.

질문 : 송(宋) 이래로부터 "리(理)는 하늘에서 얻어서 마음에 갖춘

---

149) 『禮記』「中庸」.
150) '志意'는 어떤 일을 이루려는 적극적인 생각, 마음, 의사 등을 의미한다.
151) 『禮記』「中庸」: "故君子內省不疚, 無惡於志. 君子所不可及者, 其唯人之所不見乎."
152) '三者'는 敬과 正과 智로, 공경함은 疏失을 대비하고, 올바름은 虛僞를 경계하고, 지혜로움은 偏見을 방지한다.

것”이라고 하였는데, 이미 사람들이 함께 얻은 것이라고 여겼기 때문에, 지혜로움과 어리석음이 고르지 않은 것은 부여받은 기(氣)에 돌렸고, 공경함과 방자함과 그릇됨과 올바름 모두로 그 리(理)와 욕(欲)의 설을 채웠다. 노씨[老子]의 “하나[一]를 잡는 것”과 “욕(欲)을 없애는 것”, 석씨[釋迦牟尼]의 “항상 깨어있는 것”, 저것들이 가리키는 것은 “진재(眞宰)”라고 말하였고, “진공(眞空)”이라고 말하였는데, 장자(莊子)는 “마치 참된 주재자가 있는 것 같은데, 다만 그 조짐을 알 수 없다”고 말하였다. 석씨의 책에 “이 인식에 의거하면, 곧 참된 공허함에 대한 미묘한 체득에 도달할 수 있다”고 말하였다. 또 “참된 공허함은 곧 만물을 통할할 수 있고, 각종 변화에 대응할 수 있다”고 말하였다. 또 “맑은 그대로 항상 고요하며, 대응하고 작용하는 것이 끝이 없다. 작용하지만 항상 공허하고, 공허하지만 항상 작용한다. 작용하면서도 있는 것이 아니니, 바로 이것이 참된 공허함이다. 공허하지만 없는 것이 아니니, 곧 미묘한 있음을 이룬다”고 말하였다. 그런데 리(理) 자로 바꿔서 곧 성인의 학문으로 삼았다. 이미 리(理)를 하늘에서 얻은 것으로 삼았기 때문에, 또한 리(理)와 기(氣)의 설을 만들어 냈으니, 그것을 비유하자면 “두 가지 사물이 뒤섞인” 것이다. 『주자대전』에 “리(理)와 기(氣)는 결단코 두 가지 사물이지만, 사물로부터 보면 곧 두 가지 사물이 뒤섞여 있어서, 나뉘어져 각각 한 곳에 있을 수 없으면서도, 그러나 두 가지 사물이 각각 하나의 사물로 되는 것을 방해하지 않는다”고 하였다. 리(理)를 지극하게 형용하여, 그것을 가리켜 “정결하고 공활하다”고 말하였다. “먼저 리(理)가 있고 나중에 기(氣)가 있다”는 설에 대하여 물었다. 주자는 “그와 같이 말할 필요는 없다. 지금 알 수 있는 것은 애초에 먼저 리(理)가 있고 나중에 기(氣)가 있는지, 나중에 리(理)가 있고 먼저 기(氣)가 있는지, 모두 미루어 궁구할 수 없다는 것이다. 그러나 뜻으로 그것을 헤아려 보면, 곧 아마도 이 기(氣)는 리(理)에 의거하여 행해지고, 이 기(氣)가 모이게 되면 곧 리(理) 또한 거기에 있을 것이다. 기(氣)는 곧 응결하여 조작할 수 있는데, 리(理)는 도리어 감정과 의지도 없고 사려도 없고 조작도 없이, 단지 이 기(氣)가 응집하는 곳에 리(理)가 바로 그 가운데에 있을 뿐이다. 바로 천지 사이의 사람과 사물과 초목과 금수가 생겨나는 데에도 종자가 없는 것이 없고, 반드시 종자도 없이 심지도 않은 땅에서 하나의 사물이 생겨나게 할 수 없는 것과 같으니, 이것은 모두 기(氣)이다. 이렇게 리(理)는 곧 단지 정결하고 공활한 세계라서 형체도 흔적도 없고 조작도 할 수 없는데, 기(氣)는 곧 배태하고 응집하여 사물을 낳을 수 있다"고 말하였다. 노씨와 장씨[莊子]와 석씨의 이른바 "진재(眞宰)"와 "진공(眞空)"이라는 것들을 바꿔서 리(理)라고 말하고, 노씨와 장씨와 석씨의 말들을 바꿔서 육경과 공자와 맹자의 말들로 삼은 것에 불과하다. 지금 어떻게 그것들을 분석하고 판별하여, 분명하게 서로 혼돈되고 미혹되지 않게 할 수 있겠는가?

問 : 自宋以來, 謂"理得於天而具於心", 旣以爲人所同得, 故於智愚之不齊歸諸氣稟, 而敬肆邪正槪以實其理欲之說. 老氏之"抱一""無欲", 釋氏之"常惺惺"153), 彼所指者, 曰"眞宰"154), 曰"眞空"155), 莊子云: "若有眞宰而特不得其眹."156) 釋氏書云: "卽此識情157), 便是眞空妙智."158) 又云: "眞空則能攝衆有而

---

153) '常惺惺'은 佛敎 용어로, 머리를 항상 또는 오랫동안 맑고 깨끗한 상태를 유지하는 수양 방법을 말한다. 『指月錄』卷三十一의 「大慧語要」나 『五燈會元』卷七의 「瑞巖師彦禪師」 등에 나온다.
154) '眞宰'는 참된 주재자를 의미하는데, 老子와 莊子의 학설에서 道의 본체인 天을 이르는 말이다. 『莊子』「齊物論」: "若有眞宰, 而特不得其眹." 참조.
155) '眞空'은 참된 공허함을 의미하는 佛敎 용어로, 일체의 색상을 초월한 참으로 공허한 경지를 말한다. 『朱子語類』卷第一百二十六「釋氏」: "釋氏見得高底儘高. 或問: 他何故只說空? 曰: 說玄空, 又說眞空, 玄空便是空無物, 眞空却是有物, 與吾儒說略同." 참조.
156) 『莊子』「齊物論」: "若有眞宰, 而特不得其眹."
157) '識情'은 佛敎 용어로, 識心 또는 妄念과 같은 의미인데, 지각 기관인 眼耳鼻舌身意의 六根을 통해 무슨 생각이든지 분별을 일으키면, 그것들이 모두

應變."159) 又云: "湛然常寂, 應用無方, 用而常空, 空而常用. 用而不有, 卽是眞空; 空而不無, 卽成妙有."160) 而易以理字便爲聖學. 旣以理爲得於天, 故又創理氣之說161), 譬之"二物渾淪"; 朱子大全162)云: "理與氣決是二物, 但在物上看, 則二物渾淪, 不可分開各在一處, 然不害二物之各爲一物也."163) 於理極其形容, 指之曰"淨潔空闊"; 問"先有理後有氣"之說. 朱子曰: "不消如此說. 而今知他合下先是有理後有氣邪? 後有理先有氣邪? 皆不可得而推究. 然以意度之, 則疑此氣是依傍道理行, 及此氣之聚, 則理亦在焉. 蓋氣則能凝結造作, 理却無情意, 無制計164), 無造作, 止此氣凝聚處, 理便在其中. 且如天地間人物草木禽獸, 其生也莫不有種; 定不會無種了, 白地生出一個物事; 這個都是氣. 若理則止是個淨潔空闊底世界, 無形跡, 他却不會造作, 氣則能醞釀凝聚生物也."165) 不過就老

識情이 된다.

158) 『大藏經』卷四十七 「大慧普覺禪師語錄」第二十五卷. 大慧宗杲, 『與曾天遊侍郎(曾開)第二書』.

159) 『朱子語類』卷第一百二十六 「釋氏」.

160) 『景德傳燈錄』卷第三十, 神會, 「顯宗記」.

161) '理氣之說'은 理와 氣의 관계에 관한 학설을 말하는데, 宋代 儒學者들은 정신적인 理를 세계의 본원으로 간주하였고, 물질적인 氣는 理에 종속되는 것으로 인식하였다. 하지만 戴震은 氣를 만사만물의 본원으로 간주하였고, 理는 氣 가운데에 존재하는 것으로 인식하였다.

162) '朱子大全'을 대진은 '朱子語錄'으로 표기하였는데, '朱子大全'이 맞다. 『朱子大全』은 朱熹가 여러 학자들과 주고받은 글들을 사후에 그의 문인들이 모아서 편찬한 문집으로, 원 제목은 『晦庵先生朱文公文集』이다. 『晦庵集』, 『朱文公文集』, 『朱子文集』, 『朱子大全文集』, 『朱子文集大全』 등으로 불리기도 한다.

163) 『晦庵先生朱文公文集』卷第四十六 「答劉叔文」: "所謂理與氣, 此決是二物. 但在物上看, 則二物渾淪, 不可分開各在一處, 然不害二物之各爲一物也."

164) '無計度'를 대진은 '無制度'로 표기하였으나, 『朱子語類』에는 '無計度'로 표기되어 있다.

165) 『朱子語類』卷第一 「理氣上」 「太極天地上」: "或問先有理後有氣之說. 曰: '不消如此說. 而今知得他合下是先有理, 後有氣邪? 後有理先有氣邪? 皆不可得而推究. 然以意度之, 則疑此氣是依傍這理行. 及此氣之聚, 則理亦在焉. 蓋氣, 則能凝結造作, 理却無情意, 無計度, 無造作. 只此氣凝聚處, 理便

莊釋氏所謂"眞宰""眞空"者轉之以言夫理,　就老莊釋氏之言轉而爲六經
孔孟之言. 今何以剖別之, 使截然不相淆惑歟?

답변 : 하늘과 땅, 사람과 사물, 일과 행위에 리(理)로 말할 수 없는
것을 듣지 못하였는데, 『시[詩經]』에 "사물이 있으면 법칙이 있다"
고 말한 것이 이것이다. 물(物)이라는 것은 그 실제로 있는 물체와
실제로 있는 일을 가리키는 명칭이고, 칙(則)이라는 것은 그 순수하
고 치우침이 없고 바른 것을 일컫는 명칭이다. 실제로 있는 물체와
실제로 있는 일은 자연(自然)이 아닌 것이 없는데, 필연(必然)으로
돌아가면 하늘과 땅, 사람과 사물, 일과 행위의 리(理)를 얻게 된다.
커다란 하늘과 땅, 번성하는 사람과 사물, 구불구불 복잡하면서도
조리가 분명한 일과 행위가 진실로 리(理)를 얻는다는 것은, 마치
곧은 것이 수직추에 맞고 평평한 것이 수평기에 맞고 둥근 것이
걸음쇠에 맞고 모난 것이 곱자에 맞은 뒤에 천하 만세에 이르는
표준이 되는 것과 같다. 『역[周易]』에 "하늘보다 앞서면 하늘이 어기
지 않고, 하늘보다 뒤서면 하늘의 때를 받든다. 하늘 또한 어기지
않는데, 하물며 사람에게 있어서랴, 하물며 귀신에게 있어서랴"라고
일컬었고, 「중용」에 "삼왕에 고증하여도 잘못되지 않고, 천지에 건
립하여도 어긋나지 않고, 귀신에 질의하여도 의심이 없고, 백세 동안
성인을 기다려도 미혹되지 않는다"고 일컬었다. 이와 같다면, 이것
은 리(理)를 얻은 것이 되고, 이것은 마음이 모두 그러한 바가 된다.

在其中. 且如天地間人物草木禽獸, 其生也, 莫不有種, 定不會無種了, 白地
生出一個物事, 這個都是氣. 若理, 則只是個淨潔空闊底世界, 無形跡, 他却
不會造作. 氣則能醞釀凝聚生物也. 但有此氣, 則理便在其中.'"

맹자는 "걸음쇠와 곱자는 네모와 동그라미의 지극함이고, 성인은 인륜의 지극함이다"라고 말하였다. 천지를 말하면서 그 리(理)를 정확하게 말하는 것은, 성인을 말하면서 그 본받을 만한 것을 말하는 것과 같을 뿐이다. 이 리(理)를 높이면서 천지와 음양(陰陽)이 그것에 충분히 상당할 수 없다고 하였으니, 반드시 천지와 음양(陰陽)의 리(理)가 아니라도 곧 가능하다. 천지와 음양(陰陽)의 리(理)는 성인의 성스러움과 같은데, 그 성스러움을 높이면서도 성인이 충분히 그것에 상당할 수 없다고 하는 것이 가능하겠는가? 성인 또한 사람으로, 사람의 리(理)를 다함으로써 뭇사람들이 공동으로 성스러움과 지혜로움으로 추대한 것이다. 사람의 리(理)를 다한다는 것은, 다름 아닌 인간관계와 일상생활에서 그 필연(必然)을 다한다는 것일 뿐이다. 추구하여 바꿀 수 없는 것에 이르면 필연(必然)이 되는데, 곧 그 지극함을 말하는 것이지, 그 근본을 찾는 것은 아니다. 후세 유학자들은 지나치게 추구함으로써, 괜히 그 지극한 것을 말하는 개념을 마치 물체가 있는 것처럼 보고, 기(氣)와 함께 뒤섞여져 이루어진 것이라고 하였는데, 그것을 들은 사람들은 거기에 익숙하여 분별하지 못하고, 육경과 공자와 맹자의 말들과 다르다는 것을 알지 못하였다. 하늘과 땅, 사람과 사물, 일과 행위 모두에서 그 바꿀 수 없는 필연(必然)을 구하면, 리(理)는 지극히 밝게 드러나게 된다. 그리하여 그것을 존대하여 하늘과 땅, 사람과 사물, 일과 행위의 리(理)라고만 말한 것이 아니라, 그 말을 바꿔서 "리(理)는 존재하지 않는 곳이 없다"고 말하여, 그것을 "마치 물체가 있는 것처럼" 보고서, 배우는 사람들로 하여금 막연하게 머리가 희도록 그 물체를 추구해도 얻지 못하게 하였다. 육경과 공자와 맹자의 말들이 알기 어려운 것이 아닌데, 계속하여 전(傳)과 주(注)를 달아, 어려서부터 그것들을 익히면서, 더는 생각하지 않게 되었다.

曰 : 天地人物事爲, 不聞無可言之理者也, 詩曰"有物有則"166)是也. 物者,
指其實體實事之名; 則者, 稱其純粹中正之名. 實體實事, 罔非自然167), 而
歸於必然168), 天地人物事爲之理得矣. 夫天地之大, 人物之蓄, 事爲之委
曲條分, 苟得其理矣, 如直者之中懸, 平者之中水, 圓者之中規, 方者之中
矩, 然後推諸天下萬世而準. 易稱"先天而天弗違, 後天而奉天時; 天且弗
違, 而況於人乎, 況於鬼神乎"169), 中庸稱"考諸三王170)而不謬, 建諸天地
而不悖, 質諸鬼神而無疑, 百世以俟聖人而不惑"171). 夫如是, 是爲得理,
是爲心之所同然. 孟子曰: "規矩, 方圓之至也; 聖人, 人倫之至也."172) 語
天地而精言其理, 猶語聖人而言乎其可法耳. 尊是理, 而謂天地陰陽不足以
當之, 必非天地陰陽之理則可.173) 天地陰陽之理, 猶聖人之聖也; 尊其聖,
而謂聖人不足以當之, 可乎哉? 聖人亦人也, 以盡乎人之理, 群共推爲聖智.
盡乎人之理非他, 人倫日用174)盡乎其必然而已矣. 推而極於不可易之爲必
然, 乃語其至, 非原其本. 後儒從而過求, 徒以語其至者之意言思議175)視

---

166) 『詩經』「大雅」「蕩之什」「烝民」: "天生烝民, 有物有則."
167) '自然'은 사물의 본래 정황이나 모습을 의미한다.
168) '必然'은 사람의 자연스런 욕구가 마땅히 따라야 할 준칙이나, 구체적인
    사물로부터 귀납된 당연한 법칙을 의미한다.
169) 『周易』「乾」「文言」.
170) '三王'은 夏의 禹王과 商의 湯王과 周의 文王을 가리킨다.
171) 『禮記』「中庸」.
172) 『孟子』「離婁上」.
173) 이것은 宋代 儒學者들이 理를 天地와 陰陽을 초월하는 것으로 간주한 것을
    반대한 것이다.
174) '人倫日用'은 사람과 사람 사이의 상호 관계와 그날그날의 일상적인 생활을
    의미한다.
175) '語其至者之意言思議'는 곧 理를 가리킨다.

如有物, 謂與氣渾淪而成, 聞之者習焉不察, 莫知其異於六經孔孟之言也. 舉凡天地人物事爲, 求其必然不可易, 理至明顯也. 從而尊大之[176], 不徒曰天地人物事爲之理, 而轉其語曰"理無不在", 視之"如有物焉", 將使學者皓首茫然, 求其物不得. 非六經孔孟之言難知也, 傳[177]注[178]相承, 童而習之, 不復致思也.

질문 : 송(宋)의 유학자들은 리(理)를 "마치 물체가 있는 것처럼, 하늘에서 얻어서 마음에 갖춘 것"으로 삼았다. 사람이 태어나는 것은 기(氣)가 응결하여 모이고, 리(理)가 곧 한데 모여서 거기에 부착하기 때문으로, 주자는 "사람이 태어나는 까닭은 리(理)와 기(氣)가 결합하는 것일 뿐이다. 천리(天理)는 진실로 넓고 무궁하지만, 그러나 이 기(氣)가 아니라면, 곧 이 리(理)가 있어도 한데 모일 곳이 없기 때문에, 반드시 두 개의 기(理)가 교감해서 응결하여 모인 뒤에야, 이 리(理)가 부착할 곳이 있게 된다"고 말하였다. 이것으로 "완전히 자족한 것"을 삼았으니, 정자[程顥]는 "성현이 하늘의 덕을 논하였는데, 자체적으로 본래부터 천연스럽게 완전히 자족한 것으로, 만약 더럽혀지고 망가진 것이 없으면 곧바로 마땅히 그것을 행하고, 만약 조금이라도 더럽혀지고 망가진 것이 있으면 곧 경(敬)으로 그것들을 다스려 옛날처럼 회복시켜야 한다"고 말하였다. 이와 같다면, 곧 배움을 기다릴 것이 없다. 그러나 옛 성현들이 배움을 논한 것이 노씨[老子]와 장씨[莊子]와 석씨[釋迦牟尼]가 배움을 폐한 것과는 확연하게 다르다는 것을 보고, 리(理)가 형체와 기질에 의해서 "더

---

176) '之'는 理를 가리킨다.
177) '傳'은 經典의 뜻에 대한 해설을 말한다.
178) '注'는 經과 傳에 대한 해석을 말한다.

럽혀지고 망가지게 되었기" 때문에, 배워서 "그 처음을 회복한다"
고 하였다. 주자는 『논어』의 첫 장과 「대학」의 "밝은 덕을 밝히는 데 있다"는
것에서, 모두 "그 처음을 회복한다"는 것으로 말하였다. "그 처음을 회복한
다"는 말은 장주[莊子]의 책에 보인다. 『장자』「선성」편에 "속된 배움
에서 성(性)을 다스려 그 처음을 회복하기를 구하고, 속된 앎에서 욕(欲)을
다스려 그 밝음을 이루기를 구하는 것을 어리석은 백성이라고 이른다"고 말하
였다. 또한 "문채가 바탕을 멸하고 널리 배운 것이 마음을 타락시킨 뒤에야
백성은 비로소 미혹되고 어지럽혀져, 그 성정(性情)을 돌이켜서 그 처음을 회
복하지 못하게 되었다"고 말하였다. 그 이른바 리(理)는 곧 석씨의 이른
바 "본래의 모습"과 같고, 그 이른바 "리(理)를 보존하는 것"은 또
한 곧 석씨의 이른바 "항상 깨어있는 것"과 같다. 석씨의 책에 "선을
생각하지 않고 악을 생각하지 않는데, 이때 본래의 모습을 알게 된다"고 말하
였다. 상채 사씨[謝良佐]는 "경(敬)은 항상 깨어 있게 하는 법이다"라고 말하였
다. 왕문성[王守仁]은 「대학」의 "격물치지"를 해석하면서 바깥 사물을 막는다
는 설을 주장하였는데, 그 말은 "본래의 모습은 곧 우리 성인 문하의 이른바
양지(良知)이다. 사물을 따라 궁구하는 것이 앎을 이루는 공부이다"라고 말하
였다. 어찌하여 송 이래의 유학자들은, 그 설들이 다 유학을 이끌고
석씨에게로 들어갔는가?

問 : 宋儒以理爲"如有物焉, 得於天而具於心", 人之生也, 由氣之凝結生
聚, 而理則湊泊附著之[179], 朱子云: "人之所以生, 理與氣合而已. 天理固浩浩不窮,
然非是氣, 則[雖]有是理而無所湊泊, 故必二氣[180]交感, 凝結生聚, 然後是理有所附著."[181]
因以此爲"完全自足", 程子[182]云: "聖賢論天德[183], 蓋自家元是天然完全自足之物, 若

---

179) '之'는 氣를 가리킨다.
180) '二氣'는 陰과 陽의 두 氣를 가리킨다.
181) 『朱子語類』卷第四「性理一」「人物之性氣質之性」.
182) '程子'는 程顥이다.

無所汚壞, 卽當直而行之; 若少有汚壞, 卽敬以治之, 使復如舊."184) 如是, 則無待於學. 然見於古賢聖之論學, 與老莊釋氏之廢學, 截然殊致, 因謂理爲形氣"所汚壞", 故學焉以"復其初"185). 朱子於論語首章, 於大學"在明明德", 皆以"復其初"爲言.186) "復其初"之云, 見莊周書. 莊子繕性篇云: "繕性於俗學以求復其初, 滑欲於俗知以求致其明, 謂之蔽蒙之民."187) 又云: "文滅質, 博溺心, 然後民始惑亂, 無以返其性情而復其初."188) 蓋其所謂理, 卽如釋氏所謂"本來面目"189), 而其所謂"存理", 亦卽如釋氏所謂"常惺惺". 釋氏書云: "不思善, 不思惡, 時認本來面目."190) 上蔡謝氏191)曰: "敬是常惺惺法."192) 王文成193)解大學"格物致知", 主扞禦外物之說, 其言曰:

---

183) '天德'은 하늘의 아름다운 속성으로, 실제로는 天理를 가리킨다.

184) 『河南程氏遺書』卷第一「端伯傳師說」: "聖賢論天德, 蓋謂自家元是天然完全自足之物, 若無所汚壞, 卽當直而行之; 若小有汚壞, 卽敬以治之, 使復如舊."

185) 2010년 판 黃山書社 본『戴震全書』와 1982년 판 中華書局 본『孟子字義疏證』과 2009년 판 上海古籍出版社 본『戴震集』에는 모두 '理爲形氣所汚壞, 故學焉以復其初'라고 표기되어 있지만, 이것은 구두점이 잘못 표기된 것으로, '理爲形氣"所汚壞", 故學焉以"復其初"'라고 구두점을 표기하는 것이 옳다.

186) 『論語集注』「學而第一」: "人性皆善, 而覺有先後, 後覺者必效先覺之所爲, 乃可以明善而復其初也";『大學章句』: "學者當因其所發而遂明之, 以復其初也." 참조.

187) 『莊子』「繕性」: "繕性於俗, 俗學以求復其初, 滑欲於俗, 思以求致其明, 謂之蔽蒙之民."

188) 『莊子』「繕性」: "文滅質, 博溺心, 然後民始惑亂, 無以反其性情而復其初."

189) '本來面目'은 佛敎 용어로, 衆生이 본래 지니고 있는 순수한 佛性을 가리킨다.

190) 『六祖壇經』「自序品第一」: "不思善, 不思惡, 正與麽時, 那箇是明上座本來面目."『景德傳燈錄』卷四「袁州蒙山道明禪師」: "不思善, 不思惡, 正恁麽時, 阿那箇是明上座本來面目." 『六祖壇經』은 禪宗의 제6대조 惠能(638-713)의 일대기로, 南宗禪의 근본이 되는 禪書이다.

191) '上蔡謝氏'는 謝良佐(1050-1103)로, 字는 顯道이고, 上蔡先生으로 불렸으

"本來面目, 卽吾聖門所謂良知. 隨物而格, 是致知之功."194) 豈宋以來儒者, 其說盡援儒以入釋195)歟?

답변 : 노씨[老子]와 장씨[莊子]와 석씨[釋迦牟尼]는 그 이른바 "진재(眞宰)"와 "진공(眞空)"이라는 것들로 "완전히 자족한 것"을 삼았는데, 그러나 천하 사람들에게 선함은 있고 악함은 없으며 지혜로움은 있고 어리석음은 없다고 할 수 없어서, 선함과 지혜로움을 들어서 그것들을 비방하였다. 노씨는 "배움을 끊으면 근심이 없다. 공손하게 대답하는 것과 건성으로 대답하는 것은 그 거리가 얼마인가? 선함과 악함은 그 거리가 어떠한가"라고 말하였다. 또한 "지혜로 나라를 다스리는 것은 나라를 해치는 것이고, 지혜로 나라를 다스리지 않는 것은 나라의 복이다"라고 말하였다. 또한 "옛날에 도(道)를 잘 행한 자는 백성들을 밝게 하지 않았고, 그들을 어리석게 하려고 하였다"고 말하였다. 저 사람은 아마 욕(欲)을 없애고 고요하면 곧 선함과 악함을 초월하고, 지혜로움은 어리석음만 같지 못하다고 여겼기 때문에, 직접적으로 "배움을 끊으라"고 일렀을 것이며, 또한 "성스러움을 끊고 지혜로움을 버려라", "인(仁)을 끊

며, 程頤의 제자이다.
192) 『上蔡先生語錄』卷中: "敬是常惺惺法, 心齋是事事放下. 其理不同, 或以知言養氣爲一道事."
193) '王文成'은 王守仁으로, 文成은 諡號이고, 號는 陽明이며, 字는 伯安이다.
194) 『傳習錄中』「答陸原靜書」: "本來面目, 卽吾聖門所謂良知. 今旣認得良知明白, 卽已不消如此說矣. 隨物而格, 是致知之功, 卽佛氏之常惺惺, 亦是常存他本來面目耳."
195) '釋'은 釋迦牟尼를 말하지만, 일반적으로는 釋迦牟尼의 가르침인 佛敎를 가리킨다.

고 의(義)를 버려라"라고 주장하였을 것인데, 이것이 하나의 설이다. 순자는 예(禮)와 의(義)가 성인의 마음에서 생겨나고, 보통 사람은 배운 뒤에야 예(禮)와 의(義)에 밝아질 수 있으며, 만약 그 자연스러움을 따르게 되면 곧 쟁탈이 생긴다고 여겼다. 배우지 않아도 할 수 있는 것은 성(性)에 속하고, 배운 뒤에야 할 수 있는 것은 성(性)에 속하지 않기 때문에, 성(性)이 악하다고 하였다. 그 맹자가 성(性)이 선하다고 말한 것에 대하여도 그것을 따져서, "성(性)이 선하다면 곧 성왕을 물리치고 예(禮)와 의(義)를 쉬게 할 것이며, 성(性)이 악하다면 곧 성왕과 함께 하고 예(禮)와 의(義)를 귀하게 여길 것이다"라고 말하였다. 이것 또한 하나의 설이다. 순자는 당시 노자(老子)와 장자(莊子)와 고자(告子)의 설에 뒤섞은 자들이 배움을 폐기하고 예(禮)와 의(義)를 비방하는 것을 익히 들은 사람이었지만, 맹자의 성(性)이 선하다는 뜻에 도달하지 못하고, 예(禮)와 의(義)로 성인이 천하를 가르치고 그 성(性)을 억제하여 쟁탈에 이르게 하지 않는다고 여겼으면서도, 예(禮)와 의(義)의 명칭이 유래한 바를 알지 못하였다. 노자와 장자와 고자 및 그 뒤의 석씨도 순자의 이른바 "성왕을 물리치고 예(禮)와 의(義)를 쉬게 할 것이다"와 같은 것을 말하였을 뿐이다. 정자(程子)와 주자는 부여받은 기(氣) 외에 하늘이 리(理)를 주었는데, 태어나면서부터 알아서 편안하게 행하는 성인이 아니라면, 그 하늘에서 부여받은 리(理)를 더럽히고 망가트리지 않는 자가 없으므로, 배운 뒤에야 이 리(理)가 점차 밝아져 그 처음에 받은 바를 회복하게 된다고 말하였다. 이것은 천하의 사람들이 비록 하늘로부터 받은 리(理)를 가지고 있다고 할지라도, 모두 가지고 있지 않은 것이나 다름이 없다는 것인데, 이것 또한 하나의 설이다. 지금 부유한 자가 그 아들에게 천 종의 곡식을 남겨 주었고, 가난한 자는 한 되나 한 말도 남겨 주지 않았다고 하자. 가난한 자의 아들은 집 안에서 취할 것이 없기 때문에 날마다 힘써 한 되나 한 말의 곡식을 이뤘고, 부유한 자의 아들 또한 마땅히 그처럼 날마다 힘써 그것을 이뤘는데, 이룬 것들이 곧 집 안의 것들이라고 말한다면, 말이 반드시 통할 수가 없게 된다. 그러므로 경(敬)을 논하는 데 있어서는 상세하고 배움을 논하는 데 있어서는 간략했던 것이다. 예를 들어, 정자(程子)는 "경(敬)으로 그것들을 다스려 옛날처럼 회복시켜야 한다"고 말하고, 배움에 대해서는 언급하지 않았다. 주자는 「중용」의 "중(中)과 화(和)를 이루는 것"에 대하여, 오히려 경계하고 두려워하며 홀로 있을 때를 삼가는 것으로 여겼다. 육자정[陸九淵]과 왕문성[王守仁] 같은 여러 사람들은 노씨와 장씨와 석씨의 이른바 "진재(眞宰)"와 "진공(眞空)"이라는 것들에서 근본을 추구하여, 곧 성(聖)과 지(智)와 인(仁)과 의(義)에 완전한 것이고, 곧 리(理)에 완전한 것이라고 여겼는데, 육자정은 "정신을 수습하고, 스스로 주재하며, 만물이 모두 나에게 갖춰져 있으니, 무엇이 부족한 것이 있겠는가! 마땅히 측은해해야 할 때에는 자연히 측은해하고, 마땅히 부끄러워해야 할 때는 자연히 부끄러워하고, 마땅히 관용하고 온유해야 할 때는 자연히 관용하고 온유하고, 마땅히 강하고 군세어야 할 때에는 자연히 강하고 군세어야 한다"고 말하였다. 왕문성은 "성인의 앎을 이루는 공부는 지극히 정성스러우며 쉼이 없다. 그 양지(良知)의 본체는 밝기가 맑은 거울 같아서, 아름다운 것과 추한 것이 오면, 사물에 따라 형태를 나타내지만, 맑은 거울은 더럽혀진 적이 없으니, 이른바 '정(情)으로 만사에 순응하면서도 정(情)이 없다'는 것이다. '머무는 바 없이 그 마음을 낸다', 불씨[佛敎]에게 일찍이 이런 말이 있는데, 잘못된 것은 아니다. 맑은 거울의 대응은, 아름다운 것은 아름답게 추한 것은 추하게, 한번 비추면 모두 진실이니, 곧 이것이 '그 마음을 내는' 곳이다. 아름다운 것은 아름답게 추한 것은 추하게, 한번 지나가고 머물지 않으니, 곧 '머무는 바 없는' 곳이다"라고 말하였다. 이것 또한 하나의 설이다. 정자와 주자는 곧 노씨와 장씨와 석씨가 가리킨 바의 설들을 바꾸어 리(理)라고 말하였으니, 유학을 이끌고 석씨에게로 들어간 것이 아니라, 그릇되게 석씨의 말을 유학에 섞어서 들여왔을 뿐이다. 육자정과 왕문성 같은 여러 사람들은 곧 노씨와 장씨와 석씨가 가리킨 바의 것들을 곧 리(理)로 충실하게 하였으니, 이것은 유학을 이끌고 석씨에게로 들어간 것이다. 시험 삼아 사람의 형체와 사람의 덕성을 가지고 비교하여 그것들을 논하면, 형체는 어리고 작은 데서 시작하여 자라고 큰 데서 끝나고, 덕성은 어둡고 어리석은 데서 시작하여 성스럽고 지혜로워진 데서 끝난다. 그 형체가 자라고 크는 것은 마시고 먹는 양분을 바탕으로 하여, 자라는 것이 날로 더해지는 것이니, "그 처음을 회복하는 것"이 아니고, 덕성은 배우고 묻는 것을 바탕으로 하여, 나아가 성스럽고 지혜롭게 되는 것이니, "그 처음을 회복하는 것"이 아님은 분명하다. 사람과 사물을 유별로 구분하면, 사람이 부여받은 바는 그 기(氣)가 맑고 밝아서, 짐승의 깨우쳐서 통할 수 없는 것과는 다르다. 그러나 사람과 사람을 비교하면, 그 재기와 소질의 차등이 얼마인가? 옛 성현은 사람의 재기와 소질에 차등이 있다는 것을 알았으므로, 묻고 배우는 것을 중시하였고, 확충하는 것을 귀하게 여겼다. 노씨와 장씨와 석씨는 생명이 있는 것들은 모두 같다고 했기 때문에, 정(情)과 욕(欲)을 제거함으로써 그것들을 해치지 말고, 묻고 배움으로써 그것들을 확충할 필요가 없다고 주장하였다. 노씨와 장씨와 석씨에게 있어서는 이미 자기를 지키는 것에 스스로 만족하였으므로, 인(仁)과 의(義)를 비방함으로써 그 설들을 폈던 것이다. 순자는 보통사람들의 성(性)은 배운 뒤에야 예(禮)와 의(義)를 알 수 있다고 하였으니, 그 설 또한 충분히 폈던 것이다. 육자정과 왕문성 같은 여러 사람들은 노씨와 장씨와 석씨와 같아서, 그 인(仁)과 의(義)를 비방하는 것을 바꿔서, 자연적으로 인(仁)과 의(義)에 온전하다고 여겼으니, 교묘하게 그 설들을 폈던 것이다. 정자와 주자가 리(理)를 높여 하늘이 나에게 준 것이라고 여긴 것은, 순자가 예(禮)와 의(義)를 높여 성인이 나에게 준 것이라고 여긴 것과 같다. 리(理)는 형체와 기질에 의해 더럽혀지고 망가지게 된다고 하였는데, 이것은 성인 이하의 형체와 기질은 모두 대단히 좋지 않다는 것으로, 곧 순자의 성(性)이 악하다는 설이다. 그리고 그 이른바 리(理)가 별도로 한데 모여서 거기에 부착하는 하나의 물체가 된다는 것은, 노씨와 장씨와 석씨의 이른바 "진재(眞宰)"와 "진공(眞空)"이 형체에 한데 모여서 부착한다는 것과 같다. 리(理)는 이미 완전히 자족한 것으로, 배워서 리(理)에 밝아진다고 말하기가 어려웠기 때문에, 할 수 없이 리(理)와 기(氣)를 두 개의 근본으로 나누고 형체와 기질을 탓하였던 것이다. 대체로 그 설들이 뒤섞여 억지로 이루어진 것들이어서, 배우는 사람들로 하여금 그 속에서 현혹되게 하였다. 비록 육경과 공자와 맹자의 말들이 갖춰져 있더라도, 모두 그른 것에 익숙하여 옳은 것을 이겨서, 더는 통하기를 구하지 않았다. 아아, 내가 어찌 감히 침묵하고 그만두겠는가!

曰 : 老莊釋氏以其所謂"眞宰""眞空"者爲"完全自足", 然不能謂天下之人有善而無惡, 有智而無愚也, 因擧善與智而毀訾之[196]. 老氏云: "絶學無憂, 唯之與阿, 相去幾何? 善之與惡, 相去何若?"[197] 又云: "以智治國, 國之賊; 不以智治國, 國之福."[198] 又云: "古之善爲道者, 非以明民, 將以愚

---

196) '之'는 악함과 어리석음을 가리킨다.
197) 『老子』二十章.

之.”199) 彼200)蓋以無欲而靜, 則超乎善惡之上, 智乃不如愚, 故直云“絶學”, 又(生)[主]“絶聖棄智”“絶仁棄義”201), 此一說也. 荀子202)以禮義生於聖心, 常人學然後能明於禮義, 若順其自然, 則生爭奪. 弗學而能, 乃屬之性; 學而後能, 不得屬之性, 故謂性惡. 而其於孟子言性善也辯之曰: “性善, 則去聖王, 息禮義矣; 性惡, 則興聖王, 貴禮義矣.”203) 此又一說也. 荀子習聞當時雜乎老莊告子204)之說者廢學毀禮義, 而不達孟子性善之旨, 以禮義爲聖人敎天下制其性, 使不至爭奪, 而不知禮義之所由名. 老莊告子及後之釋氏, 乃言如荀子所謂“去聖王, 息禮義”耳. 程子朱子謂氣稟之外, 天與之以理, 非生知安行之聖人, 未有不汚壞其受於天之理者也, 學而後此理漸明, 復其初之所受. 是天下之人, 雖有所受於天之理, 而皆不殊於無有, 此又一說也. 今富者遺其子粟千鍾205), 貧者無升斗之遺; 貧者之子取之宮中無有, 因日以其力致升斗之粟; 富者之子亦必如彼之日以其力致之206), 而曰所致者卽其宮中者也, 說必不可通, 故詳於論敬而略於論學.

如程子云“敬以治之, 使復如舊”207), 而不及學; 朱子於中庸“致中208)和209)”, 猶以爲“戒

---

198) 『老子』六十五章.

199) 『老子』六十五章.

200) ‘彼’는 老子를 가리킨다.

201) 『老子』十九章: “絶聖棄智, 民利百倍; 絶仁棄義, 民復孝慈; 絶巧棄利, 盜賊無有.”

202) ‘荀子’는 이름이 荀況이고, 字는 荀卿이다.

203) 『荀子』「性惡」.

204) ‘告子’는 戰國時期 사상가로, 孟子의 제자라는 설, 道家 사상가라는 설, 法家 사상가라는 설이 있고, 심지어는 허구적인 인물이라는 설도 있다.

205) ‘鍾’은 용량의 단위로, 6斛 4斗, 8斛, 10斛 등의 여러 설들이 있다.

206) ‘之’는 한 되나 한 말의 곡식을 가리킨다.

207) 『河南程氏遺書』卷第一「端伯傳師說」: “若小有汚壞, 卽敬以治之, 使復如舊.”

208) ‘中’은 하늘로부터 부여받은 性에 喜怒哀樂의 情이 아직 발현되지 않은

懼愼獨"210). 陸子靜211)王文成諸人, 推本老莊釋氏之所謂"眞宰""眞空"者,
以爲卽全乎聖智仁義, 卽全乎理, 陸子靜云: "收拾精神, 自作主宰, 萬物212)皆備於
我, 何有欠闕! 當惻隱時, 自然惻隱; 當羞惡時, 自然羞惡; 當寬裕溫柔時, 自然寬裕溫柔; 當
發强剛毅時, 自然發剛强毅."213) 王文成云: "聖人致知之功, 至誠無息. 其良知214)之體, 皦
如明鏡, 妍媸之來, 隨物現形, 而明鏡曾無所留染, 所謂'情順萬事而無情'215)也. '無所住
(以)[而]生其心'216), 佛氏曾有是言, 未爲非也. 明鏡之應, 妍者妍, 媸者媸, 一照而皆眞, 卽
是'生其心'處; 妍者妍, 媸者媸, 一過而不留, 卽'無所住'處."217) 此又一說也. 程子朱
子就老莊釋氏所指者218), 轉其說以言夫理, 非援儒而入釋, 誤以釋氏之言

때를 말한다.

209) '和'는 情이 발현하여 禮에 부합한 때를 말한다.

210) 『中庸章句』: "自戒懼而約之, 以至於至靜之中, 無少偏倚, 而其守不失, 則極
其中而天地位矣. 自謹獨而精之, 以至於應物之處, 無少差謬, 而無適不然,
則極其和而萬物育矣."

211) '陸子靜'은 陸九淵(1139-1193)으로, 子靜은 字이며, 象山先生으로 불렸다.

212) '萬物'은 세상의 일체 사물과 그 도리를 말한다.

213) 『陸九淵集』卷三十五「語錄下」: "請尊兄卽今自立, 正坐拱手, 收拾精神, 自
作主宰. 萬物皆備於我, 有何欠闕. 當惻隱時自然惻隱, 當羞惡時自然羞惡,
當寬裕溫柔時自然寬裕溫柔, 當發强剛毅時自然發剛强毅."

214) '良知'는 기본적으로 사람이 태어나면서부터 가지고 있는 知能과 智慧를
의미한다. 철학적으로 孟子에게 있어서는 선천적 도덕 의식을 가리키고,
陽明學에서는 마음의 본체를 가리키는 핵심 개념이다.

215) 『河南程氏文集』卷第二「書記」「答橫渠張子厚先生書」: "夫天地之常, 以其
心普萬物而無心; 聖人之常, 以其情順萬事而無情. 故君子之學, 莫若廓然
而大公, 物來而順應."

216) 『金剛般若波羅蜜經』「莊嚴淨土分」: "是故須菩提, 諸菩薩摩訶薩, 應如是
生淸淨心, 不應住色生心, 不應住聲香味觸法生心, 應無所住而生其心."

217) 『傳習錄中』「答陸原靜書」: "聖人致知之功至誠無息. 其良知之體皦如明鏡,
略無纖翳. 妍媸之來, 隨物見形, 而明鏡曾無所留染. 所謂情順萬事而無情也.
無所住而生其心, 佛氏曾有是言, 未爲非也. 明鏡之應物, 妍者妍, 媸者媸,
一照而皆眞, 卽是生其心處. 妍者妍, 媸者媸, 一過而不留, 卽是無所住處."

218) '所指者'는 眞宰와 眞空을 가리킨다.

雜入於儒耳; 陸子靜王文成諸人就老莊釋氏所指者, 即以理實之, 是乃援
儒以入於釋者也. 試以人之形體與人之德性[219]比而論之, 形體始乎幼小,
終乎長大; 德性始乎蒙昧, 終乎聖智. 其形體之長大也, 資於飮食之養, 乃
長日加益, 非"復其初"; 德性資於學問, 進而聖智, 非"復其初"明矣. 人物
以類區分, 而人所稟受, 其氣淸明, 異於禽獸之不可開通. 然人與人較, 其
材質等差凡幾? 古賢聖知人之材質有等差, 是以重問學, 貴擴充. 老莊釋氏
謂有生[220]皆同[221], 故主於去情欲以勿害之[222], 不必問學以擴充之[223].
在老莊釋氏旣守己自足矣, 因毀訾仁義以伸其說. 荀子謂常人之性, 學然
後知禮義, 其說亦足以伸. 陸子靜王文成諸人同於老莊釋氏, 而改其毀訾
仁義者, 以爲自然全乎仁義, 巧於伸其說者也. 程子朱子尊理而以爲天與
我, 猶荀子尊禮義以爲聖人與我也.[224] 謂理爲形氣所汚壞, 是聖人而下形
氣皆大不美, 即荀子性惡之說也; 而其所謂理, 別爲湊泊附著之[225]一物,
猶老莊釋氏所謂"眞宰""眞空"之湊泊附著於形體也. 理旣完全自足, 難於
言學以明理, 故不得不分理氣爲二本而咎形氣.[226] 蓋其說雜糅傅合而成,

---

219) '德性'은 도덕적 성품과 지적 능력을 의미한다.
220) '有生'은 사람을 가리킨다.
221) '皆同'은 사람들은 태어나면서 모두 眞宰와 眞空을 갖추고 있다는 말이다.
222) '之'는 眞宰와 眞空을 가리킨다.
223) '之'는 眞宰와 眞空을 가리킨다.
224) 여기에서 주의해야 할 것은, 戴震은 孟子의 사상을 옹호하기 위하여 荀子를
    孟子와는 대립시키고 程子와 朱子와는 양립시켰는데, 이것은 그가 程子와
    朱子의 사상이 孟子의 그것과 같지 않다는 것을 논증하기 위한 하나의
    기법이라고 할 수 있다. 程子와 朱子는 理를 하늘에서 얻어서 마음에 갖춘
    것으로 인식하였는데, 사실 이것은 孟子의 사상과 같다. 荀子는 보통사람들
    이 후천적 학습을 통하여 禮와 義를 갖추게 된다고 주장하였는데, 이러한
    관점은 오히려 程子와 朱子의 사상과 대립된다.
225) '之'는 氣를 가리킨다.
226) 여기에서 戴震이 설명하는 것은 다음과 같다. 程子와 朱子는 한편으로는

令學者眩惑其中, 雖六經孔孟之言具在, 咸習非勝是, 不復求通. 嗚呼, 吾何敢默而息乎!

질문 : 정백자[程顥]가 노씨[老子]와 석씨[釋迦牟尼]에게 드나든 지가 거의 십 년이었는데, 돌이켜 육경에서 구한 뒤에야 그것을 얻었다는 것이 숙자[程頤]가 편찬한 「행장」에 보인다. 그리고 주자는 나이가 사십 내외인데도 여전히 공묘(空妙)에 마음이 쏠렸는데, 그 뒤에 「답왕상서」라는 서신이 있어, "제가 석씨의 설에 대해서, 일찍이 그 사람을 스승으로 삼고 그 도(道)를 존숭하였으며, 그것을 구하는 것 또한 절실하고 지극했으나, 얻은 것이 없었습니다. 그 뒤에 선생님과 군자들의 가르침으로 전후와 완급의 순서를 비교하여, 잠시 그 설을 놓아두고 우리 학문에 종사하게 되었습니다. 그 처음에는 하루라도 마음에서 왔다 갔다 하지 않은 적이 없었지만, 우리 설을 다 궁구하기를 기다린 뒤에 그것을 구하여도 그다지 늦지 않겠다고 생각되었습니다. 그리고 1,2년이 되자 마음에 유독 저절로 편안한 바가 있었습니다. 비록 곧바로 저에게 있을 수는 없었지만, 다시 바깥 학문에서 그것을 구하여 그 처음의 마음을 이루고자 할 수는 없었습니다"라고 말하였다. 정자(程子)와 주자가 비록 석씨에게 종사한지가 아주 오래였지만, 끝내는 그 잘못됨을 깨달을 수

理가 선천적으로 갖춰진 완전무결한 것이므로 후천적으로 배워서 얻을 필요가 없다고 주장하면서도, 다른 한편으로는 후천적 학습을 통해야만 비로소 理에 밝아질 수 있다고 언급하였다. 이러한 이론적 결함을 보충하기 위하여, 그들은 義理之性 말고도 氣質之性도 제시하여, 氣가 理를 더럽히므로 반드시 배워서 그 처음을 회복하여야 한다고 인식했던 것이다.

있었는데, 또한 육경과 공자와 맹자에게 부합하지 않는다면, 곧 그 학문은 어떤 학문인가?

問：程伯子²²⁷⁾之出入於老釋者幾十年，返求諸六經，然後得之²²⁸⁾，見叔子所撰行狀²²⁹⁾. 而朱子年四十內外，猶馳心空妙²³⁰⁾，其後有答汪尙書²³¹⁾書²³²⁾，言"熹於釋氏之說，蓋嘗師其人，尊其道，求之亦切至矣，然未能有得. 其後以先生君子²³³⁾之敎，校乎前後緩急之序，於是暫置其說²³⁴⁾而從事於吾學²³⁵⁾. 其始蓋未嘗一日不往來於心²³⁶⁾也，以爲俟卒究吾說²³⁷⁾而後求之²³⁸⁾未爲甚晚. 而一二年來，心獨有所自安，雖未能卽有諸己²³⁹⁾，然欲復求之²⁴⁰⁾外學²⁴¹⁾以遂其初心，不可得矣."²⁴²⁾ 程朱雖從事釋氏甚久，然

---

227) '程伯子'는 형인 程顥이고, 程叔子는 동생인 程頤이다. 둘을 함께 일컬어 二程이라고도 하고, 程子라고도 한다.

228) '之'는 道를 가리킨다.

229) '行狀'은 『河南程氏文集』卷第十一에 실린 「明道先生行狀」을 말한다.

230) '空妙'는 佛敎 용어로, 空寂精微를 뜻하는 佛敎를 가리킨다.

231) '汪尙書'는 汪應辰(1118-1176)으로, 字는 聖錫이고, 尙書는 그가 역임했던 관직명이다.

232) 2010년 판 黃山書社 본 『戴震全書』와 1982년 판 中華書局 본 『孟子字義疏證』 그리고 2009년 판 上海古籍出版社 본 『戴震集』에는 모두 '答汪尙書書'라고 표기하여, 서간문 이름으로 표시하였지만, 2002년 판 上海古籍出版社와 安徽敎育出版社 본 『朱子全書』에 실려 있는 『晦庵先生朱文公文集』에는 '答汪尙書'라고 표기되어, 서간문 이름으로 표시되었기에, 『한글 맹자자의소증(孟子字義疏證)』의 역주에서는 『朱子全書』를 참고하여 「答汪尙書」로 표기하였다.

233) '君子'는 학식과 덕망이 높은 사람을 말한다.

234) '其說'은 佛敎를 가리킨다.

235) '吾學'은 儒學을 말한다.

236) '往來於心'의 내용은 佛敎이다.

237) '吾說'은 儒學을 말한다.

238) '之'는 道를 가리킨다.

239) '有諸己'의 내용은 儒學이다.

終能覺其非矣, 而又未合於六經孔孟, 則其學243)何學歟?

대답: 정자(程子)와 주자가 그 노씨[老子]와 석씨[釋迦牟尼]에게 드
나들었던 것은 모두 도(道)를 구하기 위해서였는데, 만일 그 도(道)
가 옳은 것이라고 보았다면, 비록 사람들이 그른 것이라고 여겼을
지라도 아랑곳하지 않았을 것이다. 그 처음부터 육경과 공자와 맹
자를 어기고 저들을 믿었던 것이 아니라, 여기에서 그 이해를 얻지
못하여, 저들의 물욕을 버리는 것과 돌이켜 내부를 관조하는 것이
자기에게 절실한 것을 몸소 살피는 것과 가깝다고 보고, 그것을
행하여도 사려를 점차 맑게 할 수 있다고 생각하였으므로, 그것을
터득하여 사물을 판별하는 근본으로 삼기를 바랐던 것이다. 그러나
그 지극한 것까지 나아가면, 이른바 "마음을 밝혀서 본성을 본다",
"그 신묘한 본체로 돌아간다"는 것들은 곧 본체를 얻는 것으로,
이와 같으면 곧 충분하여 부족함이 없다고 여겼지만, 실제로는 걸
핏하면 오류가 있었다. 노씨와 장씨[莊子]와 석씨는 원래 오류 여부
를 논하지 않았지만, 정자와 주자는 도(道)를 구하는 마음이 오래이
다 보니, 그 일과 사물을 판별하는 것으로 의지할 수 없다는 것을
알았기 때문에, 끝내는 그 잘못을 말했던 것이다. 사람이 사물과

---

240) '之'는 道를 가리킨다.
241) '外學'은 佛敎를 말한다.
242) 『晦庵先生朱文公文集』卷第三十「答汪尙書」: "熹於釋氏之說, 蓋嘗師其人
尊其道, 求之亦切至矣, 然未能有得. 其後以先生君子之敎, 校夫前後緩急
之序, 於是暫置其說而從事於吾學. 其始蓋未嘗一日不往來於心也. 以爲俟
卒究吾說而後求之, 未爲甚晚耳, 非敢遽絀絶之也. 而一二年來, 心獨有所
自安, 雖未能卽有諸己, 然欲復求之外學以遂其初心, 不可得矣."
243) '其學'은 程子와 朱子의 학설을 가리킨다.

다른 점은, 사람은 필연(必然)에 밝을 수 있는데, 온갖 사물들의 생존은 각각 그 자연(自然)을 따른다는 것이다. 노씨는 "비움에 이르기를 지극히 하고, 고요함을 지키기를 돈독히 하라"고 말하였고, "도(道)는 자연(自然)을 본받는다"고 말하였는데, 석씨 또한 여기에서 벗어나지 않았으니, 모두 자기들의 사사로움에서 시작하여, 그 정신으로 하여금 형체를 떠나서 오래도록 존재하게 한 것이다. 노씨는 "길게 살고 오래 보는 것"을 말하였고, 죽는 것을 "그 진실로 되돌아가는 것"으로 여겼는데, 이른바 길게 산다는 것은 형체가 변하더라도 정신은 오래도록 존재한다는 것이다. 석씨는 "생겨나지도 않고 없어지지도 않는다"고 말하였는데, 이른바 생겨나지 않는다는 것은 형체를 받아 생겨나지 않는다는 것이고, 없어지지 않는다는 것은 곧 그 정신이 오래도록 존재한다는 것이다. 그 이른바 성(性)과 이른바 도(道)는, 이른바 정신이라는 것을 전문적으로 주관하여 말한 것이다. 소자[邵雍]는 "도(道)와 일(一)은 정신에 대하여 억지로 이름 붙인 것이다"라고 말하였고, 또 "정신에 방향이 없고, 성(性)에 형질이 있다"고 말하였고, 또 "성(性)이라는 것은 도(道)의 형체이고, 마음이라는 것은 성(性)의 성곽이다"라고 말하였고, 또 "사람의 정신은 곧 천지의 정신이다"라고 말하였다. 이 말들을 종합해서 보면, 노씨와 장씨에게서 얻은 것이 가장 심하다. 이른바 도(道)라는 것은 천지의 "정신에 방향이 없는 것"을 가리키고, 이른바 성(性)이라는 것은 사람의 "성(性)에 형질이 있는 것"을 가리키기 때문에, "도(道)의 형체"라고 말한 것이다. 소자는 또 "정신은 마음에서 통솔되고, 기(氣)는 신장에서 통솔되고, 형체는 머리에서 통솔된다. 형체와 기질이 교합하고 정신이 그 가운데서 주관하는 것이 세 가지 재능의 도(道)이다"라고 말하였다. 이것은 정신이 마음에 머문다는 것을 뚜렷하게 지적한 것으로, 그러므

로 "마음이라는 것은 성(性)의 성곽이다"라고 말한 것이다. 소자는
또 "기(氣)는 곧 성(性)을 기르고, 성(性)은 곧 기(氣)를 탄다. 그러
므로 기(氣)가 존재하면 곧 성(性)이 존재하고, 성(性)이 움직이면
곧 기(氣)가 움직인다"고 말하였다. 이것은 정신이 기(氣)에 타면서
도 기(氣)를 바탕으로 해서 길러진다는 것을 뚜렷하게 지적한 것이
다. 왕문성[王守仁]은 "무릇 양지(良知)는 하나인데, 그 오묘한 작용으로 말하
면 정신이라고 하고, 그 유행으로 말하면 기(氣)라고 한다"고 말하였는데, 설
을 내세운 것 또한 같다. 또 양생을 주장하는 사람들은 "정신이 빛나서 어둡지
않은 것은 성(性)이 되고, 기(氣)가 자욱하여 쉬지 않는 것은 명(命)이 된다"고
말하였다. 주자는 그 정신을 가리켜 도(道)가 되고 정신을 가리켜
성(性)이 된다는 것에 대하여, 모두 바꿔서 리(理)라고 말하였다.
장자[張載]는 "태허(太虛)로 말미암아 천(天)의 명칭이 있고, 기
(氣)의 변화로 말미암아 도(道)의 명칭이 있고, 허(虛)와 기(氣)를
결합하여 성(性)의 명칭이 있고, 성(性)과 지각을 결합하여 심(心)
의 명칭이 있다"고 말하였다. 그 이른바 허(虛)는 육경과 공자와
맹자에는 없는 말이다. 장자는 또한 "신(神)이라는 것은 태허(太虛)
가 오묘하게 대응하는 조목이다"라고 말하였다. 또한 "하늘의 예측
할 수 없는 것을 신(神)이라고 하고, 신묘하면서 일정함이 있는 것
을 천(天)이라고 한다"고 말하였다. 또한 "신(神)은 하늘의 덕이고,
화(化)는 하늘의 도이다"라고 말하였다. 그 허(虛)라고 말하고 천
(天)이라고 말한 것은 이른바 신(神)이라는 것에서 떠나지 않는다
는 것이다. 저 노씨와 장씨와 석씨는 스스로 그 정신을 귀하게 여겨
서, 또한 오묘하게 대응하는 것이라고 생각하였고, 텅 비어 있는
것이라고 생각하였고, 하늘의 덕에 충족한 것이라고 생각하였다.
"성(性)은 온 우주에 두루 있고, 청정한 지혜는 원만하고 미묘하여, 본체가

스스로 공허하고 적막하다"고 말 것과 같다. 장자는 또한 "기(氣)에는 음(陰)과 양(陽)이 있는데, 밀고 나가기를 점차로 하면 화(化)가 되고, 하나로 합하여 헤아릴 수 없으면 신(神)이 된다"고 말하였다. 이 말은 아마도 맞는 것 같다. 사람과 사물에게서 시험해 보면, 귀와 눈과 온몸은 마음에서 모이는데, 마음이라는 것은 하나로 합하여 헤아릴 수 없는 신묘한 것이다. 천지 사이에 온갖 사물들이 생겨나고 생겨나는 것은 음과 양으로 근본을 추구하지 않는 것이 없다. 『역[周易]』에 "정기(精氣)가 사물이 된다"고 말하였다. 증자[曾參]는 "양의 정기(精氣)를 신(神)이라고 말하고, 음의 정기(精氣)를 영(靈)이라고 말하는데, 신령(神靈)이라는 것은 만물의 근본이다"라고 말하였다. 그 신령스러움 때문에 그냥 기(氣)라고만 하지 않고 정기(精氣)라고 일컬은 것이다. 노씨와 장씨와 석씨의 잘못은 여기에서 그것을 갈라서 나눈 것이다. 그 정신을 중시하고 형체를 경시하였는데, 단지 형체를 임시 기거하는 곳으로만 삼고, 모든 혈기(血氣)의 욕(欲)과 군신의 의리와 부자와 형제와 부부의 친함은 모두 형체가 있은 뒤에 일어나는 것으로, 정신은 지극히 공허하고 고요하며 욕(欲)도 없고 행위도 없는 것이라고 하였다. 노씨와 장씨와 석씨는 단지 자연스런 것으로만 보았기 때문에, 정신적인 것으로 이미 충분하다고 여겼던 것이다. 정자와 주자는 육경과 공자와 맹자의 말들에서 리(理)와 의(義)를 보고 필연적으로 바꿀 수 없는 것으로 귀결시켰다. 노씨와 장씨와 석씨가 미칠 수 있는 바가 아니었기에, 그것들을 그 이른바 신(神)이라는 것에 상당하는 것으로 높여서, 양을 낳고 음을 낳는 본원으로 삼으면서도 음양과 구별하였으며, 사람과 사물의 성(性)으로 삼으면서도 기질과 구별하였다. 도리어 공자와 맹자의 이른바 도(道)라는 것은 도(道)가 아니고,

이른바 성(性)이라는 것은 성(性)이 아니라고 지적하였다. 장자의 설만큼은 분별하여 기록할 수 있었으니, 예를 들면, "기(氣)의 변화로 말미암아 도(道)의 명칭이 있다"고 말한 것과 "화(化)는 하늘의 도이다"라고 말한 것과 "밀고 나가기를 점차로 하면 화(化)가 되고, 하나로 합하여 헤아릴 수 없으면 신(神)이 된다"고 말한 것이 있는데, 이 몇 가지 말들은 성인이 다시 일어난다고 해도 바꿀 수가 없다. 장자는 필연(必然)이 리(理)가 된다고 보았기 때문에, 단지 신묘하다고만 말하지 않고, "신묘하면서 일정함이 있다"고 말하였다. 진실로 이와 같은 말들은 리(理)를 별도의 하나의 물체처럼 여긴 것이 아니니, 육경과 공자와 맹자에 가깝다. 천지에 나아가서 그것을 말하면, 화(化)는 그 생겨나고 생겨나는 것이고, 신(神)은 그 주재하는 것이어서, 이 둘은 갈라서 나눌 수 없다. 그러므로 화(化)를 말하면 곧 신(神)을 포괄하게 되고, 신(神)을 말하면 또한 화(化)를 포괄하게 된다. 화(化)로 말미암아 신(神)을 알게 되고, 화(化)와 신(神)으로 말미암아 덕을 알게 된다. 덕(德)이라는 것도 천지의 치우치지 않고 올바른 것이다. 사람에 나아가서 그것을 말하면, 혈기(血氣)가 있으면 곧 심지(心知)가 있고, 심지(心知)가 있으면 비록 성인으로부터 아래는 밝고 어두움이 각각 다를지라도, 모두 배워서 그 어두움을 깨우쳐 밝음에 나아갈 수 있다. "하늘이 만물을 낳는데, 근본을 하나이게 하였다." 성(性)을 오로지 정신에만 속하게 하면 곧 형체를 임시로 결합한 것으로 보게 되고, 성(性)을 오로지 리(理)에만 속하게 하면 곧 진실로 태어나면서부터 아는 성인이 아니라면 그 기질을 탓할 수밖에 없게 되니, 모두 근본을 두 개로 하였기 때문이다. 노씨와 장씨와 석씨는 그 정신을 높여서 음양의 기(氣)의 변화를 초월하는 것으로 삼았고, 이들은 리(理)를 높여서 음양의 기(氣)의 변화를 초월하는 것으로 삼았다. 주자는 「답여자약」의 서신에서 "음양과 군신과 부자는 모두 일과 사물로, 사람이 행하는 바이고, 형이하자(形而下者)이고, 삼라만상이다. 이 몇 가지들은 각각 마땅히 그러한 이치를 갖고 있으니, 곧 이른바 도(道)이고, 마땅히 행해야 할 길이고, 형이상자(形而上者)이고, 아득하여 조짐이 없는 것이다"라고 말하였다. 그런데 곧 『역』에 "하늘을 세우는 도(道)를 음(陰)과 양(陽)이라고 한다"고 말하였고, 「중용」에 "군신과 부자와 부부와 형제와 친구의 교류, 다섯 가지는 천하에 통하는 도(道)이다"라고 말하였는데, 모두 일과 사물에 이르러서만 곧 도(道)라고 이른 것이니, 어찌 성현이 말을 내세운 것이, 주자가 그것을 말하여 판별하고 분석한 것만 못하겠는가? 성인이 그 혈기(血氣)의 욕(欲)을 따르면 곧 서로 낳고 기르는 도(道)가 되는데, 그래서 다른 사람 보기를 자기와 같이 하면 곧 충(忠)이고, 자신으로 미루어 나가면 곧 서(恕)이고, 다른 사람에 대하여 근심하고 즐거워하면 곧 인(仁)이고, 옳음에서 나오고 그름에서 나오지 않으면 곧 의(義)이고, 공경하면서 모욕하거나 교만하지 않으면 곧 예(禮)이고, 어긋나거나 잘못되는 실수가 없으면 곧 지(智)이므로, 충서(忠恕)라고 말하고 인의예지(仁義禮智)라고 말하는 것이 어찌 다름이 있겠는가? 보통사람의 욕(欲)은 그것을 방종하면 올바르지 못하고 치우치게 되고 쟁탈하여 난리를 일으키게 되지만, 성인의 욕(欲)은 아름다운 덕이 아님이 없다. 욕(欲)은 같지만, 선(善)과 불선(不善)의 다름이 초래하는 것이 이와 같다. 욕(欲)이라는 것은 혈기(血氣)의 자연(自然)이고, 그 아름다운 덕을 좋아하는 것은 심지(心知)의 자연(自然)으로, 이것이 맹자가 성(性)이 선하다고 말한 까닭이다. 심지(心知)의 자연(自然)은 리(理)와 의(義)를 즐거워하지 않는 것이 없지만, 전부 리(理)를 얻고 의(義)에 부합할 수는 없을 뿐이다. 혈기(血氣)의 자연(自然)으로부터 그것을 자세하게 살펴봄으로써 그 필연(必然)을 알게 되는데, 이것을 리(理)와 의(義)라고 하는 것으로, 자연(自然)과 필연(必然)은 두 가지 일이 아니다. 그 자연(自然)에 나아가, 전부 밝혀서 조금의 잘못이라도 없다면, 이것이 그 필연(必然)이다. 이와 같은 뒤에 유감이 없고, 이와 같은 뒤에 편안하다면, 이것이 자연(自然)의 지극한 법칙이다. 만약 그 자연(自然)에 맡겨 잘못으로 흐른다면, 도리어 그 자연(自然)을 잃게 되어, 자연(自然)이 아니게 된다. 그러므로 필연(必然)에 귀결하게 되면, 바로 그 자연(自然)을 완성하게 된다. 사람의 생존은 혈기(血氣)와 심지(心知)일 뿐이다. 노씨와 장씨와 석씨는 보통사람들은 그 혈기(血氣)의 자연(自然)에 맡겨서는 안 된다고 보고는 고요하게 그 심지(心知)의 자연(自然)을 길러야 한다고 하였으며, 심지(心知)의 자연(自然)을 성(性)이라고 하고 혈기(血氣)의 자연(自然)을 욕(欲)이라고 하였는데, 말이 비록 교묘하게 바뀌었을지라도, 요컨대 혈기(血氣)와 심지(心知)를 두 개의 근본으로 나눈 것에 지니지 않는다. 순자는 보통사람들의 심지(心知)를 보고는 예(禮)와 의(義)를 성인의 마음으로 여겼고, 보통사람들은 그 혈기(血氣)와 심지(心知)의 자연(自然)에 맡겨서는 안 된다고 보고는 예(禮)와 의(義)의 필연(必然)으로 나아가야 한다고 하였으며, 혈기(血氣)와 심지(心知)의 자연(自然)을 성(性)이라고 하고 예(禮)와 의(義)의 필연(必然)을 교(敎)라고 하였는데, 혈기(血氣)와 심지(心知)를 합하여 하나의 근본으로 삼았으나, 예(禮)와 의(義)의 근본을 깨닫지 못하였다. 정자와 주자는 보통사람들은 그 혈기(血氣)와 심지(心知)의 자연(自然)에 맡겨서는 안 된다고 보고는 리(理)의 필연

(必然)으로 나아가야 한다고 하였으며, 혈기(血氣)와 심지(心知)의 자연(自然)을 기질이라고 하고 리(理)의 필연(必然)을 성(性)이라고 하였는데, 또한 혈기(血氣)와 심지(心知)를 합하여 하나의 근본으로 삼았으나, 다시 하나의 근본을 더하였다. 혈기(血氣)와 심지(心知)를 나누어 두 개의 근본으로 한 것에 대하여, 정자는 그것을 배척하여 "이단은 마음을 근본으로 한다"고 말하였지만, 그 하나의 근본을 더하여 곧 "우리 유가는 하늘을 근본으로 한다"고 말하였다. 그 설과 같이, 이 마음의 마음됨은 사람이지 하늘이 아니며, 성(性)의 성됨은 하늘이지 사람이 아니다. 하늘로 사람과 구별하였는데, 실제로는 성(性)으로 사람과 구별한 것이 되었다. 사람의 사람됨과 성(性)의 성됨을 이것과 저것처럼 나누는 것은 정자와 주자로부터 시작되었다. 고자(告子)가 "사람의 본성으로 인(仁)과 의(義)를 삼는 것은 버드나무로 술잔과 그릇을 삼는 것과 같다"고 말하였는데, 맹자는 기필코 그것을 변별하여, 그 하나의 사물을 해쳐서 그것을 한 것으로 여겼는데, 하물며 이것과 저것처럼 나눈다면, 어찌 해치지 않는 것이 있겠는가! 정자와 주자의 학문은 노씨와 장씨와 석씨를 기반으로 한 것이기 때문에, 단지 리(理)의 한 글자로 그 이른바 "진재(眞宰)"와 "진공(眞空)"이라는 것들을 바꿨을 뿐 나머지는 바꾼 것이 없다. 그 학문이 순자에게서 나온 것은 아니지만 우연히 순자와 부합하였는데, 그러므로 그가 악하다고 여긴 것을 이들도 또한 그것을 나무랐고, 그가 성인에게서 나왔다고 여긴 것을 이들은 하늘에서 나왔다고 여겼던 것이다. 하늘에서 나온 것과 성인에게서 나온 것이 어찌 다름이 있겠는가! 천하는 오로지 하나의 근본으로, 다른 것은 없다. 혈기(血氣)가 있으면 곧 심지(心知)가 있고, 심지(心知)가 있으면 곧 배워서 신명(神明)으로 나아가

는데, 하나의 근본이라서 그렇다. 혈기(血氣)와 심지(心知)가 있으면 곧 혈기(血氣)와 심지(心知)의 자연(自然)에서 발현하는 것에 다 밝아서, 조금의 잘못이라도 없게 하면 곧 인(仁)과 의(義)가 아닌 것이 없는데, 하나의 근본이라서 그렇다. 만일 갈라서 그것을 둘로 한다면, 그 하나를 제외하지 않을 수 없다. 육경과 공자와 맹자 아래로 순자가 있었고 노씨와 장씨와 석씨가 있었지만, 그러나 육경과 공자와 맹자의 도(道)는 여전히 존재하였다. 송(宋)의 유학자들이 순자 및 노씨와 장씨와 석씨를 섞어서 육경과 공자와 맹자의 책들로 들어가면서부터, 배우는 사람들이 그 잘못을 알지 못하여, 육경과 공자와 맹자의 도(道)가 없어지게 되었다.

曰 : 程子朱子其出入於老釋, 皆以求道也, 使見其道爲是, 雖人以爲非而不顧. 其初非背六經孔孟而信彼[244]也, 於此[245]不得其解, 而見彼之捐棄物欲[246], 返觀內照[247], 近於切己體察[248], 爲之, 亦能使思慮漸淸, 因而冀得之爲衡[鑒]事物之本. 然極其致, 所謂 "明心見性"[249] "還其神之本體"[250]者, 卽本體得矣, 以爲如此便足, 無欠闕矣, 實動輒差謬. 在老莊釋氏固不論差謬與否, 而程子朱子求道之心, 久之知其不可恃以衡鑒事物, 故終謂其非也. 夫人之異於物者, 人能明於必然, 百物之生各遂其自然也. 老氏言

---

244) '彼'는 老子와 釋迦牟尼를 가리킨다.
245) '於此'는 六經과 孔子와 孟子를 가리킨다.
246) '捐棄物欲'은 道家의 修道를 서술하는 용어이다.
247) '返觀內照'는 佛敎의 修行을 서술하는 용어이다.
248) '切己體察'은 儒家의 修養을 서술하는 용어이다.
249) '明心見性'은 마음을 맑고 깨끗하게 하여 자기의 본성을 발견한다는 뜻으로, 佛敎의 주요한 수행 방법이자 목표이다.
250) '還其神之本體'는 신묘한 정신적 본체를 회복한다는 뜻으로, 佛敎의 주요한 수행 방법이자 목표이다.

"致虛極, 守靜篤"251), 言"道法自然"252), 釋氏亦不出此, 皆起於自私, 使
其神離形體而長存. 老氏言"長生久視"253), 以死爲"返其眞"254); 所謂長生者, 形化而
神長存也; 釋氏言"不生不滅"255); 所謂不生者, 不受形而生也; 不滅者, 卽其神長存也. 其
所謂性, 所謂道, 專主所謂神者爲言. 邵子256)云: "道257)與一258), 神之强
名也."259) 又云: "神無方260)而性261)有質."262) 又云: "性者, 道之形體;
心者, 性之郛郭263)."264) 又云: "人之神卽天地之神."265) 合其言觀之, 得
於老莊最深. 所謂道者, 指天地之"神無方"也; 所謂性者, 指人之"(神)[性]
有質"也, 故曰"道之形體". 邵子又云: "神統於心, 氣統於腎, 形統於首;
形氣交而神主乎其中, 三才266)之道也."267) 此顯指神宅於心, 故曰"心者,

---

251) 『老子』十六章.

252) 『老子』二十五章: "人法地, 地法天, 天法道, 道法自然."

253) 『老子』五十五章: "是謂深根固柢, 長生久視之道."

254) 『莊子』「大宗師」: "嗟來桑戶乎! 嗟來桑戶乎! 而已反其眞, 而我猶爲人猗!"
『莊子』「秋水」: "謹守而勿失, 是謂反其眞."

255) 『六朝壇經』「自序品第一」: "不生不滅, 於一切時中, 念念自見." 그 외에
『維摩詰經』, 『頭陀寺碑文』 등에도 나온다.

256) '邵子'는 邵雍(1011-1077)으로, 字는 堯夫이고, 諡號는 康節이다.

257) '道'는 老子의 虛無의 道에 해당한다.

258) '一'은 운동도 없고 변화도 없는 우주 정신의 본체로, 道에 해당한다.

259) 『皇極經世書』「觀物外篇」卷八.

260) '無方'은 방위가 없다는 말로, 곧 없는 곳이 없다는 것을 의미한다.

261) '性'은 여기에서는 정신적인 우주의 본체인 太極이 사람의 몸에서 체현된
것을 가리킨다.

262) 『皇極經世書』「觀物外篇」卷八.

263) '郛郭'은 城 밖을 두른 담장으로, 여기에서는 거주하는 곳을 비유하였다.

264) 『伊川擊壤集』「序」: "性者道之形体也, 性傷則道亦從之矣. 心者性之郛廓
也, 心傷則性亦從之矣."

265) 『皇極經世書』「觀物外篇」卷八: "人之神則天地之神, 人之自欺, 所以欺天
地, 可不戒哉!"

266) '三才'는 하늘[天], 땅[地], 사람[人]을 가리키기도 하는데, 여기에서는 머리

性之郛郭". 邵子又云: "氣則養性, 性則乘氣; 故氣存則性存, 性動則氣動 也."268) 此顯指神乘乎氣而資氣以養. 王文成云: "夫良知一也, 以其妙用而言謂之 神, 以其流行而言謂之氣."269) 立說亦同270). 又卽導養家271)所云"神之炯炯而不昧者爲 性, 氣之縕絪而不息者爲命"272). 朱子於其指神爲道指神爲性者, 皆273)轉以言 夫理. 張子274)云: "由太虛275), 有天之名; 由氣化276), 有道277)之名; 合虛 與氣, 有性之名; 合性與知覺, 有心之名."278) 其所謂虛, 六經孔孟無是言 也. 張子又云: "神者, 太虛妙應之目."279) 又云: "天之不測謂神, 神而有常 謂天."280) 又云: "神, 天德; 化, 天道."281) 是其曰虛曰天, 不離乎所謂神

[首], 신장[腎], 마음[心]을 가리킨다.

267) 『皇極經世書』「觀物外篇」卷四.
268) 『皇極經世書』「觀物外篇」卷七.
269) 『傳習錄中』「答陸原靜書」: "夫良知一也, 以其妙用而言謂之神, 以其流行 而言謂之氣, 以其凝聚而言謂之精, 安可以形象方所求哉?"
270) '同'은 邵雍과 같다는 말이다.
271) '導養家'는 道教의 養生術을 주장하는 사람들을 가리킨다.
272) 『性命圭旨』「亨集」: "神中炯炯而不昧者, 乃是眞性也." "氣中氤氳而不息 者, 乃是命也."
273) 2010년 판 黃山書社 본 『戴震全書』와 1982년 판 中華書局 본 『孟子字義疏 證』에는 '若' 字로 표기되어 있지만, 2009년 판 上海古籍出版社 본 『戴震 集』에는 '皆' 字로 표기되어 있다. 전후의 문맥으로 보아 '皆' 字가 타당하다 고 판단되기에, 『한글 맹자자의소증(孟子字義疏證)』에서는 『戴震集』을 참 고하여 '皆' 字로 표기하였다.
274) '張子'는 張載이다.
275) '太虛'는 우주 만물의 가장 원시적인 실체를 말한다.
276) '氣化'는 陰과 陽 두 氣의 운행과 변화를 말한다.
277) '道'는 陰과 陽의 두 氣가 변화하고 운행하는 자연스런 과정을 가리킨다.
278) 『正蒙』「太和篇」.
279) 『正蒙』「太和篇」.
280) 『正蒙』「天道篇」.
281) 『正蒙』「神化篇」.

者. 彼老莊釋氏之自貴其神, 亦以爲妙應, 爲沖虛, 爲足乎天德矣. 如云:
"性[282]周法界[283], 淨智[284]圓妙, 體自空寂."[285] 張子又云: "氣有陰陽, 推行有
漸爲化, 合一不測爲神."[286] 斯言也, 蓋得之矣. 試驗諸人物, 耳目百體, 會
歸於心; 心者, 合一不測之神也. 天地間百物生生, 無非推本陰陽. 易曰:
"精氣爲物."[287] 曾子曰: "陽之精氣曰神, 陰之精氣曰靈, 神靈者, 品物之
本也."[288] 因其神靈, 故不徒曰氣而稱之曰精氣. 老莊釋氏之謬, 乃於此岐
而分之[289]. 內其神而外形體, 徒以形體爲傳舍, 以擧凡血氣之欲君臣之義,
父子昆弟夫婦之親, 悉起於有形體以後, 而神至虛靜, 無欲無爲. 在老莊釋
氏徒見於自然, 故以神爲已足. 程子朱子見於六經孔孟之言理義, 歸於必
然不可易, 非老莊釋氏所能及, 因尊之以當其所謂神者爲生陽生陰之本,
而別於陰陽; 爲人物之性, 而別於氣質; 反指孔孟所謂道者非道, 所謂性者
非性. 獨張子之說, 可以分別錄之, 如言"由氣化, 有道之名", 言"化, 天
道", 言"推行有漸爲化, 合一不測爲神", 此數語者, 聖人復起, 無以易也.
張子見於必然之爲理, 故不徒曰神而曰"神而有常". 誠如是言, 不以理爲
別如一物, 於六經孔孟近矣. 就天地言之, 化, 其生生也; 神, 其主宰也, 不

---

282) '性'은 禪宗 佛敎에서 心을 의미하는데, 선천적으로 완전무결한 주관 정신
을 말한다.

283) '法界'는 佛敎 용어로, 法은 객관 세계의 사물을 의미하고, 界는 사물 사이
의 경계를 의미하는데, 둘을 합하여 우주 전체를 가리킨다.

284) '淨智'는 물질 세계의 방해를 벗어난 순결한 지혜를 의미한다.

285) 『景德傳燈錄』卷第十八: "性徧周法界." 『景德傳燈錄』卷第三, 四: "淨智妙
圓, 體自空寂."

286) 『正蒙』「神化篇」.

287) 『周易』「繫辭上」: "精氣爲物, 遊魂爲變, 是故知鬼神之情狀."

288) 『大戴禮記』「曾子天圓」: "陽之精氣曰神, 陰之精氣曰靈; 神靈者, 品物之本
也, 而禮樂仁義之祖也, 而善否治亂所由興作也."

289) '之'는 神靈을 가리킨다.

可岐而分也. 故言化則賅神, 言神亦賅化; 由化以知神, 由化與神以知德; 德也者, 天地之中正也. 就人言之, 有血氣, 則有心知; 有心知, 雖自聖人而下, 明昧各殊, 皆可學以牖其昧而進於明. "天之生物也, 使之一本"[290], 而以性專屬之神, 則視形體爲假合; 以性專屬之理, 則苟非生知之聖人, 不得不咨其氣質, 皆二本故也. 老莊釋氏尊其神爲超乎陰陽氣化, 此[291]尊理爲超乎陰陽氣化. 朱子答呂子約書曰: "陰陽也, 君臣父子也, 皆事物也; 人之所行也, 形而下者也, 萬象紛羅者也. 是數者各有當然之理, 卽所謂道也, 當行之路也, 形而上者也, 沖漠無朕者也."[292] 然則易曰"立天之道曰陰與陽"[293], 中庸曰"君臣也, 父子也, 夫婦也, 昆弟也, 朋友之交也, 五者, 天下之達道也"[294], 皆僅及事物而卽謂之道, 豈聖賢之立言, 不若朱子言之辨析歟? 聖人順其血氣之欲, 則爲相生養之道, 於是視人猶己, 則忠; 以己推之, 則恕; 憂樂於人, 則仁; 出於正, 不出於邪, 則義; 恭敬不侮慢, 則禮; 無差謬之失, 則智; 曰忠恕, 曰仁義禮智, 豈有他哉? 常人之欲, 縱之至於邪僻, 至於爭奪作亂; 聖人之欲, 無非懿德. 欲同也, 善不善之殊致若此. 欲者, 血氣之自然, 其好是懿德也, 心知之自然, 此孟子所以言性善. 心知之自然, 未有不悅理義者, 未能盡得理合義耳. 由血氣之自然[295], 而審察之[296]以知其必然, 是之謂理義; 自然之與必然, 非二事也. 就其自然, 明之盡而無

---

290) 『孟子』「滕文公上」: "且天之生物也, 使之一本, 而夷子二本故也."
291) '此'는 程子와 朱子를 가리킨다.
292) 『晦庵先生朱文公文集』卷第四十八「答呂子約」.
293) 『周易』「說卦」: "昔者聖人之作易也, 將以順性命之理, 是以立天之道曰陰與陽, 立地之道曰柔與剛, 立人之道曰仁與義."
294) 『禮記』「中庸」.
295) '自然'은 여기에서 인간이 본래부터 가지고 있는 자연스런 情과 欲을 의미한다.
296) '之'는 자연스런 情欲을 가리킨다.

幾微之失焉, 是其必然也. 如是而後無憾, 如是而後安, 是乃自然之極則. 若任其自然而流於失, 轉喪其自然, 而非自然也; 故歸於必然, 適完其自然. 夫人之生也, 血氣心知而已矣. 老莊釋氏見常人任其血氣之自然之不可, 而靜以養其心知之自然; 於心知之自然謂之性, 血氣之自然謂之欲, 說雖巧變, 要不過分血氣心知爲二本. 荀子見常人之心知, 而以禮義爲聖心; 見常人任其血氣心知之自然之不可, 而進以禮義之必然; 於血氣心知之自然謂之性, 於禮義之必然謂之敎; 合血氣心知爲一本矣, 而不得禮義之本. 程子朱子見常人任其血氣心知之自然之不可, 而進以理之必然; 於血氣心知之自然謂之氣質, 於理之必然謂之性, 亦合血氣心知爲一本矣, 而更增一本. 分血氣心知爲二本者, 程子斥之曰"異端[297]本心", 而其增一本也, 則曰"吾儒本天".[298] 如其說, 是心之爲心, 人也, 非天也; 性之爲性, 天也, 非人也. 以天別於人, 實以性爲別於人也. 人之爲人, 性之爲性, 判若彼此, 自程子朱子始, 告子言"以人性爲仁義, 猶以杞柳爲桮棬"[299], 孟子必辨之, 爲其戕賊一物而爲之也, 況判若彼此[300], 豈有不戕賊者哉! 蓋程子朱子之學, 借階於老莊釋氏, 故僅以理之一字易其所謂"眞宰""眞空"者而餘無所易. 其學非出於荀子, 而偶與荀子合, 故彼[301]以爲惡者, 此[302]亦咎之; 彼

---

297) '異端'은 佛敎를 말한다.

298) 戴震이 程子[程頤]가 말했다고 표기한 '異端本心'과 '吾儒本天'의 문장은 『河南程氏遺書』卷第二十一下의 「附師說後」에 "聖人本天, 釋氏本心"으로 표기되어 있다. 이와 같은 문장이 朱熹 『晦庵先生朱文公文集』卷第二十의 「答張欽夫」에는 "前輩有言, 聖人本天, 釋氏本心, 蓋謂此也"라고 표기되어 있다.

299) 『孟子』「告子上」: "性, 猶杞柳也; 義, 猶桮棬也. 以人性爲仁義, 猶以杞柳爲桮棬."

300) '彼此'는 사람과 그 사람의 性을 가리킨다.

301) '彼'는 荀子를 가리킨다.

302) '此'는 程子와 朱子를 가리킨다.

以爲出於聖人者, 此以爲出於天. 出於天與出於聖人豈有異乎!303) 天下惟
一本, 無所外. 有血氣, 則有心知; 有心知, 則學以進於神明, 一本然也; 有
血氣心知, 則發乎血氣心知之自然者, 明之盡, 使無幾微之失, 斯無往非仁
義, 一本然也. 苟岐而二之304), 未有不外其一者. 六經孔孟而下, 有荀子矣,
有老莊釋氏矣, 然六經孔孟之道猶在也. 自宋儒雜荀子及老莊釋氏以入六
經孔孟之書, 學者莫知其非, 而六經孔孟之道亡矣.

---

303) 여기에서 戴震이 程子와 朱子의 理學이 荀子에게서 나오지 않았다고 인정
한 것은 맞다. 그러나 그가 程子와 朱子의 '기질을 나무랐다'는 관점과 荀子
의 '性이 악하다'는 관점이 서로 부합하고, 程子와 朱子의 理가 '하늘에서
나왔다'는 관점과 荀子의 禮와 義가 '성인에게서 나왔다'는 관점이 서로
부합한다고 간주한 것은 맞지 않다. 왜냐하면 程子와 朱子와 荀子의 관점은
아주 다르다고 할 수 있는데, 程子와 朱子가 이익을 좋아하고 손해를 싫어
하는 욕구가 선천적으로 갖춘 선한 본성을 더럽힌다고 여겼다면, 荀子는
이로운 것을 좋아하고 해로운 것을 싫어하는 것이 사람의 자연스런 본성이
라고 여겼기 때문이다.
304) '之'는 일과 사물의 근본을 가리킨다.

맹자자의소증 중권
孟子字義疏證卷中

천도 네 조항
天道四條

  도(道)는 행(行)과 같다. 기(氣)가 변화하여 널리 퍼지고 생겨나고 생겨나는 것이 쉬지 않는데, 그러므로 그것을 도(道)라고 한다. 『역[周易]』에 "한번 음(陰)이 되고 한번 양(陰)이 되는 것을 도(道)라고 한다"고 말하였다. 「홍범」에 "오행(五行)의 첫째는 수(水)라고 하고, 둘째는 화(火)라고 하고, 셋째는 목(木)이라고 하고, 넷째는 금(金)이라고 하고, 다섯째는 토(土)라고 한다"고 하였다. 행(行) 또한 도(道)의 통칭이다. 『시[詩經]』의 「재치」에 "여자는 생각을 잘해, 또한 각자의 갈 길이 있거늘"이라고 하였다. 모[毛亨, 毛萇]의 『전(傳)』에 "행(行)은 도(道)이다"라고 말하였다. 「죽간」에 "여자는 갈 길이 있어, 형제부모도 멀리하게 되는 것을"이라고 하였다. 정[鄭玄]의 『전(箋)』에 "행(行)은 도(道)이다"라고 말하였다. 음양(陰陽)을 들면 곧 오행(五行)을 포괄하게 되는데, 음양은 각각 오행을 갖추고 있다. 오행을 들면 곧 음양을 포괄하게 되는데, 오행은 각각 음양을 갖추고 있다. 『대대예기』에 "도(道)에서 나눠진 것을 명(命)이라고 하고, 하나[一]에서 형성된 것을 성(性)이라고 한다"고 말하였다. 음양과 오행에서 나눠져서 사람과 사물이 있게 되고, 사람과 사물은 각각 나눠진 바에 제한이 있어 그 성(性)을 이루게 된다는 것을 말한다. 음양과 오행은 도(道)의 실체이고, 혈기(血氣)와 심지(心知)는 성(性)의 실체이다. 실체가 있기 때문에 나눠질 수 있고, 오로지 나눠지기 때문에 가지런하지 않게 된다. 옛사람들이 성(性)은 오로지 천도(天道)에만 근본을 둔다고 말한 것이 이와 같다.

道[1]), 猶行[2])也;[3]) 氣化[4])流行[5]), 生生[6])不息, 是故謂之道. 易曰: "一陰一陽之謂道."[7]) 洪範: "五行: 一曰水, 二曰火, 三曰木, 四曰金, 五曰土."[8]) 行亦道之通稱.[9]) 詩載馳: "女子善懷, 亦各有行."[10]) 毛傳[11])云: "行, 道也."[12]) 竹竿: "女子有行, 遠兄弟父母."[13]) 鄭箋[14])云: "行, 道也."[15]) 擧陰陽則賅五行, 陰陽各具五行也; 擧五行卽賅陰陽, 五行各有陰陽也. 大戴禮記[16])曰: "分於道謂之命, 形於一謂之

---

1) '道'는 天道를 가리킨다. 天道는 日, 月, 星, 辰 등 천체의 운행 법칙을 의미한다. 天道는 자연의 법칙 외에, 人道의 本源이나 天地의 主宰者라는 의미도 있다.
2) '行'은 운동의 과정을 뜻한다.
3) 道는 곧 운동의 과정이라는 것이다.
4) '氣化'는 陰과 陽의 두 氣가 운동하고 변화하는 과정을 의미한다.
5) '流行'은 널리 퍼지는 것을 의미한다.
6) '生生'은 사물이 끊임없이 생산되고 변화하고 발전하는 것을 의미한다.
7) 『周易』「系辭上」: "一陰一陽之謂道, 繼之者善也, 成之者性也."
8) 『書經』「洪範」: "一, 五行: 一曰水, 二曰火, 三曰木, 四曰金, 五曰土."
9) 行은 곧 陰陽과 五行의 운동과 변화의 과정으로, 통상 道라고 일컫는다는 것이다.
10) 『詩經』「國風」「鄘風」「載馳」.
11) '毛傳'은 前漢(기원전 202-기원후 8) 때 大毛公 毛亨과 小毛公 毛萇의 『詩經』에 대한 주석, 즉 『詩毛氏傳』을 가리킨다.
12) 『毛詩正義』「鄘風」「載馳」.
13) 『詩經』「國風」「衛風」「竹竿」. 이 시구는 이 밖에도 「國風」「邶風」「泉水」와 「國風」「鄘風」「蝃蝀」에도 나온다.
14) '鄭箋'은 後漢 때 鄭玄이 『詩毛氏傳』에 달은 주석을 가리킨다.
15) 『毛詩正義』「衛風」「竹竿」.
16) 『大戴禮記』는 기원전 약 1세기 전후에 戴德이 저술했다고 전해지는데, 애초

性."17) 言分於陰陽五行以有人物, 而人物各限於所分以成其性. 陰陽五行, 道之實體也; 血氣心知, 性之實體也. 有實體, 故可分; 惟分也, 故不齊. 古人 言性惟本於天道如是.

질문 : 『역[周易]』에 "형이상자(形而上者)를 도(道)라고 하고, 형이 하자(形而下者)를 기(器)라고 한다"고 말하였다. 정자(程子)는 "오 직 이 말만이 상(上)과 하(下)를 구분지음이 가장 분명한데, 원래 단지 이것만이 도(道)일 뿐이니, 요체는 사람들이 묵묵히 그것을 아는 데에 있다"고 말하였다. 후세 유학자들이 도(道)를 말하였는 데, 대부분이 여기에서 얻었다. 주자는 "음양은 기(氣)로, 형이하자 (形而下者)이다. 한번 음(陰)이 되고 한번 양(陽)이 되는 까닭은 리 (理)로, 형이상자(形而上者)이다. 도(道)는 곧 리(理)를 이른다"고 말하였다. 주자의 이 말은 도(道)의 명칭은 오직 리(理)만이 족히 그것에 합당하다는 것이다. 지금 다만 "기(氣)가 변화하여 널리 퍼 지고 생겨나고 생겨나는 것이 쉬지 않는다"고 말하니, 바로 정자와 주자가 본 바의 형이하자(形而下者)가 된다. 그 설은 『역』의 말에 의거하여 말한 것이므로, 배우는 사람들이 그것을 믿는다. 그렇다 면 『역』의 해석을 들을 수 있겠는가?

問 : 易曰: "形而上者謂之道, 形而下者謂之器."18) 程子云: "惟此語截得

에는 85편이었다고 하나, 지금은 39편만 남아있다. 『小戴禮記』는 戴德의 조 카인 戴聖이 저술한 것으로, 일반적으로 일컫는 『禮記』가 바로 이것이다.
17) 『大戴禮記』「本命」: "分於道, 謂之命; 形於一, 謂之性, 化於陰陽, 象形而發, 謂之生; 化窮數盡, 謂之死. 故命者, 性之終也. 則必有終矣."
18) 『周易』「繫辭上」.

上下最分明, 元來止此是道, 要在人默而識之."19) 後儒言道, 多得之此. 朱子云: "陰陽, 氣也, 形而下者也; 所以一陰一陽者, 理也, 形而上者也; 道卽理之謂也."20) 朱子此言, 以道之稱惟理足以當之. 今但曰"氣化流行, 生生不息", 乃程朱所目爲形而下者; 其說據易之言以爲言, 是以學者信之. 然則易之解可得聞歟?

답변: 온갖 사물에서의 기(氣)의 변화는 곧 형이상(形而上)과 하(下)의 구분이다. 형(形)은 온갖 사물을 이르는 것이지, 기(氣)의 변화를 이르는 것이 아니다. 『역[周易]』에 또한 그것이 있는데, "하늘의 도(道)를 세우니, 음(陰)과 양(陽)이라고 말한다"고 하였다. 직접적으로 음과 양을 들었을 뿐이지, 음과 양이 되는 까닭을 분별함으로써 비로소 도(道)의 명칭에 합당할 수 있다는 것은 듣지 못하였는데, 어찌 성인이 말을 내세우는 데 모든 말이 갖춰지지 않았겠는가? 한번 음(陰)이 되고 한번 양(陽)이 되어 널리 퍼지는 것이 그치지 않는데, 이것을 도(道)라고 할 뿐이다. 옛사람들의 언사에, "지위(之謂)"와 "위지(謂之)"에는 다름이 있다. "지위(之謂)"라고 말하면, 위에서 일컬은 바로 아래를 해석하는 것이다. 예를 들면, 「중용」의 "하늘이 명한 것을 성(性)이라고 하고, 성(性)을 따르는 것을 도(道)라고 하고, 도(道)를 닦는 것을 교(敎)라고 한다"는 것은

---

19) 『河南程氏遺書』卷第十一「師訓」: "惟此語截得上下最分明, 元來只此是道, 要在人默而識之也." 여기에서 '默而識之'는 『論語』「述而」의 "默而識之, 學而不厭, 誨人不倦, 何有於我哉"에 나온다.
20) 『通書注』「誠上第一」. 이 문장은 周敦頤 『通書』「誠上第一」의 "一陰一陽之謂道, 繼之者善也, 成之者性也"에 나오는 '一陰一陽之謂道'에 대한 朱熹의 해석으로, 『周敦頤集』에도 실려 있다.

성(性)과 도(道)와 교(敎)를 말한 것으로, 성(性)이라는 것은 하늘이 명한 것을 이르고, 도(道)라는 것은 성(性)을 따르는 것을 이르고, 교(敎)라는 것은 도(道)를 닦는 것을 이른다고 말하는 것과 같다. 『역』의 "한번 음(陰)이 되고 한번 양(陽)이 되는 것을 도(道)라고 한다"는 것은 곧 천도(天道)를 말한 것으로, 도(道)라는 것은 한번 음(陰)이 되고 한번 양(陽)이 되는 것을 이른다고 말하는 것과 같다. "위지(謂之)"라고 말하는 것은, 아래에서 일컬은 바의 명칭으로 위의 실상을 변별하는 것이다. 예를 들면, 「중용」의 "성실함[誠]으로부터 밝아지는 것을 성(性)이라고 하고, 밝음[明]으로부터 성실하게 되는 것을 교(敎)라고 한다"는 것은 성(性)과 교(敎)를 말한 것이 아니라, 성(性)과 교(敎)로 "자성명(自誠明)"과 "자명성(自明誠)"의 두 가지를 구별한 것일 뿐이다. 『역』의 "형이상자(形而上者)를 도(道)라고 하고, 형이하자(形而下者)를 기(器)라고 한다"는 것은 본래 도(道)와 기(器)를 말한 것이 아니라, 도(道)와 기(器)로 그 형이상(形而上)과 형이하(形而下)를 구별한 것일 뿐이다. 형(形)은 이미 형성된 형체와 기질을 이르는 것으로, 형이상(形而上)은 형이전(形而前)이라고 말하는 것과 같고, 형이하(形而下)는 형이후(形而後)라고 말하는 것과 같다. 예를 들면, "천 년 이상, 천 년 이하"라고 말한다. 『시[詩經]』에 "무(武)의 아래[下]로 주(周)가 이으니"라고 하였다. 정[鄭玄]의 『전(箋)』에 "하(下)는 후(後)와 같다"고 말하였다. 음과 양이 아직 형체와 기질을 이루지 않은 것을 형이상자(形而上者)라고 이르니, 형이하(形而下)가 아닌 것이 분명하다. 기(器)는 한번 이루어져서 변하지 않는 것을 말하고, 도(道)는 사물에 체현되어 빠뜨릴 수 없는 것을 말한다. 음과 양만이 형이하(形而下)가 아닌 것이 아니라, 수(水)와 화(火)와 목(木)과 금(金)과 토(土)와 같은 오행(五行)은 기질이 있어 볼 수 있는데, 본래부터 형이하(形而下)이고 기(器)이다. 그 오행의 기(氣)는 사람과 사물 모두가 이것에서 부여받는 것으로, 곧 형이상자(形而上者)이다. 『역』에 "한번 음(陰)이 되고 한번 양(陽)이 된다"고 말하였고, 「홍범」에 "처음 하나[一]를 오행이라고 한다"고 말하였는데, 음과 양을 들고 오행을 들었으니, 곧 귀신(鬼神)을 포괄하는 것이다. 「중용」에 귀신(鬼神)은 "사물에 체현되어 빠뜨릴 수 없다"고 말하였는데, 곧 사물은 음과 양과 오행과 떨어져서 형체와 기질을 이룰 수 없다는 것이다. 사람과 사물로부터 거슬러 올라가서 이것들에 이르면, 그치게 된다. 육경과 공자와 맹자의 책들에서는 리(理)와 기(氣)에 대한 논변을 들을 수 없는데, 후세 유학자들이 그것을 만들어 말하면서, 끝내 음과 양으로 형이하(形而下)에 속하게 하였으니, 진실로 도(道)의 명칭이 갖는 함의를 잃어버린 것이다.

曰: 氣化之於品物, 則形而上下之分也. 形乃品物之謂, 非氣化之謂. 易又有之: "立天之道, 曰陰與陽."[21] 直擧陰陽, 不聞辨別所以陰陽而始可當道之稱, 豈聖人立言皆辭不備哉? 一陰一陽, 流行不已, 夫是之謂道而已.[22] 古人言辭, "之謂"[23] "謂之"[24] 有異: 凡曰"之謂", 以上所稱解下, 如中庸 "天命之謂性, 率性之謂道, 修道之謂教"[25], 此爲性道教言之, 若曰性也者天命之謂也, 道也者率性之謂也, 教也者修道之謂也; 易"一陰一陽之謂道"[26], 則爲天道言之, 若曰道也者一陰一陽之謂也. 凡曰"謂之"者, 以下

---

21) 『周易』「說卦」.
22) 陰과 陽이 서로 교감하고 끊임없이 운동하는 것이 곧 道라는 것이다.
23) '之謂'는 '곧 ~이다[就是]'를 뜻한다.
24) '謂之'는 '~라고 부르다[叫做]'를 뜻한다.
25) 『禮記』「中庸」.

所稱之名辨上之實, 如中庸"自誠27)明謂之性, 自明誠謂之敎"28), 此非爲
性敎言之, 以性敎區別"自誠明""自明誠"二者耳. 易"形而上者謂之道29),
形而下者謂之器30)"31), 本非爲道器言之, 以道器區別其形而上形而下耳.
形謂已成形質, 形而上猶曰形以前32), 形而下猶曰形以後33). 如言"千載而上,
千載而下". 詩: "下武維周."34) 鄭箋云: "下, 猶後也."35) 陰陽之未成形質, 是謂形而
上者也, 非形而下明矣. 器言乎一成而不變, 道言乎體物而不可遺. 不徒陰
陽非形而下, 如五行水火木金土, 有質可見, 固形而下也, 器也; 其五行之
氣, 人物咸稟受於此36), 則形而上者也. 易言"一陰一陽", 洪範言"初一曰
五行"37), 擧陰陽, 擧五行, 卽賅鬼神; 中庸言鬼神之"體物而不可遺"38), 卽
物之不離陰陽五行以成形質也. 由人物遡而上之, 至是39)止矣. 六經孔孟之
書不聞理氣之辨, 而後儒創言之, 遂以陰陽屬形而下, 實失道之名義也.

---

26) 『周易』「繫辭上」.
27) '誠'은 세계의 정신적 본원과 도덕 수양의 최고 경지를 의미한다.
28) 『禮記』「中庸」.
29) '道'는 형체의 운동을 주도하는 추상적 정신 요소를 가리킨다.
30) '器'는 형체를 표현하는 구체적 물질 상태를 가리킨다.
31) 『周易』「繫辭上」.
32) '形而前'은 형체와 기질이 형성되기 전을 말한다.
33) '形而後'는 형체와 기질이 형성된 후를 말한다.
34) 『詩經』「大雅」「文王之什」「下武」: "下武維周, 世有哲王."
35) 『毛詩正義』「大雅」「下武」.
36) '此'는 五行의 氣를 가리킨다.
37) 『書經』「洪範」: "初一曰五行, 次二曰敬用五事, 次三曰農用八政, 次四曰協
用五紀, 次五曰建用皇極, 次六曰乂用三德, 次七曰明用稽疑, 次八曰念用庶
徵, 次九曰嚮用五福, 威用六極."
38) 『禮記』「中庸」: "鬼神之爲德, 其盛矣乎! 視之而弗見, 聽之而弗聞, 體物而不
可遺. 使天下之人齊明盛服, 以承祭祀, 洋洋乎如在其上, 如在其左右."
39) '是'는 陰陽과 五行을 가리킨다.

질문 : 후세 유학자들은 음(陰)과 양(陽)을 논하면서 반드시 태극(太極)을 근본으로 추구하여, "무극(無極)이면서 태극(太極)이다. 태극(太極)이 움직이면 양(陽)을 낳고, 움직임이 극에 달하면 고요하며, 고요하면 음(陰)을 낳는다. 고요함이 극에 달하면 다시 움직인다. 한번 움직이고 한번 고요하여 서로 그 근원이 되어, 음(陰)으로 나누어지고 양(陽)으로 나누어지니, 양의(兩儀)가 세워진다"고 말하였다. 주자는 그것을 해석하여, "태극(太極)은 음(陰)과 양(陽)을 낳고, 리(理)는 기(氣)를 낳는다. 음(陰)과 양(陽)이 이미 생겨나면, 곧 태극(太極)이 그 가운데에 있고, 리(理)도 다시 기(氣)의 안에 있다"고 말하였다. 또한 "태극(太極)은 형이상(形而上)의 도(道)이고, 음(陰)과 양(陽)은 형이하(形而下)의 기(器)이다"라고 말하였다. 이제 형(形)은 온갖 사물로, 기(氣)의 변화가 아니라는 것이 이미 분명하게 변별되었으니, 그렇다면 태극(太極)과 양의(兩儀)로 후세 유학자들이 도(道)를 논한 것 또한 마땅히 견강부회하여 그것을 잃어버린 것이다. 송(宋) 이래로부터 배우는 사람들이 미혹된 지가 이미 오래되었으니, 장차 무엇으로 그 미혹됨을 풀겠는가?

問 : 後儒論陰陽, 必推本"太極[40]", 云: "無極[41]而太極, 太極動而生陽; 動極而靜, 靜而生陰; 靜極復動. 一動一靜, 互爲其根; 分陰分陽, 兩儀[42] 立焉."[43] 朱子釋之云: "太極生陰陽, 理生氣也. 陰陽旣生, 則太極在其中,

---

40) '太極'은 세계의 기원과 통일성을 설명하는 철학 범주로, 초자연적이면서 정신적인 우주의 본원을 의미한다.
41) '無極'은 가장 원시적인 無形無象의 우주 본체를 가리키기도 하고, 또한 方位도 없고 形象도 없는 것으로, 太極에 대한 묘사이기도 하다.
42) '兩儀'는 天地를 가리키기도 하고, 陰(--)과 陽(—)을 가리키기도 한다.
43) 『周敦頤集』卷一「太極圖說」.

理復在氣之內也."44) 又云: "太極, 形而上之道也; 陰陽, 形而下之器也."45)
今既辨明形乃品物, 非氣化, 然則"太極""兩儀", 後儒據以論道者, 亦必傅
合失之46)矣. 自宋以來, 學者惑之已久, 將何以解其惑歟?

답변 : 후세 유학자들이 잇달아 태극(太極)을 말하고 양의(兩儀)를
말하였지만, 공자가 밝힌 『역[周易]』의 태극(太極)과 양의(兩儀)의
본뜻은 아니다. 공자는 "『역』에는 태극(太極)이 있는데, 이것이 양
의(兩儀)를 낳고, 양의(兩儀)가 사상(四象)을 낳고, 사상(四象)이 팔
괘(八卦)를 낳는다"고 말하였다. 의(儀)라고 말하고 상(象)이라고
말하고 괘(卦)라고 말하였는데, 모두 『역』을 만드는 데에 의거하여
그것들을 말한 것일 뿐으로, 기(氣)가 변화하는 음(陰)과 양(陽)이
양의(兩儀)와 사상(四象)의 명칭을 얻었다는 것은 아니다. 『역』에
는 예순네 개가 갖춰져 있는데, 여덟 개의 괘(卦)가 중첩된 것이다.
그러므로 팔괘(八卦)라는 것은 『역』의 작은 이루어짐으로, 하늘
[天], 땅[地], 뫼[山], 못[澤], 우레[雷], 바람[風], 물[水], 불[火]의
뜻이 있다. 그 괘(卦)의 획이 완성되지 않아서, 하나의 기(奇)로 양
(陽)을 본뜨고, 하나의 우(偶)로 음(陰)을 본떴기 때문에, 양의(兩
儀)라고 칭하였다. 기(奇)가 기(奇)를 만나면 양은 이미 커진 것으
로 태양(太陽)을 상징하고, 기(奇)가 우(偶)를 만나면 음이 비로소
생겨나는 것으로 소음(少陰)을 상징한다. 우(偶)가 우(偶)를 만나면
음은 이미 커진 것으로 태음(太陰)을 상징하고, 우(偶)가 기(奇)를

---

44) 『太極解義』「太極圖解」.
45) 『太極解義』「太極圖說解」.
46) '之'는 道를 가리킨다.

만나면 양이 비로소 생겨나는 것으로 소양(少陽)을 상징한다. 복희
씨는 기(氣)가 변화하여 널리 퍼지는 것을 보고, 기(奇)와 우(偶)로
그것들을 본뜨고 그것들을 상징하였다. 공자는『역』을 밝히면서,
『역』의 책됨은 괘(卦)의 획에서 시작된 것으로, 내키는 대로 된 것
이 아닌데, 실제로 천도(天道)의 한번 음(陰)이 되고 한번 양(陽)이
되는 것이 사물에 시종일관 관통한다는 것을 보고, 기(奇)와 우(偶)
의 두 가지를 그어, 그것들을 본떴다고 말하였다. 그러므로 "『역』에
는 태극(太極)이 있는데, 이것이 양의(兩儀)를 낳는다"고 말한 것이
다. 이미 양의(兩儀)가 있어서, 사상(四象)과 팔괘(八卦)가 차례로
생겨나게 되었다. 공자는 태극(太極)으로 기(氣)가 변화하는 음(陰)
과 양(陽)을 가리켰는데, 위에 나온 "하늘의 도(道)에 밝다"는 문장
에 이어서 그것을 말한 것으로, 곧 "한번 음(陰)이 되고 한번 양(陽)
이 되는 것을 도(道)라고 한다"고 말한 것이며, 양의(兩儀)와 사상
(四象)과 팔괘(八卦)로는『역』의 획을 가리켰다. 후세 유학자들은
양의(兩儀)로 음과 양을 삼고, 태극(太極)을 음과 양이 생겨나오는
것에서 구하니, 어찌 공자의 말이겠는가?

曰 : 後世儒者紛紛言太極, 言兩儀, 非孔子贊易太極兩儀之本指也. 孔子
曰: "易有太極, 是生兩儀, 兩儀生四象[47], 四象生八卦[48]."[49] 曰儀, 曰象,
曰卦, 皆據作易言之耳, 非氣化之陰陽得兩儀四象之名. 易備於六十四, 自

---

[47] '四象'은 少陽($==$), 太陽($=$), 少陰($==$), 太陰($==$)을 말하는데, 순서대로 春,
夏, 秋, 冬을 상징한다.
[48] '八卦'는 乾($=$), 坤($==$), 震($==$), 巽($=$), 坎($==$), 離($==$), 艮($==$), 兌($==$)를 말
하는데, 순서대로 하늘[天], 땅[地], 우레[雷], 바람[風], 물[水], 불[火], 뫼[山],
못[澤]의 여덟 가지 자연 현상을 상징한다.
[49]『周易』「系辭上」: "是故, 易有太極, 是生兩儀, 兩儀生四象, 四象生八卦, 八
卦定吉凶, 吉凶生大業."

八卦重之, 故八卦者, 易之小成[50], 有天地山澤雷風水火之義焉. 其未成卦畫[51], 一奇[52]以儀陽, 一偶[53]以儀陰, 故稱兩儀. 奇而遇奇, 陽已長也, 以象太陽; 奇而遇偶, 陰始生也, 以象少陰; 偶而遇偶, 陰已長也, 以象太陰; 偶而遇奇, 陽始生也, 以象少陽. 伏羲氏[54]睹於氣化流行, 而以奇偶儀之象之[55]. 孔子贊易, 蓋言易之爲書起於卦畫, 非漫然也, 實有見於天道一陰一陽爲物之終始會歸, 乃畫奇偶兩者從而儀之[56], 故曰 "易有太極, 是生兩儀". 旣有兩儀, 而四象, 而八卦, 以次生矣. 孔子以太極指氣化之陰陽, 承上文 "明於天之道" 言之, 卽所云 "一陰一陽之謂道", 以兩儀四象八卦指易畫. 後世儒者以兩儀爲陰陽, 而求太極於陰陽之所由生, 豈孔子之言乎!

질문 : 송(宋)의 유학자들이 형이상(形而上)과 하(下)를 말하고, 도(道)와 기(器)를 말하고, 태극(太極)과 양의(兩儀)를 말하였지만, 지금 공자가 『역[周易]』을 밝힌 본문에 의거하여 그것들을 소통하고 증명해 보면, 확실히 글의 뜻이 서로 맞지 않는다. 그 리(理)와 기(氣)의 논변에서 보이는 것을 육경 속에서 찾으면 그 글이 없는데, 그러므로 태극(太極), 양의(兩儀), 형이상(形而上)과 하(下)라는 말

---

50) '小成'은 초보적인 성취, 즉 초보적인 기초를 가리키는데, 『周易』「系辭上」의 "八卦而小成, 引而伸之, 觸類而長之, 天下之能事畢矣"에 나온다.

51) '卦畫'은 卦의 가로로 그은 획(━, ╍)을 말한다. 卦의 符號나 記號라고도 한다.

52) '奇'는 홀수를 의미하는데, 여기에서는 홀수의 卦畫(━)을 가리킨다.

53) '偶'는 짝수를 의미하는데, 여기에서는 짝수의 卦畫(╍)을 가리킨다.

54) '伏羲氏'는 고대 전설 상의 임금으로, 八卦를 만들었다고 전해진다.

55) '儀之象之'에서의 之는 모두 陰陽을 가리킨다.

56) '之'는 陰陽을 가리킨다.

들을 빌려서 그 설들을 꾸밈으로써, 배우는 사람들의 믿음을 편취한 것인가?

問 : 宋儒之言形而上下, 言道器, 言太極兩儀, 今據孔子贊易本文疏通證明之, 洵於文義未協. 其見於理氣之辨也, 求之六經中無其文, 故借太極兩儀形而上下之語以飾其說, 以取信學者歟?

답변 : 성인이 내세운 말의 본래 취지를 버리고 자기의 설로 성인이 말한 바를 삼는다면, 이것은 성인을 업신여기는 것이다. 그 말을 빌려 나의 설을 꾸밈으로써 믿음을 편취한다면, 이것은 배우는 사람을 속이는 것이다. 성인을 업신여기고 배우는 사람을 속이는 것은, 정자(程子)와 주자와 같은 어진 사람들은 하지 않는다. 그 학설이 노씨[老子]와 장씨[莊子]와 석씨[釋迦牟尼]로부터 빌려온 것이므로, 그것을 잃은 것이다. 대체로 먼저 받아들인 말에 익숙해져서, 때때로 그 가려짐을 받고서도 스스로 깨닫지 못한다. 노씨와 장씨와 석씨에게서는 하나의 몸에 대하여 나눠서 말하기를, 형체가 있고 신식(神識)이 있다고 하면서도, 신식(神識)으로 근본을 삼았다. 추론하여 올라가면, 정신[神]으로 천지의 근본을 삼은 것이다. 노씨는 "어떤 물질이 뒤섞여서 이루어졌는데, 천지보다 먼저 생겨났다"고 말하였다. 또한 "도(道)의 물질됨은 황홀하다. 황홀하면서도 그 가운데에 형상이 있다. 황홀하면서도 그 가운데에 물질이 있다"고 말하였다. 석씨의 책에 "'무엇이 부처인가'라고 물었다. '성(性)을 깨달으면 부처가 됩니다'라고 말하였다. '무엇인 성(性)인가?' '작용이 성(性)이 됩니다'라고 말하였다. '무엇이 작용인가?' '눈에 있어서는 보는 것이라고 말하고, 귀에 있어서는 듣는 것이라고 말하고, 코에 있어서는 향기를 맡는 것이고, 입에 있어서는 담론을 하는 것이고, 손에 있어서는 잡는 것이고, 발에 있어서는 걷고 달리는 것입니다. 두루 나타나면 온 우주 속에 갖춰지게 되고, 거두어들이면 하나의 작은 티끌에 있게

되는데, 아는 사람은 이것이 불성(佛性)이라는 것을 알고, 알지 못하면 영혼이라고 부릅니다"라고 말하였다. 마침내 형체도 없고 흔적도 없는 것에서 실제로 있는 것을 구하였고, 형체도 있고 흔적도 있는 것을 공허한 것으로 보았다. 송(宋)의 유학자들에게는 형체와 기질과 신식(神識) 모두를 자기의 사적인 것으로 삼았고, 리(理)는 하늘에서 얻었다. 추론하여 올라가면, 리(理)와 기(氣)에 대하여 분명하게 잘라서, 리(理)를 그 형체도 없고 흔적도 없이 실제로 있는 것으로 삼았고, 형체도 있고 흔적도 있는 것을 조잡한 것으로 보았다. 더욱이 저들의 말을 바꿔서, 주자는 석씨를 분별하여, "유학자는 리(理)를 생겨나지도 않고 없어지지도 않는 것으로 여겼고, 석씨는 신식(神識)을 생겨나지도 않고 없어지지도 않는 것으로 여겼다"고 말하였다. 기(氣)를 보기를 "공허한 기(氣)"라고 말하였고, 진안경[陳淳]은 "두 기(氣)가 오랜 세월 동안 널리 퍼지고, 낳고 낳아서 쉬지를 않으니, 그저 공허한 기(氣)만으로 이루어진 것이 아니라, 반드시 그것을 주재하는 것이 있어야 하는데, 리(理)가 그것이다"라고 말하였다. 마음을 보기를 "성(性)의 성곽"이라고 말하였다. 소자[邵雍]는 "마음이라는 것은 성(性)의 성곽이다"라고 말하였다. 이것은 저들이 형체[形]와 정신[神]을 분별하여 두 개의 근본으로 삼아서, 공허한 기(氣)에 머물고 성곽에 머무는 것은 천지의 정신[神]과 사람의 정신[神]이 된다는 것이고, 이들은 리(理)와 기(氣)를 분별하여 두 개의 근본으로 삼아서, 주자는 "천지의 사이에는 리(理)가 있고 기(氣)가 있다. 리(理)라는 것은 형이상(形而上)의 도(道)이고, 사물을 낳는 근본이다. 기(氣)라는 것은 형이하(形而下)의 기(器)이고, 사물을 낳는 도구이다. 그러므로 사람과 사물이 생겨나는데 반드시 이 리(理)를 부여받은 뒤에야 성(性)이 있게 되고, 이 기(氣)를 부여받은 뒤에야 형체가 있게 된다"고 말하였다. 공허한 기(氣)에 머물고 성곽에 머무는 것은 천지의 리(理)와 사람의 리(理)가 된다는 것이다. 육경과 공자와 맹자를 고찰하는 것으로부터 이른바 성(性)과 천도(天道)라는 것을 알지 못하였는데, 노씨와 장씨와 석씨를 다년간 종사하는 데에 이르러, 저들의 가리키는 바가 유독 리(理)와 의(義)를 버려두고서 말을 하지 않았다는 것을 깨닫게 되어, 그래서 형이상(形而上)과 하(下)라는 말과 태극(太極)과 양의(兩儀)라는 명칭을 접하고는 홀연히 깨달은 바가 있어서, 마침내 리(理)와 기(氣)의 논변을 만들어 내어, 다시는 글의 뜻을 상세히 살필 수가 없게 되었다. 그 리(理)로 기(氣)의 주재를 삼은 것은 그들이 정신[神]으로 기(氣)의 주재를 삼은 것과 같고, 리(理)로 기(氣)를 낳을 수 있다고 한 것은 그들이 정신[神]으로 기(氣)를 낳을 수 있다고 한 것과 같다. 노씨는 "하나는 둘을 낳고, 둘은 셋을 낳고, 셋은 만물을 낳는다. 만물은 음을 지고 양을 안으며, 세찬 기운으로 조화를 이룬다"고 말하였다. 리(理)는 형체와 기질에서 망가지는데 인욕(人欲)의 가려짐이 없으면 곧 그 처음을 회복하게 된다고 하는 것은, 저들이 정신[神]은 형체를 받아서 생겨나는데 물욕(物欲)에 연루되지 않으면 곧 그 처음을 회복하게 된다고 하는 것과 같다. 모두 그 가리키는 바의 신식(神識)이라는 것을 고쳐서 리(理)를 가리킨 것으로, 단지 저들을 끌어들여 이들에게 비유한 것일 뿐, 실제로는 이들에게서 얻은 것이 아니다. 배우는 사람들이 서로 전수하고 기술하여, 바로 성인을 업신여기고 경전을 어지럽히는 원인이 되었다. 한퇴지[韓愈] 씨가 "배우는 사람은 반드시 따르는 바에 신중하여야 한다. 양주(楊朱), 묵적[墨子], 노자(老子), 장자(莊子), 불교(佛敎)의 학설을 따르면서 성인의 도(道)에 가려고 하는 것은, 마치 끊어진 도랑이나 못을 건너서 바다에 이르려고 하는 것과 같다"고 잘 말하였다. 이것은 송의 유학자들을 말한 것이다.

曰 : 舍聖人立言之本指, 而以己說爲聖人所言, 是誣聖; 借其語以飾吾之說, 以求取信, 是欺學者也. 誣聖欺學者, 程朱之賢不爲也. 蓋其學借階於老莊釋氏, 是故失之[57]. 凡習於先入之言, 往往受其蔽而不自覺. 在老莊釋氏就一身分言之, 有形體, 有神識[58], 而以神識爲本. 推而上之, 以神爲有天地之本, 老氏云: "有物混成, 先天地生."[59] 又云: "道之爲物, 惟恍惟惚. 忽兮恍兮, 其中有象; 恍兮忽兮, 其中有物."[60] 釋氏書: "問: '如何是佛?' 曰: '見性爲佛.' '如何是性?' 曰: '作用爲性.' '如何是作用?' 曰: '在目曰見, 在耳曰聞, 在鼻臭香, 在口談論, 在手執捉, 在足運奔. 徧見俱該法界, 收攝在一微塵, 識者知是佛性, 不識喚作精魂.'"[61] 遂求諸無形無跡者爲實有, 而視有形有跡爲幻. 在宋儒以形氣神識同爲己之私, 而理得於天. 推而上之, 於理氣截之分明, 以理當其無形無跡之實有, 而視有形有跡爲粗. 益就彼[62]之言而轉之, 朱子辨釋氏云: "儒者以理爲不生不滅, 釋氏以神識爲不生不滅."[63] 因視氣曰"空氣", 陳安卿[64]云: "二氣流行萬古, 生生不息, 不成只

---

57) '之'는 聖人의 본뜻을 가리킨다.

58) '神識'은 佛敎 용어로, 不生不滅의 정신을 말한다.

59) 『老子』二十五章.

60) 『老子』二十一章.

61) 『景德傳燈錄』卷第三: "王怒而問曰, 何者是佛? 答曰, 見性是佛. 王曰, 師見性否? 答曰, 我見佛性. 王曰, 性在何處? 答曰, 性在作用. 王曰, 是何作用? 我今不見. 答曰, 今見作用, 王自不見. 王曰, 於我有否? 答曰, 王若作用, 無有不是; 王若不用, 體亦難見. 王曰, 若當用時, 幾處出現. 答曰, 若出現時, 當有其八. 王曰, 其八出現, 當爲我說. 波羅提卽說偈曰, 在胎爲身, 處世名人. 在眼曰見, 在耳曰聞, 在鼻辨香, 在口談論, 在手執捉, 在足運奔. 徧現俱談沙界, 收攝在一微塵; 識者知是佛性, 不識喚作精魂. 王聞偈已心卽開悟."『朱子語類』卷第五十九「孟子九」「告子上」「生之謂性章」: "正如禪家說: '如何是佛?' 曰: '見性成佛.' '如何是性?' 曰: '作用是性.'"『朱子語類』卷第一百二十六「釋氏」: "如某國王問某尊者曰: '如何是佛?' 曰: '見性爲佛.' 曰: '如何是性?' 曰: '作用爲性?' 曰: '如何是作用?'曰云云. …… '作用是性: 在目曰見, 在耳曰聞, 在鼻泪香, 在口談論, 在手執捉, 在足運奔.'"

62) '彼'는 老子와 莊子와 佛敎를 가리킨다.

63) 『朱子語類』卷第一百二十六「釋氏」.

是空氣, 必有主宰之[65]者, 理是也."[66]) 視心曰"性之郛郭", 邵子[67]云: "心者, 性之郛郭."[68]) 是彼[69]別形神爲二本, 而宅於空氣宅於郛郭者爲天地之神與人之神. 此[70]別理氣爲二本, 朱子云: "天地之間, 有理有氣. 理也者, 形而上之道也, 生物之本也; 氣也者, 形而下之器也, 生物之具也, 是以人物之生, 必稟此理然後有性也, 稟此氣然後有形."[71]) 而宅於空氣宅於郛郭者, 爲天地之理與人之理. 由考之六經孔孟, 茫然不得所謂性與天道者, 及從事老莊釋氏有年, 覺彼之所指, 獨遺夫理義而不言, 是以觸於形而上下之云, 太極兩儀之稱, 頓然有悟, 遂創爲理氣之辨, 不復能詳審文義. 其以理爲氣之主宰, 如彼[72]以神爲氣之主宰也. 以理能生氣, 如彼[73]以神能生氣也. 老氏云: "一[74]生二[75], 二生三[76], 三生萬物. 萬物負陰而抱陽, 沖氣[77]以爲和."[78]) 以理墮於形氣, 無人欲之蔽則復其初, 如彼[79]

---

64) '陳安卿'은 陳淳(1159-1223)으로, 安卿은 字이고, 北溪先生으로 불렸으며, 朱熹에게서 배웠다.

65) '之'는 두 가지 氣, 즉 陰과 陽을 가리킨다.

66) 『北溪字義』卷上 「命」: "蓋二氣流行, 萬古生生不息, 不成只是空簡氣? 必有主宰之者, 曰理是也."

67) '邵子'는 邵雍이다.

68) 『伊川擊壤集』「序」.

69) '彼'는 老子와 莊子와 佛教를 가리킨다.

70) '此'는 宋代의 儒學者들을 가리킨다.

71) 『晦庵先生朱文公文集』卷第五十八 「答黃道夫」: "天地之間, 有理有氣. 理也者, 形而上之道也, 生物之本也; 氣也者, 形而下之器也, 生物之具也. 是以人物之生, 必稟此理然後有性, 必稟此氣然後有形."

72) '彼'는 老子와 莊子와 佛教를 가리킨다.

73) '彼'는 老子와 莊子와 佛教를 가리킨다.

74) '一'은 통일을 의미하는데, 여기에서는 만물이 정신적인 道에서 통일되는 것을 가리킨다.

75) '二'는 陰과 陽의 두 氣를 가리킨다.

76) '三'은 사람과 사물에게 통일된 陰과 陽의 두 氣와 沖氣를 가리킨다.

77) '沖氣'는 陰과 陽의 두 氣를 주재하는 神, 즉 道를 가리킨다.

78) 『老子』四十二章.

以神受形而生, 不以物欲累之則復其初也. 皆改其所指神識者以指理, 徒
援彼[80]例此[81], 而實非得之於此[82]. 學者轉相傳述, 適所以誣聖亂經. 善
夫韓退之[83]氏曰: "學者必愼所道. 道於楊墨老莊佛之學而欲之聖人之道,
猶航斷港絶潢以望至於海也."[84] 此宋儒之謂也.

성 아홉 조항
性九條

성(性)이라는 것은 음양(陰陽)과 오행(五行)에서 나누어져서 된 혈
기(血氣)와 심지(心知)로, 온갖 사물들이 여기에서 구별되는데, 대개
이미 생겨난 뒤에 갖게 되는 일이나 갖추게 되는 능력이나 보전하게
되는 덕은 모두 이것으로 그 근본을 삼기 때문에, 『역[周易]』에 "그것
을 이루는 것이 성(性)이다"라고 말하였다. 기(氣)의 변화가 사람과
사물을 낳은 뒤에, 각각은 종류별로 번식해 나간 지 오래되었다. 그러
나 종류의 구별은 오랜 세월 동안 이와 같아서, 그 옛것을 따르는
것일 뿐이다. 기(氣)가 변화하는 데에 있어서 음양을 말하고 오행을
말하는데, 음양과 오행이 변화를 이루는 것은 뒤섞여서 끝없이 변화

---

79) '彼'는 老子와 莊子와 佛敎를 가리킨다.
80) '彼'는 老子와 莊子와 佛敎를 가리킨다.
81) '此'는 六經과 孔子와 孟子를 가리킨다.
82) '此'는 六經과 孔子와 孟子를 가리킨다.
83) '韓退之'는 韓愈이다.
84) 『韓愈集』卷二十「序二」「送王秀才序」: "故學者必愼其所道, 道於楊墨老莊
佛之學, 而欲之聖人之道, 猶航斷港絶潢以望至於海也. 故求觀聖人之道, 必
自孟子始. 今塤之所由, 旣幾於知道, 如又得其船與楫, 知沿而不止, 嗚呼, 其
可量也哉."

하는 것으로, 그러므로 그 형체를 이루는 데에 이르러서는 온갖 사물들이 같지 않을 뿐더러, 비록 한 가지 종류 중에서도 다시 같지 않게 된다. 부모에게서 형체와 기질을 나누는 것은 곧 음양과 오행에서 나누게 되는 것인데, 사람과 사물이 종류별로 번식해 나가는 것은 모두 기(氣)가 변화하는 자연스런 것이다. 「중용」에 "하늘이 명한 것을 성(性)이라고 한다"고 말하였다. 나면서부터 하늘의 제한을 받기 때문에 천명(天命)이라고 말한 것이다. 『대대예기』에 "도(道)에서 나뉘진 것을 명(命)이라고 하고, 하나[一]에서 형성된 것을 성(性)이라고 한다"고 말하였다. 도(道)에서 나뉘진 것은 음양과 오행에서 나뉘진 것이다. 나뉘진 것으로 한번 말하자면, 곧 그 처음에 그것을 제한받는 것에 치우침과 온전함, 두터움과 엷음, 맑음과 흐림, 어둠과 밝음의 가지런하지 못함이 있는데, 각각 나뉘진 바에 따라 하나[一]에서 형성되어, 각각 그 성(性)을 이루게 된다. 그러나 성(性)은 비록 다를지라도, 대개 종류별로 구별되기 때문에, 『논어』에 "성(性)은 서로 가깝다"고 말하였는데, 이것은 곧 사람과 사람의 서로 가까운 것에 대하여 말한 것이다. 맹자는 "같은 종류의 것은 대체로 서로 비슷한데, 어찌 유독 사람에 이르러서만 그것을 의심하겠는가? 성인도 나와 같은 종류의 사람이다"라고 말하였다. 같은 종류는 서로 비슷하다고 말하였으니, 곧 다른 종류는 서로 비슷하지 않은 것이 분명하다. 그러므로 고자(告子)의 "태어나는 것을 성(性)이라고 한다"는 말을 따져 물어, "그렇다면 개의 성(性)은 소의 성(性)과 같고, 소의 성(性)은 사람의 성(性)과 같은가"라고 말하였다. 반드시 혼동해서 말할 수 없는 것이 분명하다. 하늘의 도(道)는 음양과 오행일 뿐이고, 사람과 사물의 성(性)은 모두 도(道)에서 나뉘져, 그 각각의 특수한 것들을 이루는 것일 뿐이다.

性者, 分於陰陽五行以爲血氣心知, 品物[85]區以別焉, 擧凡旣生以後所有之事[86], 所具之能[87], 所全之德[88], 咸以是[89]爲其本, 故易曰"成之者性也"[90]. 氣化生人生物以後, 各以類滋生久矣; 然類之區別, 千古如是也, 循其故而已矣. 在氣化曰陰陽, 曰五行, 而陰陽五行之成化也, 雜糅萬變, 是以及其流形, 不特品物不同, 雖一類之中又復不同. 凡分形氣於父母, 卽爲分於陰陽五行, 人物以類滋生, 皆氣化之自然. 中庸曰: "天命之謂性."[91] 以生而限於天, 故曰天命. 大戴禮記曰: "分於道謂之命, 形於一謂之性."[92] 分於道者, 分於陰陽五行也. 一言乎分, 則其限之於始, 有偏全厚薄淸濁昏明之不齊, 各隨所分而形於一, 各成其性也. 然性雖不同, 大致以類爲之區別, 故論語曰"性相近也"[93], 此就人與人相近言之也. 孟子曰: "凡同類者, 擧相似也, 何獨至於人而疑之! 聖人與我同類者."[94] 言同類之相似, 則異類之不相似明矣; 故詰告子"生之謂性"[95]曰: "然則犬之性猶牛之性, 牛之性猶人之性與"[96],

---

85) 2010년 판 黃山書社 본『戴震全書』와 1982년 판 中華書局 본『孟子字義疏證』과 2009년 판 上海古籍出版社 본『戴震集』에는 모두 '分於陰陽五行以爲血氣心知品物, 區以別焉'으로 표기되어, '品物'이 앞 구절에 속하는 것으로 되었으나, 앞뒤의 문맥으로 보아 뒤 구절에 속하는 것이 타당하다고 판단되기에, 『한글 맹자자의소증(孟子字義疏證)』에서는 '分於陰陽五行以爲血氣心知, 品物區以別焉'으로 표기하였다.
86) '事'는 欲望을 말한다.
87) '能'은 지각 능력을 말한다.
88) '德'은 객관적인 질서에 적응하는 특징을 의미한다.
89) '是'는 性을 가리킨다.
90) 『周易』「系辭上」: "一陰一陽之謂道, 繼之者善也, 成之者性也."
91) 『禮記』「中庸」: "天命之謂性, 率性之謂道, 修道之謂敎."
92) 『大戴禮記』「本命」.
93) 『論語』「陽貨」: "性相近也, 習相遠也."
94) 『孟子』「告子上」.
95) 『孟子』「告子上」.

明乎其必不可混同言之也. 天道, 陰陽五行而已矣; 人物之性, 咸分於道, 成其各殊者而已矣.

질문 : 『논어』는 성(性)은 서로 가깝다고 말하였고, 『맹자』는 성(性)은 선하다고 말하였는데, 정자(程子)와 주자로부터 그것을 구별하기 시작하여, 확연하게 각각 하나의 성(性)을 말한 것이라고 여겨서, 주자는 『논어』에서 정자가 "이것은 기질의 성(性)을 말한 것이지, 성(性)의 본원을 말한 것이 아니다. 만약 그 본원을 말한다면, 성(性)은 곧 리(理)이다. 리(理)는 선하지 않은 것이 없는데, 맹자가 성(性)이 선하다고 말한 것이 이것이니, 어찌 서로 가까운 것이 있겠는가"라고 말한 것을 인용하였다. 도리어 고자(告子)의 "태어나는 것을 성(性)이라고 한다"는 설을 가져다가 공자에게 합치시키고, 정자는 "성(性)은 하나인데, 어찌하여 서로 가깝다고 말하였는가? 이것은 단지 기질의 성(性)을 말한 것으로, 세속에서 성질이 급하다거나 느리다고 말하는 것과 같은 종류이다. 성(性)에 어찌 느리고 급한 것이 있겠는가? 여기에서 말한 성(性)이라는 것은 태어나는 것을 이른 성(性)이다"라고 말하였다. 또한 "성(性)을 말한 곳에서는 반드시 뜻을 세운 것이 어떠한지를 보아야 한다. 예를 들어, 사람의 성(性)이 선하다는 것은 성(性)의 근본을 말한 것이고, 태어나는 것을 성(性)이라고 하는 것은 그 부여받은 바를 논한 것이다. 공자가 성(性)은 서로 가깝다고 말한 것이 만약 그 근본을 논한 것이라면, 어찌 성(性)이 가깝다고 말할 수 있겠는가? 단지 그 부여받은 바를 논한 것이다. 고자가 말한 바가 진실로 옳긴 하지만, 맹자가 다른 것을 물었기 때문에, 그가 말한 것이 곧 옳지 않게 된 것이다"라고 말하였다. 명칭을 처음으로 세워서 기질의 성(性)이라고 말하고, 리(理)를 맹자의 이른바

---

96) 『孟子』「告子上」.

선(善)이라는 것에 해당시켜 사물을 낳는 본원으로 삼아, 정자는 "맹자가 성(性)을 말하였는데, 마땅히 문장을 따라서 봐야 한다. 고자의 '태어나는 것을 성(性)이라고 한다'는 것이 그렇지 않다는 것이 아니라, 이것도 또한 성(性)이긴 하지만, 명(命)에 의하여 생명을 받은 뒤를 성(性)이라고 하기 때문에 다르다는 것이다. 계속해서 '개의 성(性)은 소의 성(性)과 같고, 소의 성(性)은 사람의 성(性)과 같은가'라고 말하였지만, 하나가 된다는 것에는 방해가 되지 않는다. 이렇게 맹자가 선(善)을 말한 것은 끝까지 궁구한 본원의 성(性)이다"라고 말하였다. 사람과 금수가 그것을 얻는 것이 같다고 하면서, 정자의 이른바 "하나[一]가 된다는 것에는 방해가 되지 않는다"는 것에 대하여, 주자는 「중용」의 "하늘이 명한 것을 성(性)이라고 한다"는 말을 해석하여, "명(命)은 영(令)과 같고, 성(性)은 곧 리(理)이다. 하늘은 음양과 오행의 변화로 만물을 낳는데, 기(氣)가 형체를 이루면 리(理) 또한 거기에 부여되니, 명령(命令)과 같다. 이에 사람과 사물의 생겨남은 각각 그 부여된 바의 리(理)를 얻어서 강건하고 유순한 오상(五常)의 덕이 되니, 이른바 성(性)이다"라고 말하였다. 맹자에게 의심을 품었다. 주자는 "맹자는 '사람이 금수와 다른 것이 거의 드물다'고 말하였는데, 사람이 무슨 까닭으로 금수와 다른지 모르겠다. 또한 '개의 성(性)은 소의 성(性)과 같고, 소의 성(性)은 사람의 성(性)과 같은가'라고 말하였는데, 사람이 무슨 까닭으로 소와 개와 다른지 모르겠다. 이 두 곳에는 중간에 연결해 주는 말 하나가 빠진 듯한데, 마땅히 '형체와 기질이 같지 않기 때문에 성(性) 또한 약간 다르다'고 말해야만 비로소 맞게 된다. 아마도 맹자는 인성이 같다는 점을 보고, 멋대로 분명하고 단순명쾌하다고 여겼겠지만, 도리어 이러한 부분에 대하여 자세하게 살피지 않은 것 같다"고 말하였다. 이 성(性)이 곧 리(理)라고 하는 것은 맹자에게 또한 통할 수 없는데, 그 『역[周易]』과 『논어』에 통할 수 없는 것은 진실로 당연하다. 맹자는 고자가 "태어나는 것을 성(性)이라고 한다"고 말한 것을 듣고 곧 그것을 따져 물었는데, 정자와 주자의 설은 거의 고자를 도와서 맹자와 논쟁한 것이 아니겠는가?

問：論語言性相近, 孟子言性善97), 自程子朱子始別之, 以爲截然各言一

性, 朱子於論語98)引程子云: "此言氣質之性99), 非言性之本也. 若言其本, 則性卽是理. 理

無不善, 孟子之言性善是也, 何相近之有哉!"100) 反取告子"生之謂性"之說爲合於

孔子, 程子云: "性一也, 何以言相近? 此止是言氣質之性, 如俗言性急性緩之類. 性安有緩

急? 此言性者, 生之謂性也."101) 又云: "凡言性處, 須看立意如何. 且如言人性善, 性之本也;

生之謂性, 論其所稟也. 孔子言性相近, 若論其本, 豈可言相近? 止論其所稟也. 告子所云固

是, 爲孟子問他, 他說便不是也."102) 創立名目曰"氣質之性", 而以理當孟子所謂

善者爲生物之本, 程子云: "孟子言性, 當隨文看. 不以告子'生之謂性'爲不然者, 此亦性

也, 彼命受生之後謂之性耳, 故不同. 繼之曰'犬之性猶牛之性, 牛之性猶人之性與', 然不害爲

一. 若乃孟子之言善者, 乃極本窮源之性."103) 人與禽獸得之104)也同, 程子所謂"不害

---

97) '性善'은 사람들은 모두 선천적으로 仁, 義, 禮, 智 등의 도덕 관념을 구비하고
   있다는 것이다.
98) '論語'는『論語集注』를 가리킨다.
99) '氣質之性'은 天地之性, 義理之性, 本然之性 등으로 불리는 선천적 도덕 본
   성과 대비되는 후천적으로 형성된 血氣의 性을 가리킨다. 氣質之性은 氣가
   작용하여 생기는 質이므로, 통함과 막힘, 치우침과 바름 등의 차이가 생기는
   데, 이것은 理가 작용하여 생기는 本然의 性이 純粹하고 至善한 것과 대조된
   다. 氣의 맑음과 탁함, 두터움과 얇음 등에 따라 性에도 선함과 악함, 현명함
   과 어리석음 등의 차이가 생기게 된다.
100)『論語集注』「陽貨第十七」.
101)『河南程氏遺書』卷第十八「劉元承手編」: "'性相近也, 習相遠也', 性一也,
   何以言相近? 曰: 此只是言氣質之性. 如俗言性急性緩之類, 性安有緩急?
   此言性者, 生之謂性也."
102)『河南程氏遺書』卷第十八「劉元承手編」: "凡言性處, 須看他立意如何. 且
   如言人性善, 性之本也; 生之謂性, 論其所稟也. 孔子言性相近, 若論其本,
   豈可言相近? 只論其所稟也. 告子所云固是, 爲孟子問佗, 他說, 便不是也."
103)『河南程氏遺書』卷第三「謝顯道記憶平日語」: "孟子言性, 當隨文看. 不以
   告子'生之謂性'爲不然者, 此亦性也, 彼命受生之後謂之性爾, 故不同. 繼之
   以'犬之性猶牛之性, 牛之性猶人之性與?' 然不害爲一. 若乃孟子之言善者,
   乃極本窮源之性."

爲一", 朱子於中庸"天命之謂性"釋之曰: "命, 猶令也, 性, 卽理也. 天以陰陽五行化生萬物, 氣以成形而理亦賦焉, 猶命令也, 於是人物之生, 因各得其所賦之理以爲健順五常之德105), 所謂性也."106) 而致疑於孟子. 朱子云: "孟子言'人所以異於禽獸者幾希', 不知人何故與禽獸異; 又言'犬之性猶牛之性, 牛之性猶人之性與', 不知人何故與牛犬異. 此兩處似欠中間一轉語, 須著說是'形氣不同故性亦少異'始得. 恐孟子見得人性同處, 自是分曉直截, 却於這些子未甚察."107) 是謂性卽理, 於孟子且不可通矣, 其不能通於易論語固宜. 孟子聞告子言"生之謂性", 則致詰之; 程朱之說, 不幾助告子而議孟子歟?

답변 : 정자(程子)와 주자가 그 처음에 연구하고 추구한 것은 노씨[老子]와 장씨[莊子]와 석씨[釋迦牟尼]이다. 노씨와 장씨와 석씨는 스스로 그 정신[神]을 귀하게 여기고 형체[形]를 경시하였는데, 명백하게 성인을 위배하고, 인(仁)과 의(義)를 헐뜯은 것이다. 고자(告子)는 일찍이 정신[神]과 형체[形]를 구별하지 않았기 때문에 "식욕과 색욕이 성(性)이다"라고 말하였고, 또한 그 자연스러움을 숭상하였기 때문에 "성(性)에는 선한 것도 없고 선하지 않은 것도 없다"고 말하였다. 비록 인(仁)과 의(義)를 헐뜯지는 않았을지라도, 버드나무 그릇으로 의(義)를 비유한 것은 곧 버드나무를 손상시켜야만 비로소 그릇을 만들 수 있는 것이므로, 그 요지가 노씨와 장씨와 석씨에게 돌아가더라도 다르지 않다. 대체로 혈기(血氣)를 가진 무리들은 모두가 삶을 바라고 죽음을 두려워하는 것을 알기 때문에, 이로움으로 나아가고 해로움을 피한다. 비록 밝음과 어두움은

104) '之'는 理를 가리킨다.
105) '五常之德'은 仁, 義, 禮, 智, 信을 말한다.
106) 『中庸章句』.
107) 『朱子語類』卷第四 「性理一」 「人物之性氣質之性」.

같지 않을지라도, 삶을 바라고 죽음을 두려워하는 것에서 벗어나지 않는 것은 똑같다. 사람이 금수와 다른 것은 이것에 있지 않다. 금수는 어미는 알지만 아비는 모르는데, 지각에 한계가 있어서다. 그러나 그 낳아준 것을 사랑하고 그 낳은 것을 사랑하는 것, 암컷과 수컷이 서로 좋아하는 것, 같은 종류끼리 서로 물어뜯지 않는 것, 떼 지어 사는 것끼리 서로 싸우지 않는 것은, 삶을 바라고 죽음을 두려워하는 데에 가까운 것들이다. 한편으로는 자기를 편애하고 한편으로는 자기가 친한 것에까지 미치는 것은, 모두 인(仁)에 속하는 것이다. 자기를 편애하는 것은 자기에게 인(仁)한 것이고, 자기가 친한 것에까지 미치는 것은 그 친한 것에게 인(仁)한 것이다. 심지(心知)가 자연스럽게 발현되는 것이 이와 같다. 사람이 금수와 다른 점 또한 이것에 있지 않다. 고자는 자연스러움을 성(性)이 그렇게 하도록 하는 것이라고 여기고, 의(義)를 자연스럽지 않은, 도리어 그 자연스러움을 제한하여, 그것으로 하여금 억지로 따르게 하는 것이라고 여겼기 때문에, "인(仁)은 안에 있는 것이지 밖에 있는 것이 아니고, 의(義)는 밖에 있는 것이지 안에 있는 것이 아니다"라고 말하였는데, 이러한 설을 세운 의도는 그 삶을 보존하기 위해서일 뿐이다. 육자정[陸九淵]은 "악(惡)은 마음을 해칠 수 있고, 선(善) 또한 마음을 해칠 수 있다"고 말하였다. 이 말은 실제로 노씨와 장씨와 고자와 석씨의 종지로, 그 자연스러움을 귀하게 여김으로써, 그 삶을 보호하는 것이다. 실제로 인욕(人欲)을 다하여 죄악에 흐르게 되면 충분히 삶을 해치게 되고, 인(仁)과 의(義)를 받들어 선하게 되고 묻고 배우는 것에 힘쓰고 온갖 사려를 다하는 것 또한 삶을 소모시킬 수 있다고 보았는데, 여기에 견해가 정해져서 마음이 움직이지 않았다. 그 "태어나는 것을 성(性)이라고 한다"

는 설이 이와 같으니, 어찌 공자에게 부합하겠는가! 『역[周易]』과 『논어』와 『맹자』의 책들에서 그 성(性)을 말한 것들은 모두 그 음양(陰陽)과 오행(五行)에서 나눠져 성(性)을 이루는 것을 말한 것들이다. 이루는 것은 곧 사람과 온갖 사물들이 나눠지는 것에서 치우침과 온전함, 두터움과 엷음, 맑음과 흐림, 어둠과 밝음의 제한이 각각 다른 것으로, 단지 태어나는 것일 뿐이라고만 말하는 것은 바로 사람을 개와 소와 같다고 보고서, 그 다른 것을 살피지 않은 것이다. 주자는 『맹자』를 해석하면서, "고자는 성(性)이 리(理)가 된다는 것을 알지 못하고, 이른바 기(氣)라는 것으로 그것을 맡게 하였는데, 단지 지각과 운동의 우둔함은 사람과 사물이 같다는 것만을 알았을 뿐, 인의예지(仁義禮智)의 순수함은 사람과 사물이 다르다는 것을 알지 못하였다"고 말한 적이 있다. 그 설처럼, 맹자는 단지 사람과 사물만을 들어서 그를 따져 물었어도 될 텐데, 또한 어찌 소의 성(性)과 개의 성(性)을 나누었겠는가? 소와 개의 다름은 인의예지(仁義禮智)의 순수함을 가지고 있는 것이 아니어서, 맹자가 인의예지(仁義禮智)로 고자에게 따져 물었다고 말할 수 없는 것이 분명하다. 고자에게 있어서는 이미 지각과 운동으로 성(性)을 삼았는데, 만일 지각과 운동의 우둔함이 사람과 사물이 같다고 한다면, 고자가 어찌 직접적으로 그것에 응하여 "그렇다"고 말할 수 없었겠는가? 이것은 지각과 운동이 사람과 사물을 개괄할 수 없다는 것을 보고, 우둔함이 같다고 본 것이다. 모든 생명체는 곧 천지의 기(氣)의 변화에서 떨어져 있지 않다. 음양과 오행의 운행이 그치지 않는 것이 천지의 기(氣)의 변화로, 사람과 사물이 생겨나고 생겨나는 것이 이것에 근본을 두는데, 그 나눠지는 것으로부터 가지런하지 않음이 있기 때문에, 이루어진 성(性)이 각각 다르다. 지각과 운동이라는 것은 생명체 전부를 통괄하여 말하는 것으로, 그 이루어진 성(性)이 각각 다름으로 말미암아, 그것에 의거하여 살기 때문에, 지각과 운동에서 드러나는 것 또한 다르다. 기(氣)의 자연스런 잠재 운동은 나는 것과 잠겨있는 것과 동물과 식물 모두 같아서, 이 생겨 나고 생겨나는 작용은 천지와 닮았지만, 그 본래 받은 기(氣)와 가 져와서 길러지는 기(氣)는 곧 같지 않다. 가져와서 길러지는 기(氣) 는, 비록 밖으로부터 들어오지만, 대개는 본래 받은 기(氣)에 의해 서 불러들여진다. 오행에는 상생과 상극이 있어, 그 이기는 것을 만나면 상하거나 심지어 죽게 되는데, 이것으로 성(性)이 각각 다르 다는 것을 알 수 있다. 본래 받은 기(氣)와 가져와서 길러지는 기 (氣)가 반드시 서로 맞으면서 서로 거스르지 않아야 곧 안과 밖이 하나가 되는데, 그 천지의 기(氣)의 변화에서 나눠져 생겨나서, 본 래부터 서로 맞고 서로 거스르지 않는 것이다. 기(氣)는 움직이지만 형체는 움직이지 않는 것은, 풀과 나무가 그것이다. 혈기(血氣)가 있는 것이란 모두 형체가 움직일 수 있는 것이다. 그 이루어진 성 (性)이 각각 다름으로 말미암아, 그러므로 형체와 기질도 각각 다르 다. 곧 그 형체와 기질이 움직여 온몸에서 작용하게 되면, 이롭게 작용하고 이롭지 않게 작용하는 것 또한 다르다. 지각이라고 하는 것은, 예를 들면 자다가 깨는 것을 각(覺)이라고 말하고, 마음이 통하는 바를 지(知)라고 말하는데, 온몸이 모두 깨달을 수 있지만, 마음의 지각이 크다. 익숙하여 서로 잊게 되면 곧 깨닫지 못하다가, 다른 것을 보고는 비로소 깨닫게 된다. 물고기는 물에서 서로 잊지 만, 그 물에서 태어나지 않은 것들은 물에서 서로 잊을 수 없는데, 곧 깨닫고 깨닫지 못하는 것에도 또한 일치하지 않는 것이 있다. 곤충과 새를 듣고 철을 알게 되고, 닭 울음을 듣고 시각을 알게 되는데, 저것들은 느껴서 깨닫고, 깨닫고서 소리로 반응하니, 또한 깨닫는 것이 다르기 때문에 그런 것으로, 성(性)이 그렇게 하게 하지 않는 것이 없다. 까마귀의 어미 봉양, 물수리의 암수 분별, 벌과 개미의 군신 관계 인지, 승냥이의 짐승 제사, 수달의 물고기 제사와 같은 것들은, 사람의 이른바 인(仁)과 의(義)라는 것에 부합하는 것들이지만, 그러나 각각 성(性)으로 말미암아 이루어진다. 사람은 곧 그 앎[知]을 확충하여 신명(神明)에 이르고, 인의예지(仁義禮智)가 온전하지 않음이 없다. 인의예지(仁義禮智)는 다른 것이 아니라, 마음의 밝음이 머무는 바이고, 앎[知]이 그 양을 극도로 하는 것이다. 지각과 운동이라는 것들은 사람과 사물의 삶이고, 지각과 운동이 다른 까닭은 사람과 사물이 그 성(性)을 달리하기 때문이다. 맹자는 "마음이 함께 그렇다고 여기는 바를 리(理)라고 이르고 의(義)라고 한다. 성인은 나의 마음이 함께 그렇다고 여기는 바를 먼저 얻었을 뿐이다"라고 말하였다. 의(義)가 밖에 있다는 설에 대하여 반드시 그 변론을 하면서, 리(理)와 의(義)가 성(性)이 된다고 말하였지, 성(性)이 리(理)가 된다고 말하지는 않았다. 성(性)이라는 것은 혈기(血氣)와 심지(心知)가 음양(陰陽)과 오행(五行)에서 근원한 것으로, 사람과 사물이 이것에서 구별되지 않는 것이 없으며, 리(理)와 의(義)라는 것들은 사람의 심지(心知)가 생각을 하면 곧바로 통하는 것들로, 행하는 바에 미혹될 수 없는 것이다. "맹자가 성(性)이 선하다고 말하면서, 말할 적마다 반드시 요(堯)와 순(舜)을 일컬었다"는 것은, 모든 사람이 나면서부터 요와 순이라고 말한 것이 아니다. 요와 순 아래로 그 등급의 차이가 얼마인가? 그 기(氣)가 부여된 것이 진실로 가지런하지 않은데, 어찌 성(性)에 같지 않음이 있지 않다고 말하겠는가? 그러나 사람의 심지(心知)는 인간관계와 일상생활에서 존재하는 바에 따라 측은함을 알고 부끄러움을 알고 공경과 사양을 알고 시비를 알아서, 단서들을 열거할 수 있는데, 이것을 성(性)이 선하다고 하는 것이다. 그 측은함을 알면 곧 그것을 확충하여 인(仁)이 다하지 않음이 없고, 그 부끄러움을 알면 곧 그것을 확충하여 의(義)가 다하지 않음이 없고, 그 공경과 사양을 알면 곧 그것을 확충하여 예(禮)가 다하지 않음이 없고, 그 시비를 알면 곧 그것을 확충하여 지(智)가 다하지 않음이 없다. 인의예지(仁義禮智)는 아름다운 덕의 조목이다. 맹자는 "지금 사람들이 갑자기 어린아이가 막 우물에 들어가려는 것을 보면, 모두들 놀라 무서워하고 측은해하는 마음이 들게 된다"고 말하였다. 그렇다면 이른바 측은함이라고 하고 이른바 인(仁)이라고 하는 것은, 심지(心知)의 밖에 별도로 "마치 물체가 있는 것처럼 마음속에 간직되어 있는 것"이 아니다. 자기가 삶을 생각하고 죽음을 두려워하는 것을 알기 때문에, 어린아이의 위험에 놀라 무서워하고 어린아이의 죽음에 측은해하는 것으로, 만일 삶을 생각하고 죽음을 두려워하는 마음이 없다면, 또한 어찌 놀라 무서워하고 측은해하는 마음이 있겠는가? 부끄러움과 사양과 시비를 추론하더라도 또한 그렇다. 만일 마시고 먹는 것과 남녀 관계 및 사물에 감응하여 움직이는 것에서 아예 벗어나 고요함[靜]으로 돌아가고 하나[一]로 돌아간다면, 또한 어찌 부끄러움이 있고 사양이 있고 시비가 있겠는가? 이것으로 인의예지(仁義禮智)는 다른 것이 아니라, 삶을 생각하고 죽음을 두려워하는 것, 마시고 먹는 것과 남녀 관계, 사물에 감응하여 움직이는 것 모두를 아예 벗어나서 고요함[靜]으로 돌아가고 하나[一]로 돌아갈 수 있는 것이 아닌, 사람의 심지(心知)가 금수와 다른 것에 의지해서 행하는 바에 미혹되지 않을 수 있는 것에 불과하다는 것을 알 수 있는데, 곧 아름다운 덕이 될 뿐이다. 옛 성현들의 이른바 인의예지(仁義禮智)는, 이른바 욕(欲)의 밖에서 구하는 것이 아니라, 혈기(血氣)와 심지(心知)에서 떠나지 않는데, 후세 유학자들은 별도로 마치 물체가 있어서 한데 모여서 부착되는 것과 같은 것을 성(性)이라고 생각하였으니, 노씨와 장씨와 석씨의 말들에 뒤섞임으로 말미암아 끝내는 육경과 공자와 맹자의 말들에 어두워졌기 때문이다. 맹자는 "사람이 선하지 않음이 없다"고 말하였는데, 사람의 심지(心知)가 금수와 달라서, 행하는 바가 선(善)이 된다는 것에 의혹될 수가 없기 때문이다. 또한 그 이른바 선(善)이라는 것은 애초에 차등이 없는 선이 아니니, 곧 공자가 말한 바의 "서로 가깝다"는 것이다. 맹자의 이른바 "만일 그 기름을 얻게 되면 자라지 않는 사물이 없고, 만일 그 기름을 잃게 되면 소멸하지 않는 사물이 없다"는 것과, 이른바 "구하면 곧 얻게 되고 버리면 곧 잃게 되는데, 혹은 서로 한 배가 되고 다섯 배가 되어 헤아릴 수도 없게 되는 것은, 그 재(才)를 다할 수 없기 때문이다"라는 것은, 곧 공자가 말한 바의 습관으로 서로 멀어진다는 것이다. 그 재(才)를 다할 수 없다는 것은, 그 심지(心知)를 확충하지 않고 악(惡)을 기르고 잘못을 따르는 것을 말한다. 저 예(禮)와 의(義)에 어긋난 사람도 또한 스스로 그 잘못을 아는데, 이것은 사람이 선하지 않음이 없는 것으로, 악을 기르고 잘못을 따르기 때문에, 성(性)이 비록 선하더라도 소인이 적지 않은 것이다. 맹자의 이른바 "그것을 묶어 매기를 반복하면", "금수로부터 떨어지는 것이 멀지 않다"는 것은, 곧 공자가 말한 바의 "가장 어리석은 사람은 변하지 않는다"는 것이다. 후세 유학자들이 그 문장의 뜻을 살피지 않아서, 끝내는 서로 어긋나게 되었다. 맹자는 "만일 입맛에 있어서, 그 성(性)이 남과 다른 것이 개와 말이 나와 같은 종류가 아닌 것과 같은 것이라면, 천하의 기호(嗜好)가 어찌 모두 역아의 맛을 따르겠는가"라고 말하였다. 또한 "마음을 움직이고 성(性)을 참는다"고 말하였는데, 이것은 맹자가 너무 단정적으로 말한 것으로, 혈기(血氣)와 심지(心知)의 성(性)이 아닌 것이 없다. 맹자가 성(性)을 말하면서, 어찌 스스로 나눠서 둘로 한 적이 있었던가! 그것을 둘로 한 것은 송(宋)의 유학자들이다.

曰：程子朱子其初所講求者, 老莊釋氏也. 老莊釋氏自貴其神而外形體, 顯背聖人, 毀訾仁義. 告子未嘗有神與形之別, 故言"食色性也"[108], 而亦尙其自然, 故言"性無善無不善"[109], 雖未嘗毀訾仁義, 而以杞柳喩義, 則是戕杞柳始爲桮棬, 其指歸與老莊釋氏不異也. 凡血氣之屬[110]皆知懷生畏死, 因而趨利避害; 雖明闇不同, 不出乎懷生畏死者同也. 人之異於禽獸不在是. 禽獸知母而不知父, 限於知覺; 然愛其生之者及愛其所生, 與雌雄牝牡之相愛, 同類之不相噬, 習處之不相齧, 進乎懷生畏死矣. 一私於身, 一及於身之所親, 皆仁之屬也. 私於身者, 仁其身也; 及於身之所親者, 仁其所親也; 心知之發乎自然有如是. 人之異於禽獸亦不在是. 告子以自然爲性使之然, 以義爲非自然, 轉制其自然, 使之强而相從, 故言"仁, 內也, 非外也; 義, 外也, 非內也"[111], 立說之指歸, 保其生而已矣. 陸子靜云："惡能害心, 善亦能害心."[112] 此言實老莊告子釋氏之宗指, 貴其自然以保其生. 誠見窮人欲而流於惡者適足害生, 卽慕仁義爲善, 勞於問學, 殫思竭

---

108) 『孟子』「告子上」.
109) 『孟子』「告子上」.
110) '血氣之屬'은 사람과 동물을 가리킨다.
111) 『孟子』「告子上」.
112) 『陸九淵集』卷三十五「語錄下」.

慮, 亦於生耗損, 於此見定而心不動. 其"生之謂性"之說如是也, 豈得合於孔子哉! 易論語孟子之書, 其言性也, 咸就其分於陰陽五行以成性爲言; 成, 則人與百物, 偏全厚薄淸濁昏明限於所分者各殊, 徒曰生而已矣, 適同人於犬牛而不察其殊. 朱子釋孟子有曰: "告子不知性之爲理, 而以所謂氣者當之, 蓋徒知知覺運動之蠢然者, 人與物同, 而不知仁義禮智之粹然者, 人與物異也."[113] 如其說, 孟子但擧人物詰之可矣, 又何分牛之性犬之性乎? 犬與牛之異, 非有仁義禮智之粹然者, 不得謂孟子以仁義禮智詰告子明矣. 在告子旣以知覺運動爲性, 使知覺運動之蠢然者人與物同, 告子何不可直應之曰"然"? 斯以見知覺運動之不可槪人物, 而目爲蠢然同也. 凡有生, 卽不隔於天地之氣化. 陰陽五行之運而不已, 天地之氣化也, 人物之生生本乎是, 由其分而有之不齊, 是以成性各殊. 知覺運動者, 統乎生之全言之也, 由其成性各殊, 是以本之以生, 見乎知覺連動也亦殊. 氣之自然潛運, 飛潛動植[114]皆同, 此生生之機肯乎天地者也, 而其本受之氣, 與所資以養者之氣則不同. 所資以養者之氣, 雖由外而入, 大致以本受之氣召之. 五行有生克, 遇其克之者則傷, 甚則死, 此可知性之各殊矣. 本受之氣及所資以養者之氣, 必相得而不相逆, 斯外內爲一, 其分於天地之氣化以生, 本相得, 不相逆也. 氣運而形不動者, 卉木是也; 凡有血氣者, 皆形能動者也. 由其成性各殊, 故形質各殊; 則其形質之動而爲百體之用者, 利用不利用亦殊. 知覺云者, 如寐而寤曰覺, 心之所通曰知, 百體皆能覺, 而心之知覺爲大. 凡相忘於習則不覺, 見異焉乃覺. 魚相忘於水, 其非生於水者不能相

---

113) 『孟子集注』「告子章句上」: "告子不知性之爲理, 而以所謂氣者當之, 是以杞柳湍水之喩, 食色無善無不善之說, 縱橫繆戾, 紛紜舛錯, 而此章之誤乃其本根. 所以然者, 蓋徒知知覺運動之蠢然者, 人與物同; 而不知仁義禮智之粹然者, 人與物異矣. 孟子以是折之, 其義精矣."

114) '飛潛動植'은 하늘과 물과 땅에 사는 일체의 동식물들을 가리킨다.

忘於水也, 則覺不覺亦有殊致矣. 聞蟲鳥以爲候, 聞鷄鳴以爲辰, 彼之感而覺, 覺而聲應之, 又覺之殊致有然矣, 無非性使然也. 若夫烏之反哺, 雎鳩之有別, 蜂蟻之知君臣, 豺之祭獸, 獺之祭魚, 合於人之所謂仁義者矣, 而各由性成. 人則能擴充其知至於神明, 仁義禮智無不全也. 仁義禮智非他, 心之明之所止也, 知之極其量也. 知覺運動者, 人物之生; 知覺運動之所以異者, 人物之殊其性. 孟子曰: "心之所同然者, 謂理也, 義也; 聖人先得我心之所同然耳."[115] 於義外之說必致其辨, 言理義之爲性, 非言性之爲理. 性者, 血氣心知本乎陰陽五行, 人物莫不區以別焉是[116]也, 而理義者, 人之心知, 有思輒通, 能不惑乎所行也. "孟子道性善, 言必稱堯舜"[117], 非謂盡人生而堯舜也, 自堯舜而下, 其等差凡幾? 則其氣稟固不齊, 豈得謂非性有不同? 然人之心知, 於人倫日用, 隨在而知惻隱, 知羞惡, 知恭敬辭讓, 知是非, 端緒可擧, 此之謂性善. 於其知惻隱, 則擴而充之, 仁無不盡; 於其知羞惡, 則擴而充之, 義無不盡; 於其知恭敬辭讓, 則擴而充之, 禮無不盡; 於其知是非, 則擴而充之, 智無不盡. 仁義禮智, 懿德之目也. 孟子言"今人乍見孺子將入井, 皆有怵惕惻隱之心"[118], 然則所謂惻隱所謂仁者, 非心知之外別"如有物焉藏於心"也, 己知懷生而畏死, 故怵惕於孺子之危, 惻隱於孺子之死, 使無懷生畏死之心, 又焉有怵惕惻隱之心? 推之羞惡辭讓是非亦然. 使飮食男女與夫感於物而動者脫然無之, 以歸於靜, 歸於一[119],

---

115) 『孟子』 「告子上」.

116) '是'는 性을 가리킨다.

117) 『孟子』 「滕文公上」.

118) 『孟子』 「公孫丑上」: "所以謂人皆有不忍人之心者, 今人乍見孺子將入於井, 皆有怵惕惻隱之心."

119) '一'은 老子가 주장한 '하나를 잡는다'는 '抱一'의 一로, 여기에서는 宋代 儒學者들이 주장한 無欲을 가리킨다. 『老子』 二十二章: "曲則全, 枉則直, 窪則盈, 弊則新, 少則得, 多則惑. 是以聖人抱一爲天下式." 참조.

又焉有羞惡, 有辭讓, 有是非? 此可以明仁義禮智非他, 不過懷生畏死, 飲食男女, 與夫感於物而動者之皆不可脫然無之, 以歸於靜, 歸於一, 而恃人之心知異於禽獸, 能不惑乎所行, 卽爲懿德耳. 古賢聖所謂仁義禮智, 不求於所謂欲之外, 不離乎血氣心知, 而後儒以爲別如有物湊泊附著以爲性, 由雜乎老莊釋氏之言, 終昧於六經孔孟之言故也. 孟子言"人無有不善"[120], 以人之心知異於禽獸, 能不惑乎所行之爲善. 且其所謂善也, 初非無等差之善, 卽孔子所云"相近"; 孟子所謂"苟得其養, 無物不長; 苟失其養, 無物不消"[121], 所謂"求則得之, 舍則失之; 或相倍蓰而無算者, 不能盡其才[122]者也"[123], 卽孔子所云習[124]至於相遠. 不能盡其才, 言不擴充其心知而長惡遂非也. 彼悖乎禮義者, 亦自知其失也, 是人無有不善, 以長惡遂非, 故性雖善, 不乏小人. 孟子所謂"梏之反覆"[125], "違禽獸不遠"[126], 卽孔子所云"下愚之不移"[127]. 後儒未審其文義, 遂彼此扞格. 孟子曰: "如使口之於味也, 其性與人殊, 若犬馬之與我不同類也, 則天下何耆皆從易牙之於味也!"[128] 又言"動心忍性"[129], 是孟子矢口言之, 無非血氣心知之性. 孟子

---

120) 『孟子』「告子上」: "人無有不善, 水無有不下."

121) 『孟子』「告子上」.

122) '才'는 재질, 자질 등을 가리키는데, 孟子에게 있어서 才는 천생적인 것을 의미한다.

123) 『孟子』「告子上」: "'求則得之, 舍則失之.' 或相倍蓰而無算者, 不能盡其才者也."

124) '習'은 습관과 환경의 영향을 의미한다.

125) 『孟子』「告子上」: "梏之反覆, 則其夜氣不足以存; 夜氣不足以存, 則其違禽獸不遠矣."

126) 『孟子』「告子上」.

127) 『論語』「陽貨」: "唯上知與下愚不移."

128) 『孟子』「告子上」.

129) 『孟子』「告子下」: "故天將降大任於是人也, 必先苦其心志, 勞其筋骨, 餓其體膚, 空乏其身, 行拂亂其所爲, 所以動心忍性, 曾益其所不能."

言性, 曷嘗自歧爲二哉! 二之者, 宋儒也.

질문: 혈기(血氣)의 무리는 모두 정상(精爽)이 있는데, 사람의 정상(精爽)은 신명(神明)에 나아갈 수 있다. 『논어』에 "가장 지혜로운 사람과 가장 어리석은 사람은 변하지 않는다"고 일컬었는데, 이것은 습관이 될 때까지 기다리지 않고 서로 멀어진 자들이다. 비록 습관으로 그들을 변화시키기에는 부족하지만, 어찌 가장 어리석은 사람의 정상(精爽)이라도 사물과 같겠는가?

問: 凡血氣之屬皆有精爽[130], 而人之精爽可進於神明[131]. 論語稱"上智與下愚不移"[132], 此不待習而相遠者; 雖習不足以移之, 豈下愚之精爽與物等歟?

답변: 태어나면서부터 가장 어리석은 사람은, 그 사람됨이 함께 리(理)와 의(義)를 말하기가 어려운데, 스스로 배움에서 단절시키기 때문에 변하지 않는 것이다. 하지만 위엄을 두려워하고 은혜를 생각하기에, 일단 두려워하는 바와 생각하는 바의 사람을 만나게 되면, 그 마음을 열고 문득 깨닫게 되는 경우가 때때로 있다. 만일 후회하고 선(善)을 따른다면 곧 가장 어리석은 사람은 아니고, 그것에 배움을 더한다면 곧 나날이 지혜로움으로 나가게 된다. 변하지 않는 것을 가장 어리석은 사람으로 정한 것은, 또한 때때로 선한

---

130) '精爽'은 감각이나 지각 등과 같은 기초적인 의식으로, 일반적으로는 인식 능력을 의미한다.
131) '神明'은 정신적인 理, 즉 절대 정신을 의미한다.
132) 『論語』「陽貨」.

것을 알면서도 행하지 않고, 선하지 않은 것을 알면서도 그것을
행하기 때문인데, 그러므로 변하지 않는다고 말하고, 변할 수 없다
고 말하지 않은 것이다. 비록 옛날이나 지금이나 가장 어리석은
사람들이 적지 않아서, 그 정상(精爽)이 거의 사물과 같은 자들일지
라도, 또한 결국은 사물과 달라서, 변할 수 없는 것은 없다.

曰 : 生而下愚, 其人難與言理義, 由自絶於學, 是以不移. 然苟畏威懷惠,
一旦觸於所畏所懷之人, 啓其心而憬然覺寤, 往往有之. 苟悔而從善, 則非
下愚矣; 加之以學, 則日進於智矣. 以不移定爲下愚, 又往往在知善而不爲,
知不善而爲之者, 故曰不移, 不曰不可移. 雖古今不乏下愚, 而其精爽幾與
物等者, 亦究異於物, 無不可移也.

질문 : 맹자 때에 고자(告子) 등의 여러 사람들이 분분하게 각각
다른 설들을 내세웠기 때문에, 직접적으로 성(性)이 선하다고 단정
했던 것이다. 공자는 단지 서로 가깝다고만 말하였는데, 사람들한
테 습관들이는 것을 신중하게 하라고 경계한 데에 뜻이 있었지,
성(性)을 논하기 위해서 발언한 것이 아니었기 때문에, 직접적으로
단정하여 선하다고 말할 필요가 없었던 것 아닌가?

問 : 孟子之時, 因告子諸人紛紛各立異說, 故直以性善斷之; 孔子但言相
近, 意在於警人愼習, 非因論性而發, 故不必直斷曰善歟?

답변 : 그렇다. 옛 성현의 말씀은 알기가 아주 쉽다. 예를 들어, 예나
지금이나 일상적으로 하는 말에, 가장 어리석은 사람을 질책할 때
는 한 마디로 잘라 말하여 매양 "이 사람은 인성(人性)이 없다"고
말하는데, 조금이라도 그 선한 실마리를 들어서는 곧 "이 사람은

그래도 인성(人性)이 있다"고 말한다. 인성(人性)으로 선(善)의 명칭을 삼았는데, 성(性)을 말하지 않는 사람들도 그 말들이 모두 맹자에게 부합하는데, 성(性)을 말하는 사람들이 오히려 그것을 잃었다. 인성(人性)이 없다는 것은 곧 이른바 사람들이 그 금수와 같은 것을 본 것이며, 인성(人性)이 있다는 것은 곧 서로 가깝고 선하다는 것이다. 『논어』에서 서로 가깝다고 말한 것은 바로 "사람이 선하지 않음이 없다"는 것을 본 것이다. 만약 선하지 않다면, 선한 것과 서로 반대되어, 그 멀기가 이미 현격하게 단절되었을 것인데, 무슨 그것과 가까운 것이 있겠는가! 성(性)과 습관을 분별하고, 그런 뒤에야 선하지 않은 것이 있게 되는데, 선하지 않은 것을 성(性)에 돌릴 수는 없다. 기름을 얻고 기름을 잃는 것들과 빠지고 잃는 것들은 모두 습관에 속한다. 가장 어리석어서 변하지 않는 데에 이르면, 곧 나면서부터 가려지고 막혀서, 그 선한 것을 이해하는 것도 어렵고 악한 것으로 흐르기도 쉽지만, 결국은 성(性)이 개통될 수 있어서 변할 수 없는 것이 아니므로, 금수가 개통될 수 없다고 보는 것과는 또한 다르다.

曰 : 然. 古賢聖之言至易知也. 如古今之常語, 凡指斥下愚者, 矢口言之, 每曰"此無人性", 稍擧其善端, 則曰"此猶有人性". 以人性爲善稱, 是不言性者, 其言皆協於孟子, 而言性者[133]轉失之. 無人性卽所謂人見其禽獸也[134], 有人性卽相近也[135], 善也. 論語言相近, 正見"人無有不善"[136];

---

133) '言性者'는 本然之性과 氣質之性을 말하는 宋代 儒學者들을 가리킨다.
134) 『孟子』「告子上」: "人見其禽獸也, 而以爲未嘗有才焉者, 是豈人之情也哉?"
135) 『論語』「陽貨」: "性相近也, 習相遠也."
136) 『孟子』「告子上」: "人無有不善, 水無有不下."

若不善, 與善相反, 其遠已縣絶, 何近之有! 分別性與智, 然後有不善, 而
不可以不善歸性. 凡得養失養及陷溺梏亡, 咸屬於智. 至下愚之不移, 則生
而蔽錮, 其明善也難而流爲惡也易, 究之性能開通, 非不可移, 視禽獸之不
能開通亦異也.

질문 : 맹자는 성(性)을 말하면서 인의예지(仁義禮智)의 네 가지 단
서들을 들었는데, 공자가 들은 지혜로움과 어리석음과는 다른 것이
있는가?

問 : 孟子言性, 擧仁義禮智四端, 與孔子之擧智愚有異乎?

답변 : 사람들은 서로 멀고 가깝거나 밝고 어두운 차이가 있는데,
대체로 배우면 곧 어두운 사람들도 교화되어 밝아질 수 있을 뿐이
다. 사람들이 비록 지혜롭기도 하고 어리석기도 한데, 대체로 서로
가까워서, 지혜롭고 어리석은 것이 아주 먼 사람들은 드물다. 지혜
롭고 어리석다는 것은 멀고 가깝다는 차이의 다른 명칭으로, 서로
반대되는 것이 아니고, 선하고 악하다는 것은 서로 반대되는 명칭
으로, 멀고 가깝다는 명칭이 아니다. 사람이 성(性)을 이루는데, 그
가지런하지 않음이 지혜로움과 어리석음에 있다는 것을 알 수 있
고, 또한 그 어리석음에 맡겨 배우지 않고 생각하지 않아서 악(惡)
으로 흐른다는 것도 알 수 있다. 어리석은 것은 악한 것이 아니므로,
사람들에게 선하지 않은 것이 없다는 것은 분명하다. 지(智)를 들면
서 인(仁)을 언급하지 않고 예(禮)와 의(義)를 언급하지 않은 것은,
지(智)는 하늘과 땅, 사람과 사물, 일과 행위에 있어서 모두 바뀌지
않는 법칙이 있다는 것을 충분히 알 수 있어서인데, 인(仁)에 이르

지 않은 것이 있고 예(禮)와 의(義)에 다하지 않은 것이 있다면, 바뀌지 않는 법칙이라고 이를 수 있겠는가? 공자의 도(道)를 드러내어 밝힌 사람은 맹자로, 다름이 없다.

曰 : 人之相去, 遠近明昧, 其大較也, 學則就其昧焉者牖之明而已矣. 人雖有智有愚, 大致相近, 而智愚之甚遠者蓋鮮. 智愚者, 遠近等差殊科, 而非相反; 善惡則相反之名, 非遠近之名. 知人之成性, 其不齊在智愚, 亦可知任其愚而不學不思乃流爲惡. 愚非惡也, 人無有不善明矣. 舉智而不及仁不及禮義者, 智於天地人物事爲咸足以知其不易之則, 仁有不至, 禮義有不盡, 可謂不易之則哉? 發明孔子之道者, 孟子也, 無異也.

질문 : 맹자는 성(性)이 선하다고 말하였고, 공도자(公都子)와 같은 제자는 이미 세 가지 설들을 나열하였는데, 성(性)이 선하다는 것은 옳고 세 가지 설들은 옳지 않다는 것을 막연하게 알지 못한 것이다. 순자는 맹자 이후에 직접적으로 성(性)이 악하다고 여겼으며, 예(禮)와 의(義)를 높여야 한다는 설을 폈다. 순자는 이미 예(禮)와 의(義)를 높일 줄을 알았으므로, 노자(老子)가 "예(禮)라는 것은 충(忠)과 신(信)이 엷어진 것으로, 어지러움의 우두머리이다"라고 말한 것과 고자(告子)가 의(義)를 밖에 둔 것과는 보는 바가 아주 다르다. 또한 맹자의 성(性)이 선하다는 논변을 들었다면, 맹자가 "성인은 나의 마음이 함께 그렇다고 여기는 바를 먼저 얻었다"고 말한 것도 또한 반드시 들었을 것인데, 도리어 그것과 다른 것은 무엇 때문인가?

問 : 孟子言性善, 門弟子如公都子[137])已列三說[138]), 茫然不知性善之是而三說之非. 荀子在孟子後, 直以爲性惡, 而伸其崇禮義之說. 荀子旣知崇禮義, 與老子言"禮者忠信之薄而亂之首"139)及告子"外義"140), 所見懸殊; 又聞孟子性善之辨, 於孟子言"聖人先得我心之所同然"141)亦必聞之矣, 而猶與之142)異, 何也?

답변 : 순자가 사람들이 성인이 될 수 있다는 것을 알지 못했던 것은 아니고, 그 성(性)이 악하다는 것을 말하면서, "길거리의 사람들도 우(禹)가 될 수 있다", "길거리의 사람들도 모두 안으로는 부자의 예의를 알 수 있고, 밖으로는 군신의 법도를 알 수 있다", "그 알 수 있는 자질과 할 수 있는 재능으로, 길거리에 있는 사람들이 그 우가 될 수 있다는 것은 분명하다", "길거리의 사람들로 하여금 규칙을 따르고 배움에 힘쓰고 마음을 오롯이 하고 뜻을 통일하고 사색하고 자세히 성찰하기를 오래도록 하고 선(善)을 쌓는 것을 쉬지 않게 한다면, 곧 신명(神明)에 통하게 되고 천지에 참여하게 된다. 그러므로 성인이라는 것은 사람들이 쌓아서 이르게 되는 것이다", "성인은 쌓아서 이를 수 있는 것인데, 그러나 모두가 쌓을

---

137) '公都子'는 孟子의 제자이다.

138) '三說'은 '性無善無不善', '性可以爲善可以爲不善', '有性善有性不善'의 세 가지 설들을 말한다. 『孟子』「告子上」: "公都子曰: '告子曰: "性無善無不善也." 或曰: "性可以爲善, 可以爲不善; 是故文武興, 則民好善; 幽厲興, 則民好暴." 或曰: "有性善, 有性不善; 是故以堯爲君而有象, 以瞽瞍爲父而有舜; 以紂爲兄之子且以爲君, 而有微子啓王子比干." 今曰"性善", 然則彼皆非與?'" 참조.

139) 『老子』三十八章: "失道而後德, 失德而後仁, 失仁而後義, 失義而後禮. 夫禮者, 忠信之薄, 而亂之首."

140) 『孟子』「告子上」: "食色, 性也. 仁, 內也, 非外也; 義, 外也, 非內也."

141) 『孟子』「告子上」: "聖人先得我心之所同然耳."

142) '之'는 孟子의 설을 가리킨다.

수 없는 것은 무엇 때문인가", "할 수는 있지만 시킬 수는 없기 때문이다", "길거리의 사람들이 우가 될 수 있다는 것은 곧 그렇기는 하지만, 길거리의 사람들이 우가 될 수 있다는 것이 반드시 그런 것은 아니다. 비록 우가 될 수 없더라도, 우가 될 수 있는 것을 방해하지는 않는다"고 말하였다. 이것은 성(性)이 선하다는 설과 서로 어긋나지 않을 뿐더러, 서로 밝혀주는 것 같다. 마지막에 결론적으로, "발은 천하를 두루 다닐 수 있지만, 그러나 일찍이 천하를 두루 다 다닐 수 있었던 자는 없었다", "그것을 할 수 있고 할 수 없는 것과 할 만하고 할 만하지 않은 것은, 그 같지 않음이 아주 멀다"고 말하였다. 순자의 견해는 배움을 중시하였지만, 성(性)의 전체를 알지는 못한 것이다. 그 말은 성인을 높이는 것에서 나왔고, 배움을 중시하고 예(禮)와 의(義)를 높이는 것에서 나왔다. 첫 번째가 「권학」 편으로, "자주 읽어서 관통하고, 깊이 사고해서 통달하고, 훌륭한 사람을 본받아서 처리하고, 해가 되는 것을 없애서 견지하고 배양하여야 한다"고 말하고, 또한 "선(善)을 쌓고 덕을 이루고, 신명(神明)에 도달하여 스스로 깨달으면, 성인의 마음은 따르게 된다"고 말한 것이 있다. 순자가 배움을 잘 말한 것이 이와 같다. 게다가 이른바 신명(神明)에 통하게 되고 천지에 참여하게 된다는 것은, 또한 예(禮)와 의(義)의 극치를 안 것으로, 성인과 천지가 그 덕을 합하는 것이 이것에 있다. 성인이 다시 일어난다고 해도, 어찌 그 말을 바꿀 수 있겠는가! 그러나 예(禮)와 의(義)와 성(性)에 대해서는, 끝내는 막혀서 통할 수 없는 것 같다고 보았다. 성인이 보통 사람들과 다른 것은, 예(禮)와 의(義)가 성인의 마음에서 나온다는 것이고, 보통사람들은 배운 뒤에야 예(禮)와 의(義)에 밝을 수 있다는 것으로, 만일 그 성(性)의 자연스러움을 따르면 곧 쟁탈이 생기게 되고, 예(禮)와 의(義)로 그 성(性)을 제어하면 쟁탈이라는 것을 없애게 되는데, 성(性)이 악하더라도 바로잡는 노력을 더하여 선(善)으로 나가게 하므로, 예(禮)와 의(義)를 귀하게 여겼다. 만일 그 자연스러움을 따르더라도 쟁탈이 없다면, 어찌 예(禮)와 의(義)를 써서 하겠는가? 또한 예(禮)와 의(義)가 비록 사람들이 모두 알수 있고 할 수 있는 것들일지라도, 성인이 비록 사람들이 쌓아서 이룰 수 있는 것일지라도, 그러나 반드시 배움으로부터 말미암는다. 배우지 않아도 할 수 있는 것은 성(性)에 속하고, 배운 뒤에야 할 수 있다든지 배우지 않아도 비록 할 만하지만 할 수 없는 것은 성(性)에 속하지 않는다. 이것이 순자가 내세운 말이 맹자와 다른 까닭이다.

曰 : 荀子非不知人之可以爲聖人也, 其言性惡也, 曰: "塗之人可以爲禹." "塗之人者, 皆內可以知父子之義, 外可以知君臣之正." "其可以知之質, 可以能之具, 在塗之人, 其可以爲禹明矣." "使塗之人伏術爲學, 專心一志, 思索孰察, 加日縣久, 積善而不息, 則通於神明, 參於天地矣. 故聖人者, 人之所積而致(也)[矣]." "聖可積而致, 然而皆不可積, 何也?" "可以而不可使也." "塗之人可以爲禹則然, 塗之人能爲禹, 未必然也; 雖不能[爲]禹, 無害可以爲禹."143) 此於性善之說不惟不相悖, 而且若相發明. 終斷之曰:

---

143) 『荀子』「性惡」: "'塗之人可以爲禹.' 曷謂也? 曰: 凡禹之所以爲禹者, 以其爲仁義法正也. 然則仁義法正有可知可能之理. 然而塗之人也, 皆有可以知仁義法正之質, 皆有可以能仁義法正之具, 然則其可以爲禹明矣. 今以仁義法正爲固無可知可能之理邪? 然則唯禹不知仁義法正, 不能仁義法正也. 將使塗之人固無可以知仁義法正之質, 而固無可以能仁義法正之具邪? 然則塗之人也, 且內不可以知父子之義, 外不可以知君臣之正. 今不然. 塗之人者, 皆內可以知父子之義, 外可以知君臣之正, 然則其可以知之質, 可以能之具, 其在塗之人明矣. 今使塗之人者, 以其可以知之質, 可以能之具, 本夫

"足可以徧行天下, 然而未嘗有能徧行天下者也." "能不能之與可不可, 其
不(可)同遠矣."144) 蓋荀子之見, 歸重於學, 而不知性之全體. 其言出於尊
聖人, 出於重學崇禮義. 首之以勸學篇, 有曰: "誦數以貫之, 思索以通之,
爲其人以處之, 除其害者以持養之."145) 又曰: "積善成德, 神明自得, 聖心
循焉."146) 荀子之善言學如是. 且所謂通於神明, 參於天地者, 又知禮義之
極致, 聖人與天地合其德在是,147) 聖人復起, 豈能易其言哉! 而於禮義與
性, 卒視若閡隔不可通. 以聖人異於常人, 以禮義出於聖人之心, 常人學然
後能明禮義, 若順其性之自然, 則生爭奪; 以禮義爲制其性, 去爭奪者也,
因性惡而加矯揉之功, 使進於善, 故貴禮義; 苟順其自然而無爭奪, 安用禮

仁義法正之可知可能之理, 可能之具, 然則其可以爲禹明矣. 今使塗之人伏
術爲學, 專心一志, 思索孰察, 加日縣久, 積善而不息, 則通於神明, 參於天
地矣. 故聖人者, 人之所積而致也. 曰: '聖可積而致, 然而皆不可積, 何也?'
曰: 可以而不可使也. 故小人可以爲君子, 而不肯爲君子; 君子可以爲小人,
而不肯爲小人. 小人君子者, 未嘗不可以相爲也, 然而不相爲者, 可以而不
可使也. 故塗之人可以爲禹, 則然; 塗之人能爲禹, 則未必然也. 雖不能爲禹,
無害可以爲禹. 足可以遍行天下, 然而未嘗有遍行天下者也. 夫工匠農賈,
未嘗不可以相爲事也, 然而未嘗能相爲事也. 用此觀之, 然則可以爲, 未必
能也; 雖不能, 無害可以爲. 然則能不能之與可不可, 其不同遠矣, 其不可以
相爲明矣."

144) 『荀子』「性惡」: "足可以遍行天下, 然而未嘗有遍行天下者也. 夫工匠農賈,
未嘗不可以相爲事也, 然而未嘗能相爲事也. 用此觀之, 然則可以爲, 未必
能也; 雖不能, 無害可以爲. 然則能不能之與可不可, 其不同遠矣, 其不可以
相爲明矣."

145) 『荀子』「勸學」: "君子知夫不全不粹之不足以爲美也, 故誦數以貫之, 思索
以通之, 爲其人以處之, 除其害者以持養之."

146) 『荀子』「勸學」: "積土成山, 風雨興焉; 積水成淵, 蛟龍生焉; 積善成德, 而神
明自得, 聖心備焉."

147) 『周易』「文言」: "夫大人者, 與天地合其德, 與日月合其明, 與四時合其序,
與鬼神合其吉凶, 先天而天弗違, 後天而奉天時." 참조.

義爲哉! 又以禮義雖人皆可以知, 可以能, 聖人雖人之可積而致, 然必由於
學. 弗學而能, 乃屬之性; 學而後能, 弗學雖可以而不能, 不得屬之性. 此荀
子立說之所以異於孟子也.

질문 : 순자는 예(禮)와 의(義)와 성(性)은 막혀서 서로 통할 수 없는
것 같다고 보았는데, 그 가려짐은 어디에 있는가? 지금 무엇으로
그의 그름을 정하고 맹자의 옳음을 믿는가?

問 : 荀子於禮義與性視若閡隔而不可通, 其蔽安在? 今何以決彼之非而信
孟子之是?

답변 : 순자는 예(禮)와 의(義)가 성인의 가르침이라는 것은 알았지
만, 예(禮)와 의(義)가 또한 성(性)에서 나온다는 것을 몰랐으며,
예(禮)와 의(義)가 그 필연(必然)에 밝아지는 것이라는 것은 알았지
만, 필연(必然)이 자연(自然)의 지극한 법칙이고, 바로 그 자연(自
然)을 완성하는 것이라는 것을 몰랐다. 맹자의 책에서 그것을 살펴
보면, 리(理)와 의(義)가 성(性)이 되는 것을 밝혔고, 인의예지(仁義
禮智)를 들어 성(性)이라는 것을 말하였는데, 또한 성(性)의 자연스
러움에서 나와서, 사람들 모두가 배우지 않고도 할 수 있고, 배워서
그것들을 확충하는 것일 뿐이라고 생각한 것이다. 순자가 배움을
중시한 것은 안에 없어서 밖에서 취한 것이고, 맹자가 배움을 중시
한 것은 안에 있으면서 밖에서 가져온 것이다. 마시고 먹는 것에서
가져와 몸의 영위(營衛)와 혈기(血氣)가 될 수 있는 것은, 가져와서
기르는 바의 기(氣)가 그 몸이 본래 받은 기(氣)와 함께 천지에서
근원하여 둘이 아니기 때문이다. 그러므로 가져온 바가 비록 밖에

있지만, 변화해서 혈기(血氣)가 되어 그 안에 보탤 수 있는데, 안에 본래 받은 기(氣)가 없으면서 밖과 서로 맞아서 그냥 가져오기만 한 경우는 아직 있지 않다. 덕성에 대하여 묻고 배우는 것 또한 그렇다. 자기에게 덕성이 있으면서 묻고 배워서 옛 성현의 덕성에 통하는 것이니, 이것은 옛 성현이 말한 바의 덕성에서 가져와 자기의 덕성에 더하는 것이다. 야금할 때의 물과 같아서, 쇠를 물에 더한다거나 물을 쇠에 더한다는 말은 듣지 못하였는데, 어떻게 자기에게 본래부터 선(善)이 없고 자기에게 하늘의 덕이 없으면서, 선을 쌓고 덕을 이루기를 마치 그릇에 물을 받듯이 한다고 이를 수 있겠는가! 이것을 가지고 판단하건대, 순자의 이른바 성(性)이, 맹자가 그것을 성(性)이 아니라고 한 것은 아니지만, 그러나 순자는 그 작은 것을 들어서 그 큰 것을 잃었고, 맹자는 그 큰 것을 밝히면서 그 작은 것을 버리지 않았다.

曰：荀子知禮義爲聖人之敎, 而不知禮義亦出於性; 知禮義爲明於其必然, 而不知必然乃自然之極則, 適以完其自然也. 就孟子之書觀之, 明理義之爲性, 擧仁義禮智以言性者, 以爲亦出於性之自然, 人皆弗學而能, 學以擴而充之耳. 荀子之重學也, 無於內而取於外; 孟子之重學也, 有於內而資於外. 夫資於飲食, 能爲身之營衛[148]血氣者, 所資以養者之氣, 與其身本受之氣, 原於天地非二也. 故所資雖在外, 能化爲血氣以益其內, 未有內無本受之氣, 與外相得而徒資焉者也. 問學之於德性亦然. 有己之德性, 而問學以通乎古賢聖之德性, 是資於古賢聖所言德性埤益己之德性也. 冶金若水,

---

148) '營衛'는 인체 중의 營氣와 衛氣를 아울러 이르는 말로, 營은 혈액을 생성하고 영양을 공급하는 것을 말하고, 衛는 병균의 침입에 저항하고 방어하는 것을 말한다.

而不聞以金益水, 以水益金, 豈可云己本無善, 己無天德, 而積善成德, 如
麯之受水哉! 以是斷之, 荀子之所謂性, 孟子非不謂之性, 然而荀子擧其小
而遺其大[149]也, 孟子明其大而非舍其小[150]也.[151]

질문 : 고자(告子)는 "태어나는 것을 성(性)이라고 한다"고 말하였
고, "성(性)에는 선한 것도 없고 선하지 않은 것도 없다"고 말하였
으며, "식욕과 색욕이 성(性)이고, 인(仁)은 안에 있고 의(義)는 밖
에 있다"고 말하였는데, 주자는 석씨[釋迦牟尼]와 같다고 여겼다.
주자는 "생(生)은 사람과 사물이 지각하고 운동하는 까닭을 가리켜 말한 것으
로, 근세 불씨[佛敎]의 이른바 '작용(作用)이 성(性)이다'라는 것과 대략 비슷하
다"고 말하였다. 또한 "고자는 사람의 지각과 운동이라는 것을 성(性)으로 여
겼기 때문에, 사람이 음식을 달게 여기고 색욕을 즐거워하는 것이 곧 그 성(性)
이라고 말하였다"고 말하였다. 그 "냇버들"과 "소용돌이치며 급하게
흐르는 물"의 비유는 또한 순자와 양자[揚雄]와 같다고 여겼다. 주
자는 "냇버들"의 비유에 대하여, "순자의 성(性)이 악하다는 설과 같다"고 말
하였다. "소용돌이치며 급하게 흐르는 물"의 비유에 대하여, "양자의 선(善)과
악(惡)이 섞여 있다는 설과 가깝다"고 말하였다. 그렇다면 순자와 양자도
석씨와 같다는 것인가?

問 : 告子言"生之謂性", 言"性無善無不善", 言"食色性也, 仁內義外"[152],

---

149) '擧其小而遺其大'는 荀子의 '안에 없어서 밖에서 취한 것[無於內而取於
    外]'을 가리킨다.
150) '明其大而非舍其小'는 孟子의 '안에 있으면서 밖에서 가져온 것[有於內而
    資於外]'을 가리킨다.
151) '其小'는 여기에서 모두 사람이 후천적으로 획득한 禮와 義를 가리키고,
    '其大'는 여기에서 모두 사람이 선천적으로 구비한 禮와 義를 가리킨다.

朱子以爲同於釋氏; 朱子云: "生, 指人物之所以知覺運動者而言, 與近世[153]佛氏所謂 '作用是性'者略相似."[154] 又云: "告子以人之知覺運動者爲性, 故言人之甘食悅色者卽其 性."[155] 其"杞柳""湍水"之喩, 又以爲同於荀揚[156]; 朱子於"杞柳"之喩云: "如 荀子性惡之說."[157] 於"湍水"之喩云: "近於揚子善惡混之說."[158] 然則荀揚亦與釋氏 同歟?

답변 : 아니다. 순자와 양자[揚雄]의 이른바 성(性)이라는 것은 예나 지금이나 똑같이 이르는 성(性)으로, 곧 후세 유학자들이 기질의 성(性)이라고 일컬은 것인데, 다만 리(理)와 의(義)를 버리고 악(惡) 이라고 여긴 것이 부당할 뿐이다. 맹자 때에 곧 공도자(公都子)는 "어떤 사람이 말하기를, '성(性)은 선하게 될 수도 있고, 선하지 않 게 될 수도 있다'", "어떤 사람이 말하기를, '성(性)이 선한 것도

---

152) 『孟子』「告子上」: "食色, 性也. 仁, 內也, 非外也; 義, 外也, 非內也."
153) '近世'는 唐과 宋의 시대를 말한다.
154) 『孟子集注』「告子章句上」: "生, 指人物之所以知覺運動者而言. 告子論性, 前後四章, 語雖不同, 然其大指不外乎此, 與近世佛氏所謂作用是性者略相 似."
155) 『孟子集注』「告子章句上」: "告子以人之知覺運動者爲性, 故言人之甘食悅 色者卽其性. 故仁愛之心生於內, 而事物之宜由乎外. 學者但當用力於仁, 而不必求合於義也."
156) '揚'은 揚子, 즉 揚雄을 말한다. 2010년 판 黃山書社 본 『戴震全書』와 2009 년 판 上海古籍出版社 본 『戴震集』에는 '楊'이라고 표기된 반면, 1982년 판 中華書局 본 『孟子字義疏證』에는 '揚'이라고 표기되어 있다. 여기에서 는 楊朱가 아닌 揚雄을 말하는 것으로, '楊'이 아닌 '揚'이 옳기에, 『한글 맹자자의소증(孟子字義疏證)』에서는 『孟子字義疏證』을 참고하여 '揚'으로 표기하였다. 이하 모두 마찬가지이다.
157) 『孟子集注』「告子章句上」: "告子言人性本無仁義, 必待矯揉而後成, 如荀 子性惡之說也."
158) 『孟子集注』「告子章句上」: "告子因前說而小變之, 近於揚子善惡混之說."

있고, 성(性)이 선하지 않은 것도 있다'"를 인용하였는데, 말은 같지 않지만 가리키는 바의 성(性)은 같다. 순자가 보기에 성인은 태어나면서부터 신명(神明)한 자로, 모든 사람들을 개괄할 수는 없으며, 그 아래는 모두 배운 뒤에 선하게 되는데, 그 자연스러움을 따르게 되면 곧 악(惡)에 흐르기 때문에, 악으로 그것에 더하였다. 논한 것이 마치 편향되어, "성(性)이 선하지 않은 것도 있다"는 것과 부합하는 듯하지만, 그러나 예(禮)와 의(義)가 성인의 마음이 된다고 말하였는데, 이것은 성인의 성(性)만이 선하다는 것으로, 실제로 공도자가 두 번 인용한 "어떤 사람이 말하기를"의 설을 겸하는 것이다. 양자가 보기에 선(善)을 기르면 선한 사람이 되고 악(惡)을 기르면 악한 사람이 되기 때문에, "사람의 성(性)은 선(善)과 악(惡)이 섞여 있다"고 말하였고, 또한 "배우면 바르게 되고, 아니면 그르게 된다"고 말하였는데, 순자의 논단과 가지런하지 않은 것 같지만, 다르지 않다. 한자[韓愈]는 "성(性)의 등급에는 상중하(上中下)의 셋이 있는데, 상(上)에는 선(善)만 있을 뿐이고, 중(中)에는 인도해서 상(上)과 하(下)가 될 수 있고, 하(下)에는 악(惡)만 있을 뿐이다"라고 말하였는데, 이것은 곧 공도자가 두 번 인용한 "어떤 사람이 말하기를"의 설과 정통하여 하나가 된다. 주자는 "기질의 성(性)은 본래 아름다움과 추함의 다름이 있지만, 그 처음으로 말하자면, 모두 서로 그다지 멀지 않은데, 단지 선(善)에 습관되면 선하게 되고, 악(惡)에 습관되면 악하게 되므로, 비로소 서로 멀어지게 될 뿐이다", "사람의 기질은 서로 가까운 가운데 또한 아름다움과 추함이 있는데, 한번 정해지면 습관으로 변할 수 있는 것이 아니다"라고 말하였다. 그야말로 공도자가 두 번 인용한 "어떤 사람이 말하기를"의 설에 정통하여 『논어』를 해석한 것이다. 정자(程子)는 "어려서부터 선한 것도 있고 어려서부터 악한 것도 있는데, 이것은 부여받은 기(氣)가 그런 것이다. 선(善)은 본래부터 성(性)이지만, 그러나 악(惡) 또한 성(性)이라고 이르지 않을 수 없다"고 말하였다. 『주자어류』에 "묻기를 '악(惡)이 부여받은 기(氣)라면, 어째서 또한 성(性)이라고 이르지 않을 수 없다고 하는가'라고 하였다. 말하기를 '이미 부여받은 기(氣)가 악하므로, 또한 곧 끌어들여 그 성(性)을 좋지 않게 한다. 성(性)은 다만 부여받은 기(氣) 위에 붙어있는 것이니, 부여받은 기(氣)가 좋지 않으면, 곧 그 성(性)도 나빠진다'고 하였다"고 하였다. 또한 "물이 진흙과 모래로 섞이더라도, 물이라고 부르지 않으면 안 되는 것과 같다"고 말하였다. 이것들은 "성(性)이 선한 것도 있고, 성(性)이 선하지 않은 것도 있다"는 것과 부합하고, "성(性)은 선하게 될 수도 있고, 선하지 않게 될 수도 있다"는 것과도 또한 겸해지지 않는 것은 아니다. 단지 저것들이 그 성(性)의 명칭을 그대로 따랐다면, 이것들은 그것을 구별하여 부여받은 기(氣)라고 말했을 뿐이다. 정자는 또한 "'사람이 태어나면서 고요한 것' 이상은 말할 필요가 없고, 막 성(性)이라고 말할 때는 곧 이미 성(性)이 아니다"라고 말하였다. 주자는 그것을 해석하여, "'사람이 태어나면서 고요한 것 이상'은 사람과 사물이 아직 생겨나지 않은 때라서, 그냥 리(理)라고만 이를 수 있을 뿐 아직 성(性)이라고 이름할 수는 없으니, 이른바 '하늘에 있는 것을 명(命)이라고 한다'가 그것이다. 막 성(性)이라고 말할 때는 곧 사람이 태어난 이후로, 이 리(理)가 이미 형체와 기질 속에 떨어져서 완전한 성(性)의 본체가 아니니, 이른바 '사람에게 있는 것을 성(性)이라고 한다'가 그것이다"라고 말하였다. 「악기」에 의하면, "사람이 태어나면서 고요한 것"은 "사물에 감응하여 움직이는 것"과 대응해서 말한 것으로, 바야흐로 그 감응하지 않은 것을 이르는 것이지,

사람과 사물이 아직 생겨나지 않은 것을 이르는 것이 아니다. 「중용」의 "하늘이 명한 것을 성(性)이라고 한다"는 것은, 부여받은 기(氣)가 가지런하지 않아서 각각 태어나는 초기에 제한이 있다는 것을 말하는 것이지, 리(理)로 하늘에 있는 것과 사람에게 있는 것을 달리해서 이름 붙인 것이 아니다. 더구나 그 설들에 따르면, 이것은 맹자가 사람과 사물이 아직 생겨나지 않아, 아직 성(性)이라고 이름 붙일 수 없는 때까지 거슬러 올라가서 성(性)이 선하다고 말한 것이 된다. 만약 성(性)이라고 이름을 붙일 수 있는 때는, 이미 사람이 태어난 이후, 이미 형체와 기질 가운데 떨어진 때인데, 어찌 그것을 단정하여 선하다고 할 수 있겠는가? 이것으로부터 말하자면, 천하와 고금에 오직 가장 훌륭한 성인의 성(性)만이 그 성(性)의 본체를 잃지 않고, 가장 훌륭한 성인 이하로부터 사람들의 성(性)을 말하는 것은 모두 그 성(性)의 본체를 잃은 것이다. 사람의 사람됨에 부여받는 기(氣)와 기질(氣質)을 버린다면, 장차 무엇으로 사람을 이를 것인가? 이것은 맹자가 사람이 선하지 않음이 없다는 것을 말한 것이고, 정자와 주자가 사람이 악하지 않음이 없다는 것을 말한 것으로, 리(理)를 보기를 마치 물체가 있는 것처럼 하여 선(善)을 리(理)에 귀속시켰으니, 비록 맹자가 성(性)이 선하다고 운운한 것을 명백하게 따랐을지라도, 끝내 맹자는 사람에 대하여 그것을 말한 것이고, 정자와 주자는 사람을 떠나서 리(理)를 공허하게 논한 것이므로, 맹자가 "성(性)을 논하고 기(氣)를 논하지 않은 것은 갖춰지지 않은 것이다"라고 말했던 것이다. 만일 리(理)를 마치 물체가 있는 것처럼 보지 않고 기질(氣質)에 선하지 않음이 있다고 보았더라도, 끝내 맹자가 곧바로 단정하여 선하다고 말한 것과는 통하기가 어렵다. 송(宋)의 유학자들이 내세운 말은, 맹자와

같은 것 같지만 실제로는 다르고, 순자와 다른 것 같지만 실제로는
같다. 맹자는 "성(性)이 선하지 않음이 없다"고 말하지 않고, "사람
이 선하지 않음이 없다"고 말하였다. 성(性)이라는 것은 나는 것과
잠겨있는 것과 동물과 식물의 통칭이고, 성(性)이 선하다는 것은
사람의 성(性)을 논한 것이다. 나는 것과 잠겨있는 것과 동물과 식
물과 같은 만물의 성(性)은 모두 그 기(氣)의 종류에 따라 그것이
구별된다. 사람과 사물은 음양(陰陽)과 오행(五行)에서 나누어져
성(性)을 이루므로, 기(氣)의 종류를 버린다면, 다시는 성(性)의 명
칭이 없게 된다. 의사들이 약을 쓸 때는 그 기(氣)의 종류가 다른
것을 자세히 변별하여야 하는데, 그 성(性)을 구별하지 않으면 사람
을 죽일 수도 있다. 만일 "이 기(氣)의 종류가 다른 것은 이미 성
(性)이 아니다"라고 말한다면, 훌륭한 의사들이 그것을 믿겠는가?
시험 삼아 복숭아와 살구를 보면, 그 씨를 가져다가 심으면, 싹이
터서 껍질이 갈라지고, 뿌리와 줄기와 가지와 잎이 나고, 꽃이 피고
열매를 맺는데, 생김새와 색깔과 냄새와 맛이 복숭아는 살구가 아
니고 살구는 복숭아가 아니라서, 하나라도 구별할 수 없는 것이
없다. 성(性)이 같지 않기 때문에 그런 것이다. 그 성(性)은 씨 속의
하얀 곳에 보존되어 있어서, 즉 일반적으로 복숭아씨의 알맹이, 살구씨의
알맹이라고 한다. 생김새와 색깔과 냄새와 맛이 하나도 이지러지지
않는다. 벼를 심고 풀과 나무를 심고 새와 짐승과 곤충과 물고기를
기를 때는, 모두 힘써 그 성(性)을 알아야 한다. 그 성(性)을 안다는
것은 그 기(氣)의 종류가 다르다는 것을 안다는 것으로, 그러므로
그것들로 하여금 크고 번성하게 할 수 있다. 어찌하여 유독 사람에
대해서만 음양과 오행에서 나누어져 형성된 성(性)을 가리켜, "이
것은 이미 성(性)이 아니다"라고 말할 수 있겠는가, 어찌 그렇겠는

가? 옛날부터 지금까지, 사람과 각종 사물들의 성(性)을 통괄하여 말하자면, 기(氣)의 종류가 각각 다르다는 것이 그것이다. 전적으로 혈기(血氣)를 가진 무리에 대하여 말하자면, 기(氣)의 종류만 각각 다른 것이 아니라, 지각 또한 다르다. 사람은 예(禮)와 의(義)를 가지고 있어서 금수와 다른데, 실제로는 사람의 지각이 사물에 크게 멀어서 그런 것으로, 이것이 맹자의 이른바 성(性)이 선하다는 것이다. 그러나 순자는 예(禮)와 의(義)를 보통사람의 심지(心知)로는 미칠 수 없는 것으로 보았기 때문에, 구별하여 성인에게 귀속시켰다. 정자와 주자는 태어나면서부터 알고 편안하게 행하는 사람들이 드물게 보이는 것을 보고는, 기질(氣質)은 개괄하여 선하다고 말할 수 없다고 하였으니, 순자와 양자의 견해도 본래 이와 같다. 다만 이와 같이 하면 맹자에 어긋나기 때문에, 기질(氣質)을 잘라 내어 하나의 성(性)으로 삼아서, 군자는 그것을 성(性)이라고 하지 않는다고 말하였고, 리(理)와 의(義)를 잘라 내어 하나의 성(性)으로 삼아서, 구별하여 하늘에 귀속시킴으로써 맹자와 부합되게 하였다. 그 하늘에 귀속시키고 성인에게 귀속시키지 않은 것은, 리(理)를 다른 사람이 나에게 준 것으로 삼으면, 이 리(理)라는 것은 나에게 본래부터 없는 것이고, 리(理)를 하늘이 나에게 준 것으로 삼으면, 거의 모이고 붙어서 융합하여 하나로 될 수 있어서이다. 이것은 하늘을 빌려서 설을 만든 것으로, 듣는 사람이 본래부터 없는 것에 대하여 다시는 의심하지 않고, 마침내 하늘이 그것을 주어서 본래부터 있는 것으로 믿게 한 것일 뿐이다. 저 순자는 그것을 배우는 것을 그만둘 수 없다고 보았는데, 본래부터 없는 것이 아니라면 무엇 때문에 배움을 기다리겠는가? 그리고 정자와 주자 또한 그것을 배우는 것을 그만둘 수 없다고 보았는데, 그 본래부터 있는 것이라면 어째서 또한 배움을 기다리겠는가? 그러므로 "기질에 의해 더럽혀지고 망가뜨려지게 되었다"고 말함으로써, 본래부터 있는 것을 바꿔서 본래부터 없는 것처럼 말하는 데 편리하게 한 것이다. 그리하여 성(性)의 명칭이 바뀌고 리(理)를 더하여, 기(氣)의 변화가 사람을 낳고 사물을 낳는다는 것은 마침 성(性)을 손상시키는 것이 되었다. 성(性)은 비유하자면 물은 맑은데 땅으로 인하여 더럽혀지고 흐려지게 된다는 것으로, 정자는 "흘러서 바다에 이르기까지 끝내는 더러워지지 않는 것도 있는데, 이것이 어찌 번거롭게 사람의 힘으로 하는 것이겠는가? 흘러서 머지않아 벌써부터 점점 흐려지는 것도 있고, 나아가 아주 멀어져서 비로소 흐려지는 것도 있다. 많이 흐려지는 것도 있고 적게 흐려지는 것도 있는데, 맑고 흐린 것이 비록 같지는 않을지라도, 그러나 흐린 것이 물이 아니라고 할 수는 없다. 이와 같다면, 곧 사람이 맑게 하려는 일을 하지 않을 수 없다. 그러므로 힘을 쓰는 것이 민첩하고 용감하면 곧 빨리 맑아지고, 힘을 쓰는 것이 더디고 게으르면 곧 늦게 맑아진다. 그 맑음에 이르러서는 곧 도리어 원래의 물일뿐으로, 또한 맑은 것을 가지고 와서 바로 흐린 것을 바꾼 것도 아니고, 또한 흐린 것을 떠와서 한쪽 구석에 놓아둔 것도 아니다. 물이 맑다는 것은 곧 성(性)이 선하다는 것을 이르는 것이다"라고 말하였다. 노씨[老子]와 장씨[莊子]와 석씨[釋迦牟尼]의 이른바 "진재(眞宰)"와 "진공(眞空)"이라는 것이 형체를 받은 뒤에 욕(欲)에 의해 어리석고 사리에 어둡게 된다는 설을 바꾼 것에 지나지 않는다. 다만 저들이 "진재(眞宰)"와 "진공(眞空)"으로 나를 삼고 형체로 내가 아닌 것을 삼았다면, 이들은 여전히 기질로 나를 삼고 성(性)이라고 말하기 어려운 것으로 내가 아닌 것을 삼았는데, 곧 하늘이 나에게 준 것으로 돌린 뒤에야 내가 가지고 있다고 할 수 있고, 또한 하늘이 나에게 준 것으로 돌린 뒤에야 "완전히 자족한 것"이 될 수 있기에, 선(善)이 된다고 단정한 것이다. 오직 그것으로 하여금 뚜렷하게 나와 구별되게 한 뒤에, 비록 하늘이 나에게 준 "완전히 자족한 것"일지라도, 내가 그것을 망가뜨렸다고 책망하고 배움을 기다려서 그것을 회복할 수 있다는 것이다. 물의 맑은 것으로 성(性)을 비유하고, 더러워져서 흐려진 것으로 형체와 기질 가운데 떨어져 더럽게 되고 망가뜨려진 성(性)을 비유하고, 그것을 맑고 깨끗하게 하는 것으로 배움을 비유한 것이다. 물이 고요하면 곧 맑아질 수 있다는 것은, 노씨와 장씨와 석씨가 욕(欲)을 없애는 것을 주로 하고 정적(靜寂)을 주로 했던 것이 그것이다. 그 설을 바꿔서 경(敬)을 위주로 하고 리(理)를 보존한다고 했으나, 석씨가 사람들에게 "본래의 모습"을 체인하라고 가르치고, 사람들에게 "항상 깨어있는" 법을 가르친 것과 다름이 없다. 그런데 옛 성현들이 널리 배우고 자세하게 묻고 신중하게 생각하고 명확하게 분별하고 독실하게 행동하는 것으로 그것을 확충했던 것이, 어찌 단지 맑고 깨끗하게 하는 것뿐이겠는가? 정자와 주자는 노씨와 장씨와 석씨에 대하여 이미 그 집에 들어가서 그 창을 잡았지만, 그러나 그 말을 바꾸어, 육경과 공자와 맹자가 이와 같다고 여겼는데, 순자와 대조하면 다소 가깝지만, 육경과 공자와 맹자는 아니다.

曰 : 否. 荀揚所謂性者, 古今同謂之性, 卽後儒稱爲"氣質之性"者也, 但不當遺理義而以爲惡耳. 在孟子時, 則公都子引"或曰: '性可以爲善, 可以爲不善'"[159], "或曰: '有性善, 有性不善'"[160], 言不同而所指之性同. 荀子見

---

159) 『孟子』「告子上」: "或曰: '性可以爲善, 可以爲不善; 是故文武興, 則民好善; 幽厲興, 則民好暴.'" 2010년 판 黃山書社 본 『戴震全書』와 1982년 판 中華書局 본 『孟子字義疏證』과 2009년 판 上海古籍出版社 본 『戴震集』에는 모두 '或曰"性可以爲善, 可以爲不善"'이라고 표기되어, '或曰'을 인용문 밖으로 표기하고 있다. 하지만 『孟子』에는 "或曰: '性可以爲善, 可以爲不善'"

於聖人生而神明者, 不可槪之人人, 其下皆學而後善, 順其自然則流於惡, 故以惡加之[161]; 論似偏, 與"有性不善"合, 然謂禮義爲聖心, 是聖人之性獨善, 實兼公都子兩引"或曰"之說. 揚子見於長善則爲善人, 長惡則爲惡人, 故曰"人之性也善惡混"[162], 又曰"學則正, 否則邪"[163], 與荀子論斷似參差而匪異. 韓子[164]言, "性之品有上中下三, 上焉者善焉而已矣, 中焉者可導而上下也, 下焉者惡焉而已矣"[165], 此卽公都子兩引"或曰"之說會通爲一. 朱子云: "氣質之性固有美惡之不同矣, 然以其初而言, 皆不甚相遠也, 但習於善則善, 習於惡則惡, 於是始相遠耳."[166] "人之氣質, 相近之中又有美惡, 一定, 而非習之所能移也."[167] 直會通公都子兩引"或曰"之說

이라고 표기되어, '或曰'도 원문에 해당되기에, 『한글 맹자자의소증(孟子字義疏證)』에서는 『孟子』를 참고하여 '或曰'까지 원문으로 표기하였다.

160) 『孟子』「告子上」: "或曰: '有性善, 有性不善; 是故以堯爲君而有象, 以瞽瞍爲父而有舜; 以紂爲兄之子且以爲君, 而有微子啓王子比干.'" 2010년 판 黃山書社 本 『戴震全書』와 1982년 판 中華書局 本 『孟子字義疏證』과 2009년 판 上海古籍出版社 本 『戴震集』에는 모두 '或曰"有性善, 有性不善"'이라고 표기되어, '或曰'을 인용문 밖으로 표기하고 있다. 하지만 『孟子』에는 "或曰: '有性善, 有性不善'"이라고 표기되어, '或曰'도 원문에 해당되기에, 『한글 맹자자의소증(孟子字義疏證)』에서는 『孟子』를 참고하여 '或曰'까지 원문으로 표기하였다.

161) '之'는 性을 가리킨다.

162) 『法言』「修身」: "人之性也善惡混. 修其善則爲善人, 修其惡則爲惡人."

163) 『法言』「學行」: "學者, 所以修性也. 視聽言貌思, 性所有也. 學則正, 否則邪."

164) '韓子'는 韓愈이다.

165) 『韓愈集』卷十一「雜著一」「原性」: "性之品有上中下三. 上焉者, 善焉而已矣; 中焉者, 可導而上下也; 下焉者, 惡焉而已矣. 其所以爲性者五: 曰仁, 曰禮, 曰信, 曰義, 曰智." 이것이 韓愈의 '性三品說'이다.

166) 『論語集注』「陽貨第十七」: "氣質之性, 固有美惡之不同矣. 然以其初而言, 則皆不甚相遠也. 但習於善則善, 習於惡則惡, 於是始相遠耳."

167) 『論語集注』「陽貨第十七」: "人之氣質相近之中, 又有美惡一定, 而非習之

解論語矣, 程子云: "有自幼而善, 有自幼而惡, 是氣稟有然也. 善固性也, 然惡亦不可不謂之性也."[168] 朱子語類: "問: '惡是氣稟, 如何云亦不可不謂之性?' 曰: '旣是氣稟惡, 便牽引得那性不好. 蓋性止是搭附在氣稟上, 旣是氣稟不好, 便和那性壞了.'"[169] 又云: "如水爲泥沙所混, 不成不喚做水."[170] 此[171]與"有性善, 有性不善"合, 而於 "性可以爲善, 可以爲不善"亦未嘗不兼; 特彼[172]仍其性之名, 此別之曰氣稟 耳. 程子又云: "'人生而靜'[173]以上不容說, 纔說性時, 便已不是性也."[174] 朱子釋之云: "'人生而靜以上'[175]是人物未生時, 止可謂之理, 未可名爲性,

---

所能移者."

168) 『河南程氏遺書』卷第一「端伯傳師說」.

169) 『朱子語類』卷第九十五「程子之書一」: "問: '"惡亦不可不謂之性", 先生舊 做明道論性說云: "氣之惡者, 其性亦無不善, 故惡亦不可不謂之性." 明道又 云: "善惡皆天理. 謂之惡者, 本非惡, 但或過或不及, 便如此. 蓋天下無性外 之物, 本皆善而流於惡耳." 如此, 則惡專是氣稟, 不干性事, 如何說惡亦不 可不謂之性?' 曰: '旣是氣稟惡, 便也牽引得那性不好. 蓋性只是搭附在氣稟 上, 旣是氣稟不好, 便和那性壞了. 所以說濁亦不可不謂之水. 水本是淸, 却 因人撓之, 故濁也.'" 2010년 판 黃山書社 본 『戴震全書』와 1982년 판 中華 書局 본 『孟子字義疏證』과 2009년 판 上海古籍出版社 본 『戴震集』에는 모두 '旣是氣稟, 惡便牽引得那性不好'라고 표기되어, '稟' 字와 '惡' 字를 떼어서 표기하고 있다. 하지만 2002년 판 上海古籍出版社와 安徽教育出版 社 본 『朱子全書』에 실려 있는 『朱子語類』에는 '旣是氣稟惡, 便牽引得那 性不好'라고 표기되어 있고, 의미상으로도 '稟' 字와 '惡' 字를 붙이는 것이 타당하기에, 『한글 맹자자의소증(孟子字義疏證)』에서는 『朱子全書』를 참 고하여 붙여서 표기하였다.

170) 『朱子語類』卷第九十五「程子之書一」: "不是言氣稟之性. 蓋言性本善, 而 今乃惡, 亦是此性爲惡所汨, 正如水爲泥沙所混, 不成不喚做水."

171) '此'는 程子와 朱子의 性에 관한 관점을 가리킨다.

172) '彼'는 公都子가 두 번 인용한 '어떤 사람이 말하기를[或曰]'의 설을 가리킨다.

173) 『禮記』「樂記」: "人生而靜, 天之性也; 感於物而動, 性之欲也."

174) 『河南程氏遺書』卷第一「端伯傳師說」: "蓋'生之謂性''人生而靜'以上不容 說, 纔說性時, 便已不是性也."

175) 2010년 판 黃山書社 본 『戴震全書』와 1982년 판 中華書局 본 『孟子字義疏

所謂‘在天曰命’也. 纔說性時便是人生以後, 此理已墮在形氣中, 不全是性
之本體矣. 所謂‘在人曰性’也.”[176] 據樂記, “人生而靜”與“感於物而動”[177]
對言之, 謂方其未感, 非謂人物未生也. 中庸“天命之謂性”[178], 謂氣稟之
不齊, 各限於生初, 非以理爲在天在人異其名也. 況如其說, 是孟子乃追溯
人物未生, 未可名性之時而曰性善; 若就名性之時, 已是人生以後, 已墮在
形氣中, 安得斷之曰善? 由是言之, 將天下古今惟上聖之性不失其性之本
體, 自上聖而下, 語人之性, 皆失其性之本體. 人之爲人, 舍氣稟氣質[179],
將以何者謂之人哉? 是孟子言人無有不善者, 程子朱子言人無有不惡, 其
視理儼如有物, 以善歸理, 雖顯遵孟子性善之云, 究之孟子就人言之[180]者,
程朱乃離人而空論夫理, 故謂孟子“論性不論氣不備”[181]. 若不視理如有
物, 而其見於氣質不善, 卒難通於孟子之直斷曰善. 宋儒立說, 似同於孟子
而實異, 似異於荀子而實同也. 孟子不曰“性無有不善”, 而曰“人無有不

證』과 2009년 판 上海古籍出版社 본 『戴震集』에는 모두 ‘人生而靜’이라고
표기되어, ‘以上’을 인용문 밖으로 표기하고 있다. 하지만 2002년 판 上海古
籍出版社와 安徽敎育出版社 본 『朱子全書』에 실려 있는 『朱子語類』에는
‘人生而靜以上’이라고 표기되어 있고, 전후 문맥으로도 ‘人生而靜以上’이
맞기에, 『한글 맹자자의소증(孟子字義疏證)』에서는 『朱子全書』를 참고하
여 ‘人生而靜以上’으로 표기하였다.

176) 『朱子語類』卷第九十五「程子之書一」: “‘人生而靜以上’, 卽是人物未生時.
人物未生時, 只可謂之理, 說性未得, 此所謂‘在天曰命’也. ‘纔說性時, 便已
不是性’者, 言纔謂之性, 便是人生以後, 此理已墮在形氣之中, 不全是性之
本體矣, 故曰‘便已不是性也’, 此所謂‘在人曰性’也.”

177) 『禮記』「樂記」.

178) 『禮記』「中庸」: “天命之謂性, 率性之謂道, 修道之謂敎.”

179) ‘氣稟氣質’에서 氣稟은 사람과 사물이 陰陽과 五行의 氣를 받아서 형성하
는 형체를 말하고, 氣質은 사람과 사물이 이미 형성한 형체를 말한다.

180) ‘之’는 性이 善하다는 것을 가리킨다.

181) 『河南程氏遺書』卷第六: “論性, 不論氣, 不備; 論氣, 不論性, 不明.”

善". 性者, 飛潛動植之通名; 性善者, 論人之性也. 如飛潛動植, 擧凡品物之性, 皆就其氣類[182]別之. 人物分於陰陽五行以成性, 舍氣類, 更無性之名. 醫家用藥, 在精辨其氣類之殊. 不別其性, 則能殺人. 使曰"此氣類之殊者已不是性", 良醫信之乎? 試觀之桃與杏; 取其核而種之, 萌芽甲坼, 根榦枝葉, 爲華爲實, 形色臭味, 桃非杏也, 杏非桃也, 無一不可區別. 由性之不同, 是以然也. 其性存乎核中之白, 即俗呼桃仁杏仁者. 形色臭味無一或闕也. 凡植禾稼卉木, 畜鳥獸蟲魚, 皆務知其性. 知其性者, 知其氣類之殊, 乃能使之碩大蕃滋也. 何獨至於人而指夫分於陰陽五行以成性者, 曰"此已不是性也", 豈其然哉? 自古及今, 統人與百物之性以爲言, 氣類各殊是也. 專言乎血氣之倫[183], 不獨氣類各殊, 而知覺亦殊. 人以有禮義, 異於禽獸, 實人之知覺大遠乎物則然, 此孟子所謂性善. 而荀子視禮義爲常人心知所不及, 故別而歸之聖人. 程子朱子見於生知安行者罕睹, 謂氣質不得槪之曰善, 荀揚之見固如是也. 特以如此則悖於孟子, 故截氣質爲一性, 言君子不謂之性; 截理義爲一性, 別而歸之天, 以附合孟子. 其歸之天不歸之聖人者, 以理爲人與我,[184] 是理者, 我之本無也, 以理爲天與我,[185] 庶幾湊泊附著, 可融爲一.[186] 是借天爲說, 聞者不復疑於本無, 遂信天與之得爲本有耳.

---

182) '氣類'는 陰陽과 五行의 氣를 부여받아서 형성된 사람과 사물의 서로 다른 質의 종류를 말한다.

183) '血氣之倫'은 血氣를 가진 한 종류, 즉 사람과 동물을 가리킨다.

184) '以理爲人與我'는 荀子의 관점이다.

185) '以理爲天與我'는 程子와 朱子의 관점이다.

186) 2010년 판 黃山書社 본『戴震全書』와 1982년 판 中華書局 본『孟子字義疏證』과 2009년 판 上海古籍出版社 본『戴震集』에는 모두 '以理爲人與我. 是理者'라고 표기되어, 앞의 '以理爲人與我'가 속한 문장과 뒤의 '是理者'가 속한 문장을 각각 다른 문장으로 표기하고 있다. 하지만 앞뒤의 문맥으로 보건대, 두 문장을 서로 연결하여 표기하는 것이 타당하기에,『한글 맹자자의소증(孟子字義疏證)』에서는 '以理爲人與我, 是理者'와 같이 표기하였다.

맹자자의소증 중권 189

彼荀子見學之[187]不可以已, 非本無, 何待於學? 而程子朱子亦見學之不可以已, 其本有者, 何以又待於學? 故謂"爲氣質所汚壞", 以便於言本有者之轉而如本無也. 於是性之名移而加之理, 而氣化生人生物, 適以病性. 性譬水之淸, 因地而汚濁, 程子云: "有流而至海, 終無所汚, 此何煩人力之爲也; 有流而未遠, 固已漸濁; 有出而甚遠, 方有所濁. 有濁之多者, 有濁之少者, 淸濁雖不同, 然不可以濁者不爲水也. 如此, 則人不可以不加澄治之功. 故用力敏勇, 則疾淸; 用力緩怠, 則遲淸. 及其淸也, 則却止, 是元初水也,[188] 亦不是將淸來換却濁, 亦不是取出濁來置在一隅也. 水之淸, 則性善之謂也."[189] 不過從老莊釋氏所謂"眞宰""眞空"者之受形以後, 昏昧於欲, 而改變其說. 特彼以"眞宰""眞空"爲我, 形體爲非我, 此仍以氣質爲我, 難言性爲非我, 則惟歸之天與我而後可謂之我有, 亦惟歸之天與我而後可爲"完全自足"之物, 斷之爲善, 惟使之[190]截然別於我, 而後雖天與我"完全自足", 可以咎我之壞之而待學以復之, 以水之淸喩性, 以受汚而濁喩性墮於形氣中汚壞, 以澄之而淸喩學. 水靜則能淸, 老莊釋氏之主於無欲, 主於靜寂是也. 因改變其說爲主敬, 爲存理, 依然釋氏敎人認"本來面目", 敎人

---

187) '之'는 理를 가리킨다.

188) 2010년 판 黃山書社 본 『戴震全書』와 1982년 판 中華書局 본 『孟子字義疏證』과 2009년 판 上海古籍出版社 본 『戴震集』에는 모두 '則却止, 是元初水也'라고 표기되어, 두 구절로 나누어 표기하고 있다. 하지만 2008년 판 中華書局 본 『二程集』에 실려 있는 『河南程氏遺書』에는 '則却只是元初水也'라고 표기되어 있고, 문맥상으로도 '則却止是元初水也'가 타당하기에, 『한글 맹자자의소증(孟子字義疏證)』에서는 『二程集』을 참고하여 '則却止是元初水也'로 표기하였다.

189) 『河南程氏遺書』卷第一 「端伯傳師說」: "皆水也, 有流而至海, 終無所汚, 此何煩人力之爲也? 有流而未遠, 固已漸濁; 有出而甚遠, 方有所濁. 有濁之多者, 有濁之少者. 淸濁雖不同, 然不可以濁者不爲水也. 如此, 則人不可以不加澄治之功. 故用力敏勇則疾淸; 用力緩怠則遲淸, 及其淸也, 則却只是元初水也. 亦不是將淸來換却濁, 亦不是取出濁來置在一隅也. 水之淸, 則性善之謂也."

190) '之'는 性을 가리킨다.

"常惺惺"之法. 若夫古賢聖之由博學審問愼思明辨篤行[191]以擴而充之者,
豈徒澄淸已哉? 程子朱子於老莊釋氏旣入其室, 操其矛矣,[192] 然改變其言,
以爲六經孔孟如是, 按諸荀子差近之, 而非六經孔孟也.

질문 : 맹자는 "입의 맛에 대하여, 눈의 색깔에 대하여, 귀의 소리에
대하여, 코의 냄새에 대하여, 사지의 편안함에 대하여, 성(性)이기
는 하지만 명(命)이 있기에, 군자는 성(性)이라고 하지 않는다. 인
(仁)의 아버지와 아들에 대하여, 의(義)의 군주와 신하에 대하여,
예(禮)의 손님과 주인에 대하여, 지(智)의 어진 사람에 대하여, 성인
의 천도(天道)에 대하여, 명(命)이기는 하지만 성(性)이 있기에, 군
자는 명(命)이라고 하지 않는다"고 말하였다. 송(宋)의 유학자들은
기질의 성(性)은 성(性)이 아니라고 하였는데, 그 설은 이것을 근본
으로 한다. 장자[張載]는 "형체 이후에 기질의 성(性)이 있다. 그것
을 잘 돌이켜 보면, 곧 천지의 성(性)이 보존되어 있다. 그러므로
기질의 성(性)에는 군자가 성(性)이라고 하지 않는 것이 있다"고

---

191) '博學審問愼思明辨篤行'은『禮記』「中庸」의 "博學之, 審問之, 愼思之, 明
   辨之, 篤行之"에 나오는 말이다.
192) '旣入其室, 操其矛矣'는『後漢書』「張曹鄭列傳」에 나오는 鄭玄과 何休
   (129-182)에 관계된 '康成入吾室, 操吾矛, 以伐我乎[강성이 내 방으로 들어
   와 내 창을 들고서 나를 공격하였다]'의 문장에 대한 戴震의 표현이다. 이
   문장은 상대방을 깊이 있게 이해하고 그 잘못을 찾아낸 뒤, 상대방의 논점을
   가지고 그를 반박한다는 것을 비유한 것으로, 戴震은 이것을 이용하여 程朱
   가 道家와 佛家에서 배웠는데, 비록 나중에 표면적으로는 道家와 佛家를
   비판하였지만, 실제로는 그것들과의 경계를 분명하게 그을 수 없음을 설명
   한 것이다.

말하였다. 정자(程子)는 "성(性)을 논하고 기(氣)를 논하지 않은 것은 갖추어지지 않은 것이고, 기(氣)를 논하고 성(性)을 논하지 않은 것은 명확하지 않은 것이다"라고 말하였다. 정자와 주자가 리(理)를 가지고 맹자의 이른바 선(善)에 해당시킨 것은, 그 갖추어지지 않은 것을 비난한 것이다. 주자는 "맹자는 성(性)이 선하다고 말하였는데, 이것은 성(性)을 논하고 기(氣)를 논하지 않은 것이다. 순자와 양자[揚雄] 아래로는 기(氣)를 논하고 성(性)을 논하지 않았다. 맹자는 끝내 다 갖추지 않았는데, 그래서 순자와 양자의 입을 막을 수 없었다", "그러나 갖추지 않았지만, 흠결은 적을 뿐이다. 명확하지 않으면 곧 해가 크다"고 말하였다. 그러나 소리와 색깔과 냄새와 맛과 편안함이 성(性)이 된다는 것에 대하여, 그 기질을 가리키는 것이 아니라고 말할 수 없어서, 곧 세상 사람들에 의거하여 말했을 뿐이라고 생각했던 것이다. 주자는 "세상 사람들은 앞의 다섯 가지를 성(性)이라고 하고, 뒤의 다섯 가지를 명(命)이라고 한다"고 말하였다. 성(性)이 서로 가깝다는 말에 대하여, 그 기질을 가리키는 것이 아니라고 말할 수 없었으니, 이것은 세상 사람들이 공자와 같고, 맹자는 별도로 다른 설을 만들었다는 것이다. 주자는 제자에게 대답하여, "기질의 설은 장자[張載]와 정자로부터 시작되었다. 한퇴지[韓愈]는 「원성」 속에서 '삼품(三品)'을 말하였지만, 일찍이 분명하게 말하지 않은 것은 기질의 성(性)일 뿐이다. 맹자는 성(性)이 선하다고 말하였지만, 본원처를 말하였고, 아래에서 기질의 성(性)을 말한 적이 없었는데, 그래서 또한 힘써 분별하고 소통했던 것이다. 여러 학자들이 성(性)이 악하다거나 선(善)과 악(惡)이 섞여있다고 말하였는데, 가령 장자[張載]나 정자의 설이 일찍 나왔더라면, 곧 허다한 설들이 저절로 다툴 필요가 없었을 것이다"라고 말하였다. 이것 또한 순자와 양자와 한퇴지를 공자와 같게 한 것이다. 고자(告子)에 이르러 또한 자주 성(性)이 서로 가깝다는 것을 끌어들여 태어나는 것을 성(性)이라고 한다는 설을 증명하였는데, 만일 고자가 분명하게 기질의 성(性)이라고 말하였다면, 맹자는 그것을 변론할 수 없었을 것이다. 공자 또한 기질의 성(性)을 말한 적이 없었는데, 어찌 고자와 같이, 순자와 양자와 같이, 기(氣)를 논하고 성(性)을 논한 것이 명확하지 않아서이겠는가? 정자는 순자와 양자가 성(性)을 알지 못했다고 심하게 비방해서, 정자는 "순자는 너무 편벽되어서, 성(性)이 악하다는 한 구절만으로 이미 큰 근본을 잃었다. 양자는 비록 잘못은 적으나, 그러나 또한 성(性)을 알지 못하였으니, 곧 무슨 도(道)를 말하겠는가"라고 말하였다. 스스로 설명하여, 성(性)이 곧 리(理)라고 한 것은 순자와 양자와 다르다고 하였다. 유독 성(性)은 서로 가깝다는 한 마디 말만 『논어』에 보이므로, 정자가 비록 "리(理)는 선하지 않음이 없으니, 어찌 서로 가까운 것이 있겠는가"라고 말하였지만, 감히 순자와 양자와 함께 같이 비난하지는 않았는데, 만일 공자의 말이 아니었다면, 아마도 그 사람은 성(性)을 알지 못했다고 비난하였을 것이다. 지금 맹자를 공자와 같다고 여기고, 정자와 주자를 순자와 양자와 같다고 여겼다. 공자와 맹자는 모두 부여받은 기(氣)와 기질(氣質)을 가리켰는데, 사람의 부여받은 기(氣)와 기질(氣質)은 금수와 달라서, 마음으로 계발할 수 있고, 행하여도 잘못되지 않아, 곧 그것을 리(理)와 의(義)라고 한다. 정자와 주자는 리(理)를 마치 물체가 있는 것처럼 여겼는데, 사실은 노씨[老子]와 장씨[莊子]와 석씨[釋迦牟尼]의 말들에 섞은 것이다. 그렇다면 정자와 주자의 학설은 거의 노씨와 석씨에서 나와서 순자와 양자에게 들어간 것으로, 그 이른바 성(性)은 공자와 맹자의 이른바 성(性)이 아니고, 그 이른바 기질의 성(性)은 바로 순자와 양자의

이른바 성(性)인가?

問 : 孟子曰: "口之於味也, 目之於色也, 耳之於聲也, 鼻之於臭也, 四肢之
於安佚也, 性也, 有命焉, 君子不謂性也; 仁之於父子也, 義之於君臣也, 禮
之於賓主也, 智之於賢者也, 聖人之於天道也, 命也, 有性焉, 君子不謂命
也."193) 宋儒以氣質之性非性, 其說本此. 張子云: "形而後有氣質之性; 善
反之, 則天地之性存焉. 故氣質之性, 君子有弗性者焉."194) 程子云: "論性
不論氣, 不備; 論氣不論性, 不明."195) 在程朱以理當孟子之所謂善者, 而
譏其未備. 朱子云: "孟子說性善, 是論性不論氣. 荀揚而下是論氣不論性. 孟子終是未備,
所以不能杜絶荀揚之口."196) "然不備, 但少欠耳; 不明, 則大害矣."197) 然於聲色臭味
安佚之爲性, 不能謂其非指氣質, 則以爲據世之人云爾; 朱子云: "世之人以前五
者198)爲性, 以後五者199)爲命."200) 於性相近之言, 不能謂其非指氣質, 是世之

---

193) 『孟子』「盡心下」.

194) 『正蒙』「誠明篇」.

195) 『河南程氏遺書』卷第六.

196) 『朱子語類』卷第五十九「孟子九」「告子上」「性無善無不善章」: "如孟子說
性善, 是'論性不論氣'也. 但只認說性善, 雖說得好, 終是欠了下面一截. 自
荀揚而下, 便祇'論氣不論性'了. …… '論性不論氣, 不備; 論氣不論性, 不
明.' 孟子終是未備, 所以不能杜絶荀揚之口."

197) 『朱子語類』卷第六十二「中庸一」「第一章」: "論性不論氣, 孟子也; 不備, 但
少欠耳. 論氣不論性, 荀揚也; 不明, 則大害事!" 2010년 판 黃山書社 본
『戴震全書』와 1982년 판 中華書局 본 『孟子字義疏證』과 2009년 판 上海古
籍出版社 본 『戴震集』에는 모두 '孟子說性善, 是論性不論氣. 荀揚而下是
論氣不論性. 孟子終是未備, 所以不能杜絶荀揚之口, 然不備, 但少欠耳; 不
明, 則大害矣'를 한 인용문으로 표기하였으나, '孟子說性善, 是論性不論氣.
荀揚而下是論氣不論性. 孟子終是未備, 所以不能杜絶荀揚之口'는 『孟子』
와 관계되는 문장이고, '然不備, 但少欠耳; 不明, 則大害矣'는 『禮記』「中
庸」에 관계되는 문장으로, 『한글 맹자자의소증(孟子字義疏證)』에서는 별도
의 문장으로 표기하였다.

198) '前五者'는 맛[味], 색깔[色], 소리[聲], 냄새[臭], 편안함[安逸]을 가리킨다.

194 한글 맹자자의소증(孟子字義疏證)

人同於孔子, 而孟子別爲異說也. 朱子答門人云: "氣質之說, 起於張程. 韓退之原性中說'三品', 但不曾分明說是氣質之性耳; 孟子謂性善, 但說得本原處[201], 下面不曾說得氣質之性, 所以亦費分疏; 諸子[202]說性惡與善惡混; 使張程之說早出, 則許多說話自不用紛爭."[203] 是又以荀揚韓同於孔子. 至告子亦屢援性相近以證其生之謂性之說, 將使告子分明說是氣質之性, 孟子不得而辯之矣; 孔子亦未云氣質之性, 豈猶夫告子, 猶夫荀揚之論氣不論性不明歟? 程子深訾荀揚不識性, 程子云: "荀子極偏駁, 止一句性惡, 大本已失; 揚子雖少過, 然亦不識性, 便說甚道."[204] 以自伸其謂性卽理[205]之異於荀揚. 獨性相近一言見論語, 程子雖曰"理無不善, 何相近之有"[206], 而不敢以與荀揚同譏, 苟非孔子之言, 將譏其人[207]不識性矣. 今以孟子與孔子同, 程

---

199) '後五者'는 仁, 義, 禮, 智, 聖人을 가리킨다.

200) 『孟子集注』「盡心章句下」: "然世之人, 以前五者爲性, 雖有不得, 而必欲求之; 以後五者爲命, 一有不至, 則不復致力, 故孟子各就其重處言之, 以伸此而抑彼也."

201) '本原處'는 天命之性을 가리킨다.

202) '諸子'는 荀子와 揚雄 등을 가리킨다.

203) 『朱子語類』卷第四「性理一」「人物之性氣質之性」: "道夫問: '氣質之說, 始於何人?' 曰: '此起於張程. 某以爲極有功於聖門, 有補於後學, 讀之使人深有感於張程, 前此未曾有人說到此. 如韓退之原性中說三品, 說得也是, 但不曾分明說是氣質之性耳. 性那裏有三品來? 孟子說性善, 但說得本原處, 下面却不曾說得氣質之性, 所以亦費分疏. 諸子說性惡與善惡混. 使張程之說早出, 則這許多說話自不用紛爭. 故張程之說立, 則諸子之說泯矣.'"

204) 『河南程氏遺書』卷第十九「楊遵道錄」: "荀子極偏駁, 只一句性惡, 大本已失. 揚子雖少過, 然已不識性, 更說甚道?"

205) 『河南程氏遺書』卷第十八「劉元承手編」: "孟子所以獨出諸儒者, 以能明性也. 性無不善, 而有不善者才也. 性卽是理, 理則自堯舜至於塗人, 一也."

206) 『論語集注』「陽貨第十七」: "程子曰: '此言氣質之性. 非言性之本也. 若言其本, 則性卽是理, 理無不善, 孟子之言性善是也. 何相近之有哉?'"

207) '其人'은 孔子를 가리킨다.

朱與荀揚同, 孔孟皆指氣稟氣質, 而人之氣稟氣質異於禽獸, 心能開通, 行之不失, 卽謂之理義; 程朱以理爲如有物焉, 實雜乎老莊釋氏之言. 然則程朱之學殆出老釋而入荀揚, 其所謂性, 非孔孟之所謂性, 其所謂氣質之性, 乃荀揚之所謂性歟?

답변 : 그렇다. 사람의 혈기(血氣)와 심지(心知)는 천지가 변화하는 것에서 근원한다. 혈기(血氣)가 있으면, 곧 가져온 바로 그 혈기(血氣)라는 것을 기르는데, 소리와 색깔과 냄새와 맛이 그것이다. 심지(心知)가 있으면, 곧 부자가 있고 형제가 있고 부부가 있다는 것을 알게 되는데, 한 가정의 친함에 그치지 않으므로, 또한 군신이 있고 친구가 있는 것도 알게 된다. 다섯 가지의 관계에서 서로 친애하고 서로 타당하게 처리하면, 곧 느낌에 따라 반응하여 기쁨과 노여움과 슬픔과 즐거움이 된다. 소리와 색깔과 냄새와 맛의 욕(欲)과 기쁨과 노여움과 슬픔과 즐거움의 정(情)을 합하여, 사람의 도(道)가 갖춰진다. 욕(欲)은 혈기(血氣)에서 근원하기 때문에 성(性)이라고 말하는데, 그러나 제한되어 넘을 수 없는 바가 있어서 곧 명(命)이라고 한다. 인의예지(仁義禮智)의 아름다움은 모든 사람들이 하나와 같을 수는 없는데, 태어나는 초기에 제한되어 이른바 명(命)이지만, 모두가 그것들을 확충할 수 있어서, 곧 사람의 성(性)이다. [성(性)이라고] 한다는 것은 "성(性)을 구실로 삼는다"고 말하는 것과 같을 뿐이다. 군자는 성(性)을 구실로 삼아서 그 욕(欲)을 다하지 않으며, 명(命)의 제한을 구실로 삼아서 그 재(材)를 다 않지 않는다. 후세 유학자들이 문장의 뜻을 자세하게 살피지 않아서, 맹자가 말을 세운 종지를 잃어버렸다. "성(性)이라고 하지 않는다"는 것은 그것을 성(性)이라고 이르지 않는다는 것이 아니고, "명(命)이라고

하지 않는다"는 것은 그것을 명(命)이라고 이르지 않는다는 것이
아니다. 이로부터 말하자면, 맹자의 이른바 성(性)이란 곧 입의 맛
에 대한 것을, 눈의 색깔에 대한 것을, 귀의 소리에 대한 것을, 코의
냄새에 대한 것을, 사지의 편안함에 대한 것을 성(性)으로 삼은 것
이다. 이른바 사람이 선하지 않음이 없다는 것은, 곧 그 제한을 알
아서 그것을 넘지 않을 수 있는 것을 선(善)으로 삼은 것이고, 곧
혈기(血氣)와 심지(心知)가 잘못이 없는 데에 이를 수 있는 것을
선(善)으로 삼은 것이다. 이른바 인의예지(仁義禮智)는 곧 그 혈기
(血氣)와 심지(心知)를 이름한 것으로, 이른바 천지의 변화에서 근
원한 것이 천지의 덕에 부합할 수 있는 것이다. 이것이 순자와 양자
[揚雄]가 도달하지 못했던 바이고, 노씨[老子]와 장씨[莊子]와 고자
(告子)와 석씨[釋迦牟尼]는 우매하여 망령되게 천착했던 것이다.
曰：然. 人之血氣心知, 原於天地之化者也. 有血氣, 所資以養其血氣者,
聲色臭味是也. 有心知, 則知有父子, 有昆弟, 有夫婦, 而不止於一家之親
也, 於是又知有君臣, 有朋友; 五者[208]之倫, 相親相治, 則隨感而應爲喜怒
哀樂. 合聲色臭味之欲, 喜怒哀樂之情, 而人道備. "欲"根於血氣, 故曰性
也, 而有所限而不可踰, 則命之謂也. 仁義禮智之懿不能盡人如一者, 限於
生初, 所謂命也, 而皆可以擴而充之, 則人之性也. 謂[209]猶云"藉口於性"
耳; 君子不藉口於性以逞其欲, 不藉口於命之限之而不盡其材[210]. 後儒未

---

208) '五者'는 父子, 兄弟, 夫婦, 君臣, 親舊를 가리킨다.
209) 2010년 판 黃山書社 본『戴震全書』와 1982년 판 中華書局 본『孟子字義疏
    證』과 2009년 판 上海古籍出版社 본『戴震集』에서는 모두 '謂' 字 다음에
    '性' 字가 빠진 것으로 의심된다는 注를 달았는데, 타당하다고 판단되어,
    『한글 맹자자의소증(孟子字義疏證)』에서는 '[성(性)이라고]'를 보충하여
    해석하였다.
210) '材'는 才質을 가리킨다.

詳審文義, 失孟子立言之指. 不謂性非不謂之性, 不謂命非不謂之命. 由此言之, 孟子之所謂性, 卽口之於味目之於色耳之於聲鼻之於臭四肢於安佚之爲性; 所謂人無有不善, 卽能知其限而不踰之爲善, 卽血氣心知能底於無失之爲善; 所謂仁義禮智, 卽以名其血氣心知, 所謂原於天地之化者之能協於天地之德也. 此荀揚之所未達, 而老莊告子釋氏昧焉而妄爲穿鑿者也.

맹자자의소증 하권
孟子字義疏證卷下

재 세 조항
才三條

재(才)라는 것은 사람과 온갖 사물이 각각 그 성(性)에 따라 이루는 형체와 기질로, 지각과 능력이 마침내 여기에서 구별되는데, 맹자의 이른바 "하늘이 내린 재질[才]"이 그것이다. 기(氣)의 변화가 사람을 낳고 사물을 낳는데, 그 나누어지는 바에 제한되는 것에 근거해서 말하여 명(命)이라고 이르고, 그 사람과 사물이 되는 최초의 본질에 근거해서 말하여 성(性)이라고 이르고, 그 형체와 기질에 근거해서 말하여 재(才)라고 이른다. 성(性)을 이루는 것이 각각 다르므로, 재질 또한 다르다. 재질이라는 것은 성(性)이 드러난 것으로, 재질을 버리고서 어떻게 이른바 성(性)을 보겠는가! 사람과 사물을 그릇에 비유하면, 재(才)는 곧 그 그릇의 바탕이다. 음양(陰陽)과 오행(五行)에서 나누어져 성(性)을 이룬 것이 각각 다르고, 곧 재질도 그로 인하여 다르다. 금과 주석을 제련하는 것과 같은데, 금을 제련하여 그릇이 되면 곧 그 금그릇이고, 주석을 제련하여 그릇이 되면 곧 그 주석그릇이다. 온갖 사물이 같지 않은 것이 이와 같다. 나아가 그것을 살펴보면, 금과 주석의 정밀함과 양호함의 여부가 그릇의 바탕이 되는데, 제련하는 바의 금과 주석과 똑같이, 한 종류 가운데도 다시 다른 것이 이와 같다. 금이 되고 주석이 되는 것과 그 금과 주석의 정밀함과 양호함의 여부는 성(性)을 비유한 것이다. 그 다섯 가지의 금속 가운데서 나뉘어져 그릇이 그릇되는 까닭은, 곧 거기에 제한이 있는 것으로, 명(命)을 비유한 것이다. 그릇을 구별하여, 어느 것이 금이고 어느 것이 주석이고, 어느 것이 정밀하고 양호하고 어느 것이 그렇지 않은지는, 재(才)를 비유한 것이다. 그러므로 재(才)의 아름다움과 추함은, 성(性)에서 늘어나는 바도 없고 또한 줄어드는 바도 없다. 금과 주석이 그릇이 되는데, 한번 완성되면 변하지 않는다. 사람은 또한 이것에서 더 나간다. 성인으로부터 아래로 그 등차가 얼마인가? 어떤 사람들은 사람의 재(才)가 모두 정밀하고 양호한 것이 아니라고 의심하는데, 그러나 그렇지 않다. 마치 금속에는 다섯 가지 등급이 있는데, 황금이 귀해, 비록 그 아름답지 않은 것일지라도, 그것과 비교하여 귀한 것들이 없는 것과 같으니, 하물며 사람들 모두가 현인이 될 수 있고 성인이 될 수 있는 데에 있어서랴! 후세 유학자들은 선하지 않은 것을 부여받은 기(氣)에 돌렸는데, 맹자의 이른바 성(性)과 이른바 재(才)는 모두 부여받은 기(氣)를 말한 것일 뿐이다. 그 부여받은 것이 온전하면 곧 성(性)이고, 그 형체와 기질이 온전하면 곧 재(才)이다. 부여받은 것이 온전하다는 것은, 의거할 만한 것이 없다는 것을 말한 것으로, 복숭아와 살구의 성(性)이 씨 속의 하얀 부분에 온전히 있는 것과 같다. 생김새와 색깔과 냄새와 맛이 한 가지도 갖추어지지 않은 것이 없지만, 볼 수가 없다. 싹이 터서 껍질이 갈라지고 뿌리와 줄기와 가지와 잎이 나게 되면, 복숭아와 살구가 각각 달라, 이것으로부터 꽃이 되고 열매가 되어, 모양과 색깔과 냄새와 맛이 구별되지 않는 것이 없는데, 비록 성(性)은 곧 그렇다 하더라도, 모두 재(才)에 의거하여 그것들을 보는 것일 뿐이다. 이 성(性)을 이루면, 곧 이 재(才)가 된다.

구별해서 말하면 명(命)이라고 말하고 성(性)이라고 말하고 재(才)라고 말하며, 합해서 말하면 천성(天性)이라고 한다. 그러므로 맹자는 "형체와 용모는 천성(天性)으로, 오직 성인인 뒤에야 형체를 실천할 수 있다"고 말하였다. 사람과 사물이 성(性)을 이룬 것이 같지 않으므로, 형체와 용모가 각각 다르다. 사람의 형체가 기관을 이용하는 것이 사물에 크게 멀지만, 그러나 사람의 도(道)에 대해서는 잘못이 없을 수 없으니, 이것은 이 형체를 실천하지 못하는 것이다. 말을 하고서 형체가 이르지 못하는 것은, 이 말을 실천하지 못하는 것과 같다. 형체를 실천하는 것은, 성(性)을 다하고 그 재(才)를 다하는 것과 그 뜻이 같다.

才[1]者, 人與百物各如其性以爲形質, 而知能逐區以別焉, 孟子所謂"天之降才"[2]是也. 氣化生人生物, 據其限於所分而言謂之命, 據其爲人物之本始而言謂之性, 據其體質而言謂之才. 由成性各殊, 故才質亦殊. 才質者, 性之所呈也; 舍才質安睹所謂性哉! 以人物譬之器, 才則其器之質也; 分於陰陽五行而成性各殊, 則才質因之而殊. 猶金錫之在冶, 冶金以爲器, 則其器金也; 冶錫以爲器, 則其器錫也; 品物之不同如是矣. 從而察之, 金錫之精良與否, 其器之爲質, 一如乎所冶之金錫, 一類之中又復不同如是矣. 爲金爲錫, 及其金錫之精良與否, 性之喩也; 其分於五金[3]之中, 而器之所以爲器卽於是乎限, 命之喩也; 就器而別之, 孰金孰錫, 孰精良與孰否, 才之喩也. 故才之美惡, 於性無所增, 亦無所損. 夫金錫之爲器, 一成而不變者也; 人又進乎是. 自聖人而下, 其等差凡幾? 或[4]疑人之才非盡精良矣, 而不然也. 猶金之五品[5], 而黃

---

1) '才'는 성질, 소질, 천품, 재질, 자질 등을 의미한다.
2) 『孟子』「告子上」: "富歲, 子弟多賴; 凶歲, 子弟多暴, 非天之降才爾殊也, 其所以陷溺其心者然也."
3) '五金'은 金, 銀, 銅, 錫, 鐵을 가리킨다.

金爲貴, 雖其不美者, 莫與之比貴也, 況乎人皆可以爲賢爲聖也! 後儒以不善
歸氣稟; 孟子所謂性, 所謂才, 皆言乎氣稟而已矣. 其稟受之全, 則性也; 其體
質之全, 則才也. 稟受之全, 無可據以爲言; 如桃杏之性, 全於核中之白, 形色
臭味, 無一弗具, 而無可見, 及萌芽甲坼, 根榦枝葉, 桃與杏各殊; 由是爲華爲
實, 形色臭味無不區以別者, 雖性則然, 皆據才見之耳. 成是性, 斯爲是才. 別
而言之, 曰命, 曰性, 曰才; 合而言之, 是謂天性. 故孟子曰: "形色, 天性也,
惟聖人然後可以踐形."6) 人物成性不同, 故形色各殊. 人之形, 官器利用大遠
乎物, 然而於人之道7)不能無失, 是不踐此形也; 猶言之而行不逮, 是不踐此
言也. 踐形之與盡性, 其盡才, 其義一也.

질문 : 맹자가 공도자(公都子)에게 대답하여, "그 정(情)을 따르면,
곧 선하게 될 수 있으니, 바로 이른바 선하다는 것이다. 만약 선하
지 않게 되면, 재(才)의 잘못이 아니다"라고 말하였다. 주자는 "정
(情)이라는 것은 성(性)의 움직임이다"라고 말하였다. 또한 "측은
해하고 부끄러워하고 사양하고 시비를 가리는 것은 정(情)이고, 인
의예지(仁義禮智)는 성(性)이다. 마음은 성(性)과 정(情)이라는 것
을 통할하는데, 그 정(情)의 발현으로 인하여 성(性)의 본연을 얻어
볼 수 있다"고 말하였다. 공도자가 성(性)을 물으면서 세 가지 설들
을 나열한 것이 맹자가 성(性)이 선하다고 말한 것과 다른 것은,

---

4) '或'은 '어떤 사람들'을 의미하지만, 실제로는 宋代 儒學者들을 가리킨다.
5) '五品'은 金, 銀, 銅, 錫, 鐵을 가리킨다.
6) 『孟子』 「盡心上」.
7) '人之道'는 人道를 가리키는데, 인간관계와 일상생활에서의 모든 일들을 포
괄한다.

바로 성(性)을 버리고 정(情)을 논하면서, 편파적으로 선(善)의 단서를 들어 증거로 삼은 것이다. 저 순자는 성(性)이 악하다고 말하면서, "지금 사람의 성(性)은 태어나면서부터 이로움[利]을 좋아하는데, 이것을 따르기 때문에 쟁탈이 생겨나고 사양이 없어진다. 태어나면서부터 질투와 증오가 있는데, 이것을 따르기 때문에 해치는 것이 생겨나고 충(忠)과 신(信)이 없어진다. 태어나면서부터 귀와 눈의 욕(欲)이 있고 소리와 색깔을 좋아하는 것이 있는데, 이것을 따르기 때문에 음탕하고 난잡함이 생겨나고 예의(禮義)와 문리(文理)가 없어진다. 그렇다면 사람의 성(性)을 따르고 사람의 정(情)에 순응하면, 반드시 쟁탈로 나가고, 명분을 위반하고 도리를 어지럽히는 것에 합해져서 폭동으로 돌아간다. 그러므로 반드시 스승과 법도의 교화와 예(禮)와 의(義)의 지도가 있은 뒤에야 사양으로 나가고, 문리(文理)에 합해져서 다스림으로 돌아간다. 이것을 가지고 보건대, 그렇다면 사람의 성(性)이 악한 것이 분명하다"고 하였다. 이것은 순자가 성(性)이 악하다는 것을 증명한 것으로, 열거한 것들 또한 정(情)인데, 어째서 맹자는 성공했고 순자는 실패했다고 보는가?

問：孟子答公都子曰："乃若其情, 則可以爲善矣, 乃所謂善也. 若夫爲不善, 非才之罪也."[8] 朱子云："情者, 性之動也."[9] 又云："惻隱羞惡辭讓是非, 情也; 仁義禮智, 性也. 心, 統性情者也, 因其情之發, 而性之本然可得而見."[10] 夫公都子問性, 列三說[11]之與孟子言性善異者, 乃舍性而論情,

---

8) 『孟子』「告子上」.
9) 『孟子集注』「告子章句上」.
10) 『孟子集注』「公孫丑章句上」："惻隱羞惡辭讓是非, 情也. 仁義禮智, 性也. 心, 統性情者也. 端, 緖也. 因其情之發, 而性之本然可得而見, 猶有物在中而緖見

偏擧善之端12)爲證. 彼荀子之言性惡也, 曰: "今人之性, 生而有好利焉, 順是, 故爭奪生而辭讓亡焉; 生而有疾惡焉, 順是, 故殘賊生而忠信亡焉; 生而有耳目之欲, 有好聲色焉, 順是, 故淫亂生而禮義文理13)亡焉. 然則從人之性, 順人之情, 必出於爭奪, 合於犯分亂理而歸於暴. 故必將有師法之化, 禮義之導, 然後出於辭讓, 合於文理而歸於治. 用此觀之, 然則人之性惡明矣."14) 是荀子證性惡, 所擧者亦情也, 安見孟子之得而荀子之失歟?

답변 : 사람이 태어난 뒤에 욕(欲)이 있고 정(情)이 있고 지(知)가 있는데, 세 가지는 혈기(血氣)와 심지(心知)의 자연(自然)이다. 욕(欲)에 주어지는 것은 소리와 색깔과 냄새와 맛인데, 이로 인하여 사랑과 두려움이 있게 되고, 정(情)에서 발현되는 것은 기쁨과 노여움과 슬픔과 즐거움인데, 이로 인하여 슬픔과 유쾌함이 있게 되고, 지(知)에서 변별되는 것은 아름다움과 추함과 옳음과 그름인데, 이로 인하여 좋아함과 싫어함이 있게 된다. 소리와 색깔과 냄새와 맛의 욕(欲)은 그 삶을 기르는 바탕이고, 기쁨과 노여움과 슬픔과 즐거움의 정(情)은 사물에 접하여 느끼는 것이고, 아름다움과 추함

於外也."

11) '三說'은 '性無善無不善', '性可以爲善可以爲不善', '有性善有性不善'의 세 가지 설들을 말한다.

12) '善之端'은 孟子가 제시한 惻隱, 羞惡, 辭讓, 是非의 性善의 端緒를 말한다.

13) '禮義文理'에서 禮義는 법도와 도덕 규범을 의미하고, 文理는 예의의 조문과 규칙을 의미한다.

14) 『荀子』「性惡」: "人之性惡, 其善者僞也. 今人之性, 生而有好利焉, 順是, 故爭奪生而辭讓亡焉; 生而有疾惡焉, 順是, 故殘賊生而忠信亡焉; 生而有耳目之欲, 有好聲色焉, 順是, 故淫亂生而禮義文理亡焉. 然則從人之性, 順人之情, 必出於爭奪, 合於犯分亂理, 而歸於暴. 故必將有師法之化, 禮義之道, 然後出於辭讓, 合於文理, 而歸於治. 用此觀之, 人之性惡明矣, 其善者僞也."

과 옳음과 그름의 지(知)는 지극하여 천지와 귀신에 통하는 것이다. 소리와 색깔과 냄새와 맛을 사랑하고 두려워하는 구분은 오행의 상생과 상극에서 되고, 기쁨과 노여움과 슬픔과 즐거움을 비참해하고 느긋해하는 구분은 시기와 기회가 순조롭고 거스르는 것에서 되고, 아름다움과 추함과 옳음과 그름을 좋아하고 싫어하는 구분은 의지와 사려가 따르고 어기는 것에서 되니, 이것들은 모두 성(性)을 이루어서 그런 것이다. 이 몸이 있기 때문에 소리와 색깔과 냄새와 맛의 욕(欲)이 있게 되고, 이 몸이 있어서 군신과 부자와 부부와 형제와 친구의 관계가 갖추어지게 되는데, 그러므로 기쁨과 노여움과 슬픔과 즐거움의 정(情)이 있게 된다. 오직 욕(欲)이 있고 정(情)이 있으면서 또한 지(知)가 있은 뒤에야, 욕(欲)이 이루어지고 정(情)이 달성된다. 천하의 일이란, 욕(欲)으로 하여금 이루어지게 하고, 정(情)으로 하여금 달성되게 하는 것일 뿐이다. 오직 사람의 지(知)만이 작게는 아름다움과 추함의 극치를 다할 수 있고, 크게는 옳음과 그름의 극치를 다할 수 있다. 그런 뒤에야 자기의 욕(欲)을 이룬 자는 그것을 넓혀서 다른 사람의 욕(欲)을 이루게 할 수 있고, 자기의 정(情)을 달성한 자는 그것을 넓혀서 다른 사람의 정(情)을 달성하게 할 수 있다. 도덕의 성함은 사람의 욕(欲)이 이루어지지 못함이 없게 하고, 사람의 정(情)이 달성되지 못함이 없게 하는 것일 뿐이다. 욕(欲)의 잘못은 사사로움이 되는데, 사사로우면 곧 탐욕과 사악함이 그것을 따른다. 정(情)의 잘못은 치우침이 되는데, 치우치면 곧 어긋남이 그것을 따른다. 지(知)의 잘못은 가려짐이 되는데, 가려지면 곧 오류가 그것을 따른다. 사사롭지 않으면, 곧 그 욕(欲)은 모두 인(仁)이고, 모두 예(禮)와 의(義)이다. 치우치지 않으면, 곧 그 정(情)은 반드시 온화하고 너그럽다. 가려지지 않으

면, 곧 그 지(知)는 이른바 총명과 성스러운 지혜이다. 맹자는 측은
해하고 부끄러워하고 사양하고 시비를 가리는 마음을 들어 심(心)
이라고 하고, 정(情)이라고 하지 않았다. 처음에 "그 정(情)을 따르
면"이라고 말한 것은, 성정(性情)의 정(情)이 아니다. 맹자는 또한
"사람들이 그 금수와 같은 것을 보고서, 일찍이 재(才)를 가져 본
적이 없었다고 여기니, 이것이 어찌 사람의 정(情)이겠는가"라고
말하지 않았던가! 정(情)은 본시[素]와 같고, 실제[實]와 같다. 맹자
는 성(性)에 대하여 본래 선하다고 여겼으며, 여기에서 "곧 선하게
될 수 있다"고 말하였다. 될 수 있다는 말은, 성(性)에 차등이 있어
서 그 선(善)을 단정하는 것이 곧 불가하다는 것을 아직 보지 못했
기 때문이다. 뒤에 "바로 이른바 선(善)이다"라고 말한 것은, 앞의
"이제 성(性)이 선하다고 말씀하신다"는 문장에 대한 것이고, 그것
을 이어서 "만약에 선하지 않게 된다면, 재(才)의 잘못이 아니다"라
고 말하였다. 된다는 것은 이루어진다는 것과 같은데, 끝내 선하지
않게 되는 자는, 그 마음이 타락하고 그 양심을 버려 완전히 어지럽
혀서 없애버리는 데에 이르러, 금수와 떨어지는 것이 멀지 않은
자이다. 재(才)를 말하면 곧 성(性)이 보이고, 성(性)을 말하면 곧
재(才)가 보이는데, 재(才)는 성(性)에 대하여 늘어나거나 줄어드는
것이 없기 때문이다. 사람의 성(性)이 선하기 때문에 재(才) 또한
아름다운데, 그 때때로 아름답지 않은 것은 그 마음을 타락시켜
그렇게 되게 하지 않는 것이 없어서이므로, "하늘이 내린 재질[才]
이 그렇게 달라서 그런 것은 아니다"라고 말하였다. 재(才)는 처음
에는 아름답다가 끝에는 아름답지 않게 될 수도 있는데, 재(才)로
말미암아 그 재(才)를 잃은 것으로, 성(性)이 처음에는 선하다가
끝에는 선하지 않게 될 수 있다고 할 수는 없다. 성(性)은 처음의

본질로 말한 것이고, 재(才)는 체질로 말한 것이다. 체질이 손상되는 것은 결국 체질의 잘못이 아닌데, 또한 어찌 그 처음의 본질을 나무랄 수 있겠는가! 만약 송(宋)의 유학자들이 "성(性)은 곧 리(理)이다"라고 말하고, "사람이 태어난 뒤에, 이 리(理)는 이미 형체와 기질 가운데에 떨어져서, 온전한 성(性)의 본체가 아니다"라고 말한 것으로 맹자가 말한 성(性)이 타락하고 어지럽혀져서 없어진 뒤에 사람들이 그 선하지 않은 것을 보고 "재(才)의 잘못이 아니다"라고 말한 것을 본다면, 송의 유학자들은 "하늘이 내린 재질[才]"에서 곧 재(才)를 탓한 것이다.

曰 : 人生而後有欲[15], 有情[16], 有知[17], 三者, 血氣心知之自然也. 給於欲者, 聲色臭味也, 而因有愛畏; 發乎情者, 喜怒哀樂也, 而因有慘舒; 辨於知者, 美醜是非也, 而因有好惡. 聲色臭味之欲, 資以養其生; 喜怒哀樂之情, 感而接於物; 美醜是非之知, 極而通於天地鬼神. 聲色臭味之愛畏以分, 五行生克爲之也; 喜怒哀樂之慘舒以分, 時遇順逆爲之也; 美醜是非之好惡以分, 志慮從違爲之也; 是皆成性然也. 有是身, 故有聲色臭味之欲; 有是身, 而君臣父子夫婦昆弟朋友之倫[18]具, 故有喜怒哀樂之情. 惟有欲有情而又有知, 然後欲得遂也, 情得達也. 天下之事, 使欲之得遂, 情之得達, 斯已矣. 惟人之知, 小之能盡美醜之極致, 大之能盡是非之極致. 然後遂己之欲者, 廣之能遂人之欲; 達己之情者, 廣之能達人之情. 道德之盛, 使人之欲無不遂, 人之情無不達, 斯已矣. 欲之失爲私, 私則貪邪隨之矣; 情之失爲偏, 偏則乖戾隨之矣; 知之失爲蔽, 蔽則差謬隨之矣. 不私, 則其欲皆仁

---

15) '欲'은 욕구나 욕망을 가리킨다.
16) '情'은 감정을 가리킨다.
17) '知'는 인식 능력을 가리킨다.
18) '倫'은 사람과 사람 사이의 관계를 말한다.

也, 皆禮義也; 不偏, 則其情必和易而平恕也; 不蔽, 則其知乃所謂聰明聖智也. 孟子舉惻隱羞惡辭讓是非之心謂之心, 不謂之情. 首云"乃若其情"[19], 非性情之情也. 孟子不又云乎: "人見其禽獸也, 而以爲未嘗有才焉, 是豈人之情也哉!"[20] 情, 猶素也, 實也.[21] 孟子於性, 本以爲善, 而此云"則可以爲善矣"[22]. 可之爲言, 因性有等差而斷其善, 則未見不可也. 下云"乃所謂善也", 對上"今曰性善"[23]之文; 繼之云, "若夫爲不善, 非才之罪也". 爲, 猶成也, 卒之成爲不善者, 陷溺其心, 放其良心, 至於梏亡之盡, 違禽獸不遠者也; 言才則性見, 言性則才見, 才於性無所增損故也. 人之性善, 故才亦美, 其往往不美, 未有非陷溺其心使然, 故曰"非天之降才爾殊"[24]. 才可以始美而終於不美, 由才失其才也, 不可謂性始善而終於不善. 性以本始言, 才以體質言也. 體質戕壞, 究非體質之罪, 又安可咎其本始哉! 倘如宋儒言"性卽理"[25], 言"人生以後, 此理已墮在形氣之中, 不全是性之本體

---

19) 『孟子』「告子上」: "乃若其情, 則可以爲善矣, 乃所謂善也. 若夫爲不善, 非才之罪也."

20) 『孟子』「告子上」: "人見其禽獸也, 而以爲未嘗有才焉者, 是豈人之情也哉?"

21) 이것은 '乃若其情'의 情에 대한 戴震의 해석으로, 여기에서의 情은 性情의 情을 가리키는 것이 아니라, 實際情況의 情을 가리킨다는 것이다.

22) 『孟子』「告子上」: "乃若其情, 則可以爲善矣, 乃所謂善也. 若夫爲不善, 非才之罪也."

23) 『孟子』「告子上」: "公都子曰: '告子曰: "性無善無不善也." 或曰: "性可以爲善, 可以爲不善; 是故文武興, 則民好善; 幽厲興, 則民好暴." 或曰: "有性善, 有性不善; 是故以堯爲君而有象, 以瞽瞍爲父而有舜; 以紂爲兄之子且以爲君, 而有微子啓王子比干." 今曰"性善", 然則彼皆非與?'"

24) 『孟子』「告子上」: "富歲, 子弟多賴; 凶歲, 子弟多暴, 非天之降才爾殊也, 其所以陷溺其心者然也."

25) 『河南程氏遺書』卷第十八「劉元承手編」: "性卽是理, 理則自堯舜至於塗人, 一也." 『河南程氏遺書』卷第二十二上「伊川雜錄」: "性卽理也, 所謂理, 性是也." 『中庸章句』: "性, 卽理也." 『朱子語類』卷第四「性理一」「人物之性氣質之性」: "子融認知覺爲性, 故以此爲氣質之性. 性卽是理. 有性卽有氣, 是他稟

矣"[26]), 以孟子言性於陷溺梏亡之後, 人見其不善, 猶曰"非才之罪"者, 宋
儒於"天之降才"卽罪才也.

질문 : 천하 고금의 사람들은 그 재(才)가 각각 가까운 바가 있다.
대략 순수에 가까운 자는 자애롭고 은혜롭고 충성스럽고 믿음직스
러우며, 삼가고 도탑고 온화하고 평온해서, 선(善)을 보면 곧 따르
고 불선(不善)을 부끄러워한다. 맑음에 가까운 자는 밝고 통달하고
넓고 커서 애매모호한 것에 미혹되지 않고, 습관되고 들은 것에
국한되지 않으며, 선(善)을 취하고 불선(不善)을 버리는 것 또한
쉽다. 이것들을 혹시 서로 겸할 수는 없더라도, 모두 재(才)가 아름

得許多氣, 故亦只有許多理."『朱子語類』卷第四「性理一」「人物之性氣質之
性」: "性卽理也. 當然之理, 無有不善者. 故孟子之言性, 指性之本而言. 然必
有所依而立, 故氣質之稟不能無淺深厚薄之別. 孔子曰'性相近也', 兼氣質而
言."『朱子語類』卷第五「性理二」「性情心意等名義」: "性卽理也. 在心喚做
性, 在事喚做理."『朱子語類』卷第六十「孟子十」「盡心上」「盡其心者章」:
"性卽理, 理卽天."『朱子語類』卷第六十「孟子十」「盡心上」「盡其心者章」:
"如吾儒盡心, 只是盡君臣父子等心, 便見有是理, 性卽是理也."

26) 『朱子語類』卷九十五「程子之書一」: "'纔說性時, 便已不是性'者, 言纔謂之
性, 便是人生以後, 此理已墮在形氣之中, 不全是性之本體矣, 故曰'便已不是
性也', 此所謂'在人曰性'也." 2010년 판 黃山書社 본 『戴震全書』와 1982년
판 中華書局 본 『孟子字義疏證』에는 '人生以後, 此理已墮在形氣之中'까지
인용문으로 표기되어 있고, 2009년 판 上海古籍出版社 본 『戴震集』에는 '人
生以後, 此理已墮在形氣之中, 不全是性之本體矣.'까지 인용문으로 표기되
어 있다. 또한 2002년 판 上海古籍出版社와 安徽教育出版社 본 『朱子全書』
에 실려 있는 『朱子語類』에는 '人生以後, 此理已墮在形氣之中, 不全是性之
本體矣'의 문장이 나온다. 『한글 맹자자의소증(孟子字義疏證)』에서는 『朱子
全書』에 의거하고 전후의 문맥을 고려하여, '言"人生以後, 此理已墮在形氣
之中, 不全是性之本體矣",'로 고쳐서 표기하였다.

다운 자들이다. 재(才)가 비록 아름답더라도, 오히려 때때로 치우침이나 사사로움이 없을 수 없다. 주자[周敦頤]는 성(性)을 말하여, "강한 것의 선한 쪽으로는 적합함이 되고 정직함이 되고 단호함이 되고 엄숙하고 의지가 굳음이 되고 강하고 단단함이 되며, 악한 쪽으로는 사나움이 되고 협소함이 되고 강포함이 된다. 부드러운 것의 선한 쪽으로는 자애로움이 되고 순종함이 되고 공손함이 되며, 악한 쪽으로는 나약함이 되고 단호하지 못함이 되고 간사하고 아첨함이 된다"고 말하였다. 그리고 성인이 된 뒤에야 중(中)에 부합하게 되는데, 이것들 또한 재(才)에 나아가서 그것들을 보고 그 악함을 명확하게 열거한 것이다. 정자(程子)는 "성(性)은 선하지 않음이 없는데, 선하지 않음이 있는 것은 재(才)이다. 성(性)은 곧 리(理)인데, 리(理)는 바로 요순(堯舜)으로부터 길 가는 사람에 이르기까지 동일하다. 재(才)는 기(氣)에서 부여받는데, 기(氣)에는 맑음과 흐림이 있어, 그 맑은 것을 부여받은 사람은 현명하게 되고, 그 흐린 것을 부여받은 사람은 어리석게 된다"고 말하였다. 이것은 선하지 않음을 재(才)에 돌리고, 성(性)과 재(才)를 나누어 두 가지 근본으로 삼은 것이다. 주자는 맹자보다 엄밀하다고 하였는데, 주자는 "정자가 이와 같이 말한 재(才)의 글자는 맹자의 본래 문장과 조금 다르다. 맹자는 오로지 그 성(性)에서 발현한 것을 가리켜 그것을 말하였기 때문에, 재(才)에 선하지 않음이 없다고 여긴 것이다. 정자는 오로지 그 기(氣)에서 부여받은 것을 가리켜 그것을 말하였는데, 곧 사람의 재(才)에는 본래 어둡고 밝고 강하고 약한 다름이 있다고 여긴 것이다. 두 설이 비록 다르지만, 각각 마땅한 바가 있다. 그러나 사리로 그것을 고찰해 보면, 정자가 엄밀하다"고 말하였다. 마치 맹자를 "성(性)을 논하고 기(氣)를 논하지 않아서, 갖추어지지 않았다"고 비난한 것과 같으니, 모두 송(宋)의 유학자들이 비록 맹자를 존중한다고 하였으나, 실제로는 서로 저촉되는 것을 증명하기에 충분하다. 그러나 주자[周敦頤]의 이른바 악한 쪽과 같은 것이 어찌 재(才)의 잘못이 아니겠는가?

問: 天下古今之人, 其才各有所近. 大致近於純27)者, 慈惠忠信, 謹(原)[厚]和平, 見善則從而恥不善; 近於淸28)者, 明達廣大, 不惑於疑似, 不滯於習聞, 其取善去不善亦易. 此29)或不能相兼, 皆才之美者也. 才雖美, 猶往往不能無偏私. 周子30)言性云: "剛: 善爲義, 爲直, 爲斷, 爲嚴毅, 爲幹固; 惡爲猛, 爲隘, 爲强梁. 柔: 善爲慈, 爲順, 爲巽; 惡爲懦弱, 爲無斷, 爲邪佞."31) 而以聖人然後協於中32), 此亦就才見之而明擧其惡. 程子云: "性無不善, 而有不善者才也. 性卽理, 理則自堯舜至於塗人, 一也. 才稟於氣, 氣有淸濁, 稟其淸者爲賢, 稟其濁者爲愚."33) 此以不善歸才, 而分性與才爲二本. 朱子謂其密於孟子, 朱子云: "程子此說才字, 與孟子本文小異. 蓋孟子專指其發於性者言之, 故以爲才無不善; 程子專指其稟於氣者言之, 則人之才固有昏明强弱之不同矣. 二說雖殊, 各有所當; 然以事理考之, 程子爲密."34) 猶之譏孟子"論性不論氣, 不備"35), 皆足證宋儒雖尊孟子, 而實相與齟齬. 然如周子所謂惡者, 豈

---

27) '純'은 純情, 善良 등을 의미한다.

28) '淸'은 淸明, 聰明 등을 의미한다.

29) '此'는 純과 淸을 가리킨다.

30) '周子'는 周敦頤이다.

31) 『通書』「師第七」.

32) '中'은 中和의 中, 즉 어느 한쪽으로도 치우치지 않는 공정한 것을 말한다.

33) 『河南程氏遺書』卷第十八「劉元承手編」: "性無不善, 而有不善者才也. 性卽是理, 理則自堯舜至於塗人, 一也. 才稟於氣, 氣有淸濁, 稟其淸者爲賢, 稟其濁者爲愚."

34) 『孟子集注』「告子章句上」: "程子此說才字, 與孟子本文小異. 蓋孟子專指其發於性者言之, 故以爲才無不善; 程子兼指其稟於氣者言之, 則人之才固有昏明强弱之不同矣, 張子所謂氣質之性是也. 二說雖殊, 各有所當, 然以事理考之, 程子爲密."

非才之罪歟?

답변: 이 치우침과 사사로움의 해는 재(才)를 탓할 수 없고, 더욱이 성(性)을 말할 수도 없다. "맹자는 성(性)이 선하다고 말하였는데", 이 성(性)을 이루면 곧 이 재(才)가 되니, 성(性)이 선하면 곧 재(才) 또한 아름답지만, 치우침과 사사로움이 없는 것이 선이 되고 아름다움이 되는 것은 아니다. 사람이 처음 태어나서 먹지 않으면 곧 죽고, 사람이 어려서 배우지 않으면 곧 어리석어진다. 먹어서 그 생명을 기르고 그것을 채워서 자라게 하며, 배워서 그 선량한 것을 기르고 그것을 채워서 현인과 성인에 이르니, 그 사리는 같다. 재(才)가 비록 아름답더라도, 그것을 좋은 옥으로 그릇을 완성하여 가치 있게 하는 것에 비유한다면, 윤기와 광택을 날로 새롭게 하여 오래되면 빛을 발해서 그 전보다 더 보배로울 수 있으며, 깎이고 부식되어 버려두고 아까워하지 않으면 오래되어 부서지고 퇴색하여 그 전보다 덜 보배로울 수 있는 것과 같다. 또 비유한다면, 사람과 사물이 생겨났을 때는 모두 병이 없다가, 그 뒤에 각종 병이 교대로 침범하게 되는데, 마치 생겨나면서 쉽게 병에 걸리는 것과 같다. 혹은 밖에서 감염되어 병에 걸린다거나, 혹은 안의 몸의 음과 양과 다섯 가지 기운의 이기고 지는 것에서 손상을 입어 병에 걸리는데, 그 병이 모두 그 몸에서 발생하는 것을 가리키므로, 하늘이 병이 많은 몸을 주었다고 말해서는 안 된다. 마치 주자[周敦頤]가 일컬었던 바의 사나움과 협소함과 강포함과 나약함과 단호하지 못

---

35) 『河南程氏遺書』卷第六: "論性, 不論氣, 不備; 論氣, 不論性, 不明. 一本此下云: '二之則不是.'"

함과 간사하고 아첨함처럼, 이것은 그 재(才)의 병을 지적한 것으로, 재(才)가 비록 아름답더라도, 그 기름을 잃으면 곧 그렇게 된다. 맹자가 어찌 그 원인을 말하지 않았겠는가? 기름을 잃었기 때문으로, 사람의 재(才)라고 말해서는 안 된다. 재(才)를 말하는 것조차도 안 되는데, 하물며 성(性)을 말하겠는가!

曰: 此偏私之害, 不可以罪才, 尤不可以言性. "孟子道性善"[36), 成是性斯爲是才, 性善則才亦美, 然非無偏私之爲善爲美也. 人之初生, 不食則死; 人之幼稚, 不學則愚; 食以養其生, 充之使長; 學以養其良, 充之至於賢人聖人; 其故一也. 才雖美, 譬之良玉, 成器而寶之, 氣澤日親, 久能發其光, 可寶加乎其前矣; 剝之蝕之, 委棄不惜, 久且傷壞無色, 可寶減乎其前矣. 又譬之人物之生, 皆不病也, 其後百病交侵, 若生而善病者. 或感於外而病, 或受損於內身之陰陽五氣[37)勝負而病; 指其病則皆發乎其體, 而曰天與以多病之體, 不可也. 如周子所稱猛隘强梁懦弱無斷邪佞, 是摘其才之病也; 才雖美, 失其養則然. 孟子豈未言其故哉? 因於失養, 不可以是言人之才也. 夫言才猶不可, 況以是言性乎!

도 네 조항
道四條

인도(人道)는 인간관계와 일상생활에서 몸이 행하는 바의 모든 것들이다. 천지에서는 곧 기(氣)가 변화하여 널리 퍼지고 생겨나고 생겨나는 것이 쉬지 않는데, 이것을 도[天道]라고 한다. 사람과 사물에서

36) 『孟子』 「滕文公上」: "孟子道性善, 言必稱堯舜."
37) '陰陽五氣'는 陰陽과 五行의 氣를 가리킨다.

는 곧 생겨나고 생겨나는 모든 일들이 또한 기(氣)의 변화와 같이 그칠 수가 없는데, 이것을 도[人道]라고 한다. 『역[周易]』에 "한번 음이 되고 한번 양이 되는 것을 도(道)라고 한다. 그것을 계승하는 것이 선(善)이고, 그것을 완성하는 것이 성(性)이다"라고 말하였다. 천도(天道)로 말미암아서 사람과 사물이 있게 된다는 것을 말한 것이다. 『대대예기』에 "도(道)에서 나누어진 것을 명(命)이라고 하고, 하나[一]에서 형성된 것을 성(性)이라고 한다"고 말하였다. 사람과 사물이 천도(天道)에서 나누어지는 것이 가지런하지 못하다는 것을 말한 것이다. 「중용」에 "하늘이 명한 것을 성(性)이라고 하고, 성(性)을 따르는 것을 도(道)라고 한다"고 말하였다. 일상생활의 일과 행위는 모두 성(性)으로 말미암아 일어나고, 천도(天道)에 근본해서 그렇게 되지 않는 것이 없음을 말한 것이다. 「중용」에 또한 "군신과 부자와 부부와 형제와 친구의 교제, 이 다섯 가지는 천하에 통하는 도(道)이다"라고 말하였다. 몸이 행하는 바는 대개 일상생활의 일과 행위로, 그 대강은 다섯 가지에서 벗어나지 않는다는 것을 말한 것이다. 맹자는 "설(契)을 사도로 삼아 인륜, 즉 부자유친과 군신유의와 부부유별과 장유유서와 붕우유신으로 가르쳤다"고 일컬었는데, 이것은 곧 「중용」에서 말한 바의 "도(道)를 닦는 것을 교(敎)라고 한다"는 것이다. 성(性)이라고 하고 도(道)라고 하는 것들은, 그 실제로 있는 물체와 실제로 있는 일을 가리키는 명칭들이다. 인(仁)이라고 하고 예(禮)라고 하고 의(義)라고 하는 것들은, 그 순수하고 치우침이 없고 바른 것을 일컫는 명칭들이다. 인도(人道)는 성(性)에서 근본하고, 성(性)은 천도(天道)에서 근원한다. 천지의 기(氣)가 변화하여 널리 퍼지는 것이 그치지 않고, 생겨나고 생겨나서 쉬지 않는다. 그러나 육지에서 생겨난 것은 물에 들어가면 죽고, 물에서 생겨난 것은 물을 떠나면 죽으며,

남쪽에서 생겨난 것은 더위에 익숙하여 추위를 참지 못하고, 북쪽에서 생겨난 것은 추위에 익숙하여 더위를 참지 못한다. 이것이 의지해서 자라는 것을 저것이 받게 되면 생존을 해치게 된다. "천지의 큰 덕을 생(生)이라고 말한다"고 하였는데, 사물이 살지 못하고 죽는 것이 어찌 천지가 덕을 잃었기 때문이겠는가? 그러므로 천지에 대하여 도(道)를 말할 때, 그 실제로 있는 물체와 실제로 있는 일을 열거하면 도(道)는 저절로 드러나는데, "한번 음이 되고 한번 양이 되는 것을 도(道)라고 한다", "하늘을 세우는 도(道)를 음과 양이라고 말하고, 땅을 세우는 도(道)를 부드러움과 강함이라고 말한다"는 것들이 이것이다. 사람의 심지(心知)에는 밝음과 어둠이 있는데, 그 밝음에 당하면 곧 잘못이 없게 되고, 그 어둠에 당하면 곧 어긋나는 잘못이 있게 된다. 그러므로 사람에 대하여 도(道)를 말할 때, 인간관계와 일상생활이 모두 도(道)의 실제로 있는 일로, "성(性)을 따르는 것을 도(道)라고 한다", "도(道)로 몸을 닦는다", "천하에 통하는 도(道)가 다섯이다"라는 것들이 이것이다. 이 이른바 도(道)는 닦지 않을 수 없는 것이니, "인(仁)으로 도(道)를 닦는다", "성인은 그것을 닦는 것으로 가르침[敎]을 삼는다"는 것들이 이것이다. 그 순수하고 치우침이 없고 바른 것은 곧 이른바 "사람을 세우는 도(道)를 인(仁)과 의(義)라고 말한다", 이른바 "절도에 맞는 것이 통하는 도(道)가 된다"는 것들이 이것이다. 절도에 맞는 것이 통하는 도(道)가 된다는 것은, 순수하고 치우침이 없고 바른 것으로 천하에 미루어 표준이 된다는 것이다. 군신과 부자와 부부와 형제와 친구의 교제, 이 다섯 가지는 통하는 도(道)가 되지만, 그러나 실제로 있는 일을 열거한 것일 뿐이다. 지(智)와 인(仁)과 용(勇)으로 그것들을 실행한 뒤에야 순수하고 치우침이 없고 바른 것이 된다. 그러나 곧 통하는 도(道)라고 한 것은, 천하에 통하여 폐기할 수 없기 때문이다. 『역』에서 천도(天道)를 말하면서 아래로 사람과 사물에까지 미쳤는데, 단지 "그것을 완성하는 것이 성(性)이다"라고만 말하지 않고, 먼저 "그것을 계승하는 것이 선(善)이다"라고 말하였으니, 계승한다는 것은 사람과 사물이 천지의 그 선(善)에 대해서 굳건히 계승하여 막힘이 없는 것을 이른다. 선(善)이라는 것은 그 순수하고 치우침이 없고 바른 것을 일컫는 명칭이고, 성(性)이라는 것은 그 실제로 있는 물체와 실제로 있는 일을 가리키는 명칭이다. 하나의 일이 선하면, 곧 하나의 일이 하늘에 부합한다. 성(性)을 이루는 것이 비록 다르더라도 그 선(善)은 곧 한 가지로, 선(善)은 그 필연(必然)이고, 성(性)은 그 자연(自然)이다. 필연(必然)으로 돌아가는 것이 바로 그 자연(自然)을 완성하는 것으로, 이것을 자연(自然)의 극치라고 하는데, 하늘과 땅과 사람과 사물의 도(道)가 여기에서 다한다. 천도(天道)에 있어서는 나누어 말하지 않지만, 사람과 사물에 있어서는 나누어 말해야 비로소 명확해지므로, 『역』은 또한 "어진 사람은 그것을 보고 어질다고 하고, 지혜로운 사람은 그것을 보고 지혜롭다고 하고, 백성들은 그것을 날마다 쓰면서도 알지 못하기 때문에, 군자의 도(道)가 드물다"고 말하였다. 성(性)을 이루는 데에 있어서 제한이 있은 뒤에, 이 도(道)를 다할 수 없는 사람들이 많다는 것을 말한 것이다.

人道[38], 人倫日用[39]身之所行皆是也. 在天地, 則氣化流行, 生生不息, 是謂道[40]; 在人物, 則凡生生所有事, 亦如氣化之不可已, 是謂道[41]. 易曰: "一

---

38) '人道'는 人事와 爲人의 道理, 즉 사람으로서 마땅히 지켜야 할 道理를 말한다.
39) '人倫日用'은 사람과 사람 사이의 상호 관계와 그날그날의 일상적인 생활을 의미한다.

陰一陽之謂道. 繼之者, 善也; 成之者, 性也."42) 言由天道以有人物也. 大戴
禮記曰: "分於道謂之命, 形於一謂之性."43) 言人物分於天道, 是以不齊也.
中庸曰: "天命之謂性, 率性之謂道."44) 言日用事爲, 皆由性起, 無非本於天
道然也. 中庸又曰: "君臣也, 父子也, 夫婦也, 昆弟也, 朋友之交也, 五者, 天
下之達道也."45) 言身之所行, 擧凡日用事爲, 其大經不出乎五者. 孟子稱
"契46)爲司徒47), 敎以人倫: 父子有親, 君臣有義, 夫婦有別, 長幼有序, 朋友
有信"48), 此卽中庸所言"修道之謂敎"也. 曰性, 曰道, 指其實體實事之名; 曰
仁, 曰禮, 曰義, 稱其純粹中正之名. 人道本於性, 而性原於天道.49) 天地之氣
化流行不已, 生生不息. 然而生於陸者, 入水而死; 生於水者, 離水而死; 生於
南者, 習於溫而不耐寒; 生於北者, 習於寒而不耐溫; 此資之以爲養者, 彼受
之以害生. "天地之大德曰生"50), 物之不以生而以殺者, 豈天地之失德哉! 故
語道於天地, 擧其實體實事而道自見, "一陰一陽之謂道", "立天之道曰陰與

---

40) '道'는 天道를 가리킨다.
41) '道'는 人道를 가리킨다.
42) 『周易』 「繫辭上」.
43) 『大戴禮記』 「本命」: "分於道, 謂之命; 形於一, 謂之性, 化於陰陽, 象形而發,
　　謂之生; 化窮數盡, 謂之死. 故命者, 性之終也. 則必有終矣."
44) 『禮記』 「中庸」: "天命之謂性, 率性之謂道, 修道之謂敎."
45) 『禮記』 「中庸」.
46) '契'은 본래 偰로, 商族의 시조이자, 商朝(기원전 약 16세기-기원전 약 11세
　　기)의 건립자인 湯(기원전 약 1670-기원전 약 1587)의 조상이다.
47) '司徒'는 周代(기원전 약 11세기-기원전 256년) 六官의 하나로, 戶口, 田土,
　　財貨, 敎育을 담당했던 관직명이다.
48) 『孟子』 「滕文公上」: "聖人有憂之, 使契爲司徒, 敎以人倫: 父子有親, 君臣有
　　義, 夫婦有別, 長幼有序, 朋友有信."
49) 이 구절은 人道와 性과 天道의 관계에 대한 戴震의 간명한 요약이다.
50) 『周易』 「繫辭下」: "天地之大德曰生, 聖人之大寶曰位. 何以守位曰仁, 何以
　　聚人曰財. 理財正辭, 禁民爲非曰義."

陽, 立地之道曰柔與剛"[51])是也. 人之心知有明闇, 當其明則不失, 當其闇則有差謬之失. 故語道於人, 人倫日用, 咸道之實事, "率性之謂道", "修身以道"[52]), "天下之達道五"[53])是也. 此所謂道, 不可不修者也, "修道以仁"[54])及"聖人修之以爲敎"[55])是也. 其純粹中正, 則所謂"立人之道曰仁與義"[56]), 所謂"中節之爲達道"[57])是也. 中節之爲達道, 純粹中正, 推之天下而準也; 君臣父子夫婦昆弟朋友之交, 五者爲達道, 但舉實事而已. 智仁勇以行之[58]), 而後純粹中正. 然而卽謂之達道者, 達諸天下而不可廢也. 易言天道而下及人物, 不徒曰"成之者性", 而先曰"繼之者善", 繼謂人物於天地其善固繼承不隔者也; 善者, 稱其純粹中正之名; 性者, 指其實體實事之名. 一事之善, 則一事合於天; 成性雖殊而其善也則一, 善, 其必然也; 性, 其自然也; 歸於必然, 適完其自然, 此之謂自然之極致, 天地人物之道於是乎盡. 在天道不分言, 而在人物, 分言之始明, 易又曰: "仁者見之謂之仁, 智者見之謂之智, 百姓日用而不知, 故君子之道鮮矣."[59]) 言限於成性而後, 不能盡斯道者衆也.

---

51) 『周易』「說卦」: "昔者聖人之作易也, 將以順性命之理, 是以立天之道曰陰與陽, 立地之道曰柔與剛, 立人之道曰仁與義. 兼三才而兩之, 故易六畫而成卦. 分陰分陽, 迭用柔剛, 故易六位而成章."

52) 『禮記』「中庸」: "爲政在人, 取人以身, 修身以道, 修道以仁."

53) 『禮記』「中庸」: "天下之達道五, 所以行之者三, 曰: 君臣也, 父子也, 夫婦也, 昆弟也, 朋友之交也, 五者天下之達道也. 知仁勇三者, 天下之達德也, 所以行之者一也. 或生而知之, 或學而知之, 或困而知之, 及其知之, 一也; 或安而行之, 或利而行之, 或勉强而行之, 及其成功, 一也."

54) 『禮記』「中庸」: "爲政在人, 取人以身, 修身以道, 修道以仁."

55) 『禮記』「中庸」: "天命之謂性, 率性之謂道, 修道之謂敎." 참조.

56) 『周易』「說卦」.

57) 『禮記』「中庸」: "喜怒哀樂之未發, 謂之中; 發而皆中節, 謂之和; 中也者, 天下之大本也; 和也者, 天下之達道也." 참조.

58) '之'는 人道를 가리킨다.

59) 『周易』「繫辭上」.

질문 : 송(宋)의 유학자들은 명(命)에 대하여 성(性)에 대하여 도(道)에 대하여 모두 리(理)로 그것들을 여겼으므로, "도(道)라는 것은 일상생활의 일과 사물들이 마땅히 실행해야 할 리(理)이다"라고 말하였다. 이미 마땅히 실행해야 할 리(理)가 되면, 곧 도(道)를 닦는 데에 대하여 통할 수가 없는데, 그러므로 "닦는다[修]는 것은 그것을 등급 매기고 제한을 가하는 것이다"라고 말하였다. 그러나 "도(道)로 몸을 닦고, 인(仁)으로 도(道)를 닦는다"에서, 두 닦는다[修]는 글자가 차이가 있을 수 없으므로, 단지 "그 몸을 어질게[仁] 할 수 있다"고만 말하고 더는 해석하지 않았다. "통하는 도(道)가 다섯이다"에 대해서는, 맹자가 말한 "인륜으로 가르쳤다"는 것을 들어 그것을 실증하였는데, 그 「중용」의 본뜻을 잃어버린 것이 아주 분명하다. 「중용」에 또한 "도(道)라는 것은 잠시라도 떨어질 수 없다"고 말하였는데, 주자는 이것을 리(理)를 보존하는 설로 삼아서, "잠시 동안이라도 떠나게 해서는 안 된다"고 하였다. 왕문성[王守仁]은 "덕을 기르고 몸을 기르는 것은 단지 한 가지 일일 뿐이다. 만일 보이지 않아도 경계하고 삼갈 수 있고, 들리지 않아도 두려워할 수 있어서, 오로지 이것에 뜻을 두면, 곧 신(神)이 머무르고 기(氣)가 머무르고 정(精)이 머무르는데, 선가(仙家)의 이른바 '오래 살고 오래 본다'는 설 또한 그 가운데에 있다"고 말하였다. 또한 "불씨[佛敎]의 '항상 깨어있는 것' 또한 '항상 그 본래의 모습을 보존하는 것'일 뿐이다"라고 말하였다. 정자(程子)와 주자는 모두 석씨[釋迦牟尼]에게서 그것을 구하기를 여러 해 하였는데, 왕문성의 말처럼, 그 처음에는 종사하다가 나중에는 그 설을 바꿔서, "항상 본래의 모습을 보존하라"는 것으로 "항상 천리(天理)를 보존하라"는 것을 삼았으므로, "항상 깨어있는 것"이라는 말에 대해서

고친 것이 없고, 도리어 "계신공구(戒愼恐懼)"의 네 글자를 중대한 잘못으로 여겼다. 주자는 "마음은 이미 항상 깨어있어야 하고, 규범으로 그것을 단속하여야 하는데, 이것이 안과 밖으로부터 서로 기르는 도리이다"라고 말하였다. 또한 "언급한 '계신공구(戒愼恐懼)'의 네 글자는 이미 지나치게 압박하였으니, 요컨대 단지 간략하게 제기하면 될 뿐, 스스로 반성하여 깨우치게 하는 것이 옳다"고 말하였다. 그렇다면 「중용」에서 말한 "도(道)는 떨어질 수 없다"는 것에 대하여, 그 해석을 들을 수 있겠는가?

問 : 宋儒於命於性於道, 皆以理當之, 故云"道者, 日用事物當行之理"[60]. 旣爲當行之理, 則於修道不可通, 故云"修, 品節之也"[61]; 而於"修身以道, 修道以仁"[62]兩修字不得有異, 但云"能仁其身"[63]而不置解. 於"達道五"[64], 擧孟子所稱"教以人倫"[65]者實之, 其失中庸之本指甚明. 中庸又言"道也者, 不可須臾離也"[66], 朱子以此爲存理之說, "不使離於須臾之頃"[67]. 王文成云: "養德養身, 止是一事. 果能戒愼不睹, 恐懼不聞, 而專志於是, 則神住, 氣住, 精住,[68] 而仙家[69]所謂'長生久視'之說, 亦在其中矣."[70] 又

---

60) 『中庸章句』: "道者, 日用事物當行之理, 皆性之德而具於心, 無物不有, 無時不然, 所以不可須臾離也."

61) 『中庸章句』.

62) 『禮記』「中庸」: "故爲政在人, 取人以身, 脩身以道, 脩道以仁."

63) 『中庸章句』: "能仁其身, 則有君有臣, 而政無不擧矣."

64) 『禮記』「中庸」.

65) 『孟子』「滕文公上」: "聖人有憂之, 使契爲司徒, 教以人倫: 父子有親, 君臣有義, 夫婦有別, 長幼有序, 朋友有信."

66) 『禮記』「中庸」: "道也者, 不可須臾離也, 可離非道也."

67) 『中庸章句』: "是以君子之心常存敬畏, 雖不見聞, 亦不敢忽, 所以存天理之本然, 而不使離於須臾之頃也."

68) '神', '氣', '精'은 모두 良知의 다른 표현이다.

69) '仙家'는 道家를 말한다.

70) 『王陽明全集』卷五「文錄二」「書二」「與陸原靜」: "大抵養德養身, 只是一事,

云: "佛氏之'常惺惺', 亦是'常存他本來面目'耳."71) 程子朱子皆求之72)於釋氏有年, 如王文成之言, 乃其初所從事, 後轉其說, 以"常存本來面目"者爲"常存天理", 故於"常惺惺"之云無所改, 反以"戒愼恐懼"四字爲失之重. 朱子云: "心旣常惺惺, 而以規矩繩檢之, 此內外相養之道也."73) 又云: "著'戒愼恐懼'四字, 已是壓得重了, 要之止略綽提撕, 令自省覺便是."74) 然則中庸言"道不可離"者, 其解可得聞歟?

답변 : 몸에서 나오는 것은 도(道)가 아닌 것이 없으므로, "잠시라도 떨어질 수 없는데, 떨어질 수 있다면 도(道)가 아니다"라고 말하였다. "가(可)"는 "사물에 깃들어 있어 빠뜨릴 수 없다"에서의 가(可)와 같다. 대체로 눈에 접해서 보이는 것이 있으니, 사람 또한 그 거동과 표정을 경계하고 삼가는 것을 안다. 귀에 접해서 들리는 것이 있으니, 사람 또한 허물과 실수를 두려워하는 것을 안다. 눈에 접하고 귀에 접하는 것이 없을 때는 게을러질 수도 있다. 몸을 게을리 하면, 곧 도(道)를 잃지 않았다고 말할 수 없다. 도(道)라는 것은 거처와 음식과 언동으로, 몸으로부터 몸의 친한 것에 이르기까지 해당되지 않는 것이 없기 때문에, "도(道)로 몸을 닦는다"고 말한

原靜所云'眞我'者, 果能戒謹不睹, 恐懼不聞, 而專志於是, 則神住氣住精住, 而仙家所謂長生久視之說, 亦在其中矣."

71) 『傳習錄中』「答陸原靜書」: "'隨物而格', 是'致知'之功, 卽佛氏之'常惺惺', 亦是常存他本來面目耳."
72) '之'는 道를 가리킨다.
73) 『朱子語類』卷十二「學六」「持守」: "心旣常惺惺, 又以規矩繩檢之, 此內外交相養之道也."
74) 『晦庵先生朱文公文集』卷六十「書」「答潘子善」: "然著箇'戒謹恐懼'四字, 已是壓得重了. 要之, 只是略綽提撕, 令自省覺, 便是工夫也."

것이다. 도(道)가 몸에 책임지우는 것은 때로는 쉽게 잘못에 이르기 때문에, 또한 "인(仁)으로 도(道)를 닦는다"고 말한 것이다. 이것은 몸을 닦는 것으로부터 말미암아서 도(道)를 닦는 방법을 미루어 말한 것이기 때문에, 인(仁)과 의(義)와 예(禮)를 들어서 그것들을 준칙으로 삼은 것이다. 아래에서는 "통하는 도(道)"를 말하면서, 그것을 행하는 사람에게 책임을 돌렸기 때문에, 지(智)와 인(仁)과 용(勇)을 들어서 그 행할 수 있는 것을 보여 주었다. "인(仁)으로 도(道)를 닦아서" 의(義)에 미치고 또한 예(禮)에 미치므로, 지(智)를 말하지 않은 것은 지(智)를 빠뜨린 것이 아니라, 예(禮)와 의(義)에 밝은 것이 바로 지(智)이기 때문이다. "지(智)와 인(仁)과 용(勇)의 세 가지는 천하에 통하는 덕"인데, 예(禮)와 의(義)를 말하지 않은 것은 예(禮)를 빠뜨리고 의(義)를 빠뜨린 것이 아니라, 지(智)가 의(義)를 알게 하는 까닭이고, 예(禮)를 알게 하는 까닭이기 때문이다. 인(仁)과 의(義)와 예(禮)라는 것들은 도(道)가 거기에서 다하는 것들이고, 지(智)와 인(仁)과 용(勇)이라는 것들은 도(道)를 다할 수 있는 원인들이다. 그러므로 인(仁)과 의(義)와 예(禮)에는 차등이 없지만, 지(智)와 인(仁)과 용(勇)이 그 사람에게 보존되는 것에는 "나면서부터 알고 편안하게 행하거나", "배워서 알고 이로워서 행하거나", "애써서 알고 힘써서 행하는" 다름이 있다. 옛 현인과 성인의 이른바 도(道)는 인간관계와 일상생활일 뿐으로, 여기에서 그 잘못되지 않는 것을 구하면, 곧 인(仁)과 의(義)와 예(禮)의 명칭들이 그것으로 인하여 생겨나게 된다. 인(仁)과 의(義)와 예(禮)를 도(道)에 더하는 것이 아니라, 인간관계와 일상생활에서 그것들을 행할 때 잘못이 없는 것, 이와 같은 것을 인(仁)이라고 하고, 이와 같은 것을 의(義)라고 하고, 이와 같은 것을 예(禮)라고 하는 것일 뿐이다. 송(宋)의 유학자들은 인(仁)과 의(義)와 예(禮)를 합해서 전부 리(理)라고 말하였고, "마치 물체가 있는 것처럼, 하늘에서 얻어서 마음에 갖춘 것"으로 그것을 보았는데, 그런 이유로 그것을 "형이상(形而上)"으로 여겼고, "공허하고 적막하여 조짐이 없는 것"으로 여겼다. 인간관계와 일상생활을 "형이하(形而下)"로 여겼고, "온갖 형상이 번잡하게 벌려져 있는 것"으로 여겼다. 노씨[老子]와 장씨[莊子]와 석씨[釋迦牟尼]가 인간관계와 일상생활을 버리고 별도로 이른바 도(道)를 둔 것을 따라서, 드디어 그것을 바꿔 리(理)라고 말한 것이다. 천지에 있어서는 곧 음양(陰陽)을 도(道)라고 할 수 없게 되었고, 사람과 사물에 있어서는 곧 부여받은 기(氣)를 성(性)이라고 할 수 없게 되었고, 인간관계와 일상생활의 일을 도(道)라고 할 수 없게 되었다. 육경과 공자와 맹자의 말들은 그것과 부합하는 것이 없다.

曰 : 出於身者, 無非道也, 故曰"不可須臾離, 可離非道"75); "可"76)如"體物而不可遺"77)之可. 凡有所接於目而睹, 人亦知戒愼其儀容也; 有所接於耳而聞, 人亦知恐懼夫愆失也. 無接於目接於耳之時, 或惰慢矣; 惰慢之身, 即不得謂之非失道. 道者, 居處飮食言動, 自身而周於身之所親, 無不該焉也, 故曰"修身以道"; 道之責諸身, 往往易致差謬, 故又曰"修道以仁". 此由修身而推言修道之方, 故擧仁義禮以爲之準則; 下言達道而歸責行之之

---

75) 『禮記』「中庸」: "道也者, 不可須臾離也, 可離非道也."

76) '可'는 '… 할 수 있다[可…]'의 가능성의 뜻을 갖는데, 앞의 '不可須臾離, 可離非道' 인용문과 뒤의 '體物而不可遺' 인용문을 대조하는 것이라면, '可'라고 표현하는 것보다는 차라리 '不可'라고 표현하는 것이 더 나을 듯하다. '不可…[… 할 수 없다]'는 불가능의 뜻을 갖는다.

77) 『禮記』「中庸」: "鬼神之爲德, 其盛矣乎! 視之而弗見, 聽之而弗聞, 體物而不可遺. 使天下之人齊明盛服, 以承祭祀, 洋洋乎如在其上, 如在其左右."

人, 故擧智仁勇以見其能行. "修道以仁", 因及義, 因又及禮, 而不言智, 非
遺智也, 明乎禮義卽智也. "智仁勇三者, 天下之達德"78), 而不言義禮, 非
遺義遺禮也, 智所以知義, 所以知禮也. 仁義禮者, 道於是乎盡也; 智仁勇
者, 所以能盡道也. 故仁義禮無等差, 而智仁勇存乎其人, 有"生知安行"
"學知利行""困知勉行"之殊79). 古賢聖之所謂道, 人倫日用而已矣, 於是
而求其無失, 則仁義禮之名因之而生. 非仁義禮有加於道也, 於人倫日用
行之無失, 如是之謂仁, 如是之謂義, 如是之謂禮而已矣. 宋儒合仁義禮而
統謂之理, 視之"如有物焉, 得於天而其於心", 因以此爲"形而上", 爲"沖
漠無朕"; 以人倫日用爲"形而下", 爲"萬象紛羅". 蓋由老莊釋氏之舍人倫
日用而別有所(貴)[謂]道, 遂轉之以言夫理. 在天地, 則以陰陽不得謂之道,
在人物, 則以氣稟不得謂之性, 以人倫日用之事不得謂之道. 六經孔孟之
言, 無與之合者也.

질문 : 「중용」에 "도(道)가 행해지지 않는데, 나는 그것을 안다. 지
혜로운 사람은 그것을 지나치고, 어리석은 사람은 미치지 못한다.
도(道)가 밝아지지 않는데, 나는 그것을 안다. 현명한 사람은 그것
을 지나치고, 현명하지 않은 사람은 미치지 못한다"고 말하였다.
주자는 "지혜로운 사람"에 대하여 "아는 것이 지나쳐서, 도(道)를
행하기에 부족하다고 여긴다"고 말하였고, "현명한 사람"에 대하
여 "행하는 것이 지나쳐서, 도(道)를 알기에 부족하다고 여긴다"고

---

78) 『禮記』「中庸」: "知仁勇三者, 天下之達德也, 所以行之者一也."
79) 『禮記』「中庸」: "或生而知之, 或學而知之, 或困而知之, 及其知之, 一也; 或
安而行之, 或利而行之, 或勉强而行之, 及其成功, 一也."

말하였다. 이미 도(道)라고 하고서, 행하기에 부족하고 알기에 부족하다고 여겼는데, 그 같은 사람은 반드시 없다. 저 지혜로운 사람이 아는 바와 현명한 사람이 행하는 바는 또 무엇을 가리키는가? 「중용」은 도(道)가 행해지지 않는 것을 지혜로움과 어리석음에 돌리고 현명함과 현명하지 않음에 돌리지 않았으며, 도(道)가 밝아지지 않는 것을 현명함과 현명하지 않음에 돌리고 지혜로움과 어리석음에 돌리지 않았는데, 그 뜻은 어디에 있는가?

問 : 中庸曰: "道之不行也, 我知之矣, 智者過之, 愚者不及也; 道之不明也, 我知之矣, 賢者過之, 不肖者不及也."[80] 朱子於"智者"云, "知之過, 以道爲不足行"; 於"賢者"云, "行之過, 以道爲不足知".[81] 旣謂之道矣, 以爲不足行, 不足知, 必無其人. 彼智者之所知, 賢者之所行, 又何指乎? 中庸以道之不行屬智愚, 不屬賢不肖; 以道之不明屬賢不肖, 不屬智愚; 其意安在?

답변 : 지혜로운 사람은 그 미혹되지 않음을 자부하여, 때때로 그것을 행하는 데 많은 잘못을 한다. 어리석은 사람의 마음은 미혹되고 어두워서, 움직일 때마다 잘못을 저지르는 것이 당연하다. 현명한 사람은 그 옳음에서 나오고 그름에서 나오지 않음을 자신하여, 때때로 고집을 부려 변통하는 것이 드물다. 현명하지 않은 사람은

---

80) 『禮記』「中庸」: "道之不行也, 我知之矣: 知者過之, 愚者不及也. 道之不明也, 我知之矣: 賢者過之, 不肖者不及也. 人莫不飮食也, 鮮能知味也."
81) 『中庸章句』: "知者知之過, 旣以道爲不足行; 愚者不及知, 又不知所以行, 此道之所以常不行也. 賢者行之過, 旣以道爲不足知; 不肖者不及行, 又不求所以知, 此道之所以常不明也."

그 마음을 빠뜨려서, 비록 일의 마땅함을 보더라도, 악을 기르고 잘못을 키워 알지 못하는 것과 같다. 그러나 지혜로움과 어리석음과 현명함과 현명하지 못함이 어찌 인간관계와 일상생활의 밖으로 넘어설 수 있는 것들이겠는가? 그러므로 "사람이라면 마시고 먹지 않음이 없지만, 맛을 알 수 있는 사람은 드물다"고 말하였다. 마시고 먹는 것은 인간관계와 일상생활을 비유한 것들이고, 맛을 안다는 것은 그것을 행하는 데 잘못이 없음을 비유한 것이다. 만일 인간관계와 일상생활을 버리고서 도(道)라고 여긴다면, 이것은 마시고 먹는 것 밖에서 맛을 알기를 구하는 것이다. 인간관계와 일상생활로 나아가, 모두 몸에서 나온 것에서 그 바뀌지 않는 법칙을 구하면, 곧 인(仁)이 지극해지고 의(義)가 다하여 하늘에 부합하게 된다. 인간관계와 일상생활은 그 사물이고, 인(仁)이라고 말하고 의(義)라고 말하고 예(禮)라고 말하는 것들은 그 법칙이다. 오로지 인간관계와 일상생활 그 자체에서 나온 모든 것들을 도(道)라고 하므로, "도(道)로 몸을 닦고, 인(仁)으로 도(道)를 닦는다"고 말하였는데, 사물과 법칙을 나누어서 그것을 말한 것이다. 절도에 맞는 것이 통하는 도(道)가 되고, 지나치지도 않고 미치지 못하지도 않으며 한쪽에 치우치지 않는 것이 도(道)가 된다는 것은 사물과 법칙을 합해서 말한 것이다.

曰：智者自負其不惑也，往往行之多謬；愚者之心惑闇，宜乎動輒愆失. 賢者自信其出於正不出於邪，往往執而鮮通；不肖者陷溺其心，雖睹夫事之宜，而長惡遂非與不知等. 然智愚賢不肖，豈能越人倫日用之外者哉？ 故曰："人莫不飲食也，鮮能知味也."[82] 飲食，喩人倫日用；知味，喩行之無

失; 使舍人倫日用以爲道, 是求知味於飮食之外矣. 就人倫日用, 擧凡出於身83)者求其不易之則, 斯仁至義盡而合於天84). 人倫日用, 其物85)也; 曰仁, 曰義, 曰禮, 其則也. 專以人倫日用, 擧凡出於身者謂之道, 故曰"修身以道, 修道以仁", 分物與則言之也; 中節86)之爲達道, 中庸87)之爲道, 合物與則言也.

질문 : 안연[顔回]이 한숨을 쉬며 탄식하여, "그것을 우러러보면 더욱 높고, 그것을 파고들면 더욱 단단하고, 그것을 쳐다보면 앞에 있는가 하면, 어느새 뒤에 있다"고 말하였다. 공손추(公孫丑)는 "도(道)는 곧 높고 아름답습니다. 마땅히 하늘에 오르는 것과 같아서, 미치지 못할 것 같습니다. 어째서 저들에게 거의 미칠 수 있다고 여기게 하여 날마다 힘쓰게 하지 않으십니까"라고 말하였다. 지금 인간관계와 일상생활 그 자체에서 나오는 모든 것들을 도(道)라고 하면서, 이것에 나아가 그것을 구하기만 한다면, 그 변하지 않는 법칙을 얻을 수 있다고 하였는데, 어째서 막연하여 근거가 없는 것이 또한 이와 같은가?

問 : 顔淵88)喟然歎曰: "仰之彌高, 鑽之彌堅, 瞻之在前, 忽焉在後."89) 公

---

83) '身'은 생활의 모든 일들을 가리킨다.
84) '天'은 자연의 법칙을 가리킨다.
85) '物'은 구체적인 사물을 가리킨다.
86) '中節'은 부합한다는 中의 의미와 절도라는 節의 의미가 결합된 개념으로, 사람의 사상이나 감정 등이 일정한 도덕 법칙에 부합하는 것을 의미한다.
87) '中庸'은 어느 한쪽으로도 치우치지 않는다는 中의 의미와 평범하고 한결같다는 庸의 의미가 결합된 개념으로, 지나치지도 않고 미치지 못하지도 않고 항상 변하지 않는 상태나 정도를 의미한다.

孫丑90)曰: "道則高矣美矣, 宜若登天然, 似不可及也; 何不使彼爲可幾及
而日孳孳也?"91) 今謂人倫日用擧凡出於身者謂之道, 但就此求之, 得其
不易之則可矣, 何以茫然無據又若是歟?92)

답변 : 맹자가 말하기를, "도(道)는 큰 길과 같은데, 어찌 알기가
어렵겠는가"라고 하였는데, 사람들마다 그것을 행한다는 말이다.
임금이 되어서는 임금의 일을 행하고, 신하가 되어서는 신하의 일
을 행하고, 아버지가 되고 아들이 되어서는 아버지의 일을 행하고
아들의 일을 행하는 것과 같은 것들이 모두 이른바 도(道)이다. 임
금이 인(仁)에 머물지 않으면 곧 임금의 도(道)가 없어지고, 신하가
경(敬)에 머물지 않으면 곧 신하의 도(道)가 없어지고, 아버지가
자(慈)에 머물지 않으면 곧 아버지의 도(道)가 없어지고, 아들이
효(孝)에 머물지 않으면 곧 아들의 도(道)가 없어진다. 그렇다면
임금의 도(道)와 신하의 도(道)와 아버지의 도(道)와 아들의 도(道)
를 다하는데, 지(智)와 인(仁)과 용(勇)이 아니라면 할 수가 없다.
실질적으로 그것들을 말하여, "통하는 도(道)"라고 말하고, "통하
는 덕(德)"이라고 말한다. 정밀하게 그것들을 말하여, 곧 지(智)와
인(仁)과 용(勇)에 완전한 사람이 그 임금의 도(道)와 신하의 도(道)
와 아버지의 도(道)와 자식의 도(道)를 다할 때, 그 일을 들어 또한

---

88) '顔淵'은 顔回(기원전 521-기원전 481)로, 顔子라고도 부르며, 孔子의 제자다.
89) 『論語』 「子罕」. 여기에서 '之'는 모두 孔子의 道를 가리킨다.
90) '公孫丑'는 戰國時代 齊의 사상가로, 孟子의 제자다.
91) 『孟子』 「盡心上」.
92) 顔回와 公孫丑가 얘기한 바의 道는 어째서 그렇게 막연하여 근거가 없는
    것 같으냐는 뜻이다.

도(道)라고 말하는 것에 지나지 않는다. 그러므로 「중용」에 "크구나, 성인의 도(道)여! 가득하구나, 만물을 발육시키고, 높기가 하늘에 닿았도다! 넉넉하고 크구나! 예의(禮儀) 삼백 가지와 위의(威儀) 삼천 가지가 그 사람을 기다린 뒤에 행해진다"고 말하였다. 도(道)의 크기를 지극하게 말하면 이와 같지만, 어찌 인간관계와 일상생활의 밖으로 나가겠는가! 지극한 도(道)는 지극한 덕(德)을 가진 사람에게 돌아가는 것이니, 어찌 학문이 낮은 사람이 쉽게 엿보아 헤아리는 바이겠는가! 지금 성인에게서 배운 사람이 성인의 언어와 행사를 보는 것이, 혁추(奕秋)에게서 바둑을 배운 사람이 혁추의 기교를 헤아릴 수 없는 것과 같으니, 갑자기 그에게 도달할 수 있는 것이 아니다. 안자[顔回]의 말에 또한 "선생님께서는 차례차례 사람을 잘 유도하셨다. 문헌으로 나를 넓혀주셨고, 예절로 나를 단속해 주셨다"고 말하였다. 「중용」에는 그 조목을 상세하게 들어, 널리 배우고 자세하게 묻고 신중하게 생각하고 명확하게 판별하고 독실하게 행하는 것이라고 말하고, 그것을 마치면서 "진실로 이 도(道)를 행할 수 있다면, 비록 어리석더라도 반드시 총명해지고, 비록 나약하더라도 반드시 강해진다"고 말하였다. 이 도(道)를 따라 성인의 도(道)에 이른다는 것은, 실제로 이 도(道)를 따라 날마다 그 지(智)를 증가시키고 날마다 그 인(仁)을 증가시키고 날마다 그 용(勇)을 증가시켜서, 지(智)와 인(仁)과 용(勇)으로 하여금 성인과 같게 한다는 것이다. 그 날마다 증가시키는 데는 어려움도 있고 쉬움도 있는데, 하나의 기술과 하나의 재능을 배우는 것에 그것을 비유해 보면, 그 처음에는 날마다 달라지고 달마다 달라지다가, 그 것을 오래하면 사람들이 그 나아가는 것을 보지 못하게 되고, 그것을 더 오래하면 자기도 또한 다시는 나아갈 수 없다는 것을 깨닫게

되는 것과 같다. 사람들이 비록 나라의 장인으로 그를 칭찬해 준다
하더라도, 스스로 이르지 못하였다는 것을 안다는 것이다. 안자는
그래서 "그만 두려고 해도 그럴 수 없고, 이미 나의 재능을 다하였
는데도, 선 것이 우뚝한 듯하여, 비록 그를 따르려고 해도 길이 없
을 따름이다"라고 말하였으니, 이것이 안자가 도달한 바이다.

曰: 孟子言"夫道若大路然, 豈難知哉"[93], 謂人人由之. 如爲君而行君之
事, 爲臣而行臣之事, 爲父爲子而行父之事, 行子之事, 皆所謂道也. 君不
止於仁, 則君道失; 臣不止於敬, 則臣道失; 父不止於慈, 則父道失; 子不止
於孝, 則子道失; 然則盡君道臣道父道子道, 非智仁勇不能也. 質言之, 曰
"達道", 曰"達德"; 精言之, 則全乎智仁勇者, 其盡君道臣道父道子道, 擧
其事而亦不過謂之道. 故中庸曰: "大哉聖人之道! 洋洋乎, 發育萬物, 峻
極於天! 優優大哉! 禮儀[94]三百, 威儀[95]三千, 待其人而後行."[96] 極言乎
道之大如是, 豈出人倫日用之外哉! 以至道歸之至德之人, 豈下學所易窺
測哉! 今以學於聖人者, 視聖人之語言行事, 猶學奕於奕秋[97]者, 莫能測
奕秋之巧也, 莫能遽幾及之[98]也. 顔子之言又曰: "夫子循循然善誘人, 博
我以文, 約我以禮."[99] 中庸詳擧其目, 曰博學審問愼思明辨篤行, 而終之
曰: "果能此道矣, 雖愚必明, 雖柔必强."[100] 蓋循此道以至乎聖人之道, 實

---

93) 『孟子』「告子下」: "夫道, 若大路然, 豈難知哉? 人病不求耳. 子歸而求之, 有
餘師."
94) '禮儀'는 禮의 큰 綱領을 말한다.
95) '威儀'는 禮의 상세한 條目을 말한다.
96) 『禮記』「中庸」.
97) '奕秋'는 春秋時代에 활동했다는 전설적인 바둑의 고수로, 『孟子』「告子上」
에 나온다. "奕秋, 通國之善奕者也."
98) '之'는 聖人을 가리킨다.
99) 『論語』「子罕」.

循此道以日增其智, 日增其仁, 日增其勇也, 將使智仁勇齊乎聖人. 其日增也, 有難有易, 譬之學一技一能, 其始日異而月不同; 久之, 人不見其進矣; 又久之, 己亦覺不復能進矣; 人雖以國工許之, 而自知未至也. 顔子所以言 "欲罷不能, 旣竭吾才, 如有所立卓爾, 雖欲從之, 末由也已"[101], 此顔子之所至也.

인의예지 두 조항
仁義禮智二條

인(仁)이라는 것은 생겨나고 생겨나는 덕이다. "백성들은 질박한지라, 일상생활에서 마시고 먹나니"라고 하였는데, 인도(人道)는 생겨나고 생겨나는 것에 의지하지 않는 것이 없다. 한 사람이 그 생겨난 것을 이루고, 그것을 미루어 천하와 함께 그 생겨난 것을 이루는 것이 인(仁)이다. 인(仁)을 말하면 의(義)를 포괄할 수 있는데, 만일 사랑하고 키우는 것이 바르고 큰 정(情)에 부합하지 않으면, 곧 의(義)가 다하지 못하게 되고, 또한 곧 인(仁)이 되는 데도 이르지 못하게 된다. 인(仁)을 말하면 예(禮)를 포괄할 수 있는데, 만일 친소와 상하의 구분이 없으면, 곧 예(禮)가 없어지게 되고, 인(仁)도 또한 얻지 못하게 된다. 또한 의(義)를 말하면 예(禮)를 포괄할 수 있고, 예(禮)를 말하면 의(義)를 포괄할 수 있다. 선왕이 예(禮)로 가르치는 것이 바르고 큰

---

100) 『禮記』「中庸」: "博學之, 審問之, 愼思之, 明辨之, 篤行之. 有弗學, 學之弗能, 弗措也; 有弗問, 問之弗知, 弗措也; 有弗思, 思之弗得, 弗措也; 有弗辨, 辨之弗明, 弗措也, 有弗行, 行之弗篤, 弗措也. 人一能之己百之, 人十能之己千之. 果能此道矣, 雖愚必明, 雖柔必強."

101) 『論語』「子罕」.

정(情)이 아닌 것이 없고, 군자가 의(義)에 정통하여 친소와 상하를 판단하는 것이 조금도 어긋나지 않는다. 의(義)를 들고 예(禮)를 들면, 인(仁)을 포괄할 수 있는 것 또한 의심이 없다. 인(仁)과 의(義)와 예(禮)를 들면 지(智)를 포괄할 수 있는데, 지(智)라는 것은 이것들을 아는 것이다. 『역[周易]』에 "사람을 세우는 도(道)를 인(仁)과 의(義)라고 말한다"고 말하였고, 「중용」에 "인(仁)이라는 것은 사람을 사랑하는 것으로, 친한 사람을 친하게 대하는 것이 가장 큰 것이 되고, 의(義)라는 것은 마땅함으로, 현명한 사람을 높이는 것이 가장 큰 것이 된다. 친한 사람을 친하게 대하는 것의 등차와 현명한 사람을 높이는 것의 등급은 예(禮)가 생겨나는 바이다"라고 말하였다. 그것들에 예(禮)를 더함으로써, 인(仁)이 지극하게 되고 의(義)가 다하게 된다. 덕이 성하게 되는 것을 말하자면, 지(智)와 인(仁)을 온전하게 하는 것일 뿐으로, 「중용」에 "지(智)와 인(仁)과 용(勇)의 세 가지는 천하에 통하는 덕이다"라고 말하였다. 그것들에 용(勇)을 더함으로써, 덕이 이루어지게 된다. 인간관계와 일상생활에 나아가, 그 정미한 극치를 궁구하여 인(仁)이라고 말하고 의(義)라고 말하고 예(禮)라고 말하는데, 세 가지를 합하여 천하의 일을 판단하는 것은 저울로 가볍고 무거움을 재는 것과 같아서, 인(仁)에 대하여 유감된 것이 없고 예(禮)와 의(義)에 대하여 허물을 짓지 않으면, 도(道)가 다하게 된다. 덕성이 그 사람에게 보존되면, 지(智)라고 말하고 인(仁)이라고 말하고 용(勇)이라고 말하는데, 세 가지가 재질의 아름다움이다. 재질에 의거하여 배움으로 나아가면, 모두가 성인에 이를 수 있다. 인도(人道)로부터 천도(天道)까지 거슬러 올라가고, 사람의 덕성으로부터 하늘의 덕성까지 거슬러 올라가면, 곧 기(氣)가 변화하여 널리 퍼지고 생겨나고 생겨나는 것이 쉬지 않는데, 인(仁)이다. 그 생겨나고 생겨나는 것으로 말미암아 자연(自然)의 조리(條理)가 있게 되는데, 조리(條理)가 질서정연한 것을 보면 예(禮)를 알 수 있고, 조리(條理)가 분명하여 어지럽힐 수 없는 것을 보면 의(義)를 알 수 있다. 하늘에서는 기(氣)가 변화하여 생겨나고 생겨나게 되고, 사람에게서는 그 생겨나고 생겨나는 마음이 되는데, 이것이 바로 인(仁)의 덕됨이다. 하늘에서는 기(氣)가 변화하여 미루어나가는 조리(條理)가 되고, 사람에게서는 그 심지(心知)가 조리(條理)에 통하여 어지럽지 않게 되는데, 이것이 바로 지(智)의 덕됨이다. 오직 조리(條理)로써 생겨나고 생겨나는 것이니, 조리(條理)를 만일 잃게 되면 곧 생겨나고 생겨나는 도(道)가 끊어진다. 인(仁)과 의(義)의 한 쌍의 문자와 지(智)와 인(仁)의 한 쌍의 문자는, 모두 생겨나고 생겨나는 것과 조리(條理)를 겸해서 말한 것이다.

仁者, 生生之德也; "民之質矣, 日用飲食"[102], 無非人道所以生生者. 一人逐其生, 推之而與天下共逐其生, 仁也. 言仁可以賅義, 使親愛長養不協於正大之情, 則義有未盡, 亦卽爲仁有未至. 言仁可以賅禮, 使無親疏上下之辨, 則禮失而仁亦未爲得. 且言義可以賅禮, 言禮可以賅義; 先王之以禮敎, 無非正大之情; 君子之精義也, 斷乎親疏上下, 不爽幾微. 而舉義舉禮, 可以賅仁, 又無疑也. 舉仁義禮可以賅智, 智者, 知此者也. 易曰: "立人之道, 曰仁與義."[103] 而中庸曰: "仁者, 人也, 親親爲大; 義者, 宜也, 尊賢爲大; 親親之殺, 尊賢之等, 禮所生也."[104] 益之[105]以禮, 所以爲仁至義盡也. 語德之盛者, 全

---

102) 『詩經』「小雅」「鹿鳴之什」「天保」.
103) 『周易』「說卦」: "昔者聖人之作易也, 將以順性命之理, 是以立天之道曰陰與陽, 立地之道曰柔與剛, 立人之道曰仁與義. 兼三才而兩之, 故易六畫而成卦. 分陰分陽, 迭用柔剛, 故易六位而成章."
104) 『禮記』「中庸」.

乎智仁而已矣, 而中庸曰: "智仁勇三者, 天下之達德也."106) 益之107)以勇,
蓋德之所以成也. 就人倫日用, 究其精微之極致, 曰仁, 曰義, 曰禮, 合三者以
斷天下之事, 如權衡之於輕重, 於仁無憾, 於禮義不忿, 而道盡矣. 若夫德性
之存乎其人, 則曰智, 曰仁, 曰勇, 三者, 才質之美也, 因才質而進之以學, 皆
可至於聖人. 自人道溯之天道, 自人之德性溯之天德, 則氣化流行, 生生不息,
仁也. 由其生生, 有自然之條理, 觀於條理之秩然有序, 可以知禮矣; 觀於條
理之截然不可亂, 可以知義矣. 在天爲氣化之生生, 在人爲其生生之心, 是乃
仁之爲德也; 在天爲氣化推行之條理, 在人爲其心知之通乎條理而不紊, 是乃
智之爲德也. 惟條理, 是以生生; 條理苟失, 則生生之道絶. 凡仁義對文及智
仁對文, 皆兼生生條理而言之者也.

질문:『논어』에 "충(忠)과 신(信)을 위주로 한다"고 말하였고, "예
(禮)는 사치스럽기보다는 차라리 검소한 편이 낫고, 상(喪)은 매끄
럽기보다는 차라리 슬퍼하는 편이 낫다"고 말하였다. 자하[卜商]가
"그림 그리는 일은 흰 바탕이 있은 뒤에 해야 한다"는 것을 듣고,
"예(禮)는 뒤입니까"라고 말하였다. 주자는 "예(禮)는 충(忠)과 신
(信)을 바탕으로 한다"고 말하면서,『기[禮記]』의 "충(忠)과 신(信)
이 있는 사람이 예(禮)를 배울 수 있다"고 일컬은 것을 인용하여
그것을 증명하였다. 노씨[老子]는 "예(禮)라는 것은 충(忠)과 신
(信)이 엷어진 것으로, 혼란의 시작이다"라고 직언하였는데, 종지
는 거의 서로 비슷하다. 그러나『논어』에 또한 "열 집 정도 되는

---

105) '之'는 仁과 義를 가리킨다.
106)『禮記』「中庸」: "知仁勇三者, 天下之達德也, 所以行之者一也."
107) '之'는 智와 仁을 가리킨다.

마을에 나처럼 충(忠)과 신(信)을 소중히 여기는 사람은 반드시 있겠지만, 나처럼 배움을 좋아하지는 않을 것이다"라고 말하였다. "자기를 이기고 예(禮)로 돌아가는 것이 인(仁)이 된다"고 말하였다. 「중용」은 예(禮)에 대하여, "하늘을 아는 것"으로 그것을 말하였다. 맹자는 "행동거지가 예(禮)에 맞는 것이 지극히 성한 덕이다"라고 말하였다. 배움을 중시하고 예(禮)를 중시한 것이 이와 같은데, 충(忠)과 신(信) 또한 말하기에 부족하다는 것은 무엇 때문인가?

問:論語言"主忠信"108),言"禮與其奢也寧儉,喪與其易也寧戚"109);子夏110)聞"繪事後素"111),而曰"禮後乎"112);朱子云"禮以忠信爲質"113),引記稱"忠信之人,可以學禮"114)證之;老氏直言"禮者,忠信之薄,而亂之首"115),指歸幾於相似。然論語又曰:"十室之邑,必有忠信如丘者焉,不如丘之好學也。"116)曰:"克己復禮爲仁。"117)中庸於禮,以"知天"118)言之。

---

108) 『論語』「學而」:"君子不重則不威,學則不固。主忠信,無友不如己者,過則勿憚改。"『論語』「子罕」:"主忠信,毋友不如己者,過則勿憚改。"『論語』「顏淵」:"主忠信,徙義,崇德也。愛之欲其生,惡之欲其死。既欲其生,又欲其死,是惑也。"

109) 『論語』「八佾」.

110) '子夏'는 卜商(기원전 507-기원전 약 400)의 字로, 孔子의 제자이다.

111) 『論語』「八佾」:"子夏問曰:'「巧笑倩兮,美目盼兮,素以爲絢兮。」何謂也?'子曰:'繪事後素。'曰:'禮後乎?'子曰:'起予者商也!始可與言詩已矣。'"

112) 『論語』「八佾」.

113) 『論語集注』「八佾第三」:"禮必以忠信爲質,猶繪事必以粉素爲先。"

114) 『禮記』「禮器」:"君子曰:甘受和,白受采;忠信之人,可以學禮。苟無忠信之人,則禮不虛道。是以得其人之爲貴也。"

115) 『老子』三十八章.

116) 『論語』「公冶長」.

117) 『論語』「顏淵」:"克己復禮爲仁。一日克己復禮,天下歸仁焉。爲仁由己,而孟子曰: "動容周旋中禮, 盛德之至也."[119] 重學重禮如是, 忠信又不足言, 何也?

답변: 예(禮)라는 것은 천지의 조리(條理)로, 조리(條理)의 지극함에 대하여 말하는데, 하늘을 알지 않으면 그것을 다하기에 부족하다. 곧 예의[儀]의 형식과 법도[度]의 수량은 또한 성인이 천지의 조리(條理)에서 보고, 그것을 정하여 천하와 만세의 법으로 삼은 것이다. 예(禮)를 설정하여 천하의 정(情)을 다스리는 까닭은, 혹은 지나치는 것을 제재하고 혹은 미치지 못하는 것을 권면하여, 천지의 적당함을 알게 하는 것일 뿐이다. 인정이 옅어지면 도리어 용모를 꾸미게 되는데, 용모를 꾸미므로 정(情)이 옅어지는 것이 아니고, 그 인정이 점점 옅어지면서 단지 용모만을 꾸며서 예(禮)로 삼는 것이니, 그 용모를 꾸미는 것을 싫어하는 것이 아니고, 그 정(情)이 옅어지는 것을 싫어하는 것일 뿐이다. 예(禮)로 그 검소하고 누추한 것을 다스려 고상하고 우아하게 변화하도록 하고, 상(喪)으로 그 슬픔을 다스려 감정 내키는 대로 바로 행동하는 것에서 멀어지도록 한다. 정(情)이 옅은 사람은 사치부리고 쉽게 하려고 애쓰는데, 검소하고 슬퍼하는 것만 못하여, 예(禮)에 비록 부족하더라도, 도리어 예(禮)를 제정한 처음에 가깝기 때문에, 임방(林放)이 예(禮)의 근본을 물은 것에 대답했던 것이다. "충(忠)하고 신(信)한 사람이 예(禮)를 배울 수 있다"는 것은, 바탕이 아름다움 사람이

　　由人乎哉?"
118) 『禮記』「中庸」: "質諸鬼神而無疑, 知天也; 百世以俟聖人而不惑, 知人也."
119) 『孟子』「盡心下」: "動容周旋中禮者, 盛德之至也; 哭死而哀, 非爲生者也; 經德不回, 非以干祿也; 言語必信, 非以正行也."

예(禮)에 나아가면 용모를 꾸미고 감정이 옅어지는 폐단이 없다는 것을 말하는데, 충(忠)과 신(信)은 곧 그 사람의 바탕이 아름답다는 것으로, "만일 그 사람이 아니라면, 도(道)는 헛되이 행해지지 않는다"고 말하는 것과 같다. 노씨[老子] 때에 이르러 시속의 잘못으로 예(禮)까지 없애려고 한 것은, 순박한 상태로 돌아가려는 데에 그 뜻이 있었는데, 끝내는 반드시 천하를 모두 순박한 상태로 돌아가게 할 수 없었으니, 그 태어나면서부터 순박한 자는 감정 내키는 대로 바로 행동하고, 악하고 옅은 데로 흐른 자는 제멋대로 행동해서 거리낌이 없는데, 이것은 사람을 금수와 동일시하여, 천하를 이끌어 혼란하게 하는 것이다. 군자가 예(禮)를 행하는데, 그 충(忠)하고 신(信)한 사람은 굳이 말을 기다릴 필요가 없지만, 예(禮)를 알지 못하면 곧 일마다 그 조리(條理)에 어긋나서 군자가 되기에 부족하다. 임방이 "예(禮)의 근본"을 묻고 자하[卜商]가 "예(禮)는 뒤"라고 말한 것은, 모두 예(禮)를 중시한 것이지 예(禮)를 경시한 것이 아니다. 『시[詩經]』에 "흰 바탕에 채색을 한다"고 말하였는데, "흰 바탕"은 그 거동이 우아한 사람을 비유한 것이다. 앞에 "어여쁜 웃음 보조개 짓다", "아리따운 눈동자 흑백이 뚜렷하다"고 말한 것은, 그 아름다움이 더욱 드러난 것으로, 이것을 "채색을 한다"고 한 것이다. 비유의 뜻이 심원하기 때문에, 자하가 그것을 의심했던 것이다. "그림 그리는 일은 흰 바탕이 있은 뒤에 해야 한다"는 것에 대하여, 정강성[鄭玄]은 "그림을 그릴 때는 먼저 여러 색을 칠하고서, 그런 뒤에 흰색으로 그 사이에 칠하여 문채를 완성한다"고 말하였다. 하평숙[何晏]의 「경복전부」의 이른바 "색칠한 사이에다 흰색을 칠하니, 성기고 빽빽한 것이 일정한 규격이 있게 되었다"는 것은, 옛 사람들이 그림을 그리던 일정한 법도이다. 그 「고공기」의 "그림 그리는 일은 흰색 칠하는 일을 나중에 한다"는 구절에 대한 주에는, "소(素)는 흰색으로, 그것을 나중에 칠하는 것은 그 쉽게 더럽혀지기 때문이다"라고 말하였다. 이것은 흰색을 나중에 칠하면, 비로소 다섯 가지 색이 찬란하게 무늬를 이루어, 용모가 아름다운데다가 또한 거동까지 우아하여 진실로 아름답게 된다는 것이니, "흰 바탕에 채색을 한다"는 비유가 밝고 뚜렷해진다. 자하는 이 말에 감동되어, 『시』에 대해 의심이 없어졌을 뿐더러, 더욱이 아름다운 재질은 모두 마땅히 예(禮)로 나아가야 하는데, 이것이 군자가 귀하게 여기는 바라는 것을 알게 되었다. 만약에 자하가 예(禮)를 뒤로 하고 충(忠)과 신(信)을 앞세웠다고 한다면, 곧 예(禮)에 대하여 또한 노씨처럼 겨우 용모를 꾸미고 감정이 옅은 사람이 하는 바를 가리키는 것으로 본 것인데, 임방이 용모를 꾸미고 감정이 옅은 것을 시속의 잘못으로 여긴 것과는 뜻이 가리키는 것이 심하게 다른 것으로, 공자가 어떻게 그를 칭찬할 수 있었겠는가? 충(忠)과 신(信)은 재질의 아름다움에서 말미암기에, 성현은 행위를 논하면서 당연히 충(忠)과 신(信)을 중시하였지만, 그 재질이 일을 행할 때 드러나게 되는 것처럼, 만일 배움이 부족하다면 곧 잘못이 지각에 있게 되고, 행동이 그것으로 인하여 잘못되게 되어, 비록 그 마음에 충(忠)이 아니고 신(信)이 아닌 것이 없을지라도, 도(道)를 해치는 것이 많게 된다. 행동의 잘못을 알 수 없고, 그저 마음에 부끄러움이 없기만을 스스로 기대하는 자는, 그 사람이 충(忠)하고 신(信)하더라도 배움을 좋아하지 않아서, 때때로 여기에서 나오게 되는데, 이것으로 배움과 예(禮)의 중요함을 볼 수 있다.

曰 : 禮者, 天地之條理也, 言乎條理之極, 非知天不足以盡之. 卽儀文度數, 亦聖人見於天地之條理, 定之以爲天下萬世法. 禮之設所以治天下之情, 或

裁其過, 或勉其不及, 俾知天地之中而已矣. 至於人情之漓, 猶飾於貌, 非因
飾貌而情漓也, 其人情漸漓而徒以飾貌爲禮也, 非惡其飾貌, 惡其情漓耳.
禮以治其儉陋, 使化於文; 喪以治其哀戚, 使遠於直情而徑行. 情漓者馳騖
於奢與易, 不若儉戚之於禮, 雖不足, 猶近乎制禮所起也, 故以答林放[120]問
禮之本. "忠信之人, 可以學禮"[121], 言質美者進之於禮, 無飾貌情漓之弊,
忠信乃其人之質美, 猶曰"苟非其人, 道不虛行"[122]也. 至若老氏, 因俗失而
欲倂禮去之, 意在還淳反樸, 究之不能必天下盡歸淳樸, 其生而淳樸者, 直
情徑行; 流於惡薄者, 肆行無忌, 是同人於禽獸, 率天下而亂者也. 君子行
禮, 其爲忠信之人固不待言; 而不知禮, 則事事爽其條理, 不足以爲君子.
林放問"禮之本", 子夏言"禮後", 皆重禮而非輕禮也. 詩言"素以爲絢"[123],
"素"以喩其人之嫻於儀容; 上云"巧笑倩""美目盼"[124]者, 其美乃益彰, 是
之謂"絢"; 喩意深遠, 故子夏疑之. "繪事後素"者, 鄭康成[125]云: "凡繪畫,

---

120) '林放'은 春秋時代 魯의 사람으로, 禮로 유명하여 일찍이 孔子에게 禮에
대하여 물었다고 전해진다. 『論語』「八佾」: "林放問禮之本. 子曰: '大哉問!
禮, 與其奢也, 寧儉; 喪, 與其易也, 寧戚.'" 참조.

121) 『禮記』「禮器」: "甘受和, 白受采; 忠信之人, 可以學禮. 苟無忠信之人, 則禮
不虛道. 是以得其人之爲貴也."

122) 『周易』「繫辭下」: "易之爲書也不可遠, 爲道也屢遷, 變動不居, 周流六虛,
上下无常, 剛柔相易, 不可爲典要, 唯變所適, 其出入以度, 外內使知懼, 又
明於憂患與故, 无有師保, 如臨父母, 初率其辭, 而揆其方, 旣有典常, 苟非
其人, 道不虛行."

123) '素以爲絢'은 『詩經』에 나오는 문장이 아니고, 『論語』에 인용되어 나오는
시구절로, 전체 문장은 다음과 같다. "子夏問曰: '"巧笑倩兮, 美目盼兮, 素
以爲絢兮." 何謂也?' 子曰: '繪事後素.' 曰: '禮後乎?' 子曰: '起予者商也!
始可與言詩已矣.'" (『論語』「八佾」)

124) 『詩經』「國風」「衛風」「碩人」: "手如柔荑. 膚如凝脂. 領如蝤蠐. 齒如瓠犀.
螓首蛾眉. 巧笑倩兮. 美目盼兮."

125) '鄭康成'은 鄭玄이다.

先布衆色, 然後以素分布其間以成文."126) 何平叔127)景福殿賦128)所謂"班間布

白, 疏密有章"129), 蓋古人畫繪定法. 其注考工記" 凡畫繢之事後素功"130)云:

"素, 白采也; 後布之, 爲其易漬污也."131) 是素功後施, 始五采成章爛然,

貌旣美而又嫺於儀容, 乃爲誠美, " 素以爲絢"之喩昭然矣. 子夏觸於此

言132), 不特於詩無疑, 而更知凡美質皆宜進之以禮, 斯君子所貴. 若謂子夏

後禮而先忠信則見於禮, 亦如老氏之僅僅指飾貌情漓者所爲, 與林放以飾

貌情漓爲俗失者, 意指懸殊, 孔子安得許之? 忠信由於質美, 聖賢論行, 固

以忠信爲重, 然如其質而見之行事, 苟學不足, 則失在知, 而行因之謬, 雖其

心無弗忠弗信, 而害道多矣. 行之差謬, 不能知之, 徒自期於心無愧者, 其人

忠信而不好學, 往往出於此, 此可以見學與禮之重矣.

---

126) 何晏의 集解 本에는 '繪事後素' 구의 아래에 鄭玄의 다음 문장이 인용되었
다: "凡繪畫, 先布衆色, 然後以素分布其間, 以成其文. 喩美女雖有倩盼美
質, 亦須禮以成之." (『論語注疏』「八佾第三」)

127) '何平叔'은 何晏(?-249)으로, 平叔은 字이다.

128) '景福殿賦'는 魏(213-266)의 何晏이 쓴 한 편의 賦文이다. 賦는 문채와 운율
을 중시하며, 시가와 산문의 성격을 동시에 갖추고 있는 고대 한문 문체의
하나로, 漢과 六朝 때에 성행하였다. 전해지는 바에 따르면, 魏의 明帝 曹叡
(약 204-239)가 여름 더위를 피해 동쪽으로 순회하려고 許昌에다 궁전을
짓고서 '景福'이라는 이름을 붙인 다음, 사람을 시켜 그것을 기록하는 賦를
짓게 하였는데, 그때 何晏이 이 賦를 짓게 되었다고 한다.

129) 「景福殿賦」는 梁代(502-557) 昭明太子 蕭統(501-531)이 주관하여 편집한
『昭明文選』, 즉 『文選』卷十一에 실려 있다: "斑間賦白, 踈密有章." 여기에
서 '斑'은 分과 같고, '賦'는 布와 같다.

130) 『周禮』「冬官考工記」: "雜四時五色之位以章之, 謂之巧. 凡畫繢之事, 後素
功."

131) 『周禮注疏』「冬官考工記第六」鄭氏注.

132) '此言'은 孔子가 말한 '繪事後素'를 가리킨다.

성 두 조항
誠二條

성(誠)은 실(實)이다. 「중용」에 의거하여 그것을 말하면, 실(實)하게 하는 것은 지(智)와 인(仁)과 용(勇)이고, 실(實)해진 것은 인(仁)이고 의(義)이고 예(禮)이다. 혈기(血氣)와 심지(心知)로부터 지(智)와 인(仁)과 용(勇)에 대하여 말한 것으로, 혈기(血氣)와 심지(心知) 외에 별도로 지(智)가 있고 인(仁)이 있고 용(勇)이 있어서 그것들을 부여한 것이 아니다. 인간관계와 일상생활에 나아가 인(仁)에 대하여 말하고 예(禮)와 의(義)에 대하여 말한 것으로, 인간관계와 일상생활을 버리면, 이른바 인(仁)도 이른바 의(義)도 이른바 예(禮)도 없다. 혈기(血氣)와 심지(心知)라는 것은 음양(陰陽)과 오행(五行)에서 나누어져 성(性)을 이룬 것이므로, "하늘이 명한 것을 성(性)이라고 한다"고 말하였다. 인간관계와 일상생활은 모두 혈기(血氣)와 심지(心知)가 소유한 일이므로, "성(性)을 따르는 것을 도(道)라고 한다"고 말하였다. 지(智)와 인(仁)과 용(勇)에 완전한 자는, 그 인간관계와 일상생활에서 그것들을 행하면, 천하가 그 인(仁)을 보고 그 예(禮)와 의(義)를 보고 잘 더할 것이 없으니, "스스로 성(誠)하여 밝은" 자이다. 배워서 인간관계와 일상생활을 강구하고 명백히 하여, 인(仁)을 다하고 예(禮)와 의(義)를 다하기를 힘써 추구하면, 곧 그 지(智)와 인(仁)과 용(勇)이 이르는 바가 날로 더해져 성인의 덕이 성하게 되니, "스스로 밝게 해서 성(誠)해진" 자이다. 실질적으로 그것을 말하여 인간관계와 일상생활이라고 말하고, 정밀하게 그것을 말하여 인(仁)이라고 말하고 의(義)라고 말하고 예(禮)라고 말한다. 이른바 "선(善)에 밝다"는 것은 이것들에 밝다는 것이고, 이른바 "몸을 성(誠)하게 한다"는 것은 이것들을 성(誠)하게 한다는 것이다. 실질적으로 그것을 말하여 혈기(血氣)와 심지(心知)라고 말하고, 정밀하게 그것을 말하여 지(智)라고 말하고 인(仁)이라고 말하고 용(勇)이라고 말한다. 이른바 "한 부분을 극진하게 한다"는 것은 이것들을 극진하게 한다는 것이고, 이른바 "성(誠)이 있게 된다"는 것은 이것들이 있게 된다는 것이다. 그 도(道)를 다하는 것에 대하여 말하면, 인(仁)보다 큰 것이 없는데, 의(義)를 겸하게 되고 예(禮)를 겸하게 된다. 그 도(道)를 다할 수 있는 것에 대하여 말하면, 지(智)보다 큰 것이 없는데, 인(仁)을 겸하게 되고 용(勇)을 겸하게 된다. 그러므로 선(善)의 실마리는 이루 다 셀 수 없지만, 인(仁)과 의(義)와 예(禮)의 세 가지를 들면 선(善)은 갖추어지게 된다. 덕성의 아름다움은 이루 다 셀 수 없지만, 지(智)와 인(仁)과 용(勇)의 세 가지를 들면 덕은 갖추어지게 된다. 선(善)을 말하고 덕(德)을 말하는데, 그 실(實)을 다하는 것을 성(誠)이라고 한다.

誠133), 實134)也. 據中庸言之, 所實者, 智仁勇也; 實之者, 仁也, 義也, 禮也. 由血氣心知而語於智仁勇, 非血氣心知之外別有智, 有仁, 有勇以予之也. 就人倫日用而語於仁, 語於禮義, 舍人倫日用, 無所謂仁, 所謂義, 所謂禮也. 血氣心知者, 分於陰陽五行而成性者也, 故曰"天命之謂性"135); 人倫日用, 皆血氣心知所有事, 故曰"率性之謂道". 全乎智仁勇者, 其於人倫日用, 行之而天下睹其仁, 睹其禮義, 善無以加焉, "自誠明"136)者也; 學以講明人倫日

---

133) '誠'은 정성, 진심, 성실 등의 뜻이 있는데, 자신의 본성에 충실하고 마음이 진실해야 한다는 의미를 갖는 윤리 개념으로, 도덕 수양의 최고 경지를 가리킨다.
134) '實'은 충실, 성실, 진실 등의 뜻이 있는데, 어떤 대상이 조금도 허하지 않고 아주 실한 것을 의미한다.
135) 『禮記』「中庸」: "天命之謂性, 率性之謂道, 修道之謂敎."
136) 『禮記』「中庸」: "自誠明, 謂之性; 自明誠, 謂之敎. 誠則明矣, 明則誠矣."

用, 務求盡夫仁, 盡夫禮義, 則其智仁勇所至, 將日增益以於聖人之德之盛, "自明誠"者也. 質言之, 曰人倫日用; 精言之, 曰仁, 曰義, 曰禮. 所謂"明善"[137], 明此者也; 所謂"誠身"[138], 誠此者[139]也. 質言之, 曰血氣心知; 精言之, 曰智, 曰仁, 曰勇. 所謂"致曲"[140], 致此者也; 所謂"有誠"[141], 有此者[142]也. 言乎其盡道, 莫大於仁, 而兼及義, 兼及禮; 言乎其能盡道, 莫大於智, 而兼及仁, 兼及勇. 是故善之端不可勝數, 擧仁義禮三者而善備矣; 德性之美不可勝數, 擧智仁勇三者而德備矣. 曰善, 曰德, 盡其實之謂誠.

질문 : 「중용」에 "어떤 사람은 태어나면서 그것들을 알고, 어떤 사람은 배워서 그것들을 알고, 어떤 사람은 애써서 그것들을 알며, 어떤 사람은 편안하게 그것들을 행하고, 어떤 사람은 순조롭게 그것들을 행하고, 어떤 사람은 간신히 그것들을 행한다"고 말하였다. 주자는 "아는 바와 행하는 바는 통하는 도(道)를 이른다"고 말하였다. 지금 앞 문장에서 말한 "임금과 신하, 아버지와 아들"의 분류에 근거하면, 단지 그 일만을 열거하고 곧 그것을 일컬어 "통하는 도

---

137) 『禮記』 「中庸」: "誠身有道: 不明乎善, 不誠乎身矣." 이 문장은 『孟子』 「離婁上」에도 나온다. "誠身有道: 不明乎善, 不誠其身矣."
138) 『禮記』 「中庸」: "誠身有道: 不明乎善, 不誠乎身矣." 이 문장은 『孟子』 「離婁上」에도 나온다. "誠身有道: 不明乎善, 不誠其身矣."
139) '此者'는 이 문장에서 모두 仁과 義와 禮를 가리킨다.
140) 『禮記』 「中庸」: "其次致曲. 曲能有誠, 誠則形, 形則著, 著則明, 明則動, 動則變, 變則化."
141) 『禮記』 「中庸」: "其次致曲. 曲能有誠, 誠則形, 形則著, 著則明, 明則動, 動則變, 變則化."
142) '此者'는 이 문장에서 모두 智와 仁과 勇을 가리킨다.

(道)"라고 말하였다. 지(智)와 인(仁)과 용(勇)으로 그것들을 행하고, 그 후에 임금이 되어서는 임금의 도(道)를 다하고 신하가 되어서는 신하의 도(道)를 다하게 되니, 그렇다면 이른바 그것들을 아는 것과 그것들을 행하는 것은 마땅히 지(智)와 인(仁)과 용(勇)이 도(道)를 다할 수 있다는 것을 받아서 말한 것이다. 「중용」에 이미 "그것들을 행하는 근거는 셋이다"라고 말하였고, 또한 "그것들을 행하는 근거는 하나다"라고 말하였는데, 정자(程子)와 주자는 "성(誠)"으로 그 이른바 "하나[一]"에 해당시켰다. 다음에 "천하와 국가를 다스리는 데는 아홉 가지의 원칙이 있고, 그것들을 행하는 근거는 하나다"라고 말하였는데, 주자는 또한 "성(誠)하지 않으면 곧 모두 빈 글이 된다"고 하였다. 「중용」에서 앞뒤에 모두 성(誠)을 말하였는데, 여기에서 어째서 "그것들을 행하는 근거가 성(誠)이다"라고 말하지 않았는가?

問 : 中庸言: "或生而知之, 或學而知之, 或困而知之; 或安而行之, 或利而行之, 或勉强而行之."143) 朱子云: "所知所行, 謂達道也."144) 今據上文云 "君臣也, 父子也"145)之屬, 但舉其事146), 卽稱之曰"達道"; 以智仁勇行之147), 而後爲君盡君道, 爲臣盡臣道; 然則所謂知之行之, 宜承智仁勇之能

---

143) 『禮記』「中庸」: "或生而知之, 或學而知之, 或困而知之, 及其知之, 一也; 或安而行之, 或利而行之, 或勉强而行之, 及其成功, 一也."
144) 『中庸章句』: "知之者之所知, 行之者之所行, 謂達道也."
145) 『禮記』「中庸」: "天下之達道五, 所以行之者三: 曰君臣也, 父子也, 夫婦也, 昆弟也, 朋友之交也, 五者天下之達道也. 知仁勇三者, 天下之達德也, 所以行之者一也."
146) '事'는 達道, 즉 五倫의 관계들(君臣, 父子, 夫婦, 昆弟, 朋友의 교류)을 가리킨다.
147) '之'는 五倫의 관계들을 가리킨다.

盡道而言. 中庸旣云"所以行之者三[148]", 又云"所以行之者一[149]也", 程子朱子以"誠"當其所謂"一[150]"; 下云"凡爲天下國家有九經[151], 所以行之者一也[152]", 朱子亦謂"不誠則皆爲虛文[153]"[154]. 在中庸, 前後皆言誠矣, 此何以不言"所以行之[155]者誠也"?

답변 : 지(智)라는 것은 그 가려지지 않는 것을 말하고, 인(仁)이라는 것은 그 사사롭지 않는 것을 말하고, 용(勇)이라는 것은 그 스스로 힘쓰는 것을 말한다. 가려지지 않고 사사롭지 않은 것에 스스로 힘쓰는 것을 더하지 않으면, 지(智)와 인(仁)과 용(勇)에 대하여 말할 수 없다. 이미 지(智)와 인(仁)과 용(勇)을 가지고 그것들을 행하면, 곧 성(誠)이다. 만일 지(智)와 인(仁)과 용(勇)이 성(誠)이 될 수 없다면, 곧 이것은 지(智)가 아니고 인(仁)이 아니고 용(勇)이 아니니, 또한 어찌 지(智)와 인(仁)과 용(勇)이라고 말할 수 있겠는가? 다음에 "재계하여 깨끗이 하고 의복을 잘 차려입고 예(禮)가 아니면 움직이지 않는 것은 몸을 닦는 근거이고, 참소를 물리치고 여색을 멀리하고 재물을 천하게 여기고 덕을 귀하게 여기는 것은

---

148) '三'은 智와 仁과 勇을 가리킨다.
149) '一'은 誠을 가리킨다.
150) 『中庸章句』: "一者, 誠也."
151) '九經'은 修身, 尊賢, 敬大臣, 體君臣, 子庶民, 來百工, 柔遠人, 懷諸侯 등의 儒家에서 선양한 백성을 다스리는 아홉 가지 원칙들을 말한다.
152) 『禮記』「中庸」.
153) '虛文'은 실질적인 내용이 없이 겉만 꾸민 빈 글을 의미하는데, 겉만 그럴듯하게 꾸미는 형식적인 의례를 가리킨다.
154) 『中庸章句』: "一有不誠, 則是九者皆爲虛文矣, 此九經之實也."
155) '之'는 智와 仁과 勇을 가리킨다.

현명한 사람을 권면하는 근거이다"라고 말하였는데, 이미 이와 같다면, 또한 곧 성(誠)이다. 만일 "재계하여 깨끗하게 하고 의복을 잘 차려입고 예(禮)가 아니면 움직이지 않는 것"이 빈 글이 된다면, 곧 이것은 "재계하여 깨끗하게 하고 의복을 잘 차려입고 예(禮)가 아니면 움직이지 않는 것"이 결코 아니다. "참소를 물리치고 여색을 멀리하고 재물을 천하게 여기고 덕을 귀하게 여기는 것"이 빈 글이 된다면, 곧 이것은 "참소를 물리치는 것"이 결코 아니고, "여색을 멀리하는 것"이 결코 아니고, "재물을 천하게 여기고 덕(德)을 귀하게 여기는 것"이 결코 아니다. 또한 어찌 그것을 말할 수 있겠는가! 그 모두 "그것들을 행하는 근거는 하나다"라고 말한 것은, 사람의 재질이 가지런하지는 않으나, 통하는 도(道)를 행하는 데 반드시 지(智)와 인(仁)과 용(勇)으로 하고, 몸을 닦는 데 반드시 재계하여 깨끗하게 하고 의복을 잘 차려입고 예(禮)가 아니면 움직이지 않는 것으로 하고, 현명한 사람을 권면하는 데 반드시 참소를 물리치고 여색을 멀리하고 재물을 천하게 여기고 덕을 귀하게 여기는 것으로 하면, 곧 같지 않음이 없다는 말이다. 맹자는 공손추(公孫丑)에게 대답하여, "위대한 장인은 졸렬한 공인을 위하여 먹줄을 고치거나 없애지 않고, 예(羿)는 졸렬한 사수를 위하여 잡아당기는 법도를 바꾸지 않는다"고 말하였는데, 교묘함과 졸렬함에 따라 두 가지 법이 있지 않음을 말한 것이다. 등(滕)의 세자에게 알려, "도(道)는 하나일 뿐이다"라고 말하였는데, 사람의 성스러움과 지혜로움이 요(堯)와 순(舜)과 문왕(文王)만 못하다고 해서 두 가지 도(道)가 있지 않음을 말한 것이다. 재질이 가지런하지 않아서, 태어나면서 알고 편안하게 행하는 경우도 있고, 배워서 알고 순조롭게 행하는 경우도 있고, 또한 애써서 알고 간신히 행하는 경우도 있다. 그 태어나면서 알고 편안하게 행하는 자는 지(智)에 충분하고 인(仁)에 충분하고 용(勇)에 충분한 자이다. 그 배워서 알고 순조롭게 행하는 자는 지(智)와 인(仁)과 용(勇)이 조금 못한 자이다. 애써서 알고 간신히 행하는 자는 지(智)와 인(仁)과 용(勇)이 부족한 자이다. 「중용」에 또한 "그것들을 아는 데에 이르러서는 하나다", "그 공을 이루는 데에 이르러서는 하나다"라고 말하였으니, 곧 지(智)와 인(仁)과 용(勇)이 적은 것으로부터 많아져서, 그 지극함에 이를 수 있다는 것으로, 도(道)를 자신에게 요구하는 데, 이 세 가지를 버리면, 그것을 행할 수 없다.

曰 : 智也者, 言乎其不蔽也; 仁也者, 言乎其不私也; 勇也者, 言乎其自强也; 非不蔽不私加以自强, 不可語於智仁勇. 旣以智仁勇行之[156], 卽誠也. 使智仁勇不得爲誠, 則是不智不仁不勇, 又安得曰智仁勇! 下云"齊明盛服, 非禮不動, 所以修身; 去讒遠色, 賤貨而貴德, 所以勸賢"[157]; 旣若此, 亦卽誠也. 使"齊明盛服, 非禮不動"爲虛文, 則是未嘗"齊明盛服, 非禮不動"也; "去讒遠色, 賤貨而貴德"爲虛文, 則是未嘗"去讒", 未嘗"遠色", 未嘗"賤貨貴德"也; 又安得言之[158]! 其皆曰"所以行之者一也", 言人之才質不齊, 而行達道之必以智仁勇, 修身之必以齊明盛服, 非禮不動, 勸賢之必以去讒遠色, 賤貨而貴德, 則無不同也. 孟子答公孫丑曰, "大匠不爲拙工改廢繩墨, 羿[159]不爲拙射變其彀率"[160], 言不因巧拙而有二法也; 告

---

156) '之'는 仁과 義와 禮를 가리킨다.
157) 『禮記』「中庸」.
158) '之'는 誠을 가리킨다.
159) '羿'는 夏의 제후로, 弓術의 명인으로 전해진다. 당시 열 개의 태양이 함께 떠서 초목이 말라 죽게 되자, 그 중 아홉 개를 활을 쏘아 떨어뜨렸다고 한다.
160) 『孟子』「盡心上」: "公孫丑曰: '道則高矣, 美矣, 宜若登天然, 似不可及也.

滕世子161)曰, "夫道, 一而已矣"162), 言不因人之聖智不若堯舜文王而有

二道也. 蓋才質不齊, 有生知安行, 有學知利行, 且有困知及勉強行. 其生

知安行者, 足乎智, 足乎仁, 足乎勇者也; 其學知利行者, (知)[智]仁勇之少

遜焉者也; 困知勉強行者, 智仁勇不足者也. 中庸又曰, "及其知之一也",

"及其成功一也"163), 則智仁勇可自少而加多, 以至乎其極, 道164)責於身,

舍是三者165), 無以行之166)矣.

권 다섯 조항
權五條

권(權)은 가벼움과 무거움을 구별하는 근거이다. 이것은 무겁고 저
것은 가벼워 영원히 바뀌지 않는 것은 일정함[常]으로, 일정하면 곧
그 영원히 바뀌지 않는 무거움과 가벼움을 뚜렷이 함께 보게 된다.
그러나 무거운 것이 경우에 따라서 가볍게 되고 가벼운 것이 경우에
따라서 무겁게 되는 것은 변화[變]로, 변화하면 곧 지혜를 다하여 일

何不使彼爲可幾及而日孳孳也?' 孟子曰: '大匠不爲拙工改廢繩墨, 羿不爲
拙射變其彀率. 君子引而不發, 躍如也. 中道而立, 能者從之.'"

161) '滕世子'는 戰國時代 滕의 文公을 말한다.
162) 『孟子』「滕文公上」: "滕文公爲世子, 將之楚, 過宋而見孟子. 孟子道性善,
言必稱堯舜. 世子自楚反, 復見孟子. 孟子曰: '世子疑吾言乎? 夫道一而已
矣. …….'"
163) 『禮記』「中庸」: "或生而知之, 或學而知之, 或困而知之, 及其知之, 一也; 或
安而行之, 或利而行之, 或勉強而行之, 及其成功, 一也."
164) '道'는 仁과 義와 禮의 人道를 가리킨다.
165) '三者'는 智와 仁과 勇을 가리킨다.
166) '之'는 道, 즉 仁과 義와 禮를 가리킨다.

의 실정을 정확하게 분별하고 살필 수 없어, 충분히 그것을 알지 못하게 된다. 『논어』에 "함께 배울 수는 있어도 함께 도(道)에 나아갈 수는 없고, 함께 도(道)에 나아갈 수는 있어도 함께 설 수는 없고, 함께 설 수는 있어도 함께 권도(權道)를 행할 수는 없다"고 말하였다. 배우는 일은 같지만 시험 삼아 무엇 때문에 배우느냐고 물어 보면, 그 뜻이 도(道)에서 떨어진 것이 아주 먼 자가 있는데, 녹봉과 명성을 구하는 자가 그렇다. 그러므로 "함께 도(道)에 나아갈 수는 없다"고 한 것이다. 도(道)를 자신에게 요구하는 것은 잘못되게 하지 않으면서도, 그 도(道)를 지키는 것을 보고 빼앗기지 않을 수 있는 자는 적다. 그러므로 "함께 설 수는 없다"고 한 것이다. 비록 도(道)를 지키는 것이 뛰어나더라도 일정함[常]을 알고 변화[變]를 알지 못하는 것은 정밀한 뜻에 깊지 못하기 때문으로, 그 심지(心知)의 밝음을 더하여 늘려서 성스러움과 지혜로움을 온전하게 하는 것을 아직 다하지 못한 것이다. 그러므로 "함께 권도(權道)를 행할 수는 없다"고 한 것이다. 맹자는 양주(楊朱)와 묵적[墨子]을 물리쳐서, "양주와 묵적의 도(道)가 그치지 않고 공자의 도(道)가 드러나지 않는데, 이것은 사악한 설이 백성을 속이고 인(仁)과 의(義)를 막아서이다. 인(仁)과 의(義)가 막히면 곧 짐승을 몰아 사람을 잡아먹게 하고, 사람들이 장차 서로 잡아먹게 된다"고 말하였다. 지금 사람들이 그 책을 읽는데, 이른바 "짐승을 몰아 사람을 잡아먹게 하고, 사람들이 장차 서로 잡아먹게 된다"는 것이 어디에 있는지를 누가 알겠는가! 맹자는 또한 "양자[楊朱]는 자기만을 위한다는 설을 취하였으니, 터럭 하나를 뽑아서 천하를 이롭게 한다고 해도 하지 않았다. 묵자(墨子)는 구별하지 않고 똑같이 사랑하였으니, 정수리부터 갈아서 발꿈치까지 이른다 해도 천하를 이롭게 한다면 하였다. 자막(子莫)은 중간을 잡았으니, 중간을 잡으면 그것에 가까우나, 중간을 잡고 권도(權道)를 행하지 않으면 한쪽을 고집하는 것과 같다. 한쪽을 고집하는 것을 싫어하는 것은 그 도(道)를 해치기 때문이니, 하나를 들고 백을 폐기하는 것이다"라고 말하였다. 지금 사람들이 그 책을 읽는데, "권도(權道)를 행하지 않기" 때문에 "하나를 들고 백을 폐기하는" 해로움이 지극히 크다는 것을 누가 알겠는가! 맹자는 성(性)이 선하다는 것을 말하면서, 고자(告子)가 "사람의 성(性)으로 인(仁)과 의(義)를 삼는다"고 말한 것에 대하여, 곧 "천하의 사람들을 거느려 인(仁)과 의(義)에 화를 입힌다"고 말하였다. 지금 사람들이 그 책을 읽는데, 성(性)에 대하여 명확하게 하지 않을 수 없으니, "사람을 해쳐서 인(仁)과 의(義)를 한다"는 화가 어떤지를 또한 누가 알겠는가! 노담[老子]과 장주[莊子]의 "욕(欲)을 없애다"라는 설과, 뒤에 이르러 석씨[釋迦牟尼]의 이른바 "공허함[空]과 적막함[寂]"은, 자유롭고 구속받지 않아서 형체의 기름과 형체의 생사로 그 마음에 누를 끼치지 않을 수 있다. 그러나 유독 그 이른바 "오래 살고 오래 보는 것", 이른바 "생겨나지 않고 없어지지 않는 것"만을 편애하여, 사람과 사물에 대하여 동일하게 보고 그 자애로움을 똑같게 베푼 것은, 양주와 묵적의 설을 합해서 설로 삼은 것이다. 그 자신의 사사로움 때문에 비록 터럭 하나를 뽑아서 천하를 이롭게 할 수 있다고 해도 하지 않았고, 그 형체를 경시하고 널리 사랑하기 때문에 비록 정수리부터 갈아서 발꿈치까지 이른다 해도 천하를 이롭게 한다면 하였다. 송(宋)의 유학자 정자(程子)와 주자는 노씨[老子]와 장씨[莊子]와 석씨가 사사롭게 여기는 것을 바꿔서 리(理)를 귀하게 여겼고, 저들이 형체를 경시하는 것을 바꿔서 기질을 탓하였다. 그 이른바 리(理)는 여전히 "마치 물체가 있는 것처럼 마음에 거주하고 있는 것"이다. 이에 리(理)와 욕(欲)의 구분을 변별하여, "리(理)에서 나오지 않으면 곧 욕(欲)에서 나오고, 욕(欲)에서 나오지 않으면 곧 리(理)에서 나온다"고 하였다. 비록 사람이 굶주림과 추위에 큰 소리로 부르짖고 남녀가 슬퍼하고 원망하는 것에서 죽음에 이르러 삶을 바라는 것에 이르기까지 인욕(人欲)이 아닌 것이 없다는 것을 보고서도, 공허하게 정(情)과 욕(欲)의 느낌을 모두 끊은 것이 천리 (天理)의 본연이 되어 마음에 존재한다고 가리켰다. 그 일에 대응함에 이르러, 다행히도 우연하게 맞으면, 일의 실정을 다 체득하고 이렇게 되기를 구함으로써 그것을 편안해 하는 것이 아니었고, 불행히도 일의 실정에 밝지 못한 데다 그 의견을 고집하면, 바야흐로 천리(天理)이고 인욕(人欲)은 아니라고 스스로 믿었다. 그러므로 작게는 한 사람이 그 화를 입게 되고 크게는 천하와 국가가 그 화를 입게 되는데도, 그저 욕(欲)에서 나오지 않았다고만 하고 끝내는 그것을 깨닫지 못하였다. "리(理)가 마음에 거주하고 있고", "욕(欲)에서 나오지 않으면 리(理)에서 나온다"고 생각하는 자는, 의견으로 리(理)를 삼아서 천하에 화를 끼치지 않은 적이 없는 자이다. 사람의 근심으로는 사사로움이 있고 가려짐이 있는데, 사사로움은 정(情)과 욕(欲)에서 나오고, 가려짐은 심지(心知)에서 나온다. 사사로움이 없으면 인(仁)이고, 가려짐이 없으면 지(智)이다. 정(情)과 욕(欲)을 단절함으로써 인(仁)이 되고 심지(心知)를 제거함으로써 지(智)가 되는 것이 아니다. 이런 까닭으로, 성현의 도(道)는 사사로움을 없애는 것이지, 욕(欲)을 없애는 것이 아니다. 노씨와 장씨와 석씨는 욕(欲)을 없애는 것이지, 사사로움을 없애는 것은 아니었다. 저들은 욕(欲)을 없애는 것으로 자신들의 사사로움을 이루는 자들이었고, 이들은 사사로움을 없애는 것으로 천하의 정(情)에 통하고 천하의 욕(欲)을 완수하는 자들이다. 다른 설들은 모두 욕(欲)을 없애는 것을 주로 하고 가려짐을 없애는 것을 구하지 않았으며, 행하는 것을 중시하고 아는 것을 중시하는 것을 앞세우지 않았다. 사람들이 그 독실하게 행하고 욕(欲)을 없애는 것을 보았기 때문에, 그들을 존경하고 믿지 않음이 없었다. 성현의 학문은 널리 배우고 깊이 있게 묻고 신중하게 생각하고 명확하게 판별한 다음에 독실하게 행하는 것에서 말미암음으로, 곧 행한다는 것은 그 인간관계와 일상생활의 가려지지 않은 것을 행한다는 것이지, 저들처럼 인간관계와 일상생활을 버리고 욕(欲)을 없애는 것을 독실하게 행할 수 있다는 것이 아니다. 인간관계와 일상생활에서, 성인이 천하의 정(情)에 통달하고 천하의 욕(欲)을 완수하면서, 그것들에 권도(權道)를 행하여 분담해서 처리하는 데 어긋나지 않는 것을 리(理)라고 한다. 송의 유학자들은 오히려 "인욕(人欲)에 가려진 바"라고 말하였는데, 그러므로 욕(欲)에서 나오지 않으면 곧 가려짐이 없다고 스스로 믿었다. 옛날이나 지금이나 기개가 엄하고 성정이 바르며 악을 싫어하기를 원수처럼 하는 사람들이 적지 않은데, 그 옳은 바를 옳다고 하고 그 그른 바를 그르다고 하고, 뚜렷하게 함께 보는 무거움과 가벼움을 고집하지만, 실제로는 때로 그것들에 권도(權道)를 행하여 무거운 것이 경우에 따라서 가벼워지고 가벼운 것이 경우에 따라서 무거워진다는 것을 알지 못한다. 그 옳고 그름과 가볍고 무거움에 일단 착오가 있게 되면, 천하가 그 화를 입어 구할 수 없게 된다. 어찌 인욕(人欲)이 그것을 가리는 것이겠는가? 스스로 믿는 리(理)는 리(理)가 아니다. 그렇다면 맹자가 "중간을 잡고 권도(權道)를 행하지 않는다"고 말한 것에, 후세 유학자들에 이르러서 또한 "리(理)를 잡고 권도(權道)를 행하지 않는다"는 것 하나를 더한 것이다.

權167), 所以別輕重也. 凡此重彼輕, 千古不易者, 常168)也, 常則顯然共見其千古不易之重輕; 而重者於是乎輕, 輕者於是乎重, 變也, 變則非智之盡,

能辨察事情而準, 不足以知之169). 論語曰: "可與共學, 未可與適道; 可與適
道, 未可與立; 可與立, 未可與權."170) 蓋同一所學之事, 試問何爲而學, 其志
有去道甚遠者矣, 求祿利聲名者是也, 故"未可與適道"; 道責於身, 不使差謬,
而觀其守道, 能不見奪者寡矣, 故"未可與立"; 雖守道卓然, 知常而不知變,
由精義未深, 所以增益其心知之明使全乎聖智者, 未之盡也, 故"未可與權".
孟子之闢楊墨也, 曰: "楊墨之道不息, 孔子之道不著, 是邪說誣民, 充塞仁義
也; 仁義充塞, 則率獸食人, 人將相食."171) 今人讀其書, 孰知所謂"率獸食人,
人將相食"者安在哉! 孟子又曰: "楊子取爲我, 拔一毛而利天下, 不爲也; 墨
子兼愛, 摩頂放踵利天下, 爲之; 子莫172)執中, 執中爲近之173), 執中無權, 猶
執一也. 所惡執一者, 爲其賊道也, 舉一而廢百也."174) 今人讀其書, 孰知"無
權"之故, "舉一而廢百"之爲害至鉅哉! 孟子道性善, 於告子言"以人性爲仁
義"175), 則曰"率天下之人而禍仁義"176), 今人讀其書, 又孰知性之不可不明,

---

167) '權'은 權道를 말한다. 權은 본래 저울추라는 뜻으로, 저울질하는 것을 의미
    하는데, 전의되어 是非와 輕重을 재고 일의 상황에 따라 적당한 조치를
    취한다는 權道의 뜻이 파생되었다. 宋代 儒學者들은 權을 '權卽經也', '聖
    人則是權衡也'라고 절대시하여, 성인을 일체의 是非와 輕重을 재는 표준으
    로 삼았다. 戴震에게 있어서 權은 是非와 輕重을 재는 표준을 가리키기도
    하고, 사상은 상황의 변화에 따라서 변해야 한다는 것을 가리키기도 하여,
    恒常性과 變化라는 두 가지 의미를 동시에 갖는 개념이다.
168) '常'은 불변함, 일정함을 말한다.
169) '之'는 變을 가리킨다.
170) 『論語』「子罕」.
171) 『孟子』「滕文公下」.
172) '子莫'은 魯의 賢者이다.
173) '之'는 道를 가리킨다.
174) 『孟子』「盡心上」.
175) 『孟子』「告子上」: "性, 猶杞柳也; 義, 猶桮棬也. 以人性爲仁義, 猶以杞柳爲
    桮棬."

"戕賊人以爲仁義"之禍何如哉! 老聃莊周"無欲"177)之說, 及後之釋氏所謂
"空寂"178), 能脫然不以形體之養與有形之生死累其心, 而獨私其所渭"長生
久視"179), 所謂"不生不滅"180)者, 於人物一視而同用其慈, 蓋合楊墨之說以
爲說. 由其自私, 雖拔一毛可以利天下, 不爲; 由其外形體, 溥慈愛, 雖摩頂放
踵以利天下, 爲之. 宋儒程子朱子, 易老莊釋氏之所私者而貴理, 易彼181)之
外形體者而咎氣質; 其所謂理, 依然"如有物焉宅於心". 於是辨乎理欲之分,
謂"不出於理則出於欲, 不出於欲則出於理", 雖視人之饑寒號呼, 男女哀怨,
以至垂死冀生, 無非人欲, 空指一絕情欲之感者爲天理之本然, 存之於心. 及
其應事, 幸而偶中, 非曲體事情, 求如此以安之也; 不幸而事情未明, 執其意
見, 方自信天理非人欲, 而小之一人受其禍, 大之天下國家受其禍, 徒以不出
於欲, 遂莫之或寤也. 凡以爲"理宅於心", "不出於欲則出於理"者, 未有不以
意見爲理而禍天下者也. 人之患, 有私有蔽; 私出於情欲, 蔽出於心知. 無私,

---

176) 『孟子』「告子上」: "子能順杞柳之性而以爲桮棬乎? 將戕賊杞柳而後以爲桮
棬也? 如將戕賊杞柳而以爲桮棬, 則亦將戕賊人以爲仁義與? 率天下之人
而禍仁義者, 必子之言夫!"

177) 『老子』三章: "不尙賢, 使民不爭; 不貴難得之貨, 使民不爲盜; 不見可欲, 使
心不亂. 是以聖人之治, 虛其心, 實其腹, 弱其志, 强其骨. 常使民無知無欲.
使夫知者不敢爲也. 爲無爲, 則無不治." 『莊子』「天地」: "古之畜天下者, 無
欲而天下足, 無爲而萬物化, 淵靜而百姓定."

178) 『景德傳燈錄』卷第三: "淨智妙圓, 體自空寂. 如是功德, 不於世求." '空寂'
은 佛性의 정신 실체는 공허하면서도 적막하다는 것을 의미한다. 『景德傳
燈錄』은 宋의 道原이 1004년에 엮은 불교 서적으로, 釋迦牟尼 이래 여러
祖師들의 法脈과 法語들을 모아서 30권으로 엮은 것이다.

179) 『老子』五十九章: "治人事天莫若嗇. 夫唯嗇, 是謂早服; 早服謂之重積德; 重
積德則無不克; 無不克則莫知其極; 莫知其極, 可以有國; 有國之母, 可以長
久; 是謂深根固柢, 長生久視之道."

180) 『六祖壇經』「自序品第一」: "如此見解, 覓無上菩提, 了不可得; 無上菩提,
須得言下識自本心, 凡自本性, 不生不滅."

181) '彼'는 老子와 莊子와 釋迦牟尼를 가리킨다.

仁也; 不蔽, 智也; 非絶情欲以爲仁, 去心知以爲智也. 是故聖賢之道, 無私而非無欲; 老莊釋氏, 無欲而非無私; 彼[182]以無欲成其自私者也; 此[183]以無私通天下之情, 遂天下之欲者也. 凡異說[184]皆主於無欲, 不求無蔽; 重行, 不先重知. 人見其篤行也, 無欲也, 故莫不尊信之[185]. 聖賢之學, 由博學審問愼思明辨而後篤行, 則行者, 行其人倫日用之不蔽者也, 非如彼[186]之舍人倫日用, 以無欲爲能篤行也. 人倫日用, 聖人以通天下之情, 遂天下之欲, 權之而分理不爽, 是謂理. 宋儒乃曰"人欲所蔽"[187], 故不出於欲, 則自信無蔽. 古今不乏嚴氣正性疾惡如讎之人, 是其所是, 非其所非; 執顯然共見之重輕, 實不知有時權之而重者於是乎輕, 輕者於是乎重. 其是非輕重一誤, 天下受其禍而不可救. 豈人欲蔽之也哉? 自信之理非理也. 然則孟子言"執中無權"[188], 至後儒又增一"執理無權"者矣.

질문: 송(宋)의 유학자들 또한 일과 사물에 나아가 리(理)를 구하는 것을 알았다. 다만 먼저 석씨[釋迦牟尼]에게 들어가, 그 가리키는 바가 신식(神識)이 된다는 것을 바꿔서 리(理)를 가리켰기 때문에, 리(理)를 "마치 물체가 있는 것처럼" 보고, 단지 "일과 사물의 리

---

182) '彼'는 老子와 莊子와 釋迦牟尼를 가리킨다.
183) '此'는 聖人과 賢人을 가리킨다.
184) '異說'은 老子와 莊子와 佛敎의 설을 말한다.
185) '之'는 老子와 莊子와 釋迦牟尼를 가리킨다.
186) '彼'는 老子와 莊子와 釋迦牟尼를 가리킨다.
187) 『大學章句』: "明德者, 人之所得乎天, 而虛靈不昧, 以具衆理而應萬事者也. 但爲氣稟所拘, 人欲所蔽, 則有時而昏; 然其本體之明, 則有未嘗息者. 故學者當因其所發而遂明之, 以復其初也."
188) 『孟子』「盡心上」: "子莫執中, 執中爲近之, 執中無權, 猶執一也."

(理)"라고만 말하지 않고, "리(理)가 일과 사물에 흩어져 있다"고 말하였다. 일과 사물의 리(理)는 반드시 일과 사물에 나아가 지극히 미세한 것을 가르고 분석한 뒤에야 리(理)가 얻어진다. 리(理)가 일과 사물에 흩어져 있기에, 그래서 마음을 깊게 해서 리(理)를 구한다고 하여, "근본은 하나인데 만 가지로 다르다"고 하였고, "그것을 놓으면 곧 육합에 가득하고, 그것을 말면 줄어들어 은밀한 곳에 감추어진다"고 하였는데, 실제로 석씨가 말한 "두루 드러나면 모두 법계에 갖추어져 있고, 거둬들이면 한 티끌 속에 있다"는 것을 따라서 억지로 비교하여 그것을 얻은 것이다. 이미 마음을 깊게 해서 리(理)를 구한 것을 그 본체의 하나를 얻은 것으로 여겼기 때문에, 욕(欲)을 없애면 곧 리(理)라고 한다고 스스로 믿어서, 비록 의견이 편벽된 것일지라도 또한 "리(理)에서 나오고 욕(欲)에서 나오지 않았다"고 말하였다. 단지 리(理)를 "마치 물체가 있는 것처럼" 여기면, 곧 하나의 리(理)라고 생각하지 않을 수 없는데, 일에 반드시 리(理)가 있다면, 일에 따라 같지 않기 때문에, 또한 "마음이 많은 리(理)를 갖추고, 온갖 일에 응한다"고 말하였다. 마음이 그것을 갖추고 있다가 그것을 내놓는다면, 의견이 아니라면 진실로 이것에 해당시킬 수 있는 것이 없을 것이다. 하물며 많은 리(理)가 마음에 모두 갖춰져 있다면, 곧 하나의 일이 오면 마음이 하나의 리(理)를 내어 그것에 응하고, 하나의 일을 바꾸면 또한 반드시 하나의 리(理)를 바꾸어 그것에 응해서, 백과 천과 만과 억에 이르기까지 끝을 모를 것이다. 마음이 이미 모두 갖추고 있다면 마땅히 수(數)를 가리킬 수 있는데, 그 하나가 되어 수(數)를 다 가리킬 수 없게 되었으니, 반드시 또한 설명이 있어야 하기에, "리(理)는 하나인데 나눠진 것이 다르다"고 말하였다. 그렇다면 『논어』에서 "하나[一]

로써 그것을 꿰뚫었다"고 두 번 말하였는데, 증자[曾參]에게 말한 것에 대하여 주자는 그것을 풀어서, "성인의 마음은 완전하게 하나의 리(理)이지만, 널리 응하고 세세한 곳까지 합당하여, 쓰임이 각각 같지 않다. 증자는 그 쓰이는 곳에 대하여, 이미 일을 따라 자세하게 살피고 힘써 그것을 행하였으나, 다만 그 본체가 하나라는 것을 알지 못하였을 뿐이다"라고 말하였다. 이 해석 또한 반드시 그것을 놓쳤다. 두 문장의 본뜻을 들을 수 있겠는가?

問: 宋儒亦知就事物求理也, 特因先入於釋氏, 轉其所指爲神識[189]者以指理, 故視理"如有物焉", 不徒曰"事物之理"[190], 而曰"理散在事物"[191]. 事物之理, 必就事物剖析至微而後理得; 理散在事物, 於是冥心求理, 謂"一本萬殊"[192], 謂"放之[193]則彌六合[194], 卷之則退藏於密"[195], 實從釋氏所云"徧見俱該法界, 收攝在一微塵"[196]者比類得之. 旣冥心求理, 以爲得其體之一[197]矣; 故自信無欲則謂之理, 雖意見之偏, 亦曰"出於理不出

189) '神識'은 정신, 영혼을 의미한다.

190) 『朱子語類』卷十八 「大學五或問下」 「然則吾子之意亦可得而悉聞一段」: "問: '天地之中, 天然自有之中, 同否?' 曰: '天地之中, 是未發之中; 天然自有之中, 是時中.' 曰: '然則天地之中是指道體, 天然自有之中是指事物之理?' 曰: '然.'"

191) 『朱子語類』卷十八 「大學五或問下」 「然則吾子之意亦可得而悉聞一段」: "心雖主乎一身, 而其體之虛靈, 足以管乎天下之理; 理雖散在萬物, 而其用之微妙, 實不外乎一人之心."

192) 『朱子語類』卷二十七「論語九」「里仁篇下」「子曰參乎章」: "到這裏只見得一本萬殊, 不見其他."

193) '之'는 본래는 理가 아니라 中庸之言을 가리킨다.

194) '六合'은 上下와 東西南北, 즉 우주 전체를 말한다.

195) 『河南程氏遺書』卷第十一「師訓」: "中庸之言, 放之則彌六合, 卷之則退藏於密."

196) 『景德傳燈錄』卷第三: "遍現俱該沙界, 收攝在一微塵."

於欲". 徒以理爲"如有物焉", 則不以爲一理而不可; 而事必有理, 隨事不同, 故又言"心具衆理, 應萬事"198); 心具之而出之, 非意見固無可以當此者199)耳. 況衆理畢具於心, 則一事之來, 心出一理應之; 易一事焉, 又必易一理應之; 至百千萬億, 莫知紀極. 心旣畢具, 宜可指數; 其爲一, 爲不勝指數, 必又有說, 故云"理一分殊"200). 然則論語兩言"一以貫之"201), 朱子於語曾子202)者, 釋之云: "聖人之心, 渾然一理; 而泛應曲當, 用各不同; 曾子於其用處, 蓋已隨事精察而力行之, 但未知其體之一耳."203) 此解亦必失之. 二章之本義, 可得聞歟?

답변: "하나[一]로써 그것을 꿰뚫었다"는 것은, "하나[一]를 가지고 그것을 꿰뚫었다"는 것을 말한 것이 아니다. 도(道)에는 아래로부

---

197) '一'은 理를 가리킨다.
198) 『大學章句』: "明德者, 人之所得乎天, 而虛靈不昧, 以具衆理而應萬事者也."
199) '此者'는 理를 가리킨다.
200) '理一分殊'는 宋代 儒學의 주요 이론의 하나로, 理는 하나[一]이나 그 分은 다름[殊]을 말한다. 즉 천지 간에는 하나의 理가 존재하고[理一], 만사만물 속에도 각각의 理가 존재한다[分殊]는 것이다. '理는 하나'라는 것은 形而上的 본체인 理의 통일성을 말하는 것이고, '分이 다르다'는 것은 形而下的 세계의 다양성을 가리키는 것으로, '理一分殊'는 곧 우주를 관통하는 보편적 원리와 개별적인 현상 속에 내재하는 특수 원리 사이에 일치성이 있음을 설명한 이론이다. 『河南程氏文集』卷第九 「書啓」 「答楊時論西銘書」: "西銘明理一而分殊." 『朱子語類』卷九十八 「張子之書一」: "西銘通體是一個理一分殊, 一句是一個理一分殊, 只先看乾稱父三字. 一篇中錯綜此意." 참조.
201) 『論語』 「里仁」: "參乎! 吾道一以貫之." 『論語』 「衛靈公」: "賜也, 女以予爲多學而識之者與? 對曰: 然, 非與? 曰: 非也, 予一以貫之."
202) '曾子'는 曾參이다.
203) 『論語集注』 「里仁第四」: "聖人之心, 渾然一理, 而泛應曲當, 用各不同. 曾子於其用處, 蓋已隨事精察而力行之, 但未知其體之一爾."

터 배우는 것과 위로 통달하는 것의 다름이 있고, 배움에는 그 형적을 인식하는 것과 도(道)에 정통하는 것의 다른 경향이 있다. "나의 도(道)는 하나[一]로써 그것을 꿰뚫었다"는 것은, 위로 통달하는 도(道)가 곧 아래로부터 배우는 도(道)라는 것을 말한다. "나는 하나[一]로써 그것을 꿰뚫었다"라고 하고, "나는 배워서"라고 말하지 않은 것은, 앞을 받아서 문장을 생략한 것으로, 도(道)에 정통하면 곧 마음의 통하는 바는 어지럽게 뒤섞인 것을 빌려서 그 형적을 인식하지 않는다는 것을 말한다. 「중용」에 "충(忠)과 서(恕)는 도(道)에서 떨어진 것이 멀지 않다"고 말하였다. 맹자는 "힘써 서(恕)를 행하면, 인(仁)을 구하는 데 더 가까운 것이 없다"고 말하였다. 대체로 사람은 자기에게서 나오는 것을 반드시 충(忠)으로 하고, 다른 사람에게 베푸는 것을 서(恕)로써 할 수 있는데, 일을 행하는 것이 이와 같다면, 비록 잘못이 있더라도 또한 적을 것이다. 아직 성인의 경지에 이르지 못했다면, 인(仁)에 대하여 말할 수 없고 예(禮)와 의(義)에 대하여 유감이 없을 수 없는데, 그 재질이 도달하는 바와 심지(心知)가 밝아지는 바에 따라 그것들을 충(忠)과 서(恕)라고 할 수 있을 것이다. 성인은 어질고 또 지혜로워, 그 행동과 일에 나타나는 것이 인(仁)이 아닌 것이 없고 예(禮)와 의(義)가 아닌 것이 없어서, 충(忠)과 서(恕)로 그것들을 이름하기에는 부족하지만, 다른 것이 있는 것은 아니고, 충(忠)과 서(恕)가 이에 이르러 지극해진 것이다. 그러므로 증자[曾參]가 "선생님의 도(道)는 충(忠)과 서(恕)일뿐이다"라고 말하였다. "뿐이다"라는 것은 부족하다는 말이고, 또한 바꿀 것이 없다는 말이기도 하다. 아래로부터 배워서 위로 통달한 뒤에야 이것을 말할 수 있다. 『논어』에 "많이 듣고 의심스러운 것은 피하고, 그 나머지를 삼가서 말한다. 많이 보고 위험한 것은 피하고, 그 나머지를 삼가서 행한다"고 말하였다. 또한 "많이 듣고 그 선한 것을 택하여 따르며, 많이 보고 인식하는 것이 앎의 차례이다"라고 말하였다. 또한 "나는 태어나면서부터 아는 사람이 아니고, 옛것을 좋아해서 민첩하게 구하는 사람이다"라고 말하였다. 이것은 많이 배우고 인식하는 것을 버리지 않은 것이다. 그러나 듣고 보는 것은 넓히지 않을 수 없지만, 마음에 밝아질 수 있는 데에 힘써야 한다. 한 가지 일을 분명하게 이해하여 남김이 없게 하고, 다시 한 가지 일을 또 이와 같이 하길 오래도록 하면, 심지(心知)의 밝음이 성스러움과 지혜로움에 나아가니, 비록 아직 배우지 않은 일일지라도 어찌 충분히 그 지혜를 다하겠는가! 『역[周易]』에 "이치에 정통하여 신묘한 경지에 들어가 쓰임을 다한다"고 말하였다. 또한 "지혜는 만물에 두루 미치고 도(道)는 천하를 구제하므로, 잘못되지 않는다"고 말하였다. 맹자는 "군자가 도(道)로써 깊이 나아가는 것은 스스로 그것을 얻으려고 해서이다. 스스로 그것을 얻으면 거처하는 것이 편안하고, 거처하는 것이 편안하면 축적하는 것이 깊고, 축적하는 것이 깊으면 좌우에서 취해도 그 근원을 만나게 된다"고 말하였다. 이것은 모두 도(道)에 정통해지는 것을 이른다. 마음이 도(道)에 정통하고 성스러움과 지혜로움에 온전하여 스스로 관통하지 않음이 없는 것은, 많이 배우고 인식해서 다할 수 있는 바가 아니다. 만일 단지 그 형적만을 인식한다면, 장차 나날이 많은 것을 쫓더라도 마침내 부족한 것을 보게 된다. 『역』에 또한 "천하가 돌아가는 것은 같으나 길은 다르고, 이르는 것은 하나이나 사려는 백 가지이다. 천하에 대하여 무엇을 생각하고, 무엇을 고려할 것인가"라고 말하였다. "돌아가는 것은 같다"는 것은, 인(仁)이 지극하고 의(義)가 다하는 데로 돌아간다는 것과 같다. "길은 다르

다"는 것은, 일의 실정이 각각 구별된다는 것과 같다. "이르는 것은
하나이다"라는 것은, 심지(心知)의 밝음이 성스러움과 지혜로움에
다한다는 것과 같다. "사려는 백 가지이다"라는 것은, 사물에 따라
그 법칙에 통한다는 것과 같다. 맹자가 "널리 배우고 그것을 자세하
게 설명하는 것은, 장차 도리어 요점을 설명하기 위해서이다"라고
말하였다. "요점"은 그 지극히 당연한 것을 얻은 것을 이른다. 또한
"지키는 것이 요약되고 베푸는 것이 넓은 것이 좋은 도(道)이다.
군자가 지키는 것은, 그 몸을 닦아서 천하가 평화롭게 되는 것이다"
라고 말하였다. "요약"은 그 몸을 닦는 것을 이른다. 육경과 공자와
맹자의 책들에서, 행동의 요약을 말하는 것은 몸을 닦는 데 힘쓰라
는 것일 뿐이고, 앎의 요약을 말하는 것은 그 마음의 밝음에 이르라
는 것일 뿐이다. 공허하게 "하나[一]"를 가리켜서, 사람으로 하여금
그것을 알게 하고, 그것을 구하게 하는 것은 있지 않다. 그 마음의
밝음에 이르면, 스스로 일의 실정에 권도(權道)를 행하여 헤아릴
수 있어서 거의 조금도 잘못이 없게 되는데, 또한 어찌 "하나[一]"
를 알고 "하나[一]"를 구할 필요가 있겠는가?

曰: "一以貫之", 非言"以一貫之"也. 道有下學上達之殊致,204) 學有識其
跡與精於道之異趣; "吾道一以貫之", 言上達之道卽下學之道也; "予一以
貫之", 不曰"予學", 蒙上省文,205) 言精於道, 則心之所通, 不假於紛然識
其跡也. 中庸曰: "(中)[忠]恕違道不遠."206) 孟子曰: "强恕而行, 求仁莫近

---

204) 『論語』「憲問」: "君子上達, 小人下達." 『論語』「憲問」: "不怨天, 不尤人,
下學而上達. 知我者, 其天乎!"
205) '蒙上省文'은 곧 맨 나중의 '一以貫之'는 앞의 문장에 근거하여 '學' 字
하나를 생략한 것을 말한다.
206) 『禮記』「中庸」: "忠恕違道不遠, 施諸己而不愿, 亦勿施於人."

焉."207) 蓋人能出於己者必忠, 施於人者以恕, 行事如此, 雖有差失, 亦少矣. 凡未至乎聖人, 未可語於仁, 未能無憾於禮義, 如其才質所及, 心知所明, 謂之忠恕可也. 聖人仁且智, 其見之行事, 無非仁, 無非禮義, 忠恕不足以名之, 然而非有他也, 忠恕至斯而極也. 故曾子曰: "夫子之道, 忠恕而已矣."208) "而已矣"者, 不足之辭, 亦無更端之辭. 下學而上達, 然後能言此. 論語曰: "多聞闕疑, 愼言其餘; 多見闕殆, 愼行其餘."209) 又曰: "多聞, 擇其善者而從之; 多見而識之, 知之次也."210) 又曰: "我非生而知之者, 好古敏以求之者也."211) 是不廢多學而識矣. 然聞見不可不廣, 而務在能明於心. 一事豁然, 使無餘蘊, 更一事而亦如是, 久之, 心知之明, 進於聖智, 雖未學之事, 豈足以窮其智哉! 易曰: "精義入神, 以致用也."212) 又曰: "智周乎萬物而道濟天下, 故不過."213) 孟子曰: "君子深造之以道214), 欲其自得之也; 自得之215), 則居之安; 居之安, 則資之深; 資之深, 則取之左右逢其源."216) 凡此, 皆精於道之謂也. 心精於道, 全乎聖智, 自無弗貫通, 非多學而識所能盡; 苟徒識其跡, 將日逐於多, 適見不足. 易又曰: "天下同歸而殊

---

207) 『孟子』「盡心上」: "萬物皆備於我矣. 反身而誠, 樂莫大焉. 强恕而行, 求仁莫近焉."
208) 『論語』「里仁」.
209) 『論語』「爲政」.
210) 『論語』「述而」: "蓋有不知而作之者, 我無是也. 多聞擇其善者而從之, 多見而識之, 知之次也."
211) 『論語』「述而」.
212) 『周易』「繫辭下」: "尺蠖之屈, 以求信也. 龍蛇之蟄, 以存身也. 精義入神, 以致用也. 利用安身, 以崇德也. 過此以往, 未之或知也. 窮神知化, 德之盛也."
213) 『周易』「繫辭上」: "與天地相似, 故不違. 知周乎萬物, 而道濟天下, 故不過."
214) '道'는 仁, 義, 禮, 智 등의 윤리도덕을 말한다.
215) '之'는 道를 가리킨다.
216) 『孟子』「離婁下」: "君子深造之以道, 欲其自得之也. 自得之, 則居之安; 居之安, 則資之深; 資之深, 則取之左右逢其原, 故君子欲其自得之也."

塗, 一致而百慮, 天下何思何慮!"217) "同歸", 如歸於仁至義盡是也; "殊
塗", 如事情之各區以別是也; "一致", 如心知之明盡乎聖智是也; "百慮", 如
因物而通其則是也. 孟子曰: "博學而詳說之, 將以反說約也."218) "約"謂得
其至當; 又曰: "守約而施博者, 善道也; 君子之守, 修其身而天下平."219)
"約"謂修其身. 六經孔孟之書, 語行之約, 務在修身而已, 語知之約, 致其
心之明而已; 未有空指"一"220)而使人知之求之者. 致其心之明, 自能權度
事情, 無幾微差失, 又焉用知"一"求"一"哉?

질문 : 『논어』에 "자기를 이기고 예(禮)로 돌아가는 것이 인(仁)이
된다"고 말하였는데, 주자는 그것을 해석하여 "자기[己]라는 것은
자신의 사사로운 욕심을 이르는 것이고, 예(禮)라는 것은 천리(天
理)의 예절과 의식이다"라고 말하였다. 또한 "마음의 온전한 덕은
천리(天理)가 아닌 것이 없으나, 또한 인욕(人欲)에 무너지지 않을
수 없다"고 말하였다. 모두 그 이른바 "사람이 태어난 이후에, 이
리(理)가 형체와 기질 가운데에 떨어진다"는 것과 함께 서로 설명
해 준다. 노씨[老子]와 장씨[莊子]와 석씨[釋迦牟尼]는 욕(欲)을 없
애는 것이지 사사로움을 없애는 것이 아니고, 성현의 도(道)는 사사
로움을 없애는 것이지 욕(欲)을 없애는 것이 아니다. "사사로운 욕

---

217) 『周易』「繫辭下」.
218) 『孟子』「離婁下」.
219) 『孟子』「盡心下」: "言近而指遠者, 善言也; 守約而施博者, 善道也. 君子之
言也, 不下帶而道存焉. 君子之守, 修其身而天下平. 人病舍其田而芸人之
田, 所求於人者重, 而所以自任者輕."
220) '一'은 程子와 朱子가 말한 理를 가리킨다.

(欲)"을 말하자면, 곧 성현에게는 진실로 그것이 없다. 그런데 안자 [顔回]와 같은 어진 사람도 그 사사로운 욕(欲)을 이길 수 없었다고 할 수 없는데, 어찌 안자가 또한 사사로운 욕(欲)에 무너졌겠는가? 하물며 다음 문장에서 "인(仁)을 행하는 것은 자기로부터 말미암는 다"고 말하였는데, "자기를 이긴다"의 "자기[己]"가 다음과 같지 않다는 것을 어떻게 알겠는가? 이 장 이외에, 또한 "사사로운 욕 (欲)"을 칭하여 "기(己)"라고 말한 것을 절대로 듣지 못하였다. 주자는 또한 "인(仁)을 행하는 것은 자기로부터 말미암는 것이지, 다른 사람이 함께 할 수 있는 바가 아니다"라고 말하였다. "그것을 말하고서 게을리 하지 않는" 자에게 있어, 어찌 이 쓸데없는 문장을 더하여 그를 격려하겠는가! 그 잘못 해석한 것이 확실하다. 그렇다면 이 장의 해석을 들을 수 있겠는가?

問 : 論語言"克己復禮爲仁"221), 朱子釋之云: "己, 謂身之私欲; 禮者, 天理之節文."222) 又云: "心之全德, 莫非天理, 而亦不能不壞於人欲." 蓋與其所謂"人生以後此理墮在形氣中"223)者互相發明. 老莊釋氏, 無欲而非無

---

221) 『論語』「顔淵」: "克己復禮爲仁. 一日克己復禮, 天下歸仁焉. 爲仁由己, 而由人乎哉?"
222) 『論語集注』「顔淵第十二章」: "仁者, 本心之全德. 克, 勝也. 己, 謂身之私欲也. 復, 反也. 禮者, 天理之節文也. 爲仁者, 所以全其心之德也. 蓋心之全德, 莫非天理, 而亦不能不壞於人欲. 故爲仁者必有以勝私欲而復於禮, 則事皆天理, 而本心之德復全於我矣. 歸, 猶與也. 又言一日克己復禮, 則天下之人皆與其仁, 極言其效之甚速而至大也. 又言爲仁由己而非他人所能預, 又見其機之在我而無難也. 日日克之, 不以爲難, 則私欲淨盡, 天理流行, 而仁不可勝用矣."
223) 『朱子語類』卷九十五「程子之書一」: "'纔說性時, 便已不是性'者, 言纔謂之性, 便是人生以後, 此理已墮在形氣之中, 不全是性之本體矣, 故曰'便已不是性也', 此所謂'在人曰性'也."

私; 聖賢之道, 無私而非無欲; 謂之"私欲", 則聖賢固無之. 然如顔子之賢, 不可謂其不能勝私欲矣, 豈顔子猶壞於私欲邪? 況下文之言"爲仁由己"[224], 何以知"克己"之"己"不與下[225]同? 此章之外, 亦絶不聞"私欲"而稱之曰 "己"者. 朱子又云: "爲仁由己, 而非他人所能與."[226] 在"語之而不惰"[227] 者, 豈容加此贅文以策勵之[228]! 其失解審矣. 然則此章之解, 可得聞歟?

답변 : 자기를 이기고 예(禮)로 돌아가는 것이 인(仁)이 된다는 것은, "자기[己]"로 "천하"에 대응해서 말한 것이다. 예(禮)라는 것은 지극히 당연하여 바꿀 수 없는 법칙이기 때문에, "행동과 용모가 두루 예(禮)에 맞아, 성대한 덕이 지극하다"고 말하였다. 의견이 조금이라도 치우치고 덕성이 아직 순수하지 않은 것은, 모두 자기와 천하를 가로막는 발단이다. 자기를 이김으로써 그 지극히 당연하여 바꿀 수 없는 법칙으로 돌아갈 수 있다면, 곧 천하로부터 가로막히지 않기 때문에, "하루라도 자기를 이기고 예(禮)로 돌아간다면, 천하가 인(仁)으로 돌아간다"고 말하였다. 그러나 또한 천하로부터 결정되는 것을 단정하여 인(仁)이 된다고 하는 것이 아니라, 단정하여 인(仁)이 되는 것은 실제로 자기로부터 결정되는 것이지, 다른 사람으로부터 결정되는 것이 아니기 때문에, "인(仁)을 행하는 것은 자기로부터 말미암는 것이지, 다른 사람으로부터 말미암는

---

224) 『論語』「顔淵」.
225) '下'는 '爲仁由己'의 己를 가리킨다.
226) 『論語集注』「顔淵第十二章」: "又言爲仁由己而非他人所能預, 又見其機之 在我而無難也."
227) 『論語』「子罕」: "語之而不惰者, 其回也與!"
228) '之'는 顔回를 가리킨다.

것이겠는가"라고 말하였다. 스스로 성인이 아니라면, 의견이 치우치지 않고 덕성이 순수한 데에 대하여 쉽게 말하지 못한다. 의견이 치우치지 않고 덕성이 순수한 데에 이르면, 행동이 모두 예(禮)에 맞게 된다. 한 몸에서 그것들을 열거해 보면, 보는 것이 있고 듣는 것이 있고 말하는 것이 있고 행동하는 것이 있어, 네 가지가 예(禮)에 어긋나지 않도록 하는데, "행동과 용모가 두루 예(禮)에 맞는" 것과 함께 편안하게 하는 것과 힘써서 하는 것으로 나누어지는 것일 뿐이다. 성인의 말은 사람들로 하여금 그 지극히 당연한 것을 구하여 행동에 드러나게 하지 않는 것이 없다. 그 지극히 당연한 것을 구하려면, 곧 먼저 앎에 힘쓴다. 사사로움을 제거하면서도 가려짐을 제거하기를 구하지 않고, 행동을 중시하면서도 먼저 앎을 중시하지 않는 것은, 성인의 학문이 아니다. 맹자는 "중간을 잡고 권도(權道)를 행하지 않으면, 한쪽을 고집하는 것과 같다"고 말하였다. 권도(權道)를 행하는 것은 가벼움과 무거움을 구별하는 것이다. 마음의 밝음은 일의 실정을 정확하게 분별하고 살피는 것을 이르는데, 그러므로 "권(權)"이라고 말한다. 배움이 이것에 이르면, 하나로써 그것을 꿰뚫게 되고, 의견의 치우침이 제거된다.

曰： 克己復禮之爲仁, 以"己"對"天下"言也. 禮者, 至當不易之則, 故曰 "動容周旋中禮, 盛德之至也"[229]. 凡意見少偏, 德性未純, 皆己與天下阻隔 之端; 能克己以還其至當不易之則, 斯不隔於天下, 故曰"一日克己復禮, 天 下歸仁焉"[230]. 然又非取決於天下乃斷之爲仁也, 斷之爲仁, 實取決於己,

---

229) 『孟子』「盡心下」： "動容周旋中禮者, 盛德之至也; 哭死而哀, 非爲生者也; 經德不回, 非以干祿也; 言語必信, 非以正行也."
230) 『論語』「顔淵」.

不取決於人, 故曰"爲仁由己, 而由人乎哉"231). 自非聖人, 未易語於意見不偏, 德性純粹; 至意見不偏, 德性純粹, 動皆中禮矣. 就一身擧之, 有視, 有聽, 有言, 有動, 四者勿使爽失於禮, 與"動容周旋中禮", 分安勉而已232). 聖人之言, 無非使人求其至當以見之行; 求其至當, 卽先務於知也. 凡去私不求去蔽, 重行不先重知, 非聖學也. 孟子曰: "執中無權, 猶執一也." 權, 所以別輕重; 謂心之明, 至於辨察事情而準, 故曰"權"; 學至是, 一以貫之矣, 意見之偏除矣.

질문 : 맹자는 양주(楊朱)와 묵적[墨子]을 물리치고, 한퇴지[韓愈]는 노씨[老子]와 석씨[釋迦牟尼]를 물리쳤는데, 지금 당신이 송(宋) 이래 유가 책의 말들에 대하여 많은 말로 그것들을 물리치는 것은 무엇 때문인가?

問 : 孟子闢楊墨, 韓退之闢老釋, 今子於宋以來儒書之言, 多辭而闢之, 何也?

답변 : 말이 사람의 마음에 깊이 들어가는 것이, 사람에게 그 화가 큰 데도 깨달을 수가 없다. 만일 깨달을 수 없다면, 나는 백성들이 그 화를 입는 최후를 모르겠다. 저 양주(楊朱)와 묵적[墨子]이라는 자들은 맹자의 시대에 성인과 현인이라는 자들로 여겨졌다. 노씨[老子]와 석씨[釋迦牟尼]라는 자들은 세상이 성인이 미치지 못하는

---

231) 『論語』「顔淵」.
232) 『禮記』「中庸」: "或安而行之, 或利而行之, 或勉强而行之, 及其成功, 一也." 참조.

자들로 여겼다. 그 사람들을 논하면, 저들은 각각 아는 바를 행하길, 몸소 실천하는 군자와 같이 탁월하였기 때문에, 천하가 그들을 존경하고 믿었다. 맹자와 한자[韓愈]가 함께 논변하는 것을 그만 둘 수 없었던 것은, 그 말들이 사람들의 마음에 들어가는 것이 깊어서 사람들에게 화가 컸기 때문이었다. 어찌 예사로운 하나의 이름과 하나의 사물이 잘못되는 것에 비기겠는가! 맹자는 공손추(公孫丑)가 "말을 안다"는 것을 물은 것에 답하여, "치우친 말은 그 가려진 바를 알고, 지나친 말은 그 빠진 바를 알고, 그릇된 말은 그 벗어난 바를 알고, 회피하는 말은 그 궁한 바를 안다. 그 마음에서 생겨나 그 정사에 해를 끼치고, 그 정사에서 발하여 그 일에 해를 끼친다. 성인이 다시 일어나도 반드시 내 말을 따를 것이다"라고 말하였다. 공도자(公都子)가 "외부 사람들이 모두 선생님께서 논쟁하는 것을 좋아하신다고 일컫습니다"라고 물은 것에 답하여, "그릇된 설이 만들어지지 않게 하려는 것이다. 그 마음에서 만들어져 그 일을 해치고, 그 일에서 만들어져 그 정사를 해친다. 성인이 다시 일어나도 내 말을 바꾸지 않을 것이다"라고 말하였다. 맹자가 "성인이 다시 일어나도"라고 두 번이나 말하였는데, 진실로 치우친 말과 그릇된 설이 사람들의 마음에 깊이 들어가, 반드시 일을 해치고 정사를 해쳐서 천하가 그 해를 입는 데도 깨달을 수 없는 것을 본 것이다. 만약 그렇지 않다면, 곧 양주와 묵적과 고자(告子)라는 사람들은 각각 아는 바를 행하길 몸소 실천하는 군자와 같이 진실로 탁월하여 천하가 그들을 존경하고 믿었는데, 맹자가 어찌 그들을 싫어했겠는가? 양주는 갈림길에서 통곡을 하였는데, 그 또한 밖에서 구하는 자들이 갈라지고 또 갈라지는 것을 슬퍼했던 것이고, 묵적은 물든 실을 탄식하였는데, 그 또한 사람들이 물들여져 그 본성을 잃는 것을 슬퍼했던 것이다. 노씨와 석씨의 학설은 곧 모두 "하나[一]를 잡는 것"을 귀하게 여겼고, "욕(欲)을 없애는 것"을 귀하게 여겼다. 송(宋) 이래의 유학자들은 리(理)로 그것들을 설명하였다. 그 리(理)와 욕(欲)을 분별한 것은, 중간을 잡고 권도(權道)를 행하지 않는 것과 같다. 모든 굶주림과 추위와 근심과 원망과 마시고 먹는 것과 남자와 여자와 일상적인 감정과 자질구레한 일들에 대한 느낌을 곧 이름하여 "인욕(人欲)"이라고 말하였는데, 그러므로 그 몸을 다하도록 본 것이란 욕(欲)은 억제하기가 어렵다는 것이다. 그 이른바 "리(理)를 보존한다"는 것은, 공허하게 리(理)의 이름은 있으나, 끝내는 정(情)과 욕(欲)의 느낌을 끊는 것에 지나지 않을 뿐이다. 어떻게 끊을 수 있겠는가? "한 가지 일에 집중하여 다른 데로 가지 않는다"고 말하였는데, 이것은 곧 노씨의 "하나[一]를 잡는 것"이고 "욕(欲)을 없애는 것"으로, 그러므로 주자[周敦頤]는 하나[一]로 성인을 배우는 요체를 삼았고, 또한 그것을 밝혀서 "하나[一]라는 것은 욕(欲)을 없애는 것이다"라고 말하였다. 천하에는 반드시 낳고 기르는 도(道)를 버리고서 존재할 수 있는 것은 없는데, 일과 행위가 모두 욕(欲)에 있으니, 욕(欲)을 없애면 곧 하는 것도 없다. 욕(欲)이 있은 뒤에야 하는 것이 있는데, 하는 것이 있으면서 지극히 당연하여 바꿀 수 없는 데로 돌아가는 것을 리(理)라고 한다. 욕(欲)을 없애고 하는 것이 없는데, 또한 어디에 리(理)가 있겠는가? 노씨와 장씨[莊子]와 석씨는 욕(欲)을 없애고 하는 것이 없는 것을 위주로 하였기 때문에, 리(理)를 말하지 않았다. 성인은 욕(欲)이 있고 하는 것이 있어서 모두가 리(理)를 얻는 데 힘썼다. 이런 까닭으로, 군자 또한 사사로움을 없앨 뿐, 욕(欲)을 없애는 것을 귀하게 여기지 않았다. 군자는 욕(欲)으로 하여금 바름에서 나오게 하고 사악함에서 나오지 않게 하며, 반드시 굶주림과 추위와 근심과 원망과 마시고 먹는 것과 남자와 여자와 일상적인 감정과 자질구레한 일들에 대한 느낌을 없애려고 하지 않는다. 여기에 있어서 참소하는 말과 무고하는 말이 도리어 군자를 각박하게 논의하여 죄가 있게 하였는데, 이 리(理)와 욕(欲)의 분별이 군자로 하여금 완전하게 행동하지 않은 자로 만들었으니, 화가 되는 것이 이와 같다. 욕(欲)을 없앤 뒤에야 군자이고, 소인이 소인이 되는 것은 여전히 그 탐내는 것과 사악한 것을 행해서이다. 유독 이것을 고집하여 군자라고 여기는 자는, "리(理)에서 나오지 않으면 곧 욕(欲)에서 나오고, 욕(欲)에서 나오지 않으면 곧 리(理)에서 나온다"고 하는데, 그 리(理)를 말하는 것이 "마치 물체가 있는 것처럼, 하늘에서 얻어 마음에 갖춘 것"이라고 하니, 그리하여 의견을 리(理)로 삼지 않는 군자가 있지 않게 되었으며, 또한 스스로 욕(欲)에서 나오지 않았다고 믿고서, 곧 "마음에 부끄러움이 없다"고 말한다. 옛사람의 이른바 부끄럽지 않다는 것이 어찌 이것을 이르는 것이겠는가! 의견이 많이 치우친 것을 리(理)로 이름할 수 없다는 것을 깨닫지 못하고, 그것을 반드시 굳게 지킨다. 의견이 그르면, 곧 그 사람이 리(理)에서 스스로 단절하였다고 한다. 이 리(理)와 욕(欲)의 분별이 마침내 잔인하게 죽이는 도구를 이루었는데, 화가 되는 것이 또한 이와 같다. 요순(堯舜)이 사해가 곤궁한 것을 근심한 것과 문왕(文王)이 백성을 다친 것처럼 본 것이, 어찌 한결같이 백성을 위하여 그 인욕(人欲)의 일들을 도모한 것이 아니겠는가! 오로지 순순히 그들을 인도하여 선으로 돌아가게 한 것일 뿐이다. 지금 분명하게 리(理)와 욕(欲)을 둘로 나누어, 자기를 다스리는 데 욕(欲)에서 나오지 않은 것을 리(理)로 삼고, 사람들을 다스리는

데 또한 반드시 욕(欲)에서 나오지 않은 것을 리(理)로 삼으면서, 모든 굶주림과 추위와 근심과 원망과 마시고 먹는 것과 남자와 여자와 일상적인 감정과 자질구레한 일들에 대한 느낌은 모두 인욕(人欲)이 되는 아주 가벼운 것들로 본다. 그 가벼운 것들을 경시하고, 오히려 "나는 천리(天理)를 중시하고, 공의(公義)를 중시한다"고 하는데, 말은 비록 아름다우나, 사람들을 다스리는 데 쓰면, 곧 그 사람들에게 화를 입히게 된다. 아랫사람이 기만과 거짓으로 윗사람에게 대응하게 되면, 곧 "사람이 선하지 않다"고 말하면서, 성인이 백성의 감정을 체득하고 백성의 욕구를 성취하는 데, 천리(天理)와 공의(公義)로 알리지 않고서도, 사람들이 죄악에서 쉽게 모면하는 도(理)가 있다는 것을, 어째서 생각하지 않는 것인가! 맹자는 백성이 "방탕하고 편벽되고 사악하고 사치스러워 하지 않는 짓이 없어 죄악에 빠지는 것"에 대하여, 오히려 "이것은 백성을 그물질 하는 것이다"라고 말하였고, 또한 "죽음을 구제하기에도 넉넉하지 못할까 두려운데, 어느 겨를에 예(禮)와 의(義)를 닦겠는가"라고 말하였다. 옛날에 리(理)를 말한 것은 사람의 정(情)과 욕(欲)에 나아가 그것을 구하였는데, 그것들로 하여금 흠이 없게 하면 리(理)가 되었다. 지금 리(理)를 말하는 것은 사람의 정(情)과 욕(欲)을 떠나 그것을 구하는데, 그것들로 하여금 참고서 돌아보지 않게 하면 리(理)가 된다. 이 리(理)와 욕(欲)의 분별은 마침내 천하의 사람들을 모두 다 변화시켜서 기만하고 거짓말하는 사람들이 되게 하였으니, 화가 되는 것을 어찌 이루 다 말할 수 있겠는가! 그 이른바 욕(欲)은 바로 제왕이 백성들에게 마음을 다하는 것이고, 그 이른바 리(理)는 옛 성현의 이른바 리(理)가 아니다. 노씨와 석씨의 말에 섞어서 말한 것으로, 그래서 폐단이 필연적으로 이에 이른 것이다.

그러나 송 이래의 유학자들은 모두 힘써 노씨와 석씨를 타파한다고 하면서도, 그 말들을 섞어서 답습한 것을 스스로 알지 못하고 하나하나 경전에다 붙이고 합하여, 드디어 육경과 공자와 맹자의 말들이라고 말하였다. 사람을 미혹하는 것은 쉽지만 그것을 타파하는 것은 어려워, 이에 수백 년이 되었다. 인심이 아는 바는 모두 저들의 말들로, 그 육경과 공자와 맹자의 말들과 다르다는 것을 다시는 알지 못한다. 세상의 몸소 실천하는 유학자들 또한 믿고서 의심하지 않는다. 양주와 묵적과 노씨와 석씨는 모두 몸소 실천하고 선을 권하고 악을 징계하고 인심을 구제하고 다스림과 교화를 도와서, 천하가 그들을 존경하고 믿었고, 제왕들도 따라서 그들을 존경하고 믿었던 자들이다. 맹자와 한자가 전에 그들을 물리쳤는데, 맹자와 한자의 설을 듣고서 사람들은 비로소 그들이 성인과 다르다는 것을 알았으나, 끝내는 그 다른 까닭을 알지 못하였다. 송 이래 유학자들 책의 말들에 이르러, 사람들은 모두 "이것들은 성인과 같다. 그것들을 논변하는 것은 다른 것을 세우려는 것이다"라고 말한다. 이것은 어린아이가 길 한가운데서 그 부모를 잃어버려서, 다른 사람이 그를 자식으로 삼아 그 부모가 되었는데, 이미 자라서 다시는 다른 사람이 그 부모가 아니라는 것을 알 수 없어, 비록 친부모를 알려주어도 한사코 아니라고 하면서, 그 알려 준 사람에게 화를 내는 것과 같으니, 그러므로 "그것을 타파하기는 어렵다"고 말한 것이다. 아아, 만일 일에 해를 끼치고 정사에 해를 끼쳐서 사람들에게 화를 입히는 것이 아니라면, 바로 지금 그 사람됨을 공경할 일이지 또한 무엇 때문에 싫어하겠는가! 그들을 싫어하는 것은 인심을 위하여 두려워서이다.

曰 : 言之深入人心者, 其禍於人也大而莫之能覺也; 苟莫之能覺也, 吾不知民受其禍之所終極. 彼楊墨者, 當孟子之時, 以爲聖人賢人者也; 老釋者, 世以爲聖人所不及者也; 論其人, 彼各行所知, 卓乎同於躬行君子, 是以天下尊而信之. 而孟子韓子不能已於與辨, 爲其言入人心深, 禍於人大也. 豈尋常一名一物之訛舛比哉! 孟子答公孫丑問"知言"曰: "詖辭知其所蔽, 淫辭知其所陷, 邪辭知其所離, 遁辭知其所窮. 生於其心, 害於其政; 發於其政, 害於其事. 聖人復起, 必從吾言矣."233) 答公都子問"外人皆稱夫子好辯"曰: "邪說者不得作. 作於其心, 害於其事; 作於其事, 害於其政. 聖人復起, 不易吾言矣."234) 孟子兩言"聖人復起", 誠見夫詖辭邪說之深入人心, 必害於事, 害於政, 天下被其禍而莫之能覺也. 使不然, 則楊墨告子其人, 彼各行所知, 固卓乎同於躬行君子, 天下尊而信之, 孟子胡以惡之哉? 楊朱哭衢途,235) 彼且悲求諸外者歧而又歧; 墨翟之歎染絲,236) 彼且悲人之受染, 失其本性.237) 老釋之學, 則皆貴於"抱一"238), 貴於"無欲"239); 宋以來儒者, 蓋以理(之說)[說之]. 其辨乎理欲, 猶之執中無權; 擧凡饑寒愁怨,

233) 『孟子』「公孫丑上」: "'何謂知言?' 曰: '詖辭知其所蔽, 淫辭知其所陷, 邪辭知其所離, 遁辭知其所窮. 生於其心, 害於其政; 發於其政, 害於其事. 聖人復起, 必從吾言矣.'"

234) 『孟子』「滕文公下」: "公都子曰: '外人皆稱夫子好辯, 敢問何也?' 孟子曰: …… 楊墨之道不息, 孔子之道不著, 是邪說誣民, 充塞仁義也. 仁義充塞, 則率獸食人, 人將相食. 吾爲此懼, 閑先聖之道, 距楊墨, 放淫辭, 邪說者不得作. 作於其心, 害於其事; 作於其事, 害於其政. 聖人復起, 不易吾言矣."

235) 『荀子』「王霸」: "楊朱哭衢途, 曰: '此夫過擧蹞步, 而覺跌千里者夫!' 哀哭之." 참조.

236) 『墨子』「所染」: "子墨子言見染絲者而歎曰: '染於蒼則蒼, 染於黃則黃. 所入者變, 其色亦變. 五入必而已, 則爲五色矣. 故染不可不愼也.'" 참조.

237) 『淮南子』「說林訓」: "揚子見逵路而哭之, 爲其可以南, 可以北; 墨子見練絲而泣之, 爲其可以黃, 可以黑." 참조.

238) 『老子』二十二章: "是以聖人抱一爲天下式."

239) 『老子』三章: "常使民無知無欲."

飲食男女常情隱曲之感, 則名之曰"人欲", 故終其身見欲之難制; 其所謂
"存理", 空有理之名, 究不過絶情欲之感耳. 何以能絶? 曰"主一無適"[240],
此卽老氏之"抱一""無欲", 故周子以一爲學聖之要, 且明之曰, "一者, 無
欲也"[241]. 天下必無舍生養之道而得存者, 凡事爲皆有於欲, 無欲則無爲
矣; 有欲而後有爲, 有爲而歸於至當不可易之謂理; 無欲無爲又焉有理! 老
莊釋氏主於無欲無爲, 故不言理; 聖人務在有欲有爲之咸得理. 是故君子
亦無私而已矣, 不貴無欲. 君子使欲出於正, 不出於邪, 不必無饑寒愁怨飲
食男女常情隱曲之感, 於是讒說誣辭, 反得刻議君子而罪之, 此理欲之辨
使君子無完行者, 爲禍如是也. 以無欲然後君子, 而小人之爲小人也, 依然
行其貪邪; 獨執此[242]以爲君子者, 謂"不出於理則出於欲, 不出於欲則出
於理", 其理一也, "如有物焉, 得於天而具於心"[243], 於是未有不以意見爲
理之君子; 且自信不出於欲, 則曰"心無愧怍"[244]. 夫古人所謂不愧不怍者,
豈此之謂乎! 不寤意見多偏之不可以理名, 而持之必堅; 意見所非, 則謂其
人自絶於理: 此理欲之辨, 適成忍而殘殺之具, 爲禍又如是也. 夫堯舜之憂
四海[245]困窮[246], 文王之視民如傷[247], 何一非爲民謀其人欲之事! 惟順而

---

240) 『河南程氏遺書』卷第十五「入關語錄」: "主一無適, 敬以直內, 便有浩然之
氣. …… 所謂敬者, 主一之謂敬. 所謂一字, 無適之謂一." 『論語集注』「學而
第一」: "敬者, 主一無適之謂." 『朱子語類』卷九十六「程子之書二」: "問'主
一無適'. '只是莫走作. 且如讀書時只讀書, 著衣時只著衣. 理會一事時, 只
理會一事, 了此一件, 又作一件, 此"主一無適"之義.'"

241) 『通書』「聖學第二十」: "一爲要. 一者無欲也, 無欲則靜虛動直, 靜虛動明,
明則通; 動直則公, 公則溥."

242) '此'는 無欲을 가리킨다.

243) 宋代 儒學을 비난하는 戴震의 표현이다.

244) 『河南程氏外書』卷第三: "人能克己, 則心廣體胖, 仰不愧, 俯不怍, 其樂可
知, 有息則餒矣."

245) '四海'는 온 세상, 온 천하를 말한다.

導之248), 使歸於善. 今既截然分理欲爲二, 治己以不出於欲爲理, 治人亦必以不出於欲爲理, 舉凡民之饑寒愁怨飲食男女常情隱曲之感, 咸視爲人欲之甚輕者矣. 輕其所輕, 乃249)"吾重天理也, 公義也"250), 言雖美, 而用之治人, 則禍其人. 至於下以欺僞應乎上, 則曰"人之不善"251), 胡弗思聖人體民之情, 遂民之欲, 不待告以天理公義, 而人易免於罪戾者之有道也! 孟子於民之"放辟邪侈無不爲以陷於罪"252), 猶曰"是罔民也"; 又曰"救死而恐不贍, 奚暇治禮義"253)! 古之言理也, 就人之情欲求之254), 使之255)無疵之爲理; 今之言理也, 離人之情欲求之, 使之忍而不顧之爲理. 此理欲之辨, 適以窮天下之人盡轉移爲欺僞之人, 爲禍何可勝言也哉! 其所謂欲, 乃帝王之所盡心於民; 其所謂理, 非古聖賢之所謂理; 蓋雜乎老釋之言以爲言, 是以弊必至此也. 然宋以來儒者皆力破老釋, 不自知雜襲其言而一一傅合於經, 遂曰六經孔孟之言; 其惑人也易而破之也難, 數百年於茲矣. 人心所知, 皆彼256)之言, 不復知其異於六經孔孟之言矣; 世又以躬行實踐之儒, 信焉不疑. 夫楊墨老釋, 皆躬行實踐, 勸善懲惡, 救人心, 贊治化, 天

---

246) 『論語』「堯曰」: "咨! 爾舜! 天之曆數在爾躬. 允執其中. 四海困窮, 天祿永終." 참조.

247) 『孟子』「離婁下」: "文王視民如傷, 望道而未之見." 참조.

248) '之'는 百姓을 가리킨다.

249) 2008년 판 中華書局 본 『孟子字義疏證』은 '乃' 字 다음에 '曰' 字가 빠진 것이 아닌가 하는 의심이 든다는 注를 달았다.

250) 宋代 儒學을 비난하는 戴震의 표현이다.

251) 宋代 儒學者들의 말을 戴震이 가상적으로 표현한 것이다.

252) 『孟子』「梁惠王上」: "苟無恒心, 放辟邪侈, 無不爲已. 及陷乎罪, 然後從而刑之, 是罔民也. 焉有仁人在位, 罔民而可爲也."

253) 『孟子』「梁惠王上」: "此惟救死而恐不贍, 奚暇治禮義哉?"

254) '之'는 情과 欲을 가리킨다.

255) '之'는 情과 欲을 가리킨다.

256) '彼'는 宋 이래의 儒學者들을 가리킨다.

下尊而信之257), 帝王因尊而信之258)者也. 孟子韓子闢之於前, 聞孟子韓子之說, 人始知其259)與聖人異而究不知其所以異. 至宋以來儒書之言, 人咸曰: "是與聖人同也; 辨之, 是欲立異也." 此如嬰兒中路失其父母, 他人子之而爲其父母, 旣長, 不復能知他人之非其父母, 雖告以親父母而決爲非也, 而怒其告者, 故曰"破之也難". 嗚呼, 使非害於事害於政以禍人, 方將敬其爲人, 而又何惡也! 惡之者, 爲人心懼也.

257) '之'는 楊朱와 墨翟과 老子와 釋迦牟尼를 가리킨다.
258) '之'는 楊朱와 墨翟과 老子와 釋迦牟尼를 가리킨다.
259) '其'는 楊朱와 墨翟과 老子와 釋迦牟尼를 가리킨다.

답팽진사윤초서
(答彭進士允初書)

답팽진사윤초서 정유년
答彭進士允初書[1]) 丁酉[2])

윤초 선생 귀하 :

允初[3])先生足下[4]) :

며칠 전에 「이림거제의」를 받아 보았는데, 문장의 경지가 높고 뛰어납니다만, 작자에게 있어서는 문장으로만 여기지 않고, 도(道)로 여겼습니다. 심종(心宗)을 크게 밝히고, 정자(程子)와 주자의 설을 참고하고 살려서, 육경과 공자와 맹자에게 억지로 갖다 붙여, 너무 멋대로 한 것이 끝이 없게 하였습니다. 맹자는 "축적하는 것이 깊으면 좌우에서 취해도 그 근원을 만나게 된다"고 말하였습니다. 대체로 스스로 얻어 배우는 것들은 다 그렇습니다. 공자와 맹자의 도(道)를 구하여, 이에 이르지 못하면 얻은 것이 있다고 할 수 없습니다. 양주(楊朱)와 묵적[墨子]과 노씨[老子]와 장씨[莊子]와 불씨[佛教]의 도(道)를 구하여, 이에 이르지 못하면 또한 얻은 것이 있다고 할 수 없습니다.

---

1) '答彭進士允初書'는 戴震(1724-1777)이 과거 시험 進士 합격자인 允初 彭紹升(1740-1796)에게서 온 「與戴東原書」에 답한 문장이다.
2) '丁酉'는 乾隆 42년, 즉 1777년을 가리킨다.
3) '允初'는 「答彭進士允初書」의 수신인인 彭紹升의 字이다.
4) '足下'는 편지에서 상대방의 이름 밑에 써서 敬意를 표하는 말이다.

日前承示二林居制義5), 文境高絶, 然在作者6), 不以爲文而已, 以爲道7)
也. 大暢心宗8), 參活程9)朱10)之說, 以傅合六經孔孟, 使闐肆無涯涘. 孟子曰:
"資之深則取之左右逢其源."11) 凡自得之學盡然. 求孔孟之道, 不至是不可
謂之有得. 求楊墨老莊佛12)之道, 不至是亦不可謂之有得.

송(宋) 이전에, 공자와 맹자는 스스로 공자와 맹자였고, 노씨[老子]
와 석씨[釋迦牟尼]는 스스로 노씨와 석씨였는데, 노씨와 석씨를 말하
는 자들은 그 말들을 심오하고 오묘하게 하여, 공자와 맹자에게 의존
하지 않았습니다. 송 이래로, 공자와 맹자의 책들은 모조리 그 해석을
잃어버렸는데, 유학자들은 노씨와 석씨의 말들을 섞어서 답습하여 그
것들을 해석하였습니다. 그리하여 유가의 책들을 읽고 노씨와 석씨에
게 흘러들어가는 자들이 있게 되었습니다. 노씨와 석씨를 좋아하여
그 속에 빠지고, 그 뒤 유가의 책들에 접촉하여, 그 도(道)의 도움을
얻기를 즐겨하면서, 유가의 책들을 빙자하여 노씨와 석씨를 말하는

---

5) '制義'는 淸代(1636-1912)의 과거 시험에서 규정한 답안의 문체로, 곧 八股文
   을 말한다. '二林居'는 彭紹升의 서재 이름으로, 스스로를 二林居士로 칭하였
   다. 「二林居制義」는 彭紹升의 저작이다.
6) '作者'는 彭紹升을 가리킨다.
7) '道'는 佛道, 즉 佛敎를 가리킨다.
8) '心宗'은 佛敎의 禪宗을 말한다.
9) '程'은 程子, 즉 형인 明道 程顥(1032-1085)와 동생인 伊川 程頤(1033-1107)
   의 형제를 가리킨다.
10) '朱'는 朱子, 즉 晦庵 朱熹(1130-1200)를 가리킨다.
11) 『孟子』「離婁下」: "君子深造之以道, 欲其自得之也. 自得之, 則居之安; 居之
    安, 則資之深; 資之深, 則取之左右逢其原, 故君子欲其自得之也."
12) '楊墨老莊佛'는 楊朱(기원전 약 395-기원전 약 335)와 墨子(기원전 약 480-기
    원전 약 420)와 老子(기원전 약 571-기원전 약 471)와 莊子(기원전 약 369-기
    원전 약 286)와 佛敎를 가리킨다.

자들이 있게 되었습니다. 자기와 같은 사람들에 대해서는 곧 심종(心宗)으로 상호 인증하고, 자기와 다른 사람들에 대해서는 곧 그 설을 육경과 공자와 맹자에 의탁하여, "내가 얻은 바의 것은 성인의 미묘한 말과 심오한 뜻이다"라고 말합니다. 그러나 뒤섞인 것이 복잡하고, 변하면 변할수록 더욱 교묘하여, 혼연하기가 틈조차 없습니다.

宋以前, 孔孟自孔孟, 老釋自老釋, 談老釋者高妙其言, 不依附孔孟. 宋以來, 孔孟之書盡失其解, 儒者[13]雜襲老釋之言以解之. 於是有讀儒書而流入老釋者. 有好老釋而溺其中, 旣而觸於儒書, 樂其道之得助, 因憑藉儒書以談老釋者[14]. 對同己則共證心宗, 對異己則寄託其說於六經孔孟, 曰: "吾所得者, 聖人之微言奧義." 而交錯旁午, 屢變益工, 渾然無罅漏.

공자가 "길이 같지 않으면, 서로 도모하지 않는다"고 말하였습니다. 공연히 많은 말을 허비해 봐야, 그 도(道)가 형성된 자를 빼앗을 수 없다는 것을 말합니다. 귀하의 도(道)는 형성되었는데, 제가 해 놓은『원선』을 보고자 합니다. 저는 귀하의 사람됨을 듣고, 마음으로 존경하여, 사귀기를 원한 것이 지금까지 십여 년입니다. 비록『원선』이 가리키는 바가『맹자자의소증』에 더해져서 반복적으로 변론되어, 모두 귀하의 도(道)와는 전혀 다를지라도, 그것을 물으니 곧 감히 꺼내지 않을 수 없습니다. 지금 준 편지에, 어떤 것들은 인용하여 같다고 하였고, 어떤 것들은 구별하여 다르다고 하였으나, 제게는 오히려 완전히 달라서, 조금도 같은 것들이 없다고 할 수 있습니다.

孔子曰: "道不同, 不相爲謀."[15] 言徒紛然辭費, 不能奪其道[16]之成者也.

---

13) '儒者'는 宋代(960-1279) 이래의 儒學者들을 말한다.
14) 彭紹升과 같은 부류의 사람들을 말한다.

足下之道成矣, 欲見僕所爲原善[17]. 僕聞足下之爲人, 心敬之, 願得交者十餘
年於今. 雖原善所指, 加以孟子字義疏證, 反覆辯論, 咸與足下之道截然殊致,
叩之則不敢不出. 今賜書有引爲同, 有別爲異, 在僕乃謂盡異, 無毫髮之同.

　　예전에 정자(程子)와 장자[張載]와 주자도 그 처음에는 또한 귀하
의 지금처럼 종사한 적이 있었습니다. 정숙자[程頤]는 「명도선생행
장」을 지어서, "십오륙 세 때부터, 주무숙[周敦頤]이 도(道)를 논하는
것을 듣고는 감개하여 도(道)를 구하는 데 뜻이 있어, 제자백가를 널
리 탐구하고 노씨[老子]와 석씨[釋迦牟尼]에게 드나든 것이 거의 십
년이나 되다가, 돌아와 육경에서 구한 뒤에야 그것을 얻었다"고 말하
였습니다. 여여숙[呂大臨]은 「횡거선생행장」을 지어서, "범문정공[范
仲淹]이 「중용」을 읽도록 권하니, 선생은 그 책을 읽고 비록 아끼기는
하였으나, 오히려 아직은 족하지 못하다고 여겨, 또한 석씨와 노씨의
책들을 찾아 여러 해 동안 그 설들을 다 연구했지만, 얻은 바가 없다
는 것을 알고 돌이켜서 육경에서 구했다"고 말하였습니다. 얻은 바가
없다는 것을 알았다는 것은, 그것들을 비루하게 여겼다는 것이지, 그
것들을 알지 못하였다는 것이 아닙니다. 주자가 선학(禪學)을 흠모한
것은 십오륙 세 때였습니다. 나이 스물넷에 이원중[李侗]을 만났는데,
원중이 성현의 말씀을 보라고 가르쳤습니다. 그 뒤 십여 년 동안, 「답
하숙경」이라는 두 편지가 있는데, 그 하나는 말하였습니다. "먼젓번

---

15) 『論語』 「衛靈公」.
16) '道'는 사상, 신념, 주장, 관점 등을 의미한다.
17) '原善'은 세 권으로 이루어진 戴震의 철학 저작으로, 1753년에서 1764년 사이
　　에 쓰였는데, 여기에 담긴 철학 사상은 이후 『孟子字義疏證』에서 대부분
　　계승되면서 진일보 발전하였다.

지경(持敬)의 설을 망령되게 논하면서, 또한 그 뭐라고 말했는지 스스로 기억도 못하는데, 다만 그 양심에서 발현되는 것이 은미함으로, 맹렬히 살피고 분발하여, 마음으로 하여금 어둡지 않게 한다면, 곧 이것이 공부하는 본령이라네. 본령이 이미 확립되었으면, 자연스럽게 아래로부터 배워서 위로 통달하게 된다네. 만약에 양심이 발현되는 곳을 살피지 못한다면, 곧 그지없이 넓고 아득하여, 아마도 착수할 곳이 없을 것이네. 깨닫는 바가 이전의 말과 행동을 많이 아는 것으로, 내가 줄곧 보는 바 또한 이와 같다네. 근래에 돌이켜 구하여, 아직 안온한 곳을 얻지 못하였는데, 도리어 비로소 이것이 아직 지리함을 면치 못하였다는 것을 알게 되었으니, 어찌 내심으로부터 묵묵히 깨달아 그 근본을 세워서, 그 말의 득과 실이 저절로 나의 감식에서 벗어날 수 없게 하는 것만 하겠는가." 그 하나는 말하였습니다. "금년에는 뜻밖에 기근이 이 지경이 되어, 초여름에 흉흉하게 되자, 마침내 현에서 위임하여 파견해서, 구호양곡을 싼값으로 내놓아 곤궁한 백성들을 돕는 일을 하였는데, 온갖 방법을 다하여 간신히 아무 일도 없게 하였다네. 널리 본 폐해가 이렇게 몹시 뚜렷하니, 어찌 그것을 의심하겠는가! 만약 도(道)가 많이 듣고 널리 봄으로써 얻는 것이라면, 곧 세상에 도(道)를 아는 사람은 적지 않을 것이네. 나는 근래야 일이 비로소 적어져서, 깊이 자성하여 홀연히 깨달은 바가 있었으니, 예를 들면, '솔개가 날고 물고기가 뛴다'는 것은, 명도[程顥]가 '반드시 일삼음이 있되 미리 기대하지 말라'는 것과 뜻이 같다고 생각한 것이, 지금에야 비로소 명백해져 의심이 없어졌다네. 일상생활 사이에서, 이 유행하는 본체가 처음부터 끊어지는 곳이 없고 공부에 힘써야 할 곳이 있음을 보았으니, 이것은 서책을 지키고 말을 고집하는 것과는 관련이 아예 없는 것으로, 다행스럽게도 요즘에 그것을 통찰하였으니, 이것을 알면 곧 인(仁)을 알게 된다네." 두 편지는 완전히 원중을 배반하고 다시 석씨에게로 돌아가, 오히려 성현의 말씀을 이용하여 그 석씨에게서 얻은 바를 가리킨 겁니다. 건도 계사년 주자 나이 마흔 넷에 이르러, 학생 요덕명(廖德明)이 계사년에 들었던 바를 기록하여, "선생께서 말씀하시기를, '이삼 년 전에는 이 일이 아직 흐리멍덩하여, 그것이 불교의 설과 비슷하다고 생각하였는데, 근년에 와서야 비로소 분명히 알게 되었다'고 하셨다"고 말하였습니다. 그 뒤로, 주자는 「답왕상서」라는 편지가 있는데, "제가 석씨의 설에 대해서, 일찍이 그 사람을 스승으로 삼고 그 도(道)를 존숭하였으며, 그것을 구하는 것 또한 절실하고 지극했으나, 얻은 것이 없었습니다. 그 뒤에 선생님과 군자들의 가르침으로 전후와 완급의 순서를 비교하여, 잠시 그 설을 놓아두고 우리 학문에 종사하게 되었습니다. 그 처음에는 하루라도 마음에서 왔다 갔다 하지 않은 적이 없었지만, 우리 설을 다 궁구하기를 기다린 뒤에 그것을 구하여도 그다지 늦지 않겠다고 생각되었습니다. 그리고 일이 년이 되자 마음에 유독 저절로 편안한 바가 있었습니다. 비록 곧바로 저에게 있을 수는 없었지만, 다시 바깥 학문에서 그것을 구하여 그 처음의 마음을 이루고자 할 수는 없었습니다" 라고 말하였습니다.

昔程子張子[18]朱子, 其始也, 亦如足下今所從事[19]. 程叔子[20]撰明道先生行狀曰: "自十五六時, 聞周茂叔[21]論道, 慨然有求道之志, 泛濫於諸家, 出入於老釋者幾十年, 返求諸六經而後得之."[22] 呂與叔[23]撰橫渠先生行狀曰: "范

---

18) '張子'는 張載(1020-1077)로, 橫渠先生으로 불렸다.
19) '從事'는 佛學을 연구했던 것을 가리킨다.
20) '程叔子'는 程頤이다.
21) '周茂叔'은 周敦頤(1017-1073)로, 茂叔은 字이다.

文正公[24]勸讀中庸, 先生讀其書, 雖愛之, 猶以爲未足. 又訪諸釋老之書, 累年, 盡究其說, 知無所得, 返而求之六經."[25] 知無所得者陋之, 非不知之也. 朱子慕禪學[26], 在十五六時. 年二十四, 見李愿中[27], 愿中敎以看聖賢言語, 而其後十餘年, 有答何叔京[28]二書. 其一曰: "向來妄論持敬之說, 亦不自記其云何, 但因其良心發見之微, 猛省提撕, 使心不昧, 卽是做工夫底本領. 本領旣立, 自然下學而上達矣. 若不察良心發見處, 卽渺渺茫茫, 恐無下手處也. 所論多識前言往行, 熹向來所見亦是如此. 近因返求, 未得個安穩處, 却始知此未免支離, 曷若默會諸心以立其本, 而其言之得失, 自不能逃吾之鑒邪."[29]

---

22) 『河南程氏文集』卷第十一「明道先生行狀」: "先生爲學: 自十五六時, 聞汝南周茂叔論道, 遂厭科擧之業, 慨然有求道之志. 未知其要, 泛濫於諸家, 出入於老釋者幾十年, 返求諸六經而後得之."

23) '呂與叔'은 呂大臨(1040-1092)으로, 與叔은 字이다.

24) '范文正公'은 范仲淹(989-1052)으로, 文正은 諡號이다.

25) 『張載集』「呂大臨橫渠先生行狀」: "當康定用兵時, 年十八, 慨然以功名自許. 上書謁范文正公. 公一見知其遠器, 欲成就之, 乃責之曰: '儒者自有名敎, 何事於兵!' 因勸讀中庸. 先生讀其書, 雖愛之, 猶未以爲足也, 於是又訪諸釋老之書, 累年盡究其說, 知無所得, 反而求之六經."

26) '禪學'은 佛敎 禪宗의 교의를 말한다.

27) '李愿中'은 李侗(1093-1163)으로, 愿中은 字이고, 延平先生으로 불렸으며, 朱熹의 스승이다.

28) '何叔京'은 何鎬(1128-1175)로, 叔京은 字이며, 朱熹와 교유하였다.

29) 『晦庵先生朱文公文集』卷第四十「答何叔京」: "向來妄論持敬之說, 亦不自記其云何. 但因其良心發見之微, 猛省提撕, 使心不昧, 則是做工夫底本領. 本領旣立, 自然下學而上達矣. 若不察良心發見處, 卽渺渺茫茫, 恐無下手處也. 中間一書論'必有事焉'之說, 却儘有病, 殊不蒙辨詰, 何耶? 所喩多識前言往行, 固君子之所急, 熹向來所見亦是如此. 近因返求未得個安穩處, 却始知此未免支離. 如所謂因諸公以求程氏, 因程氏以求聖人, 是隔幾重公案, 曷若默會諸心, 以立其本, 而其言之得失自不能逃吾之鑒邪?" 戴震이 인용한 朱熹의 문장은 생략된 부분도 있기에, 『한글 맹자자의소증(孟子字義疏證)』의 역주에서는 생략된 부분을 모두 표기하였다.

其一曰: "今年不謂饑歉至此, 夏初所至汹汹, 遂爲縣中委以賑糶之役, 百方區處, 僅得無事. 博觀之弊, 此理甚明, 何疑之有! 若使道可以多聞博觀而得, 則世之知道者爲不少矣. 熹近日因事方少有省發處, 如'鳶飛魚躍'[30], 明道[31] 以爲與'必有事焉而勿正'[32]之意同者, 今乃曉然無疑. 日用之間, 觀此流行之 體[33], 初無間斷處, 有下工夫處. 此與守書冊泥言語全無交涉, 幸於日間察之, 知此則知仁矣."[34] 二書全背願中, 復歸釋氏, 反用聖賢言語指其所得於釋氏 者. 至乾道癸巳[35], 朱子年四十四, 門人廖德明[36]錄癸巳所聞云, "先生[37]言:

---

30) 『詩經』「大雅」「文王之什」「旱麓」: "鳶飛戾天, 魚躍於淵."
31) '明道'는 程顥이다.
32) 『孟子』「公孫丑上」: "必有事焉而勿正, 心勿忘, 勿助長也."
33) '流行之體'는 心을 가리킨다.
34) 『晦庵先生朱文公文集』卷第四十「答何叔京」: "今年不謂饑歉至此. 夏初所至 汹汹, 遂爲縣中委以賑糶之役. 中間又爲隣境群盜竊發, 百方區處, 僅得無事. 今早稻已熟, 雖有未汰洽處, 然相無它虞矣. 對接事變, 不敢廢體察, 以爲庶幾 或可寡過. 讀來書, 知志不獲伸, 細詢來使, 乃盡知曲折. 此朋友之責也, 夫復 何言? 謹已移書漕臺, 且爲兄求一差檄來建邵, 到卽又徐圖所處. 因此且可暫 爲寧親之計, 亦急事也. 今日所向如此, 但臨汀深僻, 王靈不及, 當愈甚爾. 朝 政比日前不倖矣, 近又去一二近習, 近臣之附麗者亦斥去之, 但直道終末可 行. 王龜齡自夔府造朝, 不得留, 出知湖州, 又不容而去. 今汪師來, 且看又如 何. 上以薦者頗力, 又熟察其所爲, 其眷佇少異於前矣. 然事係安危, 未知竟如 何耳. 熹無似之蹤不足爲輕重, 然亦俟此決之耳. 欽夫臨川之除, 薦者意不止 此, 亦保時之消長, 非人力能爲也. 近寄得一二篇文字來, 前日伯崇方借去, 已 寄語令轉錄呈, 其間更有合商量處也. 前此僭易拜稟博觀之弊, 誠不自揆. 乃 蒙見是, 何幸如此! 然觀來喩, 似有未能遽捨之意, 何耶? 此理甚明, 何疑之 有? 若使道可以多聞博觀而得, 則世之知道者爲不少矣. 熹近日因事方有少 省發處, 如'鳶飛魚躍', 明道以爲與'必有事焉, 勿正'之意同者, 今乃曉然無疑. 日用之間, 觀此流行之體初無間斷處, 有下功夫處. 乃知日前自誑誑人之罪蓋 不可勝贖也. 此與守書冊泥言語全無交涉, 幸於日間察之, 知此則知仁矣." 戴 震이 인용한 朱熹의 문장은 생략된 부분도 있기에, 『한글 맹자자의소증(孟子 字義疏證)』의 역주에서는 생략된 부분을 모두 표기하였다.
35) '乾道癸巳'는 宋代 孝宗 乾道 9년, 즉 1173년이다.

286 한글 맹자자의소증(孟子字義疏證)

二三年前見得此事[38]尙鶻突, 爲他佛說得相似, 近年來方看得分曉."[39] 是後,
朱子有答汪尙書[40]書[41]云: "熹於釋氏之說, 蓋嘗師其人, 尊其道, 求之亦切
至矣, 然未能有得. 其後以先生君子[42]之教, 校乎前後緩急之序, 於是暫置其
說[43]而從事於吾學[44]. 其始蓋未嘗一日不往來於心也, 以爲俟卒究吾說[45]而
後求之[46]未爲甚晩. 而一二年來, 心獨有所自安, 雖未能卽有諸己, 然欲復求
之[47]外學[48]以遂其初心, 不可得矣."[49]

---

36) '廖德明'은 字가 子晦로, 朱熹의 제자이다.
37) '先生'은 朱熹를 말한다.
38) '此事'는 儒家의 수양 공부인 戒愼, 恐懼, 愼獨을 가리킨다.
39) 『朱子語類』卷第一百一十三「朱子十」「訓門人一」: "二三年前, 見得此事尙
  鶻突, 爲它佛說得相似. 近年來方見得分曉, 只是'戒謹所不睹, 恐懼所不聞',
  如顔子約禮事是如此, 佛氏却無此段工夫."
40) '汪尙書'는 汪應辰(1118-1176)으로, 字는 聖錫이고, 尙書는 그가 역임했던
  관직명이다.
41) 2010년 판 黃山書社 본『戴震全書』와 1982년 판 中華書局 본『孟子字義疏
  證』과 2009년 판 上海古籍出版社 본『戴震集』에는 모두 '答汪尙書書'라고
  표기하여, 서간문 이름으로 표시하였지만, 2002년 판 上海古籍出版社와 安
  徽敎育出版社 본『朱子全書』에 실려 있는『晦庵先生朱文公文集』에는 '答汪
  尙書'라고 표기되어, 서간문 이름으로 표시되었기에,『한글 맹자자의소증(孟
  子字義疏證)』의 역주에서는『朱子全書』를 참고하여「答汪尙書」로 표기하였
  다.
42) '君子'는 학식과 덕망이 높은 사람을 말한다.
43) '其說'은 佛敎를 가리킨다.
44) '吾學'은 儒學을 가리킨다.
45) '吾說'은 儒學을 가리키다.
46) '之'는 道를 가리킨다.
47) '之'는 道를 가리킨다.
48) '外學'은 佛敎를 말한다.
49) 『晦庵先生朱文公文集』卷第三十「答汪尙書」: "熹於釋氏之說, 蓋嘗師其人尊
  其道, 求之亦切至矣, 然未能有得. 其後以先生君子之教, 校夫前後緩急之序,
  於是暫置其說而從事於吾學, 其始蓋未嘗一日不往來於心也. 以爲俟卒究吾

정자(程子)와 주자가 비록 모두 이전에 석씨[釋迦牟尼]에게 들어갔을지라도, 그러나 끝내는 그 잘못을 깨달을 수 있었습니다. 정자는 "우리 유학은 하늘[天]을 본원으로 하고, 이단은 마음[心]을 본원으로 한다"고 말하였습니다. 주자는 "우리 유학은 리(理)로 불생불멸하는 것을 삼고, 석씨는 신식(神識)으로 불생불멸하는 것을 삼는다"고 말하였습니다. 저는 『맹자자의소증』에서 그 리(理)를 본 것을 논변하였는데, 노씨[老子]와 석씨가 마음[心]을 보고 신식(神識)을 본 것을 좇아서, 비록 종지는 각각 다르겠지만, 단지 저들의 말을 그것으로 바꿔서, 오히려 공자와 맹자의 이른바 리(理)와 이른바 의(義)를 잃어버렸습니다. 주자가 "그것이 불교의 설과 비슷하다고 생각하였다"고 일컬은 것은, 저들의 심종(心宗)이, 종지가 이들과 다를 뿐만 아니라, 또한 결코 비슷하다고 말할 수도 없다는 겁니다. 정자와 주자는 이전에 저들에게 종사했기에, 저들의 종지를 익히 알고 있었는데, 그 뒤에 이들에게서 구하여, 이들의 종지가 저들과 다르다는 것을 알게 되었지만, 그 본원을 얻지 못하여, 미루어 하늘[天]을 본원으로 삼았습니다. 사람과 사물, 어떤 것이 하늘[天]을 본원으로 삼지 않았겠으며, 어찌 마음[心]이 반드시 하늘[天]과 떨어졌다고 할 수 있겠습니까! 저들이 일어나서 다툴 겁니다. 만일 이것을 들었다면, 비록 어리석을지라도 반드시 현명해질 것이고, 비록 연약할지라도 반드시 강해질 겁니다. 확충해 보면, 어느 것 하나 그 마음[心]을 다하여 도(道)를 다할 수 있는 데 힘쓰지 않겠습니까! 만일 스스로 옳다고 여겨 요순(堯舜)의 도(道)에 함께 들어갈 수 없다면, 비록 리(理)를 말하고 지

說而後求之, 未爲甚晩耳, 非敢遽絀絶之也. 而一二年來, 心獨有所自安, 雖未能卽有諸己, 然欲復求之外學以遂其初心, 不可得矣."

(知)를 말하고 배움[學]을 말할지라도, 모두 비슷한 것 같으면서도 다른 것으로, 틀림없이 덕(德)을 어지럽히게 됩니다.

程朱雖皆先入於釋氏, 而卒能覺悟其非. 程子曰: "吾儒本天, 異端50)本心."51) 朱子曰: "吾儒以理爲不生不滅, 釋氏以神識52)爲不生不滅."53) 僕於孟子字義疏證辯其視理54)也, 與老釋之視心視神識, 雖指歸各異, 而僅僅就彼55)之言轉之56), 猶失孔孟之所謂理所謂義. 朱子稱"爲他佛說得相似"者, 彼57)之心宗, 不特指歸與此58)異也, 亦絕不可言似. 程朱先從事於彼, 熟知彼之指歸, 旣而求之此, 見此之指歸與彼異矣, 而不得其本59), 因推而本之天.60) 夫人物, 何者非本之天乎, 豈得謂心必與天隔乎, 彼61)可起而爭者也.

---

50) '異端'은 佛敎를 말한다.
51) 『河南程氏遺書』卷第二十一下 「附師說後」: "聖人本天, 釋氏本心." 戴震은 程子가 '吾儒本天, 異端本心'이라고 말했다고 표기하였지만, 이것은 程頤가 "聖人本天, 釋氏本心"이라고 말한 문장을 가리킨다.
52) '神識'은 佛敎 용어로, 不生不滅의 정신을 말한다
53) 『朱子語類』卷第一百二十六 「釋氏」: "儒者以理爲不生不滅, 釋氏以神識爲不生不滅."
54) '其視理'의 주체는 程子와 朱子이다.
55) '彼'는 老子와 釋迦牟尼를 가리킨다.
56) '之'는 理를 가리킨다.
57) '彼'는 佛敎를 가리킨다.
58) '此'는 六經과 孔子와 孟子(기원전 약 372-기원전 약 289)를 가리킨다. 2010년 판 黃山書社 본 『戴震全書』에는 '彼'로 표기된 반면, 1982년 판 中華書局 본 『孟子字義疏證』과 2009년 판 上海古籍出版社 본 『戴震集』에는 '此'로 표기되었다. 전후 내용으로 보건대, '此'가 타당한 것으로 판단되기에, 『한글 맹자자의소증(孟子字義疏證)』에서는 『孟子字義疏證』과 『戴震集』을 참고하여 '此'로 표기하였다.
59) '其本'은 사람과 사물, 즉 만물의 본원을 가리킨다.
60) 이 문장에서의 '彼'는 모두 佛敎를 가리키고, '此'는 모두 六經과 孔子와 孟子를 가리킨다.
61) '彼'는 佛敎徒를 가리킨다.

苟聞乎此, 雖愚必明, 雖柔必强. 擴而充之, 何一非務盡其心以能盡道. 苟自
以爲是而不可與入堯舜之道,[62] 雖言理言知言學, 皆似而非, 適以亂德.

정자(程子)와 주자가 이전에 저들에게 들어가서, 단지 저들의 설을
바꿔서 이들의 것으로 하고, 그래서 또한 바꿔서 저들의 것으로 하여,
하늘[天]과 마음[心]을 합하여 같게 하고, 리(理)와 신식(神識)을 합하
여 같게 하였는데, 우리의 말을 저들이 모두 끌어들여 빌려서, 저들이
수립하는 보조가 되었습니다. 이것으로 경전을 해석하는데, 육경과
공자와 맹자의 책들은 저들이 모두 정자와 주자의 해석으로 말미암아
끌어들여 빌려서, 저들이 의지하여 따르는 바가 되었습니다. 마치 그
조부의 얼굴을 본 적이 없는 자손이 다른 사람의 얼굴을 그 얼굴로
잘못 그려서 그를 섬기는 것처럼, 섬기는 바가 물론 자기의 조부이긴
하지만, 얼굴은 곧 아닙니다. 실제는 얻고 얼굴은 얻지 못하였으니,
또한 무슨 손상이 있겠습니까! 그러나 다른 사람이 곧 그 조부의 얼굴
을 가지고 나와 같은 종파라고 사칭한다면, 실제로는 내 일족을 속여
서 저 일족으로 변화시키는 것으로, 이것이 제가 부득이하게 『소증』
을 지을 수밖에 없었던 이유입니다. 얼굴을 그리는 잘못을 타파함으
로써, 내 종파를 바르게 하고 내 일족을 보전하며, 내 종파가 오래도록
무너지고 내 일족이 오래도록 흩어져 다른 일족이 되는 것을 침통해
하는데, 감히 조금이라도 관용을 베풀겠습니까!

在程朱先入於彼[63], 徒就彼之說轉而之此[64], 是以又可轉而之彼, 合天與

---

62) 『孟子』「盡心下」: "衆皆悅之, 自以爲是, 而不可與入堯舜之道, 故曰德之賊
也." 참조.
63) '彼'는 佛敎를 가리킨다.
64) '此'는 六經과 孔子와 孟子를 가리킨다.

心爲一, 合理與神識爲一, 而我65)之言, 彼皆得援而借之, 爲彼樹之助. 以此
解經, 而六經孔孟之書, 彼皆得因程朱之解, 援而借之爲彼所依附. 譬猶子孫
未睹其祖父之貌者, 誤圖他人之貌爲其貌而事之, 所事固己之祖父也, 貌則非
矣. 實66)得而貌不得, 亦何傷. 然他人則持其祖父之貌以冒吾宗, 而實誘吾族
以化爲彼族, 此僕所由不得已而有疏證之作也.67) 破圖貌之誤, 以正吾宗而
保吾族, 痛吾宗之久墜, 吾族之久散爲他族, 敢少假借哉.

　송(宋)의 유학자들은 단지 그 신식(神識)을 가리키는 것만 바꿔서
리(理)를 가리켰는데, 나머지는 바꾼 바가 없습니다. 그 공자와 맹자
의 말들을 해석하는데, 말의 형식을 다시 저들과 서로 비슷하게 하였
습니다. 예를 들면, 『대학장구』의 "재명명덕(在明明德)"과 『중용장
구』의 "불현유덕(不顯維德)"처럼, 특히 뒤섞여서 거의 구분을 할 수
없습니다. 귀하는 마침내 "상천(上天)의 일은 소리도 없고 냄새도 없
다"는 것을 끌어들여, 심종(心宗)의 큰 근원으로 삼았습니다. 송의
유학자들이 노씨[老子]가 숭상한 "무욕(無欲)" 및 장주[莊子]의 책에
서 말한 "복기초(復其初)"를 섞어서 인용한 것에 대하여, 그것들을
설명하여, "욕(欲)을 없애는 것이 성(誠)이다. 탕(湯)과 무(武)가 그것
으로 되돌아간 것은, 그 처음을 회복한 것을 이른다"고 말하였습니다.

---

65) '我'는 六經과 孔子와 孟子를 가리킨다.
66) '實'은 祖父를 섬기는 것을 말한다.
67) 여기에서 戴震은 얼굴을 잘못 그리고 다른 사람이 같은 종파라고 사칭하는
　　것을 예로 들어, 程朱가 佛學으로 六經과 孔孟을 왜곡하고 불학이 공맹사상
　　을 대체한 것을 비유함으로써, 자신이 『맹자자의소증』을 쓰고 彭紹升과 논쟁
　　하는 목적이 바로 육경과 공맹의 본래 모습을 회복하는 데 있음을 밝혔다.
　　사실 대진은 육경과 공맹을 옹호한다는 명목으로 정주와 팽소승의 불교적
　　경향을 비판하면서 자신의 사상을 제시하였다.

저는 『대대예기』의 "도(道)에서 나누어진 것을 명(命)이라고 한다"는 한 마디 말을 좋아하는데, 도(道)는 곧 음양의 기(氣)가 변화하기 때문에 나누어진다고 말할 수 있습니다. 바로 나누어지기 때문에, 형성된 성(性)이 같지 않은 겁니다. 그리하여 『역[周易]』에서 일컬은 "한번 음(陰)이 되고 한번 양(陽)이 되는 것을 도(道)라고 한다", 「중용」에서 일컬은 "하늘이 명령한 것을 성(性)이라고 한다", 맹자가 변별한 "개의 성(性)"과 "소의 성(性)"과 "사람의 성(性)"의 다름에 대하여, 환히 통하게 되었습니다. 그러나 귀하는 "하늘의 명(命)이여, 아아 심원하여 그침이 없어라"를 들어, 나누어질 수 없다고 여겼습니다. 이것은 말로 헛된 논의를 할 수 있는 것이 아니라, 마땅히 되돌아서 육경과 공자와 맹자 책들의 본문에서 무엇을 말하는지를 체득해야 하는 겁니다. 『시[詩經]』에 "나는 밝은 덕(德)을 좋아한다"고 말한 것은, "소리와 색을 크게 여기지 않는다"는 것에 대하여 말한 겁니다. 「대학」의 "밝은 덕(德)을 밝힌다"에서 "밝은 덕[明德]"은, "백성"에 대하여 말한 겁니다. 모두 덕행과 행사로, 사람들이 전부 우러러 보는 것이 마치 해와 달이 하늘에 걸려 찬란하게 빛나는 것과 같으므로, 그것을 일컬어 "밝은 덕[明德]"이라고 말한 겁니다. 만약 하나의 일에 잘못이 있으면, 곧 하나의 일에 가려짐과 이지러짐이 있게 됩니다. 그 가까운 곳으로부터 먼 곳까지 쌓여서 성대하게 되어 환히 밝을 뿐이니, 그러므로 "밝은 덕(德)을 밝힌다"고 말하고, "천하에 밝은 덕(德)을 밝힌다"고 말했던 겁니다. 『시』의 "불현(不顯)"과 "불승(不承)"은 곧 『서[書經]』의 "비현(丕顯)"과 "비승(丕承)"으로, 옛 글자 "비(丕)"는 "불(不)"과 통용되어, 크다는 겁니다. 「중용」에서 "명성이 중원 지역에 가득찼다"고 말하고, 그 "어둑하다"고 말한 것은, "날로 밝아진다"와 함께 말한 것으로, 구태여 크게 드러내려고 하지 않고 그윽하게 깊고

까마득하게 먼 것으로 지극함을 삼을 필요가 있겠습니까! 한낮에 해가 공중에 걸려있는데, 어디에 소리와 냄새가 있어 사람들로 하여금 알게 합니까? 누가 그것을 몰라서, "상천(上天)의 일은 소리도 없고 냄새도 없다"는 것을 인용하여, 그 지극함을 말할 수 없겠습니까! "상천(上天)의 일"이라는 두어 마디 말은, 『시』에서 "큰 명(命)은 쉽지 않구나"를 이어서 한 말로, 정[鄭玄]의 주석은 "하늘의 도(道)는 알기가 어려운 것으로, 귀는 소리를 듣지 못하고, 코는 냄새를 맡지 못한다. 문왕(文王)의 일을 본받으면, 곧 천하가 모두 너를 믿고 따르게 된다"고 말하였습니다. 「중용」에서는 "백성을 교화하는 덕(德)"을 이어서 한 말로, 소리와 냄새에 의거하여 백성들과 접촉하지 않았습니다. 노씨[老子]와 석씨[釋迦牟尼]를 말하는 자는, "텅 비어 신령스러우면서 어둡지 않음", "인욕에 가려짐", "본체의 밝음", "그윽하게 깊고 아득하게 멂", "지극한 덕(德)은 아주 깊고 은미함", "드러나지 않는 오묘함" 등의 말들과 그 심종과 서로 비슷한 것에서 취하였는데, 「대학」과 「중용」의 본문과 천 리만큼이나 차이가 날 뿐만 아니라, 곧 주자가 말한 바가, 비록 「대학」과 「중용」을 잃어버린 해석이지만, 그 종지가 끝내는 다르게 되었습니다.

宋儒僅改其指神識者以指理, 而餘無所改, 其解孔孟之言, 體狀復與彼[68] 相似. 如大學章句於"在明明德"[69], 中庸章句於"不顯維德"[70], 尤渾合幾不

---

68) '彼'는 老子와 釋迦牟尼를 가리킨다.

69) '在明明德'은 '밝은 덕을 밝히는 데 있다'라는 뜻으로, 『禮記』 「大學」에 나오는 구절("大學之道, 在明明德, 在親民, 在止於至善")인데, 이에 대한 朱熹의 해석은 다음과 같다: "明, 明之也. 明德者, 人之所得乎天, 而虛靈不昧, 以具衆理而應萬事者也. 但爲氣稟所拘, 人欲所蔽, 則有時而昏; 然其本體之明, 則有未嘗息者. 故學者當因其所發而遂明之, 以復其初也." (『大學章句』)

70) '不顯維德'은 '크게 드러나는 이 덕이여'라는 뜻으로, 『禮記』 「中庸」에 인용

可分. 足下遂援"上天之載, 無聲無臭"71)爲心宗之大原. 於宋儒之雜用老氏

尙"無欲"72), 及莊周書言"復其初"73)者, 而申之曰: "無欲, 誠也. 湯武反

之,74) '復其初'之謂也."75) 僕愛大戴禮記"分於道謂之命"76)一語, 道, 卽陰

陽氣化, 故可言分. 惟分也, 故成性不同. 而易稱"一陰一陽之謂道"77), 中庸

稱"天命之謂性"78), 孟子辨別"犬之性""牛之性""人之性"79)之不同, 豁然貫

通. 而足下擧"維天之命, 於穆不已"80), 以爲不得而分. 此非語言之能空論也,

宜還而體會六經孔孟之書本文云何. 詩曰"予懷明德", 對"不大聲以色"81)而

言. 大學之"明明德", 以"明德"對"民"82)而言. 皆德行行事, 人咸仰見, 如日

된『詩經』「頌」「周頌」「淸廟之什」「烈文」의 시구절("不顯維德, 百辟其刑

之")인데, 이에 대한 朱熹의 해석은 다음과 같다. "詩周頌烈文之篇. 不顯,

說見二十六章, 此借引以爲幽深玄遠之意. 承上文言天子有不顯之德, 而諸侯

法之, 則其德愈深而效愈遠矣." (『中庸章句』)

71) 『詩經』「大雅」「文王之什」「文王」.

72) '無欲'은 '욕을 없애다'라는 뜻이다.『老子』三章: "常使民無知無欲."『老子』

五十七章: "我無欲, 而民自樸." 등 참조.

73) '復其初'는 '그 처음을 회복하다'라는 뜻이다.『莊子』「繕性」: "繕性於俗, 俗

學以求復其初, 滑欲於俗, 思以求致其明, 謂之蔽蒙之民." "文滅質, 博溺心,

然後民始惑亂, 無以反其性情而復其初." 참조.

74) 『孟子』「盡心下」: "堯舜, 性者也;湯武, 反之也." 참조.

75) 彭紹升,「與戴東原書」: "'堯舜, 性之也; 湯武, 反之也'. '性之'者, 明其無所加

也; '反之'者, 復其初之謂也."

76) 『大戴禮記』「本命」: "分於道, 謂之命; 形於一, 謂之性, 化於陰陽, 象形而發,

謂之生; 化窮數盡, 謂之死. 故命者, 性之終也. 則必有終矣."

77) 『周易』「繫辭上」: "一陰一陽之謂道, 繼之者善也, 成之者性也."

78) 『禮記』「中庸」: "天命之謂性, 率性之謂道, 修道之謂敎."

79) 『孟子』「告子上」: "然則犬之性, 猶牛之性; 牛之性, 猶人之性與?"

80) 『詩經』「頌」「周頌」「淸廟之什」「維天之命」.

81) 『詩經』「大雅」「文王之什」「皇矣」: "帝謂文王, 予懷明德, 不大聲以色, 不長

夏以革."

82) 『禮記』「大學」: "大學之道, 在明明德, 在親民, 在止於至善."

月之懸象著明. 故稱之曰"明德". 倘一事差失, 則有一事之掩虧. 其由近而遠,
積盛所被, 顯明不已, 故曰"明明德", 曰"明明德於天下"83). 詩之"不顯""不
承"84), 卽書之"丕顯""丕承"85), 古字"丕"通用"不", 大也. 中庸言"聲名洋
溢乎中國"86), 其言"闇然"也, 與"日章"87)并言, 何必不欲大顯, 而以幽深玄
遠爲至.88) 夫晝日當空, 何嘗有聲臭以令人知? 而疇不知之, 不可引"上天之
載無聲臭"以言其至乎. "上天之載"二語, 在詩承"駿命不易"89)言, 鄭箋90)
云: "天之道難知也, 耳不聞聲音, 鼻不聞香臭. 儀法文王之事, 則天下咸信而
順之."91) 在中庸承"化民之德"92)言, 不假聲臭以與民接也. 談老釋者93), 有
取於"虛靈不昧"94)"人欲所蔽"95)"本體之明"96)"幽深玄遠"97)"至德淵

---

83) 『禮記』「中庸」: "古之欲明明德於天下者, 先治其國."
84) 『詩經』「頌」「周頌」「清廟之什」「清廟」: "不顯不承, 無射於人斯." '不顯'은
'크게 드러내다'라는 뜻이고, '不承'은 '크게 받들다'라는 뜻이다.
85) 『書經』「周書」「君牙」: "嗚呼! 丕顯哉, 文王謨! 丕承哉, 武王烈! 啓佑我後人,
咸以正罔缺."
86) 『禮記』「中庸」: "是以聲名洋溢乎中國, 施及蠻貊; 舟車所至, 人力所通, 天之
所覆, 地之所載, 日月所照, 霜露所隊; 凡有血氣者, 莫不尊親, 故曰配天."
87) 『禮記』「中庸」: "故君子之道, 闇然而日章; 小人之道, 的然而日亡."
88) 『中庸章句』: "不顯, 說見二十六章, 此借引以爲幽深玄遠之意. 承上文言天子
有不顯之德, 而諸侯法之, 則其德愈深而效愈遠矣." 『朱子語類』「中庸三」
「第三十三章」: "所謂'不顯維德'者, 幽深玄遠, 無可得而形容. …… 是簡幽深
玄遠意, 是不顯中之顯." 참조.
89) 『詩經』「大雅」「文王之什」「文王」: "無念爾祖, 聿脩厥德. 永言配命, 自求多
福. 殷之未喪師, 克配上帝. 宜鑑于殷, 駿命不易. 命之不易, 無遏爾躬. 宣昭義
問, 有虞殷自天. 上天之載, 無聲無臭. 儀刑文王, 萬邦作孚."
90) '鄭箋'은 鄭玄(127-200)의 『詩經』에 대한 주석을 말한다.
91) 『毛詩正義』「大雅」「文王」.
92) 『禮記』「中庸」: "詩曰: '予懷明德, 不大聲以色.' 子曰: '聲色之於以化民, 末
也.' 詩曰: '德輶如毛', 毛猶有倫; '上天之載, 無聲無臭', 至矣!"
93) '談老釋者'는 彭紹升을 가리킨다.
94) 『大學章句』: "明德者, 人之所得乎天, 而虛靈不昧, 以具衆理而應萬事者也."

微"98)"不顯之妙"99)等語與其心宗相似，不惟大學中庸本文差以千里，卽朱子所云，雖失大學中庸之解，而其指歸究殊100).

또한『시[詩經]』와『서[書經]』가운데에서 천명(天命)을 말한 것은 모두 "왕이 하늘에서 명(命)을 받는다"를 말한 것으로, 하늘이 왕에게 명령하는 것이 그치지 않음으로써, 왕은 천하를 사랑해 마지않는 겁니다.「중용」은 "하늘의 명(命)이여, 아아 심원하여 그침이 없어라. 아아 크게 드러나네, 문왕(文王)의 덕(德)의 순수함이여"를 인용하였습니다. 그 뜻을 취하면, 그침이 없다는 것을 위주로 하여, "지극한 정성은 쉼이 없다"가 천지에 상당한다는 것을 나타냅니다. "아아 심원하다"는 것은, 하늘의 명(命)은 덕(德)이 있어 심원하다는 것을 찬미한 겁니다. 예를 들면, 군주가 현명한 신하에 대하여 거듭 명(命)을 내리면, 정성을 다하여 군주가 현명한 사람을 임명할 수 있다는 것을 찬미하는데, 어찌 그 심원함을 찬탄할 수 없겠습니까! 그것을 인용한 자가 어찌 "이것은 군주가 군주 되는 까닭이다"라고 말할 수 없겠습니까! 무릇 명(命)으로 말하자면, 동쪽으로 가라고 명령하면 곧 서쪽으로 갈 수 없는 것과 같은 것으로, 모두 수(數)가 있어 그것을 제한하므로, 명(命)을 받은 자가 뛰어넘을 수 있는 것이 아닙니다. 시험 삼아

---

95)『大學章句』: "但爲氣稟所拘，人欲所蔽，則有時而昏."
96)『大學章句』: "然其本體之明，則有未嘗息者."
97)『大學章句』: "不顯，說見二十六章，此借引以爲幽深玄遠之意."
98)『大學章句』: "篤恭而天下平，乃聖人至德淵微，自然之應，中庸之極功也."
99)『大學章句』: "又引孔子之言，以爲聲色乃化民之末務，今但言不大之而已，則猶有聲色者存，是未足以形容不顯之妙."
100) '其指歸究殊'는 朱熹와 彭紹升의 관점이 본질적으로는 같을지라도, 둘 사이에는 다름도 있다는 것을 말한다.

군주의 명령으로 그것을 말해보면, 현명하지 못한 사람이 윗자리에 있고 대단히 현명한 사람이 아랫자리에 있는데, 각각은 군주의 명령을 받아서 그 자리에 있는 것으로, 이러한 명수(命數)를 일컬어 군주의 명령이라고 말합니다. 군주가 그들을 훈계하면, 공손하게 그 일을 해야 하고, 밤낮으로 부지런하고 성실하게 직무를 힘써 다해야 하는데, 이러한 교명(敎命)을 일컬어 군주의 명령이라고 말합니다. 명수(命數)의 명(命)은 명령을 받는 초기에 제한되어, 존비가 마침내 정해지는 겁니다. 교명(敎命)의 명(命)은 그 얻은 바로 그 능한 바를 보는 것으로, 그 극진함을 이룰 수 있습니다. 그러나 직무를 다하는 것일 뿐으로, 곧 똑같이 명령하고 제한하는 것에 속합니다. 직무를 다하라는 명령은 감히 직무를 다하지 않을 수 없는 것으로, 마치 동쪽으로 가라고 명령하면 감히 동쪽으로 가지 않을 수 없는 것과 같은 겁니다. 기수(氣數)를 논하고 리의(理義)를 논하자면, 명(命)은 모두 제한의 명칭이 됩니다.

又詩書中凡言天命, 皆以"王者受命於天"[101]爲言, 天之命王者不已, 由王者仁天下不已. 中庸引"維天之命, 於穆不已, 於乎不顯, 文王之德之純"[102]. [103] 其取義也, 主於不已, 以見"至誠無息"[104]之配天地.[105] "於穆"者, 美天

---

[101] '王者受命於天'은 戴震이 『詩經』「大雅」「文王之什」「大明」의 '有命自天, 命此文王'과 『書經』「周書」「召誥」의 '夏服天命', '殷受天命' 등에서 개괄한 말이다.

[102] 『詩經』「頌」「周頌」「淸廟之什」「維天之命」: "維天之命, 於穆不已, 於乎不顯, 文王之德之純."

[103] 『禮記』「中庸」: "詩云: '維天之命, 於穆不已!' 蓋曰天之所以爲天也. '於乎不顯! 文王之德之純!' 蓋曰文王之所以爲文也, 純亦不已."

[104] 『禮記』「中庸」: "誠者自成也, 而道自道也. 誠者物之終始, 不誠無物. 是故君子誠之爲貴. 誠者非自成己而已也, 所以成物也. 成己, 仁也; 成物, 知也.

之命有德深遠也. 譬君之於賢臣, 一再錫命, 倦倦不已, 美君之能任賢者, 豈
不可歎其深遠. 引之者豈不可曰"此君之所以爲君也"106). 凡命之爲言, 如命
之東則不得而西, 皆有數107)以限之, 非受命者所得踰. 試以君命言之, 有小
賢而居上位, 有大賢而居下位, 各受君命以居其位, 此命數108)之得稱曰君命
也. 君告誡之, 使恭其事, 而夙夜兢惕, 務盡職焉, 此敎命109)之得稱曰君命也.
命數之命, 限於受命之初, 而尊卑遂定. 敎命之命, 其所得爲視其所能, 可以
造乎其極. 然盡職而已, 則同屬命之限之. 命之盡職, 不敢不盡職, 如命之東,
不敢不赴東. 論氣數110), 論理義111), 命皆爲限制之名.

　　천지를 큰 나무에 비유하면, 꽃이 있고 열매가 있고 잎이 있는 것이
같지 않지만, 꽃과 열매와 잎은 모두 나무에서 나누어집니다. 모양이

性之德也, 合外內之道也, 故時措之宜也. 故至誠無息. 不息則久, 久則徵,
徵則悠遠, 悠遠則博厚, 博厚則高明. 博厚, 所以載物也; 高明, 所以覆物也;
悠久, 所以成物也. 博厚配地, 高明配天, 悠久無疆. 如此者, 不見而章, 不動
而變, 無爲而成." 2010년 판 黃山書社 본 『戴震全書』와 1982년 판 中華書
局 본 『孟子字義疏證』과 2009년 판 上海古籍出版社 본 『戴震集』에는 모두
큰따옴표 없이 표기되어있지만, 『한글 맹자자의소증(孟子字義疏證)』에서
는 큰따옴표를 넣고 표기하였다.

105) 『中庸章句』: "此以下, 復以天地明至誠無息之功用. 天地之道, 可一言而盡,
不過曰誠而已. 不貳, 所以誠也. 誠故不息, 而生物之多, 有莫知其所以然
者." 참조.
106) '此君之所以爲君也'는 戴震이 「中庸」의 '文王之所以爲文王也'에 근거하여
자신의 말로 표현한 것이다.
107) '數'는 운명적으로 정해져 있다는 뜻으로, 財數, 運數, 氣數, 天數 등과 같은
말들을 가리킨다.
108) '命數'는 運命과 財數를 함께 이르는 말이다.
109) '敎命'은 위에서 아래로 하는 훈계로, 임금의 명령을 말한다.
110) '氣數'는 저절로 오고가고 한다는 吉凶禍福의 運數를 말한다.
111) '理義'는 사물의 이치와 마땅함을 말한다.

크고 작고, 색깔과 냄새가 짙고 옅고, 맛이 두텁고 엷으며, 또한 꽃과 꽃이 같지 않고, 열매와 열매가 같지 않고, 잎과 잎이 같지 않습니다. 나눔을 한 마디로 말하면, 곧 각각 나누어지는 바에 제한이 있습니다. 냇가에서 물을 길어다 술독에 채우고 병에 채우고 장군에 채워, 응결하여 얼음이 되면, 그 크기가 술독과 같고 병과 같고 장군과 같이 되는데, 혹시 덜 차면 각각 그 얕고 깊은 것처럼 됩니다. 물이 비록 한 하천에서 길어온 것일지라도, 때와 곳에 따라 맛이 다르고 맑은 것과 흐린 것 또한 다른데, 하천에서 나누어지면서 곧 각각 나누어지는 바에 제한이 있기 때문입니다. 사람이 하늘에서 얻는 것도, 비록 또한 나누어지는 바에 제한이 있지만, 사람마다 하늘의 덕(德)에 온전할 수 있습니다. 하나의 몸으로 그것을 비유하면, 마음이 있고, 귀와 눈과 코와 입과 손과 발과 수염과 눈썹과 털과 머리카락이 있는데, 유독 마음이 그 전부를 통할하니, 그 나머지는 각각 하나의 덕(德)만 가지므로, 『기[禮記]』에 "사람이란 천지의 마음[心]이다"라고 말하였습니다. 소경은 마음이 눈을 대신하여 볼 수 없고, 귀머거리는 마음이 귀를 대신하여 들을 수 없는데, 이런 것은 마음 또한 나누어지는 바에 제한이 있어서 입니다. 마시고 먹는 것들이 변화하여 영(營)과 위(衛)가 되고 근육과 골수가 되는데, 형체가 함께 하여 하나가 될 수 있습니다. 형체는 형체를 이롭게 하고, 기(氣)는 기(氣)를 이롭게 하여, 정기(精氣)가 더해지고, 신명(神明)은 저절로 배가 됩니다. 흩어지면 천지로 돌아가고, 모이면 사람과 사물을 이루는데, 천지와 통하는 것은 살고, 천지와 막히는 것은 죽습니다. 식물로 말하면, 잎은 바람과 햇볕과 비와 이슬을 받아서 하늘의 기운과 통하고, 뿌리는 비옥한 토양과 접해서 땅의 기운과 통합니다. 동물로 말하면, 내쉬거나 들이쉬는 것으로 하늘의 기운과 통하고, 마시고 먹는 것으로 땅의 기운과 통합니다. 사람과 사물은 천지에서 변함없이 하나의 몸처럼 합해집니다. 형체에는 귀하고 천한 것이 있고 크고 작은 것이 있는데, 나누어지는 바에 제한되지 않음이 없습니다.

譬天地於大樹, 有華有實有葉之不同, 而華實葉皆分於樹. 形之鉅細, 色臭之濃淡, 味之厚薄, 又華與華不同, 實與實不同, 葉與葉不同. 一言乎分, 則各限於所分. 取水於川, 盈罍盈瓶盈缶[112], 凝而成冰, 其大如罍如瓶如缶, 或不盈而各如其淺深. 水雖取諸一川, 隨時與地, 味殊而清濁亦異, 由分於川, 則各限於所分. 人之得於天也, 雖亦限於所分, 而人人能全乎天德[113]. 以一身譬之, 有心, 有耳目鼻口手足, 鬚眉毛髮, 惟心統其全, 其餘各有一德[114]焉, 故記曰: "人者, 天地之心也."[115] 瞽者, 心不能代目而視, 聾者, 心不能代耳而聽, 是心亦限於所分也. 飲食之化爲營衛[116], 爲肌髓, 形可幷而一也. 形[117]可益形[118], 氣[119]可益氣[120], 精氣[121]附益, 神明[122]自倍. 散之還天地, 萃之成人物. 與天地通者生, 與天地隔者死. 以植物言, 葉受風日雨露以通天氣, 根接土壤肥沃以通地氣. 以動物言, 呼吸通天氣, 飲食通地氣. 人物於天地,

---

112) '缶'는 술, 간장, 물 따위를 담는 그릇인 장군을 말한다.
113) '天德'은 대자연의 작용을 말한다.
114) '德'은 기능, 작용, 효능 등을 의미한다.
115) 『禮記』「禮運」: "故人者, 天地之心也, 五行之端也, 食味別聲被色而生者也."
116) '營衛'는 혈액을 말하는데, 營은 혈맥 속을 순환하면서 영양 작용을 하고, 衛는 혈맥 밖을 순환하면서 질병을 일으키는 요인이 침입하는 것을 막는 역할을 한다.
117) '形'은 동식물의 형체를 가리킨다.
118) '形'은 사람의 형체를 가리킨다.
119) '氣'는 陰陽과 五行의 氣를 가리키다.
120) '氣'는 사람의 氣質을 가리킨다.
121) '精氣'는 사람의 몸을 이루는 정밀하고 세밀한 물질적인 氣運을 말한다.
122) '神明'은 사람의 정신적인 사유 능력을 말한다.

猶然合如一體也. 體有貴賤, 有小大, 無非限於所分也.

마음이라는 것은 기(氣)가 통하여 사유하는 것이고, 귀와 눈과 코와 입이라는 것은 기(氣)가 통하여 감각하는 겁니다. 증자[曾參]는 "양의 정기(精氣)를 신(神)이라고 말하고, 음의 정기(精氣)를 영(靈)이라고 말하는데, 신령(神靈)이라는 것은 만물의 본원이다"라고 말하였습니다. 『역[周易]』은 "정기(精氣)는 사물이 되고, 떠다니는 혼(魂)은 변화하는데, 그러므로 귀신의 정황을 안다"고 말하였습니다. "정기(精氣)는 사물이 된다"는 것은, 기(氣)가 정밀하여 응집하고 만물이 널리 퍼지는 것이 상도[常]라는 것이고, "떠다니는 혼(魂)은 변화한다"는 것은, 혼(魂)은 떠다니면서 존재하여, 그 형체가 손상되더라도 정기(精氣)는 아직 흩어지지 않는데, 변화하면 곧 끝까지 캐물을 수 없다는 겁니다. 노씨[老子]와 장씨[莊子]와 석씨[釋迦牟尼]는 떠다니는 혼(魂)이 변화하는 일단을 보았지만, 그 큰 상도[常]에는 어두웠고, 정기(精氣)가 모이는 것은 보았지만, 두 개의 본원으로 판정하였습니다. 장주[莊子]의 책은 "한번 그 이루어진 형체를 받으면, 해치지 않고 다할 때까지 기다려야 한다"고 말하였습니다. 석씨의 "사람은 죽어서 귀신이 되고, 귀신은 다시 사람이 된다"는 설이 이와 같습니다. 주[莊子]는 또한 "그 형체가 변화하고, 그 마음도 그것과 함께 그렇다면, 큰 슬픔이라고 하지 않을 수 있겠는가"라고 말하였습니다. 노씨의 "길게 살고 오래 본다"는 것과 석씨의 "생겨나지도 않고 없어지지도 않는다"는 것은, 자기의 사사로움이 아닌 것이 없고, 그 없어지는 것을 슬퍼하지 않음이 없을 뿐으로, 그러므로 욕(欲)을 없애는 것으로 그 사사로움을 이루는 겁니다. 맹자는 "영토를 넓히고 백성을 많게 하는 것을 군자는 바란다"고 말하였습니다. 또한 "귀하기를 바라는 것은 사람의 똑같은 마음이다"라고 말하였습니다. 또한 "물고기는 내

가 바라는 바이고, 곰발바닥 또한 내가 바라는 바이다", "삶[生] 또한
내가 바라는 바이고, 의(義) 또한 내가 바라는 바이다"라고 말하였습
니다. 노씨와 석씨에게는 모두 그것들이 없고, 오로지 그 떠다니는
혼(魂)만을 사사롭게 하였는데, 그 없어지는 것을 슬퍼함으로써 미리
그것을 위하여 도모했던 겁니다.

心者, 氣通而神123); 耳目鼻口者, 氣融而靈124). 曾子125)曰: "陽之精氣曰
神, 陰之精氣曰靈, 神靈者, 品物之本也."126) 易曰: "精氣爲物, 遊魂爲變, 是
故知鬼神之情狀."127) "精氣爲物"者, 氣之精而凝, 品物流形之常也. "遊魂爲
變"者, 魂之遊而存, 其形敝而精氣未遽散也, 變則不可窮詰矣. 老莊釋氏, 見
於遊魂爲變之一端, 而昧其大常; 見於精氣之集, 而判爲二本128). 莊周書129)
曰: "一受其成形, 不亡以待盡."130) 釋氏"人死爲鬼, 鬼復爲人"131)之說同
此.132) 周133)又曰: "其形化, 其心與之然, 可不謂大哀乎."134) 老氏之"長生久
視"135), 釋氏之"不生不滅"136),137) 無非自私, 無非哀其滅而已矣, 故以無欲

---

123) '神'은 사유하는 능력을 가리킨다.
124) '靈'은 감각하는 능력을 가리킨다.
125) '曾子'는 曾參(기원전 505-기원전 435)이다.
126) 『大戴禮記』「曾子天圓」: "陽之精氣曰神, 陰之精氣曰靈; 神靈者, 品物之本
    也, 而禮樂仁義之祖也, 而善否治亂所由興作也."
127) 『周易』「繫辭上」.
128) '二本'은 形體와 精神을 가리킨다.
129) '莊周書'는 莊周, 즉 莊子의 책인 『莊子』를 가리킨다.
130) 『莊子』「齊物論」.
131) 宗密, 『原人論』. 宗密(780~840)은 唐代(618-907)의 승려로, 華嚴宗의 제5조
    이며, 圭峯大師라 칭하였다. 敎禪一致를 주장하였으며, 저서에는 『原人論』,
    『圓覺經疏』, 『盂蘭盆經疏』 등이 있다.
132) 『朱子語類』卷三「鬼神」: "釋氏謂人死爲鬼, 鬼復爲人."
133) '周'는 莊周, 즉 莊子를 가리킨다.
134) 『莊子』「齊物論」.

成其私. 孟子曰: "廣土衆民, 君子欲之."138) 又曰: "欲貴者, 人之同心也."139)

又曰: "魚, 我所欲也; 熊掌, 亦我所欲也."140) "生, 亦我所欲也; 義, 亦我所欲

也."141) 在老釋皆無之142), 而獨私其遊魂, 而哀其滅以豫爲之圖.

송(宋)의 유학자들은 노씨[老子]와 석씨[釋迦牟尼]의 욕(欲)을 없
애라는 설에 미혹되어, "의(義) 또한 내가 바라는 바이다"라고 한 것
을 도심(道心)으로 삼고 천리(天理)로 삼았고, 나머지는 모두 인심(人
心)으로 삼고 인욕(人欲)으로 삼았습니다. 욕(欲)이라는 것은 살면서
곧 그 삶[生]을 이루고 그 좋은 것을 갖추기를 원하는 것이고, 정(情)
이라는 것은 친근함과 소원함과 어른과 어린이와 존귀함과 비천함의
느낌들이 자연스럽게 발현하는 겁니다. 리(理)라는 것은 정(情)과 욕
(欲)의 미세함까지 다 구별하고, 순조롭게 달성되게 하여, 각각 그
아주 작은 것까지 미치게 하는 것을 이릅니다. 욕(欲)은 그 미치지
못하는 것을 근심하는 것이 아니라, 그 지나치는 것을 근심하는 겁니

---

135) 『老子』五十九章: "是謂深根固柢, 長生久視之道."
136) 『般若波羅蜜多心經』: "不生不滅, 不垢不淨, 不增不減." 『六祖壇經』「自序
品第一」: "如此見解, 覓無上菩提, 了不可得; 無上菩提, 須得言下識自本心,
凡自本性, 不生不滅." 등.
137) 『朱子語類』一百二十六「釋氏」: "儒者以理爲不生不滅, 釋氏以神識爲不生
不滅." 참조.
138) 『孟子』「盡心上」: "廣土衆民, 君子欲之, 所樂不存焉."
139) 『孟子』「告子上」.
140) 『孟子』「告子上」: "魚, 我所欲也; 熊掌, 亦我所欲也, 二者不可得兼, 舍魚而
取熊掌者也. 生, 亦我所欲也; 義, 亦我所欲也, 二者不可得兼, 舍生而取義
者也."
141) 『孟子』「告子上」.
142) '之'는 情과 欲을 가리킨다.

다. 지나치는 것이란 사사로움에 습관이 되어 다른 사람을 잊어버리는 것으로, 그 마음은 깊이 빠져버리고, 그 행위는 사특한데, 그러므로 맹자는 "마음을 수양하는 데 욕(欲)을 적게 하는 것보다 좋은 것은 없다"고 말하였습니다. 정(情)이 정당하면, 그 미치지 못하는 것을 근심하고, 또한 그것으로 하여금 지나치지 않게 합니다. 정당하지 않으면, 그 지나치는 것을 근심할 뿐만 아니라, 스스로 반성하여 그 과실을 구제하는 데 힘씁니다. 욕(欲)이 사사로움으로 흐르지 않으면 곧 인(仁)이고, 깊이 빠져서 사특해지지 않으면 곧 의(義)이며, 정(情)이 발동하여 절도에 맞으면 곧 화(和)인데, 이와 같은 것을 천리(天理)라고 합니다. 정(情)과 욕(欲)이 아직 발동하지 않아 깊고 고요하여 과실이 없는 것을 천성(天性)이라고 합니다. 천성(天性)은 스스로 천성(天性)이 아니고, 정(情)과 욕(欲)은 스스로 정(情)과 욕(欲)이 아니며, 천리(天理)는 스스로 천리(天理)가 아닙니다.

在宋儒惑於老釋無欲之説, 謂"義亦我所欲"爲道心, 爲天理, 餘皆爲人心, 爲人欲. 欲者, 有生則願遂其生而備其休嘉者也. 情者, 有親疏長幼尊卑感而發於自然者也. 理者, 盡夫情欲之微而區以別焉. 使順而達, 各如其分寸毫釐之謂也. 欲, 不患其不及而患其過. 過者, 狃於私而忘乎人, 其心溺, 其行慝, 故孟子曰 "養心莫善於寡欲"[143]. 情之當也, 患其不及而亦勿使之過. 未當也, 不惟患其過而務自省以救其失. 欲不流於私則仁, 不溺而爲慝則義, 情發而中節則和,[144] 如是之謂天理. 情欲未動, 湛然無失, 是謂天性. 非天性自天性, 情欲自情欲, 天理自天理也.[145]

---

143) 『孟子』「盡心下」.
144) 『禮記』「中庸」: "喜怒哀樂之未發, 謂之中; 發而皆中節, 謂之和; 中也者, 天下之大本也; 和也者, 天下之達道也. 致中和, 天地位焉, 萬物育焉."
145) 이 문장은 天性과 情欲과 天理는 서로 일치하는 것들로, 사람에게 情欲이

귀하는 정자(程子)가 "성인의 상도[常]는 정(情)으로 만사에 순응하면서도 정(情)이 없습니다. 그러므로 군자의 학문은 도량이 넓고 공평무사하여, 사물이 오면 순응하는 것만 한 것이 없습니다"라고 말한 것을 끌어들였습니다. 욕(欲)을 없앤다고 하는 것이 여기에 있습니다. 청컨대, 왕문성[王守仁]의 말을 끌어들여 귀하가 종주로 삼는 바를 증명하겠으니, 그 말은 "양지(良知)의 본체는 밝기가 맑은 거울 같아서, 아름다운 것과 추한 것이 오면, 사물에 따라 형태를 나타내지만, 맑은 거울은 더럽혀진 적이 없으니, 이른바 '정(情)으로 만사에 순응하면서도 정(情)이 없다'는 겁니다. '머무는 바 없이 그 마음[心]을 낸다', 불씨[佛敎]에게 일찍이 이런 말이 있습니다. 맑은 거울의 대응은, 아름다운 것은 아름답게 추한 것은 추하게, 한번 비추면 모두 진실이니, 곧 이것이 '그 마음[心]을 내는' 곳입니다. 아름다운 것은 아름답게 추한 것은 추하게, 한번 지나가고 머물지 않으니, 곧 '머무는 바 없는' 곳이다"라고 말하였습니다. 정자(程子)는 성인을 말하였고, 양명[王守仁]은 불씨를 말하였는데, 그러므로 귀하는 정자를 끌어들였고 양명을 끌어들이지는 않았지만, 종지는 곧 양명이 더욱 친근하고 다정합니다. 양명은 일찍이 주자의 연보를 거꾸로 뒤바꿔서, 주자와 육자정[陸九淵]이 먼저는 달랐으나 나중에는 같다고 하였습니다. 육자정과 왕문성은 노씨[老子]와 석씨[釋迦牟尼]를 높인 사람들이고, 정자와 주자는 노씨와 석씨를 물리친 사람들입니다. 지금 귀하는 노씨와 석씨와 육자정과 왕문성을 높이면서, 공자와 맹자와 정자와 주

있지만 아직 표현되어 나오지 않았을 때를 天性이라고 하고, 이러한 天性이 표현되어 나왔을 때를 情欲이라고 하며, 이러한 情欲이 적당함을 얻게 되었을 때를 天理라고 한다는 것을 의미한다.

자를 합하여 그들과 함께 하나로 하였으니, 공자와 맹자를 무함할 수 없는 것은 물론이고, 정자와 주자 또한 무함할 수 없습니다. 하물며 또한 노씨와 석씨의 모습을 변화시켜서 공자와 맹자와 정자와 주자의 모습으로 하였으니, 아마도 노씨와 석씨 또한 자기들을 무함했다고 여기는 것을 원하지 않을 겁니다.

足下援程子[146]云: "聖人之常, 情順萬事而無情. 故君子之學, 莫若廓然而大公, 物來而順應."[147] 謂無欲在是. 請援王文成[148]之言證足下所宗主, 其言曰: "良知之體, 皦如明鏡, 姸媸之來, 隨物見形, 而明鏡曾無留染, 所謂'情順萬事而無情'也. '無所住以生其心'[149], 佛氏曾有是言. 明鏡之應, 姸者姸, 媸者媸, 一照而皆眞, 卽是'生其心'處. 姸者姸, 媸者媸, 一過而不留, 卽是'無所住'處."[150] 程子說聖人, 陽明說佛氏, 故足下援程子不援陽明, 而宗旨則陽明尤親切. 陽明嘗倒亂朱子年譜,[151] 謂朱陸[152]先異後同. 陸王[153], 主老釋

---

146) '程子'는 程顥이다.
147) 『河南程氏文集』卷第二 「書記」 「答橫渠張子厚先生書」: "夫天地之常, 以其心普萬物而無心; 聖人之常, 以其情順萬事而無情. 故君子之學, 莫若廓然而大公, 物來而順應."
148) '王文成'은 王守仁(1472-1529)으로, 文成은 諡號이며, 陽明先生으로 불렸다.
149) 『金剛般若波羅蜜經』 「莊嚴淨土分」: "是故須菩提, 諸菩薩摩訶薩, 應如是生淸淨心, 不應住色生心, 不應住聲香味觸法生心, 應無所住而生其心."
150) 『傳習錄中』 「答陸原靜書」: "聖人致知之功至誠無息, 其良知之體皦如明鏡, 略無纖翳. 姸媸之來, 隨物見形, 而明鏡曾無留染. 所謂情順萬事而無情也. 無所住而生其心, 佛氏曾有是言, 未爲非也. 明鏡之應物, 姸者姸, 媸者媸, 一照而皆眞, 卽是生其心處. 姸者姸, 媸者媸, 一過而不留, 卽是無所住處." 陸原靜은 王守仁의 학생인 陸澄을 말하는데, 原靜은 陸澄의 字이다.
151) 朱熹와 陸九淵(1139-1193) 사이에 있었던 논쟁에서, 朱熹는 理가 마음의 밖에 있다고 주장한 반면, 陸九淵은 마음이 곧 理라고 주장하였다. 王守仁은 朱熹와 陸九淵 사이의 논쟁으로 조성된 견해차를 보완하고 자신의 입지를 높이기 위하여, 朱熹가 佛家의 修行工夫를 이용하여 儒家의 학설을 해석했던 언사들을 한 권의 책으로 편집하여 『朱子晩年定論』을 완성하였는

者也; 程朱154), 闢老釋者也. 今足下主老釋陸王而合孔孟程朱與之爲一, 無論孔孟不可誣, 程朱亦不可誣. 抑又變老釋之貌爲孔孟程朱之貌, 恐老釋亦以爲誣己而不願.

노씨[老子]는 "공손히 대답하는 것과 큰소리로 꾸짖는 것의 차이가 얼마나 되고, 선한 것과 악한 것의 차이가 얼마나 되는가"라고 말하였습니다. 고자(告子)는 "성(性)에는 선한 것도 없고 선하지 않은 것도 없다", "의(義)는 밖에 있는 것이지 안에 있는 것이 아니다"라고 말하였습니다. 석자[釋迦牟尼]는 "선(善)을 생각하지 않고 악(惡)을 생각하지 않는데, 이때 본래의 모습을 알게 된다"고 말하였습니다. 육자정[陸九淵]은 "악(惡)은 마음[心]을 해칠 수 있으며, 선(善) 또한 마음[心]을 해칠 수 있다"고 말하였습니다. 왕문성[王守仁]은 "선(善)도 없고 악(惡)도 없는 것이 마음[心]의 본체다"라고 말하였습니다. 이것들은 모두 선(善)을 귀하게 한 것이 아닙니다. 어째서 선(善)을 귀하게 한 것이 아니라고 합니까? 그 사사로운 바를 귀하게 하였고, 그 없어지는 것을 슬퍼하였기에, 비록 선(善)을 추구하였더라도, 또한 그것을 해치게 된 겁니다. 지금 귀하가 그것을 얘기하면서, 곧 말이 더 면밀하게, "형체[形]에는 생(生)과 멸(滅)이 있는데, 정신[神]은 방위도 없고 만물을 묘하게 하여 생(生)과 멸(滅)을 말할 수 없다"고 말하였습니

데, 이것이 朱熹가 만년에 깨달은 이론으로, 朱熹와 陸九淵이 처음에는 달랐지만 나중에는 같았다고 인식하였다. 하지만 戴震은 王守仁이 朱熹의 초년과 만년의 상황을 뒤바꿈으로써, '朱子의 年譜를 거꾸로 뒤바꿨다'고 비판하였다.

152) '朱陸'은 朱熹와 陸九淵을 아울러 이르는 말이다.

153) '陸王'은 陸九淵과 王守仁을 아울러 이르는 말이다.

154) '程朱'는 程顥와 程頤 및 朱熹를 아울러 이르는 말이다.

다. 또한 "오가는 것도 없고, 안팎도 없다"고 말하였습니다. 정자(程子)의 "하늘과 사람은 본래 둘이 아니고, 합해서 말할 필요도 없다"는 말을 인용하였습니다. 전체를 증명하면서, 그것을 표현하여 "소리도 없고 냄새도 없는 본체"라고 말하였습니다. 그것을 일러 "천명(天命)이 그치지 않는다"고 하였고, "지극한 정성은 쉬지 않는다"고 그것에 덧붙였습니다. 그것을 일러 "천도(天道)가 날마다 새로워진다"고 하였고, "지극한 선(善)에 머문다"고 그것에 덧붙였습니다. 청컨대, 왕 문성의 말을 끌어들여 귀하가 종주로 삼는 바를 증명하겠으니, 그 말은 "양지(良知)는 하나로, 그 오묘한 쓰임으로 말하자면 신(神)이라고 하고, 그 널리 퍼지는 것으로 말하자면 기(氣)라고 한다"고 말하였습니다. 또한 "'본래의 모습'은 곧 우리 성인 문하의 이른바 양지(良知)이다. 사물에 따라 궁구하는 것이 앎을 지극하게 하는 공부이다. 불씨[佛教]의 '항상 깨어있는 것' 또한 그의 '본래의 모습'을 늘 보존하는 것일 뿐으로, 형상 공부도 대체로 비슷하다"고 말하였습니다. 양명[王守仁]은 주로 외물을 막는 것으로 사물을 궁구하는 것을 삼았는데, 사물에 따라 궁구하는 것이 이른바 인욕(人欲)을 막는 겁니다. "항상 깨어있는 것", 주자는 이것으로 천리(天理)를 보존하는 것을 말하였고, 이것으로 「중용」의 "경계하고 삼가며 두려워한다"는 것을 해석하였는데, 실제로는 「중용」이 가리키는 것을 잃어버렸습니다. 양명은 「중용」의 말을 빌려 "본래의 모습"의 설에 기탁하여, "덕(德)을 기르고 몸을 기르는 것은 단지 한 가지 일일 뿐이다. 만일 '보이지 않아도 경계하고 삼가고, 들리지 않아도 두려워할 수 있어서', 오로지 이것에 뜻을 두면, 곧 신(神)이 머무르고 기(氣)가 머무르고 정(精)이 머무르는데, 선가(仙家)의 이른바 '오래 살고 오래 본다'는 설 또한 그 속에 있다"고 말하였습니다. 장자(莊子)의 이른바 "그 처음으로

돌아간다"와 석씨[釋迦牟尼]의 이른바 "본래의 모습"과 양명의 이른
바 "양지(良知)의 본체"는, 자기를 지키는 데 스스로 만족하는 것에
지나지 않는 것으로, 이미 스스로 만족하게 되면, 반드시 스스로 위대
한 척하게 되는데, 그 "중용"의 "선(善)을 가려 굳게 잡고서", "널리
배우고, 자세하게 묻고, 신중하게 생각하고, 밝게 분별하고, 독실하게
행하는" 것을 떠난 것이, 어찌 천만 리뿐이겠습니까!

老氏曰: "唯之與阿, 相去幾何; 善之與惡, 相去何若?"[155] 告子曰: "性無
善無不善也."[156] "義, 外也, 非內也."[157] 釋者曰: "不思善, 不思惡, 時認本
來面目."[158] 陸子靜曰: "惡能害心, 善亦能害心."[159] 王文成曰: "無善無惡,
心之體."[160] 凡此, 皆不貴善也. 何爲不貴善? 貴其所私[161]而哀其滅, 雖逐
於善, 亦害之也. 今足下言之, 則語益加密, 曰: "形有生滅, 神無方也, 妙萬物
也, 不可言生滅."[162] 又曰: "無來去, 無內外."[163] 引程子"天人本無二, 不
必言合"[164]. 證明全體[165], 因名之曰"無聲無臭之本"[166]. 謂之爲"天命之不

---

155) 『老子』二十章.
156) 『孟子』「告子上」.
157) 『孟子』「告子上」: "食色, 性也. 仁, 內也, 非外也; 義, 外也, 非內也."
158) 『六祖壇經』「自序品第一」: "不思善, 不思惡, 正與麼時, 那箇是明上座本來
　　面目."
159) 『陸九淵集』卷三十五「語錄下」.
160) 『傳習錄下』: "無善無惡是心之體, 有善有惡是意之動, 知善知惡是良知, 爲
　　善去惡是格物."
161) '其所私'는 靈魂을 가리킨다.
162) 이 인용문으로 표기된 문장은 彭紹升의 形神 문제에 대한 관점을 戴震이
　　개괄적으로 표현한 것이다.
163) 彭紹升, 「與戴東原書」: "天之所以爲天, 無去來, 亦無內外."
164) 『河南程氏遺書』卷第六.
165) '全體'는 우주 전체의 본체를 말한다.
166) 彭紹升, 「與戴東原書」: "其或外徇於形名, 內錮於意見, 分別追求, 役役焉執

已"167), 而以"至誠無息"168)加之. 謂之爲"天道之日新"169), 而以"止於至善"170)加之. 請援王文成之言證足下所宗主, 其言曰: "夫良知一也, 以其妙用而言, 謂之神; 以其流行而言, 謂之氣."171) 又曰: "'本來面目', 卽吾聖門所謂'良知'. 隨物而格, 是致知之功. 佛氏之'常惺惺', 亦是常存他'本來面目'耳, 體段工夫, 大略相似."172) 陽明主扞禦外物爲格物, 隨物而格, 所謂遏人欲也. "常惺惺", 朱子以是言存天理, 以是解中庸"戒愼恐懼"173), 實失中庸之指. 陽明得而借中庸之言以寄託"本來面目"之說, 曰: "養德養身, 止是一事. 果能'戒愼不睹, 恐懼不聞', 而專志於是, 則神住, 氣住, 精住, 而仙家174)所謂'長生久視'之說亦在其中矣."175) 莊子所謂"復其初", 釋氏所謂"本來面目", 陽明所謂"良知之體", 不過守己自足, 旣自足, 必自大, 其去中庸"擇善

笙蹄爲至道, 而日遠乎無聲無臭之本然., 不知天, 其何以知人!"

167) 彭紹升,「與戴東原書」: "至誠者, 一天命之不已而已矣."

168) 『禮記』「中庸」: "故至誠無息. 不息則久, 久則徵, 徵則悠遠, 悠遠則博厚, 博厚則高明."

169) 彭紹升,「與戴東原書」: "至善者, 一天道之日新而已矣."

170) 『禮記』「大學」: "大學之道, 在明明德, 在親民, 在止於至善."

171) 『傳習錄中』「答陸原靜書」: "夫良知一也, 以其妙用而言謂之神, 以其流行而言謂之氣, 以其凝聚而言謂之精, 安可以形象方所求哉?"

172) 『傳習錄中』「答陸原靜書」: "'不思善不思惡時認本來面目', 此佛氏爲未識本來面目者設此方便. '本來面目'卽吾聖門所謂'良知'. 今旣認得良知明白, 卽已不消如此說矣. '隨物而格', 是'致知'之功, 卽佛氏之'常惺惺', 亦是常存他本來面目耳. 體段工夫, 大略相似. 但佛氏有個自私自利之心, 所以便有不同耳. 今欲善惡不思, 而心之良知淸靜自在, 此便有自私自利, 將迎意必之心, 所以有'不思善不思惡時用致知之功, 則已涉於思善'之患."

173) 『禮記』「中庸」: "是故君子戒愼乎其所不睹, 恐懼乎其所不聞."

174) '仙家'는 道家를 가리킨다.

175) 『王陽明全集』卷五「文錄二」「書二」「與陸原靜」: "大抵養德養身, 只是一事, 原靜所云'眞我'者, 果能戒謹不睹, 恐懼不聞, 而專志於是, 則神住氣住精住, 而仙家所謂長生久視之說, 亦在其中矣."

固執"176) "博學審問愼思明辨篤行"177), 何啻千萬里!

맹자는 "몸을 돌이켜보아 성실하면, 즐거움이 이보다 크지 않다"고 말하였습니다. "몸을 돌이켜보아 성실하지 않으면, 어버이를 기쁘게 하지 못한다"고 말하였습니다. 「중용」과 『맹자』는 모두 "선(善)에 밝지 못하면, 몸을 성실하게 하지 못한다"고 말하였습니다. 지금 선(善)에 밝아지는 것을 버리고 욕(欲)을 없애는 것으로 성실함을 삼는다면, 잘못입니다. 심종(心宗)이라는 것을 인증하여, "본래의 모습"을 인식하는 것으로 "선(善)에 밝은" 것을 삼지 않을 수 없다고 하였는데, 이것은 그 설을 발휘하려고 한 것으로, 무엇이 할 수 없는 바이겠습니까! 노자(老子)와 고자(告子)는 선(善)은 할 만한 것이 못된다고 보면서도, 여전히 선(善)의 글자를 이해할 수 있었는데, 나중에 그들을 숭배하는 자는 선(善)의 글자마저도 빌려서 자기에게 있는 것으로 삼았지만, 실제로는 선(善)의 글자조차도 이해하지 못하였습니다. 이 일이 오늘에서는, 저들의 이른바 도(道)와 덕(德)이 우리의 이른바 도(道)와 덕(德)이 아닐 뿐더러, 성(性)과 천도(天道), 성지(聖智)와 인의(仁義)와 성명(誠明) 및 선(善)을 말하고 명(命)을 말하고 리(理)를 말하고 지(知)를 말하고 행(行)을 말하는 것들은 모두, 그 명칭을 빌려서 그 실제를 바꾸지 않은 것들이 없습니다. "몸을 돌이켜보아 성실하지 않으면"이라는 것은, 어버이를 섬기는 도(道)가 아직 다하지 않은 것을 말하고, "몸을 돌이켜보아 성실하면"이라는 것은, 자신에게 완전하게 갖추고 잘 하기를 요구하는 자가 도(道)를 다하지 않음

---

176) 『禮記』「中庸」: "誠之者, 擇善而固執之者也."
177) 『禮記』「中庸」: "博學之, 審問之, 愼思之, 明辨之, 篤行之."

이 없다는 것을 말합니다. 맹자는 "요(堯)와 순(舜)은 그것들을 본성대로 하였고, 탕(湯)과 무(武)는 그것들을 몸소 하였고, 다섯 패자들은 그것들을 빌렸다. 오랫동안 빌려서 되돌아가지 않았으니, 그 갖고 있지 않은 것을 어찌 알겠는가"라고 말하였습니다. "그것들을 본성대로 하였다"는 것은, 인(仁)과 의(義)에 따라 행하였다는 것이고, "그것들을 몸소 하였다"는 것은, 인(仁)과 의(義)가 몸에 충실했다는 것이고, "그것들을 빌렸다"는 것은, 인(仁)과 의(義)의 명칭을 빌려서 천하에 호소했다는 것으로, 오래되면 곧 단지 인(仁)과 의(義)로 다른 사람에게 요구하는 것만 알지, 자기가 그것들을 갖고 있지 않다는 것을 잊게 됩니다. 또한 "요(堯)와 순(舜)은 본성대로 한 것이고, 탕(湯)과 무(武)는 그것으로 돌아간 것이다"라고 말하였습니다. 다음으로 "동작과 용모가 예(禮)에 맞는 것은 훌륭한 덕(德)이 지극한 것이다"라고 말하였습니다. "본성대로 한 것"을 분명하게 설명한 것이 이와 같습니다. "죽음을 곡하면서 슬퍼하는 것은 산 사람을 위해서가 아니고, 덕(德)을 행하면서 어기지 않는 것은 녹봉을 구해서가 아니고, 말에 반드시 믿음이 있게 하는 것은 행위를 바르게 해서가 아니니, 군자는 법도[法]를 행하면서 명(命)을 기다릴 뿐이다"라고 말하였습니다. 모두 "그것으로 돌아간 것이다"라는 것은 하는 바가 있어서 하는 것이 아니라, 돌아가서 몸을 충실하게 했다고 이르는 것을 분명하게 설명한 겁니다. "그 처음으로 돌아간다"는 것을 논하면서, 어찌 "산 사람을 위해서가 아니다", "녹봉을 구해서가 아니다", "행위를 바르게 해서가 아니다"와 같은 말들을 쓰고, 게다가 그것을 마치면서 "명(命)을 기다린다"고 말하겠습니까! 그 "몸을 돌이켜보아" 아주 분명하게 되고, 각각 본문을 자세히 대조하여 살피면, 거짓으로 꾸며대는 것은 아주 어렵습니다.

孟子曰: "反身而誠, 樂莫大焉."[178] 曰: "反身不誠, 不悅於親矣."[179] 中庸孟子皆曰: "不明乎善, 不誠乎身矣."[180] 今舍明善而以無欲爲誠, 謬也. 證心宗者, 未嘗不可以認"本來面目"爲"明乎善", 此求伸其說, 何所不可. 老子告子視善爲不屑爲, 猶能識善字. 後之宗之者[181], 幷善字假爲己有, 實幷善字不識. 此事在今日, 不惟彼[182]所謂道德非吾[183]所謂道德, 擧凡性與天道, 聖智仁義誠明, 以及曰善, 曰命, 曰理, 曰知, 曰行, 無非假其名而易其實. "反身不誠", 言事親之道未盡也. "反身而誠", 言備責於身者無不盡道也. 孟子曰: "堯舜, 性之[184]也; 湯武, 身之也; 五霸[185], 假之也. 久假而不歸, 惡知其非有也."[186] "性之", 由仁義行也. "身之", 仁義實於身也. "假之", 假仁義之名以號召天下者, 久則徒知以仁義責人, 而忘己之非有. 又曰: "堯舜, 性者也; 湯武, 反之也."[187] 下言"動容周旋中禮者, 盛德之至也"[188], 申明"性者"如是. 言"哭死而哀, 非爲生者也; 經德不回, 非以干祿也; 言語必信, 非以正行也; 君子行法以俟命而已矣."[189] 皆申明"反之", 謂無所爲而爲, 乃反而實

---

178) 『孟子』「盡心上」: "萬物皆備於我矣. 反身而誠, 樂莫大焉. 强恕而行, 求仁莫近焉."

179) 『孟子』「離婁上」: "悅親有道: 反身不誠, 不悅於親矣."

180) 『禮記』「中庸」: "誠身有道: 不明乎善, 不誠乎身矣." 『孟子』「離婁上」: "誠身有道: 不明乎善, 不誠其身矣."

181) '後之宗之者'는 彭紹升을 가리킨다.

182) '彼'는 彭紹升 및 그와 관점이 동일한 사람들을 가리킨다.

183) '吾'는 戴震 및 그와 관점이 동일한 사람들을 가리킨다.

184) '之'는 이 문장에서 모두 仁과 義를 가리킨다.

185) '五霸'는 春秋時期(기원전 771-기원전 453)의 齊 桓公, 晉 文公, 秦 穆公, 楚 莊王, 宋 襄公을 말한다.

186) 『孟子』「盡心上」.

187) 『孟子』「盡心下」.

188) 『孟子』「盡心下」.

189) 『孟子』「盡心下」.

之身. 若論"復其初", 何用言"非爲生者", "非以干祿", "非以正行", 而且終
之曰"俟命". 其爲"反身"甚明, 各覈本文, 悉難假借.

　　귀하가 주장하는 바의 것은 노씨[老子]와 장씨[莊子]와 불씨[佛敎]
와 육자정[陸九淵]과 왕문성[王守仁]의 도(道)인데, 인용하여 증명한
바는 모두 육경과 공자와 맹자와 정자(程子)와 주자의 말들입니다.
진실로 그 실제를 좋아합니까? 곧 그 실제는 이것에서 멉니다. 만일
잘못하여 노씨와 장씨와 불씨와 육자정과 왕문성의 실제를 그 실제로
여겼다면, 곧 저들의 말들은 친절하고 분명한데, 도리어 이것을 끌고
가서 억지로 갖다 붙이는 수고를 하였으니, 어찌하여 친절하고 분명
한 것으로 보여주지 않습니까! 진실로 그 명칭들을 빌린 겁니까? 곧
전왕손(田王孫)의 문하에는 오히려 양구하(梁丘賀)가 있었습니다. 하
물며 귀하는 주자의 「답하숙경」이라는 두 편지를 보고 기필코 묵묵히
동의하였는데, 정자(程子)와 주자가 노씨와 석씨[釋迦牟尼]를 물리치
는 데 이르러서는 기필코 그렇게 하지 않았고, 도움을 빌리는 데 이르
러서는 곧 정자와 주자를 인용하여 자기와 같다고 하였습니다. 그렇
다면 취한 것은 정자와 주자가 처음 석씨에게 미혹되었을 때의 말들
입니다. 빌려서 자기를 도운 것은, 어떤 것은 그 전의 말들이고, 어떤
것은 그 뒤의 유사한 것들입니다. 좋아하는 것은 석씨의 실제입니다.
그 실제를 좋아하면서 그 명칭은 버리고, 그 명칭을 빌려서 슬그머니
그 실제를 바꿨는데, 모두 진실로 결함이 있습니다. 귀하가 말한 바로,
"학문의 도(道)는 선(善)과 악(惡)의 기미를 잘 살펴보는 것만큼 절실
한 것이 없는데, 진실과 허위의 분별을 엄격히 해야 한다"고 하였습니
다. 청컨대, 이것으로부터 시작해야 합니다! 만약 또한 정자와 주자처
럼 마음을 써서, 올바름을 구하기를 바라고 사사로움을 섞지 않는다

면, 곧 오늘 정자와 주자의 초기와 마찬가지로, 다른 날에 보는 바는
어쩌면 정자와 주자의 종지가 노씨와 석씨와 육자정과 왕문성과 다르
다는 것을 알게 될 것입니다.

足下所主者, 老莊佛陸王之道, 而所稱引, 盡六經孔孟程朱之言. 誠愛其
實[190])乎? 則其實遠於此[191]). 如誤以老莊佛陸王之實爲其實[192]), 則彼[193])之
言, 親切著明, 而此[194])費遷就傅合, 何不示以親切著明者也. 誠借其名[195])
乎? 則田王孫[196])之門, 猶有梁丘賀[197])在.[198]) 況足下閱朱子答何叔京二書,
必黙然之, 及程朱闢老釋, 必不然之, 而至於借助, 則引程朱爲同乎己. 然則
所取者[199]), 程朱初惑於釋氏時之言也. 所借以助己者, 或其前之言, 或其後
之似者也. 所愛者[200]), 釋氏之實也. 愛其實而棄其名,[201]) 借其名而陰易其
實,[202]) 皆於誠有虧. 足下所云"學問之道, 莫切於審善惡之幾, 嚴誠僞之

---

190) '其實'은 六經과 孔子와 孟子와 程子와 朱子의 실제 내용들을 가리킨다.
191) '此'는 彭紹升이 한 말을 가리킨다.
192) '其實'은 六經과 孔子와 孟子와 程子와 朱子의 실제 내용들을 가리킨다.
193) '彼'는 老子와 莊子와 佛敎와 陸九淵과 王守仁을 가리킨다.
194) '此'는 六經과 孔子와 孟子와 程子와 朱子의 말들을 가리킨다.
195) '其名'은 六經과 孔子와 孟子와 程子와 朱子의 명칭들을 가리킨다.
196) '田王孫'은 前漢(기원전 202-기원후 8) 武帝(기원전 141-기원전 87 재위)
　　때의 博士이자 易學者이다.
197) '梁丘賀'는 前漢 때의 今文 易學者이다.
198) 漢代에 孟喜(기원전 약 90년에서 40년 전후 생존했던 易學者)가 일찍이
　　田王孫을 따라 易學을 배웠는데, 허풍떠는 것을 좋아하여, 易學에 관계된
　　책을 한 권 얻어서 다른 사람에게 스승 田王孫이 죽기 직전에 단독으로
　　자기에게 준 것이라고 속여서 말하였는데, 동문인 梁丘賀가 그가 속였다는
　　것을 폭로하였다. 여기에서 戴震은 孟喜를 彭紹升에 비유하고 梁丘賀를
　　자신에 비유함으로써, 彭紹升의 사기성을 폭로하고자 하였다.
199) '所取者'의 주체는 彭紹升이다.
200) '所愛者'의 주체는 彭紹升이다.
201) 이 구절에서 '其'는 모두 釋迦牟尼를 가리킨다.

辨"203). 請從此始！倘亦如程朱之用心，期於求是，不雜以私，則今日同乎程朱之初，異日所見，或知程朱之指歸與老釋陸王異.

그러나 귀하에게 바라는 저의 개인적인 마음은 오히려 여기에 있지 않습니다. 정자(程子)와 주자는 리(理)를 "마치 물체가 있는 것처럼, 하늘에서 얻어서 마음에 갖춘 것"으로 여겼는데, 천하 후세 사람들은 모두 자기의 의견에 의거하여 그것을 고집하여 리(理)라고 말함으로써, 이 백성들에게 화를 입히기 시작하였습니다. 다시 욕(欲)을 없애라는 설을 섞어서, 리(理)를 얻는 것이 더욱 멀어지고, 그 의견을 고집하는 것이 더욱 견고하여, 이 백성들에게 미치는 화가 더욱 극렬해졌습니다. 어찌 리(理)가 이 백성들에게 화를 입히겠습니까? 의견이 되는 것을 스스로 알지 못합니다. 사람의 정(情)을 떠나서 마음[心]에 갖춘 것을 구하는 것이, 어찌 마음[心]의 의견으로 그것에 해당시키는 것이 아니겠습니까! 곧 여전히 마음[心]을 근본으로 삼는 사람들이 하는 겁니다. 사로잡힌 유학자는, 명칭이 다르지 실제는 다르지 않다는 것을 스스로 알지 못하고, 오히려 무턱대고 피차 명칭에 대하여 다투어 번번이 그 실제에 빠져버렸습니다. 민첩하게 깨달은 인사는, 피차의 실제가 다르지 않다는 것을 깨닫고, 비록 그것을 가리켜 "공허하고 고요하여 아무런 조짐도 없다"고 말하였지만, 끝내는 그 비슷한 것도 얻지 못하여, 돌려서 저들이 확실히 그 물건을 가지고 있다는 것을 따르는 것만 못하였으니, 곧 이것을 취하여 저것에 갖춰지게 한 겁니다. 아아, 다른 사람의 얼굴을 잘못 그린 자가, 다른 사람의

---

202) 이 구절에서 '其'는 모두 六經과 孔子와 孟子를 가리킨다.
203) 彭紹升,「與戴東原書」: "竊謂學問之道, 莫切於審善惡之幾, 嚴誠僞之辨."

실제로 변화되지 않은 적은 아직까지 없었습니다. 진실로 마음을 비우고 육경과 공자와 맹자의 말들을 세심하게 살핀다면, 확연하게 진전하는 바가 있어, 그 실제가 노씨[老子]와 석씨[釋迦牟尼]와 아주 멀어질 뿐만 아니라, 곧 얼굴 또한 아주 멀어져서, 거짓으로 꾸며댈 수 없는데, 그 거짓으로 꾸며댈 수 있는 것은 후세 유학자들이 잃어버린 겁니다. 이것이 귀하가 그것들을 탐구하기만을 바라는 개인적인 마음입니다.

然僕之私心期望於足下, 猶不在此. 程朱以理爲 "如有物焉, 得於天而具於心", 啓天下後世人人憑在己之意見而執之曰理, 以禍斯民. 更湣以無欲之說, 於得理益遠, 於執其意見益堅, 而禍斯民益烈. 豈理禍斯民哉, 不自知爲意見也. 離人情而求諸心之所具, 安得不以心之意見當之[204], 則依然本心者[205]之所爲. 拘牽之儒,[206] 不自知名異而實不異,[207] 猶貿貿爭彼[208]此[209]於名而輒踏其實[210]. 敏悟之士,[211] 覺彼[212]此[213]之實無異, 雖指之[214]曰 "沖漠無朕", 究不得其仿佛, 不若轉而從彼[215]之確有其物, 因卽取此[216]以眩之於

---

204) '之'는 理를 가리킨다.
205) '本心者'는 老子와 佛敎를 믿는 사람들이 정신이 만물의 본원이라고 여기는 것을 말한다.
206) '拘牽之儒'는 程子와 朱子의 章句에 얽매인 채 스스로 벗어나지 못하는 儒學者를 말한다.
207) 이 문장은 老子와 佛敎가 程子와 朱子의 학설과 표면적인 명칭은 다를지라도, 실제는 서로 같다는 것을 의미한다.
208) '彼'는 老子와 佛敎를 가리킨다.
209) '此'는 程子와 朱子를 가리킨다.
210) '其實'은 老子와 佛敎의 실제 내용들을 가리킨다.
211) '敏悟之士'는 陸九淵과 王守仁을 말한다.
212) '彼'는 老子와 佛敎를 가리킨다.
213) '此'는 陸九淵과 王守仁을 가리킨다.
214) '之'는 心을 가리킨다.

彼[217]). 嗚呼! 誤圖他人之貌者, 未有不化爲他人之實者也. 誠虛心體察六經孔孟之言, 至確然有進, 不惟其實與老釋絶遠, 即貌亦絶遠, 不能假託, 其能假託者, 後儒[218])失之者也. 是私心所期於足下之求之耳.

요즈음 공적인 일과 사적인 일이 너무 많다 보니, 보내온 서신에 대하여 찬찬히 자세하게 언급하지 못하였는데, 큰 근본이 만일 되었다면, 상세한 항목은 자연히 이해되었을 겁니다. 마음속의 말을 다하기 어려워 한두 가지만 언급하다보니, 너무 간략하여 두서가 없게 되었습니다. 남쪽 지방을 도는 일은 어느 날로 정해졌습니까? 십여 년 교제를 원하는 정성은, 만나고서도 제 마음을 후련하게 할 수 없을 겁니다. 삼가 바라옵건대, 몸조심하십시오. 대진이 머리를 조아립니다.

日間因公私紛然, 於來書未得從容具論, 大本苟得, 自然條分理解. 意言難盡, 涉及一二, 草草不次. 南旋定於何日? 十餘年願交之忱, 得見又不獲暢鄙懷. 伏惟自愛. 震頓首[219]).

---

215) '彼'는 老子와 佛敎를 가리킨다.
216) '此'는 陸九淵과 王守仁의 설을 가리킨다.
217) '彼'는 老子와 佛敎의 설을 가리킨다.
218) '後儒'는 宋代의 儒學者들을 말한다.
219) '頓首'는 편지의 끝에 경의를 표하기 위해 쓰는 인사말로, 머리를 땅에 닿도록 정중하게 하는 인사를 말한다.

부록 둘

여모서(與某書)

여모서
與某書[1]

　귀하의 제의는 곧바로 옛 사람들에게 도달하였으니, 한때의 으뜸입니다. 문장은 지금과 옛날의 다름이 없습니다. 도(道)를 들은 군자는, 그 말에 드러나는 것들이 모두 경전과 주석서를 충분히 도와주고 있는데, 이것은 진정으로 이해한 자에게 있는 겁니다. 그러나 말이 순수하고 소박하고 고상하고 예스럽지 않아서 또한 귀중하지가 않은데, 이것은 문장을 짓는 틀과 율격에 있는 겁니다. 제목에 따라 문장을 작성하는 것은, 대자연이 만물을 낳는 것과 같아서, 기관과 형체가 모두 갖춰지고, 뿌리와 잎사귀가 모두 무성하여, 모자라면 곧 완전한 사물이 아닌데, 이것은 교육하고 배양하는 방법에 있는 겁니다. 제의 한 가지 일에 정성을 들이는 것은, 또한 한 가지 경전에 정성을 들이는 것만 못한데, 그 공부와 역량은 같아서, 이것은 할 수 있고 저것은 할 수 없는 것은 없습니다.

　足下制義[2], 直造古人, 冠絕一時. 夫文無今古之異. 聞道[3]之君子, 其見於言也, 皆足以羽翼經傳, 此存乎識趣者也. 而辭不純樸高古亦不貴, 此存乎行

---

1) '與某書'는 '누군가에게 보내는 편지'라는 뜻으로, 이 편지를 받는 사람이 누구인지, 언제 쓰였는지는 알려져 있지 않다.
2) '制義'는 明代(1368-1644)와 淸代(1636-1912) 과거 시험의 문체로, 八股文을 말한다.
3) '道'는 일의 道理나 사물의 理致를 가리킨다.

文之氣體格律者也. 因題成文, 如造化之生物, 官骸畢具, 根葉並茂, 少缺則
非完物, 此存乎冶鑄之法者也. 精心於制義一事, 又不若精心於一經, 其功力
同也, 未有能此[4]而不能彼[5]者.

경전을 연구하는 데는 먼저 글자의 뜻을 고찰하여야 하고, 다음에
는 문장의 조리에 통달하여야 합니다. 뜻이 도(道)를 듣는 데 있으면,
반드시 의지하는 바를 비워야 합니다. 한대[漢] 유학자들의 훈고에는
스승에게서 전수받은 것이 있는데, 또한 때로는 견강부회한 것도 있
습니다. 진대[晉] 사람들의 견강부회와 근거 없는 공론은 더욱 많았습
니다. 송대[宋] 사람들은 곧 품고 있는 생각에 의지하여 판단하였는
데, 그러므로 그 답습한 것들이 많이 잘못되었고, 잘못되지 않은 것들
은 버려졌습니다. 우리들이 책을 읽는 것은, 원래 후세 유학자들과
다투어서 설을 세우려는 것이 아니라, 마땅히 마음을 평안하게 하여
경전의 문장을 몸소 이해하려는 겁니다. 한 글자가 있는데 정확하게
이해하지 않으면, 곧 말하는 바의 뜻에 반드시 잘못되어, 도(道)는
여기에서부터 잃게 됩니다. 배움으로 나의 심지(心知)를 일깨워주는
것은, 먹고 마심으로 나의 혈기(血氣)를 기르는 것과 같아서, 비록
어리석더라도 반드시 총명해지고, 비록 약하더라도 반드시 강해집니
다. 배움이 나의 지혜와 용기를 더하기에 부족하다면, 스스로 얻은
배움이 아니라는 것을 알 수 있는데, 마시고 먹는 것이 나의 혈기(血
氣)를 늘리기에 부족하다면, 먹어서 소화를 못시키는 것과 같습니다.

治經先考字義, 次通文理. 志存聞道, 必空所依傍. 漢儒故訓有師承, 亦有

---

4) '此'는 經書에 정성을 들이는 것을 가리킨다.
5) '彼' 制義에 정성을 들이는 것을 가리킨다.

時傅會; 晉人傅會鑿空益多; 宋人則恃胸臆爲斷, 故其襲取者多謬, 而不謬者
在其所棄. 我輩讀書, 原非與後儒6)競立說, 宜平心體會經文. 有一字非其的
解, 則於所言之意必差, 而道從此失. 學以牖吾心知, 猶飮食以養吾血氣, 雖
愚必明, 雖柔必强. 可知學不足以益吾之智勇, 非自得之學也, 猶飮食不足以
增長吾血氣, 食而不化者也.

　　군자는 혹은 나가기도 하고 혹은 머무르기도 하여, 등용되지 않을
수도 있는데, 등용되면 반드시 천하가 다스려지고 편안해지게 해야
합니다. 송대[宋] 이래의 유학자들은 자기의 의견을 억지로 고대 성현
이 교훈적인 말을 남긴 뜻으로 삼았는데, 언어와 문자를 실제로 알지
못하였고, 그 천하의 일에 대하여, 자기들의 이른바 리(理)로 독단적
으로 그것을 실행하였지만, 사정의 전말과 은미하고 복잡한 것을 실
제로 알지 못하였으므로, 큰 도(道)를 잃어버렸고 일을 실행하는 데
어그러지게 되었습니다. 『맹자』는 "그 마음에서 생겨나 그 정사[政]
에 해를 끼치고, 그 정사[政]에서 발하여 그 일에 해를 끼친다"고 말하
였습니다. 스스로 마음에 부끄럼이 없다고 여겼습니다만, 천하가 그
화를 입었습니다. 그 누구의 과실입니까? 알지 못하는 사람들은 게다
가 실제로 몸소 행하는 유학자에게 속한다고 여기고 의심을 하지 않
았습니다. 실제로 몸소 행하고 선(善)을 권장하고 악(惡)을 징계하는
데 있어서, 석씨[釋迦牟尼]의 교의 또한 이와 같으니, 군자가 어째서
반드시 그들을 물리쳐야 합니까? 맹자는 양주(楊朱)와 묵적[墨子]을
물리쳤고, 퇴지[韓愈]는 석씨와 노씨[老子]를 물리쳤습니다. 그 당시
에 공자와 묵자(墨子)는 한데 아울러서 일컬어졌는데, 양주와 묵적을

---

6) '後儒'는 宋代(960-1279) 이래의 儒學者들을 가리킨다.

존중하고 석씨와 노씨를 존중하는 자들도, "성인들이시고, 올바른 도
리이다. 내가 높이고 지켜야 할 것은 실제로 몸소 행하고, 선(善)을
권장하고 악(善)을 징계하고, 인심을 구제하고, 다스리고 교화하는 것
을 돕는 것으로, 천하가 그들을 존중하고, 제왕도 그들을 존중하는
사람이다"라고 말하기도 하였습니다. 그렇다면 군자가 어째서 그들
을 물리쳐야 합니까? 어리석은 사람들은 그 공로를 보고 그 피해를
알지 못하지만, 군자는 그 피해의 연고를 깊이 압니다.

君子或出或處, 可以不見用; 用必措天下於治安. 宋以來, 儒者以己之見硬
坐爲古賢聖立言之意, 而語言文字實未之知, 其於天下之事也, 以己所謂理强
斷行之, 而事情源委隱曲實未能得, 是以大道失而行事乖. 孟子曰: "生於其
心, 害於其政, 發於其政, 害於其事."[7] 自以爲心無愧,[8] 而天下受其咎. 其
誰之咎? 不知者且以躬行實踐之儒歸焉不疑. 夫躬行實踐, 勸善懲惡, 釋氏之
敎亦爾. 君子何以必闢之[9]? 孟子闢楊墨, 退之[10]闢釋老. 當其時, 孔墨並
稱, 尊楊墨尊釋老者或曰: "是[11]聖人也, 是[12]正道也. 吾所尊而守者, 躬行實
踐, 勸善懲惡, 救人心, 贊治化, 天下尊之, 帝王尊之之人也." 然則君子何以
闢之哉? 愚人睹其功不知其害, 君子深知其害故也.

아아! 지금의 사람들 또한 생각을 하지 않습니다. 성인의 도(道)는
천하로 하여금 달성되지 않는 정(情)이 없게 하고, 그 욕(欲)을 이루어

---

7) 『孟子』「公孫丑上」.
8) 이 문장의 주체는 宋代 儒學者들이다.
9) '之'는 宋代 儒學者들을 가리킨다.
10) '退之'는 韓愈(768-824)로, 退之는 字이다.
11) '是'는 孔子(기원전 551-기원전 479)와 墨子(기원전 약 480-기원전 약 420)를
가리킨다.
12) '是'는 孔子와 墨子의 道를 가리킨다.

천하가 다스려지기를 추구합니다. 후세 유학자들은 정(情)이 조금이라도 유감이 없는 데에 이르는 것이 리(理)라고 하는 것을 알지 못합니다. 그리하여 그 이른바 리(理)라는 것은 가혹한 관리의 이른바 법(法)과 같게 되었습니다. 가혹한 관리는 법(法)으로 사람을 죽이고, 후세 유학자들은 리(理)로 사람을 죽이는데, 차츰 법(法)을 버리고 리(理)를 논하게 되었습니다. 죽어서, 다시는 구제할 수 없게 되었습니다!

嗚呼! 今之人其亦弗思矣. 聖人之道, 使天下無不達之情, 求遂其欲而天下治. 後儒[13]不知情之至於纖微無憾, 是謂理. 而其所謂理者, 同於酷吏之所謂法. 酷吏以法殺人, 後儒以理殺人, 浸浸乎舍法而論理. 死矣! 更無可救矣!

성현의 도(道)와 덕(德)은 곧 그 일을 실행하는 겁니다. 석씨[釋迦牟尼]와 노씨[老子]는 오히려 달리 그 마음이 독자적으로 얻는 바의 도(道)와 덕(德)이 있습니다. 성현의 리(理)와 의(義)는 곧 일의 정황이 지극하여 유감이 없는 것인데, 후세 유학자들은 오히려 별도로 하나의 물체가 있어, 태어나는 것과 함께 생겨서 일을 제어하는 겁니다. 옛사람의 배움은 일을 실행하는 데 있고, 백성의 욕(欲)을 통하게 하고 백성의 정(情)을 체득하게 하는 데 있으니, 그러므로 배움이 완성되면 백성은 의지해서 살아갑니다. 후세 유학자들은 깊이 생각하여 리(理)를 구했는데, 그 표준은 리(理)로 상[商鞅]과 한[韓非子]의 법(法)보다 엄혹하였으니, 그러므로 배움이 완성되어도 백성의 정(情)을 알지 못하였고, 천하는 이로부터 세상 물정에 어둡고 융통성이 없는 유학자들이 많아졌는데, 그 백성을 책망하는 데 이르러서는, 백

---

13) '後儒'는 宋代 이래의 儒學者들을 말한다.

성이 분별할 수 없었습니다. 저들은 바야흐로 스스로 리(理)를 얻었다고 여겼지만, 천하에 그 해를 입은 자가 많습니다!

聖賢之道德, 卽其行事. 釋老乃別有其心所獨得之道德. 聖賢之理義, 卽事情之至是無憾, 後儒乃別有一物焉, 與生俱生而制夫事. 古人之學在行事, 在通民之欲, 體民之情, 故學成而民賴以生. 後儒冥心求理, 其繩以理嚴於商韓[14]之法, 故學成而民情不知, 天下自此多迂儒, 及其責民也, 民莫能辯. 彼[15]方自以爲理得, 而天下受其害者衆也!

---

14) '商韓'은 戰國時代(기원전 453-기원전 221) 法家의 대표 인물인 商鞅(기원전 약 395-338)과 韓非子(기원전 약 280-233)를 말한다.

15) '彼'는 '迂儒', 즉 세상 물정에 어둡고 융통성이 없는 宋代 이래의 儒學者들을 가리킨다.

| 지은이 소개 |

대진(戴震)

청대(淸代)의 고증학자이자 철학사상가로, 자(字)는 동원(東原)이다. 1724년 안휘(安徽) 휴녕(休寧)에서 출생하였다. 1751년 29세에 생원(生員)이 되었고, 1762년 40세에 거인(擧人)이 되었으며, 1773년 51세에 사고전서관(四庫全書館) 찬수관(纂修官)이 되었고, 1775년 53세에 한림원(翰林院) 서길사(庶吉士)가 되었다. 1777년 55세에 북경(北京)에서 사망하였다.

| 옮긴이 소개 |

박영진

성균관대학교 문과대학 철학과를 졸업하였다. 중국 북경대학교에서 철학석사 학위를, 영국 런던대학교 동양아프리카학대학에서 한학석사 학위를, 영국 옥스퍼드대학교에서 중국학석사 학위를, 중국 북경대학교에서 철학박사 학위를 취득하였다. 한국학중앙연구원 한국학대학원에서 윤리학을 강의하고, 선임연구원을 역임하였다.

한글 맹자자의소증(孟子字義疏證)

초판 인쇄 2020년 9월 11일
초판 발행 2020년 9월 19일

저   자 | 대진(戴震)
옮 긴 이 | 박영진
펴 낸 이 | 하운근
펴 낸 곳 | 學古房

주   소 | 경기도 고양시 덕양구 통일로 140 삼송테크노밸리 A동 B224
전   화 | (02)353-9908 편집부(02)356-9903
팩   스 | (02)6959-8234
전자우편 | hakgobang@naver.com, hakgobang@chol.com
홈페이지 | http://hakgobang.co.kr/
등록번호 | 제311-1994-000001호

ISBN 979-11-6586-106-3 93150

값 : 18,000원

이 도서의 국립중앙도서관 출판예정도서목록(CIP)은 서지정보유통지원시스템 홈페이
지(http://seoji.nl.go.kr)와 국가자료공동목록시스템(http://www.nl.go.kr/kolisnet)에서 이
용하실 수 있습니다. (CIP제어번호 : CIP2020038033)